Migration, Flucht und Religion – Band 2

D1725746

Regina Polak

Migration, Flucht und Religion

Praktisch-Theologische Beiträge

Band 2:
Durchführungen und Konsequenzen

Matthias Grünewald Verlag

Gedruckt mit Unterstützung
der Ordensgemeinschaften Österreichs

– Superiorenkonferenz und Vereinigung der Frauenorden –

Ordensgemeinschaften Österreich
einfach. gemeinsam. wach.

sowie der Stadt Wien

MIX
Papier aus verantwor-
tungsvollen Quellen
FSC® C083411

Für die Verlagsgruppe Patmos ist Nachhaltigkeit ein wichtiger Maßstab ihres Handelns. Wir
achten daher auf den Einsatz umweltschonender Ressourcen und Materialien.

Bibliografische Information der Deutschen Nationalbibliothek
Die Deutsche Nationalbibliothek verzeichnet diese Publikation in der Deutschen
Nationalbibliografie; detaillierte bibliografische Daten sind im Internet über http://dnb.d-nb.de
abrufbar.

Umschlaggestaltung: Finken & Bumiller, Stuttgart
Umschlagabbildung: KNA-Bild
Druck: CPI – buchbücher.de, Birkach
Hergestellt in Deutschland
ISBN 978-3-7867-3104-7

Inhalt

Zu diesem Buch

Convivenz: Zusammenleben in Verschiedenheit

Bausteine einer Theologie der Migration

Zu diesem Buch

Hier ist sie nicht geboren.
Unsere Sprache spricht sie nicht.
Gearbeitet hat sie ohne Papiere.
Gewohnt hat sie wechselnd
bei einer Freundin
in einem Container.
Sie würde gern anfangen
zu arbeiten
hier bei uns.
Ihr Name ist Hoffnung.
Hier kennt sie niemand.

Dorothee Sölle

1. Anliegen

„Wir können also das gegenwärtige Migrationsphänomen als ein sehr be-
deutsames 'Zeichen der Zeit' betrachten, als eine Herausforderung, die es
beim Aufbau einer erneuerten Menschheit und in der Verkündigung des
Evangeliums des Friedens zu entdecken und zu schätzen gilt."[1]
   Aus der Sicht der Katholischen Kirche ist Migration ein „Zeichen der
Zeit": ein Zuspruch und Anspruch Gottes in der epochal-geschichtlichen
Stunde der Gegenwart. Also solche ist sie ein theologiegenerativer Ort: ein
Ort, an dem Theologie sich bewähren und zugleich neu entstehen kann.
   Während ich im ersten der zwei Sammelbände zu „Migration, Flucht
und Religion: Praktisch-theologische Beiträge"[2] theologische und sozial-
wissenschaftliche Grundlagen für diese – in den Ohren mancher Zeitge-
nossInnen wohl kühne – These entfaltet habe, fragt der vorliegende zweite
Band nach den theologischen und praktischen Konsequenzen, die daraus
gezogen werden können und vertieft ausgewählte Fragestellungen des ersten
Bandes. Dabei steht vor allem die Frage nach dem Zusammenleben in
Verschiedenheit und Gerechtigkeit im Zentrum.
   Beide Bände präsentieren in insgesamt 16 Beiträgen meine bisherige
praktisch-theologische Forschung zum Themenbereich „Migration, Flucht,
und Religion". Diese Beiträge sind bis auf zwei neue Beiträge im ersten Band
bereits in thematisch einschlägigen Werken bzw. wissenschaftlichen Fach-
zeitschriften erschienen und werden nun nach entsprechender Überarbeitung einem breiteren Publikum gesammelt zur Verfügung gestellt.
   Ich möchte mit beiden Bänden all jenen, die sich für geflüchtete Menschen und MigrantInnen einsetzen und mit ihnen gemeinsam lernen wollen, wie Menschen in einer Migrationsgesellschaft friedlich miteinander
leben können, „Bausteine" für eine praktisch-theologische Reflexion ihrer
Erfahrungen zur Verfügung stellen. Die Beiträge versuchen, Flucht und
Migration in ihrem theologischen Sinn zu erschließen und Perspektiven für
deren Wahrnehmung und Deutung sowie Handlungsperspektiven zu entwickeln. Auf diese Weise formuliere ich auch einen Beitrag zu neuen, res-
sourcenorientierten und positiven Narrativen zu Flucht und Migration.
Dieser bedarf Europa mehr denn je, wenn es die anstehenden Herausforderungen bestehen will. Dabei werden die Probleme und Schwierigkeiten

---

[1] Päpstlicher Rat der Seelsorge für Migranten und Menschen unterwegs: Instruktion Erga
migrantes caritas Christi, Vatikan 2004, 14.
[2] Regina Polak: Migration, Flucht und Religion: Praktisch-Theologische Beiträge. Band 1:
Grundlagen, Ostfildern 2017.

keinesfalls ausgeblendet. Aber für jenen langen Atmen, den Europa in den nächsten Jahrzehnten benötigen wird, um sich angesichts des „Jahrhundertphänomens" Migration zu bewähren, braucht es positive Zugänge. Diese formuliere ich aus einer katholischen Perspektive, können und wollen aber – ins Säkulare übersetzt – auch Anregungen für Menschen anderer Konfessionen und Religionen sowie Menschen bieten, die sich einem humanistischen Ethos verpflichtet wissen.

Das Buch möchte Hoffnung stiften. Angesichts von Millionen Menschen in den Flüchtlingslagern rund um Europa; angesichts von Kindern und Jugendlichen, die durch Kriegs- und Fluchterlebnisse schwer traumatisiert sind; angesichts globaler Armut, die – wenn ihre Ursachen nicht bekämpft werden – weitere Millionen zum Aufbruch zwingen werden, kann das naiv und zynisch klingen. Ich halte die Förderung von Hoffnung dennoch für alternativlos. Denn wer die Hoffnung aufgibt, stimmt dem Leiden, dem Tod und dem Bösen zu. Viele der geflüchteten Menschen können uns EuropäerInnen solche Hoffnung lehren: Denn sie sind „Hoffnungsflüchtlinge". Sie haben den Glauben, dass ein besseres Leben möglich ist, noch nicht aufgegeben. Der Frage, wie man den zwischenzeitlich immer deutlicher sichtbar werdenden Problemen mit Angst, Hass und Ressentiment, mit Autoritarismus und Abschottung – quer durch alle Gruppen der Mehrheits- wie der Minderheitsgesellschaft – konstruktiv und im Interesse des friedlicheren Zusammenlebens begegnen kann, ohne dabei soziale, ethnische und religiöse Gruppen pauschaliter unter Verdacht zu stellen und auszugrenzen, arbeite ich. In den beiden ersten Bänden mache ich mich für eine positive und ressourcenorientierte Sicht auf Flucht und Migration stark.

2. Gliederung und Inhalt

Der zweite Band widmet gliedert sich in zwei Teile.

Der erste Teil widmet sich dem Thema *Convivenz* – ein Begriff aus der evangelischen Missionstheologie sowie der lateinamerikanischen Befreiungstheologie, der das nachbarschaftliche Zusammenleben im Alltag als Basis für den gesellschaftlichen Frieden beschreibt. Im Horizont der brisanten Frage nach dem Zusammenleben in einer sich globalisierenden Welt bildet die Frage nach der Wahrnehmung und dem Umgang mit Diversität dabei einen zentralen Fokus. So widmet sich der erste Beitrag *„Diversität und Convivenz: Miteinander Lebensräume gestalten – Miteinander Lernprozesse in Gang setzen"* (mit Martin Jäggle) auf der Basis einer Reich-Gottes-Theologie der Entfaltung dieses Modells der Convivenz. Kirche wird als „Lerngemeinschaft" wieder entdeckt und die konvivialen Dimensionen des

Lebens, Lernes und Feierns für die Gegenwart konkretisiert. Der Beitrag *„Diversität und Convivenz: Zusammenleben in Verschiedenheit. Ein praktisch-theologischer Beitrag zum Narrativ der europäischen Migrationsgesellschaft"* vertieft die Frage nach der Diversität und fragt aus historischer und bibeltheologischer Sicht nach Beiträgen zu einem differenzsensiblen Narrativ für die europäischen Migrationsgesellschaften in der christlichen Tradition. Religiöse Diversität stellt auch die Kirche vor neue Fragen. Der Beitrag *„Religiöse Diversität als Herausforderung für die Katholische Kirche"* nähert sich aus drei Perspektiven der Frage nach der Wirklichkeit von Diversität: als globalem und lokalem Phänomen, aus der Sicht der Praxis der Kirche sowie in der Rückfrage an die theologische Tradition zur Bereitstellung von Hermeneutiken der Diversität, u.a. in Erinnerung an die Theologie des Noah-Bundes. Schließlich zeige ich im Beitrag *„Migration und Katholizität"*, wie theologische „Ur-Worte" im Horizont der internationalen Migrationen neuen Glaubens-Sinn erschließen und Wahrnehmungs- und Denkperspektiven für konkretes Handeln in aktuellen Lernfeldern zur Verfügung stellen können: für die Fragen nach Identität, die Wahrnehmung „des" Fremden, im Engagement für Gerechtigkeit sowie für das Zusammenleben in Verschiedenheit.

Der zweite Teil bietet *„Bausteine einer Theologie der Migration"*. Der erste Beitrag *„Gegenwart als locus theologicus"* (mit Martin Jäggle) reflektiert im Horizont von Migration als konkretem *locus theologicus* fundamentale Grundlagen einer „Theologie der Gegenwart". Dazu wird das unausgeschöpfte Potential der Pastoralkonstitution *Gaudium et Spes* ausgelotet und die Begriffe „Zeichen der Zeit" und *locus theologicus* praktisch-theologisch durchbuchstabiert. Im Beitrag *„Perspektiven einer migrationssensiblen Theologie"* wird auf der Basis dieser beiden theologischen Grundkonzepte die spirituelle Tiefendimension – die sich vor allem in der zuhörenden Begegnung mit MigrantInnen eröffnen kann – erschlossen. Fragen zur kritischen Selbstreflexion sollen die Migrationssensibilität der Theologie stärken. Der Beitrag *„Trauer und Angst in Freude und Hoffnung transformieren"* widmet sich – ebenfalls aus einer spirituell orientierten Zugangsweise – zwei Phänomenen, mit denen die Migrationsgesellschaften Europas sich hinkünftig auseinandersetzen müssen: Trauer angesichts des Verlustes einer zu Ende gehenden Weltordnung und Angst angesichts der Fülle lokaler und globaler Bedrohungen, die sich in Flucht und Migration wie in einem Spiegel erkennen lassen. Gefragt wird nach dem Beitrag christlicher Spiritualität und Theologie in der Wahrnehmung und im Umgang mit diesen Phänomenen. Den Abschluss bildet die Vertiefung der Frage nach der Hoffnung, jener zentralen christlichen Tugend, die für das Bestehen der Zukunft neu gelernt werden kann und muss. Der Beitrag *Heim-Suchung:*

Wie der Fluch der Migration zum Segen werden kann" beschreibt ausgehend von bibeltheologischen Analysen wie Migration für Menschen zur Chance, theologisch: zum Segen gereichen und neues, gutes Leben ermöglichen kann.

Alle Beiträge können jeweils für sich gelesen werden. Redundanzen habe ich daher nur dort entfernt, wo dies ohne Sinnstörung für den einzelnen Text möglich war. Bei der Überarbeitung meiner Beiträge habe ich manches bewusst unverändert gelassen, damit die LeserInnen die rasanten Veränderungen wahrnehmen können, die seit der Verfassung der Beiträge in der öffentlichen und politischen Debatte von Flucht und Migration stattgefunden haben. Korrigiert habe ich vor allem die Situationsbeschreibungen, d.h. aktuelle Zahlen. Ergänzt habe ich, wo es nötig schien, aktuelle Forschungsergebnisse. Die Internetverweise wurden überprüft und, wenn möglich, aktualisiert. Die Sprache ist, soweit es die Lesbarkeit nicht stört, weitehend gegendert.

Aus der Sicht katholischer Theologie können Flucht und Migration den christlichen Glauben neu lernen und vertiefen lassen. Das Lehramt der Katholischen Kirche formuliert in diesem Sinn:

„Der Übergang von monokulturellen zu multikulturellen Gesellschaften kann sich so als Zeichen der lebendigen Gegenwart Gottes in der Geschichte und in der Gemeinschaft der Menschen erweisen, da er eine günstige Gelegenheit bietet, den Plan Gottes einer universalen Gemeinschaft zu verwirklichen."[3]

Die vorliegende Publikation möchte dazu theologisch ebenso fundierte wie konkrete Wege zeigen.

Regina Polak
Wien, am 30. Juni 2017

---

[3] Erga migrantes 9.

Convivenz: Zusammenleben in Verschiedenheit

Diversität und Convivenz: Miteinander Lebensräume gestalten – Miteinander Lernprozesse in Gang setzen

(mit Martin Jäggle)

Erschienen in: Brigitte Schinkele u. a. (Hg.): Recht Religion Kultur. Festschrift für Richard Potz zum 70. Geburtstag, Wien 2014, 603–638.

> „Ein im globalen Maßstab erfolgreiches Zusammenleben in Frieden und Differenz stellt für die Menschheit zweifellos die große, vielleicht entscheidende Herausforderung im 21. Jahrhundert dar."[1]
>
> Ottmar Ette

> „Entweder können wir in diesem Jahrhundert eine gemeinsame Zivilisation aufbauen, mit der jeder sich identifizieren kann, die von denselben universellen Werten zusammengehalten, von einem kraftvollen Glauben an das Abenteuer Menschheit geleitet und durch all unsere kulturellen Unterschiede bereichert wird; oder wir gehen alle in einer gemeinsamen Barbarei unter."[2]
>
> Amin Maalouf

> „Wir sollten im Blick behalten, welchen entscheidenden Wendepunkt in der Menschheitsgeschichte wir erreicht haben. (…) Die weiteren Verbesserungen der Lebensqualität hängen nicht länger vom fortgesetzten Wirtschaftswachstum ab: Heute geht es um Gemeinschaft, darum also, in welchen Beziehungen wir zueinander stehen."[3]
>
> Richard Wilkinson & Kate Pickett

1. Zusammenleben: Die Schlüsselfrage des 21. Jahrhunderts

1.1 Interdisziplinäre Zugänge

In Wissenschaft und Kunst mehren sich in jüngerer Zeit Stimmen, die die Brisanz der Frage nach dem Zusammenleben der Menschheit drastisch hervorheben. Exemplarisch kommen hier drei Zugänge zu Wort, in denen Migration eine – mitunter sogar zentrale – Rolle spielt. Der Romanist Ott-

---

[1] Ottmar Ette: ZusammenLebensWissen. List, Last und Lust literarischer Konvivenz im globalen Maßstab, Berlin 2010, 29.
[2] Amin Maalouf: Die Auflösung der Weltordnungen, Berlin 2010, 27.
[3] Richard Wilkinson/Kate Pickett: Gleichheit ist Glück. Warum gerechte Gesellschaften für alle besser sind, Berlin[4] 2012, 283 (Auslassung RP/MJ).

mar Ette analysiert europäische Literatur im Kontext von „transarealen Beziehungsgeflechten"[4] sowie beschleunigter Globalisierung und befragt z. B. „Literaturen ohne festen Wohnsitz" (d. h. Literaturen, die im Exil oder von AutorInnen „zwischen Kulturen" geschrieben wurden) auf ihr Potential für die Frage nach dem Zusammenleben. Zu der Vielzahl der dabei entdeckten „Gnoseme" des Zusammenlebenswissens gehören u. a. ein Bewusstsein von Differenz und Diversität, Perspektivenwechsel, Raum- und Zeitkonzepte unterschiedlicher Logiken sowie ein inklusives Identitätsbildungskonzept, das Migration und das damit verbundene Aufeinandertreffen Verschiedener nicht als Verlust interpretiert, sondern als Entdeckung von etwas Neuem, etwas Anderem versteht.

Für den libanesisch-französischen Schriftsteller Amin Maalouf wird das Zusammenleben mit ImmigrantInnen *der* entscheidende Faktor im Verhältnis zwischen Europa und der arabischen Welt. Die Situation von Minderheiten ist für jede Gesellschaft und für die Menschheit insgesamt „einer der sichersten Indikatoren für moralischen Fortschritt oder Rückschritt"[5]; noch schärfer: „Hier, um die Immigranten, wird der entscheidende Kampf unserer Epoche geführt werden müssen, hier wird er gewonnen oder verloren. Entweder gelingt es dem Westen, die Immigranten zurückzuerobern, ihr Vertrauen zurückzugewinnen, sie für die von ihm proklamierten Werte einzunehmen und so zu beredten Vermittlern in seinen Beziehungen zur übrigen Welt zu machen; oder aber sie werden sein größtes Problem."[6]

Der britische Wirtschaftshistoriker Richard Wilkinson und die US-amerikanische Epidemiologin Kate Pickett stellen die Frage nach dem Zusammenleben der Menschen im Kontext sozialwissenschaftlicher Ungleichheitsforschung. Zeitgenössische Formen von Wirtschaft und Politik zerstören weltweit menschliche Beziehungen und das Gemeinwohl. Ohne politische und gesellschaftliche Förderung sozialer, wirtschaftlicher, rechtlicher und politischer Gleichheit werden in Zukunft soziale Gräben aufreißen sowie mehr Konflikte und Kriege ausbrechen. Entgegen der vielfach geäußerten Meinung, ethnische Differenz und damit verbundene Konflikte seien die Ursache sozialer Probleme, weisen sie nach, dass ethnische Spannungen und soziale Probleme dieselbe Ursache haben: soziale Ungleichheit in der Gesellschaft. „Auch wenn die ethnische Spaltung einer Gesellschaft die Ausgrenzung und Diskriminierung von Minderheiten verstärkt, bleibt es bei dem allgemeinen Befund, dass gesundheitliche und

---

[4] Damit ist eine Hermeneutik gemeint, die Texte auf ihre darin vorfindbare Bewegungsgeschichte und die damit verbundenen raumübergreifenden Beziehungen befragt und dabei „Gnoseme" – Erkenntnisse, die für das Zusammenleben relevant sind – herausarbeitet.
[5] Maalouf, Die Auflösung der Weltordnungen, 56.
[6] Ebd., 196 f.

soziale Probleme um so häufiger auftreten, je mehr relative Benachteiligung die Menschen erfahren – unabhängig von ihrer ethnischen Zugehörigkeit."[7] Migration ist demnach weder die Ursache sozialer noch ethnischer Spannungen, sondern kann zu deren Beschleunigung führen – in dem Maß, in dem ethnische Zugehörigkeit, Religion oder Sprache als Merkmale eines geringen Sozialstatus gelten oder MigrantInnen auf Vorurteile stoßen. Das zentrale Problem sind jedoch all jene ökonomischen, politischen und sozialen Strukturen, die die Ungleichheit zwischen Menschen fördern und forcieren. An ihnen leiden Menschen mit und ohne Migrationsgeschichte, Länder und Menschen des reichen Nordens ebenso wie die armen Menschen und Länder des Südens.

1.2 Diversität und Convivenz

In diesem Beitrag wird anhand ausgewählter Perspektiven die Frage nach dem Zusammenleben im Kontext von Migration reflektiert: *Wie sollen wir in Vielfalt und Verschiedenheit zusammenleben?* Dies ist die Schlüsselfrage einer globalisierten Welt des 21. Jh, die immer stärker zusammenwächst und immer deutlicher ihre Zerrissenheit zeigt. Migration forciert die Dringlichkeit dieser Frage und entschleiert die Zerrissenheit in besonders krasser Weise: Die zeitgenössischen Varianten der Menschenfeindlichkeiten aller Art (Rassismus, Xenophobie, antimuslimischer Rassismus und Antisemitismus, Hass auf „den" Westen und Terrorismus), Diskriminierung, Ausbeutung und Exklusion von MigrantInnen, Menschenhandel, rigide staatliche Migrationsregime und skrupellose Migrationsindustrien uvm. rufen nachdrücklich ins Bewusstsein, dass die Frage nach dem Zusammenleben alle Menschen der Erde betrifft. Der Umgang mit Migration enthüllt, wie es um die Humanität, den Gerechtigkeitssinn und die Solidarität, kurz: das Ethos der Menschheit bestellt ist.

Wir nähern uns der Thematik aus zwei verschiedenen Fachdisziplinen der Praktischen Theologie: der Pastoraltheologie (Regina Polak) und der Religionspädagogik (Martin Jäggle). Modelle zu entwickeln für das Leben und Lernen in kultureller und religiöser Vielfalt ist die Vision des Instituts für Praktische Theologie[8] der Katholisch-Theologischen Fakultät der Universität Wien. In unserem Beitrag konzentrieren wir uns auf ausgewählte Probleme, die das Zusammenleben angesichts von Migration erschweren.

---

[7] Wilkinson/Pickett, Gleichheit ist Glück, 204.
[8] Vgl. Institut für Praktische Theologie der Katholisch-Theologischen Fakultät der Universität Wien, URL: https://pt-ktf.univie.ac.at/ (30.06.2017).

Migration ist jedoch nicht die Ursache der Probleme. Vielmehr ermöglicht Migration deren Wahrnehmung und Bearbeitung. Wir wollen mit unseren Überlegungen Perspektiven eröffnen, aus denen Anregungen für eine erneuerte Praxis in Kirche und Gesellschaft in Europa erwachsen können. Dabei steht der genuin *theologische* Beitrag zur Frage nach dem Zusammenleben im Kontext von Migration im Zentrum.

2. Das Reich Gottes: Realsymbol des Zusammenlebens – Wirklichkeit und Verheißung

Die Frage nach dem Zusammenleben verbindet sich aus der Perspektive des biblisch bezeugten Glaubens mit einer Zusage und einer Verheißung: Menschen *können* miteinander in Vielfalt und Verschiedenheit leben. Dem ethischen Gebot liegt eine Glaubenserfahrung zugrunde: Weil Gott die Menschen aus der Sklaverei sowie von der Angst vor dem Tod befreit und ihnen die Fähigkeit zum Zusammenleben geschenkt hat, können sie ethisch handeln. So ist z. B. die Erfahrung des Volkes Israel, von Gott aus Exil und Knechtschaft befreit worden zu sein, die Grundlage und Bedingung der Möglichkeit für das Formulieren und Einhalten des Dekalogs (Ex 20,2–17; Dtn 5,6–21). Weil Gott Freiheit geschenkt hat, können die Menschen Regeln des Zusammenlebens einhalten. Wenn sie ihre Freiheit nicht wieder verlieren wollen, *müssen* sie das auch tun. Dem Imperativ liegt der Indikativ zugrunde.

ChristInnen leben aus ebendieser Befreiungserfahrung und erkennen in Jesus von Nazareth den Messias, der ihnen durch sein Leben, Sterben und Auferstehen zeigt, wie solches Zusammenleben vor allem im Alltag konkret verwirklicht werden kann. Sie dürfen hoffen, dass das Zusammenleben eine reale, von Gott in Christus eröffnete Möglichkeit ist, die in allen Unterschieden die Einheit und Verbundenheit der Menschen untereinander und mit Gott (z. B. Gal 3, 28; Kol 3,10–11) erkennen lässt. Weil in Jesus Christus alle Menschen untereinander und mit Gott versöhnt sind (Kol 1,15–20) und die „trennende Wand der Feindschaft" zwischen Juden und Heiden niedergerissen ist, können diese miteinander in Frieden leben (Eph 2,11–19). Die Metaphern, in denen diese Erfahrungen und Visionen beschrieben werden, entstammen dem Bereich der Migration: „Ihr seid also jetzt nicht mehr Fremde ohne Bürgerrecht, sondern Mitbürger der Heiligen und Hausgenossen Gottes." (Eph 2,19)

Eine solche Sicht ist keinesfalls selbstverständlich. Denn Menschen neigen zu einem „parochialen Altruismus"[9]. Ihre Solidarität bezieht sich zumeist nur auf die eigene Gruppe, die sich in Abgrenzung zu anderen definiert: „Wir" gegen „die Anderen". Menschen verhalten sich am ehesten dann solidarisch, wenn sie als geschlossene Gruppe gegen andere auftreten.[10] Diese „Kombination aus Sippenliebe und Fremdenfeindlichkeit"[11] prägt den Verlauf der Geschichte. Zwischen urtümlichen Stammesgesellschaften und dem neuzeitlichen Sozialstaat ist diesbezüglich wenig Unterschied.[12] Auch die Kirche war und ist davon nicht frei, wovon der christliche Antijudaismus, die Konfessionskriege und die Unterdrückung religiöser Minoritäten bedrückend Zeugnis ablegen.

Herzstück der biblischen Vision vom Zusammenleben ist die Proklamation des Reiches Gottes. Wenngleich in verschiedener Weise, ist das Reich Gottes ein zentrales Thema biblischer Theologie im Alten und Neuen Testament. In der Verkündigung des Jesus von Nazareth bildet es sogar den Mittelpunkt der Verkündigung.[13] Den hebräischen *(malkut)* bzw griechischen *(basileia)* Begriff für das Reich Gottes müsste man genau genommen mit „Königreich" oder „Königsherrschaft" übersetzen, da beides untrennbar miteinander verbunden ist.[14] Während Königreich sich auf den Raum und das Volk bezieht, also den Bereich, den ein König beherrscht[15], beschreibt Königsherrschaft den dynamischen Aspekt der Machtausübung. Theologisch bezeichnet dieser Begriff in beiden Testamenten den Vollzug der Gottesherrschaft. Unter irdischen Verhältnissen ist diese freilich immer auch an einen Raum gebunden und wird materiell konkret. Dieser „Raum": Das „sind" allem voran konkrete menschliche Beziehungen und Gesellschaften. Diese sind in gewissem Sinn „das Land" Gottes, in dem er sich niederlässt. So lassen sich die jüdischen und christlichen Gemeinden *(qahal/ ekklesia)* als Erprobungsräume und Realutopien der Gottesherrschaft verstehen, als „Reich Gottes im Werden"[16].

---

[9] Wolfgang Palaver: Warum Solidarität nicht gleich Solidarität ist. Der Umgang der Kirchen mit den Fremden, in: Severin Lederhilger (Hg.): Auch Gott ist ein Fremder. Fremdsein – Toleranz – Solidarität, Frankfurt am Main 2012, 121–140 (121 ff).

[10] Samuel Bowles: Conflict: Altruism's Midwife, Nature 456 (2008), 326–327.

[11] Stefan Schmitt: Die Wurzeln des Bösen, in: „Die Zeit" 44 vom 22. Oktober 2009, URL: http://www.zeit.de/2009/44/Das-Boese (30.06.2017).

[12] Vgl. Palaver, Warum Solidarität nicht gleich Solidarität ist, 123.

[13] Vgl. Gottfried Vanoni/Bernhard Heininger: Das Reich Gottes. Perspektiven des Alten und Neuen Testaments, Neue Echter Bibel – Themen IV, Würzburg 2002, 121.

[14] Vgl. zum Folgenden ebd., 65.

[15] Gerhard Lohfink: Die Korrelation von Reich Gottes und Volk Gottes bei Jesus, in: ThQ 165 (1985), 173–183.

[16] Martin Hoffmann/Hans-Ulrich Pschierer: Reich Gottes im Werden. Modell einer auftragsorientierten Gemeindeentwicklung, Leipzig 2009. – Damit ist allerdings nicht gesagt, dass sich

Ohne Zweifel ist der Begriff des Reiches historisch sehr belastet, nicht zuletzt durch das Dritte Reich und seine deutsche Rede vom Reich Gottes, aber auch die jahrhundertelange ambivalente Kooperation der Kirche(n) mit staatlicher Macht. Vielleicht ist es gerade deshalb unerlässlich, an das biblische Verständnis von Reich Gottes zu erinnern, weil es in der Frage nach dem Zusammenleben das Thema der Macht ins Zentrum stellt. Dabei steht die Heilige Schrift kritisch allen Formen menschlicher Macht gegenüber: Nicht Menschen sollen über Menschen herrschen, sondern nur einer darf herrschen – und dies ist Gott. Die Herrschaft Gottes stellt sich gleichsam schützend zwischen Menschen. *Wie* diese Herrschaft Gottes sich unter Menschen konkretisiert, erzählt die Lerngeschichte des Alten und Neuen Testaments. Die Einheit der beiden Testamente besteht dabei „im jüdischen Glauben Jesu von Gott als König"[17].

Reich Gottes als Gottesherrschaft beschreibt in beiden Testamenten immer zugleich und untrennbar damit verbunden Gottes*gemeinschaft*: Die Herrschaft Gottes zeigt sich, indem Menschen mit Gott und anderen Menschen in Frieden zusammenleben. „Das Reich Gottes ist kein Reich der Individuen, sondern (…) *Begründung und Beginn neuen Zusammenlebens. Eine neue Individualität, die nicht sofort eine neue Sozialität initiierte, ist biblisch undenkbar.*"[18] So gibt es die Herrschaft Gottes nicht ohne eine konkret beschriebene Sozialordnung, deren zentrales Merkmal Gerechtigkeit ist. Diese Gerechtigkeit erweist sich in spezifischer Weise im Umgang mit jenen, die in einer Gesellschaft am Rand stehen und vom Ausschluss bedroht sind: mit den Armen, den „Witwen, Waisen und Fremden". Daran bemisst sich die Qualität jeder Gemeinschaft und Gesellschaft, die sich auf das Reich Gottes beruft.

Im Alten Testament steht das Drama der rettenden und richtenden Gerechtigkeit Gottes im Zentrum.[19] Gott rettet sein Volk, indem er es richtet. Der Bezeichnung „König" für Gott stehen manche der alttestamentlichen Schriften dabei durchaus ambivalent gegenüber. Denn das Volk Israel hat mit der Herrschaft von Königen viele schlechte Erfahrungen – im Äußeren

---

das Reich Gottes auf diese Gemeinden – oder die Kirche – beschränkt oder diese gar ident mit ihm sind. Vielmehr haben Judentum und Christentum den Auftrag, auf je verschiedene Weise dazu beizutragen, dass das Reich Gottes in der ganzen Welt wirklich werden kann (vgl. dazu auch Dogmatische Konstitution über die Kirche Lumen Gentium 5).

[17] Vanoni/Heininger, Das Reich Gottes, 121.

[18] Hans-Joachim Kraus: Reich Gottes, Reich der Freiheit. Grundriss Systematischer Theologie, Neunkirchen/Vluyn 1975, 20 (Auslassung RP/MJ).

[19] Vgl. zum Folgenden Vanoni/Heininger, Das Reich Gottes; Norbert Lohfink: Das Königtum Gottes und die politische Macht. Zur Funktion der Rede vom Gottesreich bis zu Jesus von Nazareth, in: Norbert Lohfink: Das Jüdische am Christentum. Die verlorene Dimension, Freiburg im Breisgau² 1989, 71–102, 240–256.

durch die Fremdherrschaft im Exil in Ägypten und Babylon; durch die Vernichtungsversuche durch fremde Völker; aber auch im Inneren mit den eigenen Königen. Das vorstaatliche Israel wehrt sich deshalb z. B. gegen die Einrichtung jeglicher Zentralinstanz, weil die Unterdrückung durch ägyptische und mesopotamische Herrscher noch allzu deutlich in Erinnerung ist. Wenn Gott König genannt wird, wird sich – so die Erfahrung – alsbald ein Mensch an seine Stelle setzen und gottgleiche Macht ausüben. So sind wesentliche Texte des Alten Testaments in Fragen von Macht und Herrschaft überaus differenziert und kritisch – auch wenn das Volk Israel seine Traditionen selbst allzu oft vergisst und verrät. Wenn Gott in der Torah im Siegeslied der Israeliten das erste Mal als König bezeichnet wird (Ex 15,1–18), wird er als Sieger über die Unterdrückungsmacht des ägyptischen Königs gepriesen. Gott ist König, weil er die Herrschaft von Menschen über Menschen beendet hat. Zugleich gibt Gott als Herrscher von Anfang an Macht an die Menschen ab und lässt sie an seinem Schöpfungswerk teilhaben: Er traut den Menschen zu, über die Sünde zu herrschen (Gen 4,7). Er macht Josef zum Herrscher über ganz Ägypten (Gen 45,8.26). Von Anfang an ist der Mensch – jeder Mann, jede Frau – als Repräsentant göttlicher Macht[20] – zum Verwalter in der Schöpfung berufen (Gen 1,26). Daneben lassen sich immer wieder Texte finden, die dem menschlichen Königtum sehr reserviert gegenüberstehen (Ri 9,7–21; 1 Sam 8,11–18; 10, 19; 12,17–20). Die realen Erfahrungen mit den eigenen Königen, deren bis auf wenige Ausnahmen ungerechte und unmenschliche Herrschaft als Ursache für die Vertreibung ins Babylonische Exil betrachtet wurde, führen schließlich im Königsgesetz (Dtn 17,14–20) zu einer drastischen Einschränkung königlicher Rechte. Er darf kaum etwas besitzen und soll täglich die Torah lesen, also eine Art „Musterisraelit" sein. Damit verbindet sich im Buch Deuteronomium die Gesetzgebung für eine Sozialordnung, in deren Mitte die Armen stehen: auf diese Weise soll sich Herrschaft Gottes realisieren.

Entlang der historischen Erfahrungen des Volkes Israel lernt dieses mühsam verstehen, was es mit der Gottesherrschaft auf sich hat. JHWH als König ist ein König anderer Art, er unterscheidet sich von den menschlichen und göttlichen Königen der Umgebung: „Für Israels Gott gibt es keinen Amtsantritt; er ist König von Anbeginn der Schöpfung. Akzentverschie-

---

[20] Das „Abbild Gottes" ist im Hebräischen die Gottesstatue – und in der orientalischen Welt war mit der Anwesenheit einer solchen Statue in einem Tempel eines Herrschers auch der Herrscher selbst anwesend. In Gen 1,26 ist nicht mehr nur ein König der Repräsentant Gottes in der Welt, sondern die ganze Menschheit und jeder einzelne Mensch repräsentieren Gott in seinem Tempel, der Welt. Vgl. Norbert Lohfink: Die Gottesstatue. Kreatur und Kunst nach Genesis 1, in: Norbert Lohfink: Im Schatten deiner Flügel. Große Bibeltexte neu erschlossen, Freiburg im Breisgau² 2000, 29–48, 264.

bungen deuteten sich an, etwa im mühsamen Lernprozess weg vom kriegerischen Gottkönig hin zu einem Liebenden, der sich um die Jugendliebe sorgt und dessen 'Stärken' Güte und Vergebung sind. Ziele der Herrschaftskritik zeichneten sich ab: 'Frieden' und 'Gleichheit der Menschen'.[21]

Das Reich Gottes, wie es im Alten Testament geschildert wird, ist demnach ein Reich, in dem Gerechtigkeit und Barmherzigkeit, Güte und Erbarmen, Teilhabe und Gleichheit sowie eine große Skepsis gegenüber allen Formen absoluter und totaler Macht „herrschen". Die Herrschaft Gottes über die Menschen wird als Prozess verstanden. Sie vollzieht sich Schritt für Schritt, indem die Menschen lernen, die Prinzipien eines solchen Machtverständnisses zu verstehen und zu leben. Das Volk Israel ist deshalb zu einer besonderen Lebensform und Sozialordnung berufen und soll darin ein „Licht für die Völker" (Jes 49,6; Lk 2,32) sein. Vollendet wird das Reich Gottes erst am Ende der Zeit durch Gott selbst. Im Laufe der Zeit verkündeten die Propheten, dass die Gerechtigkeit Gottes allen Völkern zugesagt ist. Wie dies geschieht, beschreiben die Prophetenbücher und auch die Psalmen vor allem im Bild der Völkerwallfahrt (z. B. Jes 2,2; Jes 60, 4–9; Mich 4,1). Die Völker kommen aus freien Stücken zu JHWH, müssen ihre Identität nicht aufgeben und preisen ihn als König: „Es kommt die Zeit, alle Nationen und Sprachen zu versammeln, dass sie kommen und meine Herrlichkeit sehen" (Jes 66,18).

Dieser fragmentarische Einblick in die Vielfalt und Widersprüchlichkeit der Erfahrungen mit Herrschaft und Reich Gottes zeigt, wie eng diese von Beginn an mit Migration zusammenhängen. In der Fülle der Geschichte von Exil, Vertreibung, Wanderung, Fremdsein und Diaspora werden Gottes Gerechtigkeit und Barmherzigkeit erkennbar. Die Migrationserfahrungen der Israeliten sind nicht nur der Entstehungskontext eines Großteils der alttestamentarischen Literatur, sondern wurden zu einer „Theologie der Migration" verdichtet. Migranten-Identität ist konstitutiv für Israel und sie wird immer wieder erinnert (Dtn 26, 5–9). Sie führt zur Entwicklung von Gastfreundschaft als heiligem Gebot und einer differenzierten Gesetzgebung für Fremde. Diese findet ihren Höhepunkt im Gebot, den Fremden zu lieben wie sich selbst. So hat das im Alten Testament singuläre Gebot der Nächstenliebe zwei Gestalten.[22] In Lev 19,18 bezieht sie sich auf den Nächsten, in Lev 19,34 auf den Fremden: „Wenn bei dir ein Fremder in eurem Land lebt, sollt ihr ihn nicht unterdrücken. Der Fremde, der sich bei

---

[21] Vanoni/Heininger, Das Reich Gottes, 44.
[22] Vgl. Georg Braulik: Das Volk, das Fest, die Liebe. Alttestamentliche Spiritualität, in: Georg Braulik/Norbert Lohfink: Liturgie und Bibel. Gesammelte Aufsätze (Österreichische Biblische Studien 28), Frankfurt am Main 2005, 29–49.

dir aufhält, soll euch wie ein Einheimischer gelten, und du sollst ihn lieben wie dich selbst; denn ihr seid selbst Fremde in Ägypten gewesen."

Dieses Gebot wurde auch im deuteronomistischen Gesetzeswerk aufgenommen: „Er (= Gott) verschafft Waisen und Witwen ihr Recht. Er liebt die Fremden und gibt ihnen Nahrung und Kleidung – auch ihr sollt die Fremden lieben, denn ihr seid Fremde in Ägypten gewesen." (Dtn 10,18 f). Die Verantwortung für Fremde gehört untrennbar zum jüdischen Gesetz und der Umgang mit Diversität ist geregelt: Die Fremden können an den Festen teilnehmen, ohne die religiösen Pflichten übernehmen zu müssen.[23] Migration wird dabei keinesfalls theologisch überhöht, wenngleich das Alte Testament weiß, dass einem im Fremden Gott selbst begegnen kann (Gen 18,32). Im Zentrum steht primär das Recht des Menschen, in Wohl und Würde in einer Gesellschaft leben und an ihr teilhaben zu können

Ein zeitgenössisch brisantes Beispiel dafür ist das Gesetz zur Errichtung der Asylstädte (Dtn 4,41–43; 19,1–10). Diese sind gekennzeichnet durch Aufnahmebereitschaft und Gastfreundschaft gegenüber jenen, die durch unverschuldetes und unbeabsichtigtes Töten mit dem Gesetz in Konflikt geraten sind. Man „wählt sie weder aus den kleinen Flecken (...) noch aus den großen Metropolen. Man wählte sie aus den mittleren Städten aus; man gründet sie nur dort, wo Wasser ist; und wenn dort keins ist, bringt man es hin; man gründet sie nur dort, wo Marktplätze sind."[24] Die Asylsuchenden sollen also weder in Containern oder Auffanglagern eingeschlossen noch weggesperrt werden, sondern benötigen ausreichenden Lebensunterhalt und Zugang zum Arbeitsmarkt, würde man heute sagen.

Die Frage nach dem Zusammenleben entscheidet sich wesentlich am Umgang mit den Fremden. Denn ohne irdische Gerechtigkeit gibt es kein Reich Gottes. Für Israel ist „religiöses Heil nicht möglich ohne Gerechtigkeit in der irdischen Stadt. Keine vertikale Dimension ohne horizontale Gerechtigkeit (...) Ein irdisches Jerusalem muss vollendet werden (...) damit das himmlische Jerusalem mit göttlicher Gegenwart erfüllt wird. Es gibt keinen anderen Weg zum Heil als den über die Wohnung des Menschen."[25]

Das Reich Gottes ist eine Gabe und eine Aufgabe. Die Herrschaft Gottes ist eine sich bereits verwirklichende Zukunftsverheißung, die sich aus der Sicht des Alten Testaments maßgeblich durch Migration vollzieht.

Jesus von Nazareth steht ganz in dieser Tradition. Im Zentrum seines Lebens steht die Ankündigung dieses Reiches Gottes: „Erfüllt ist die Zeit,

---

[23] Zum Folgenden vgl. u. a. Ex 20,8–10 (3. Gebot); Dtn 5,14–15; Dtn 14,11–20; Dtn 14,22; Dtn 16,11 und 14.

[24] Babylonischer Talmud. Traktat Makkot 10a, zitiert nach Emmanuel Lévinas, Jenseits des Buchstabens I: Talmud-Lesungen, Frankfurt 1996, 61 (Auslassungen RP/MJ).

[25] Lévinas, Jenseits des Buchstabens I, 57 (Auslassungen RP/MJ).

und nahegekommen ist das Reich Gottes. (Deshalb) kehrt um und glaubt an die frohe Botschaft!" (Mk 1,15) „Kein anderes Thema treibt Jesus von Nazareth so um wie die Rede von der *basilieia tou theou,* die Rede von der *Herrschaft* oder dem *Reich* Gottes."[26] Dass sich dieses „Umhergetrieben Sein" Jesu ganz konkret in der Existenz eines Wanderpredigers – eines Migranten – verwirklicht, zeigt, wie bedeutsam Migration auch für die christliche Identität ist.[27] Neu an der Botschaft Jesu ist nicht, dass im Alten Testament das Reich Gottes erwartet wird, während es im Neuen gekommen ist: Dass Gott von Anfang an als Schöpfer der König der Welt ist, weiß bereits das Alte Testament – und daher auch Jesus. Gott kommt mit Jesus auch nicht näher als er es zuvor schon war: Bei der Befreiung aus Ägypten ist ebenso „der Finger Gottes" (Ex 8,15) am Werk wie in den Dämonenaustreibungen Jesu (Lk 11,20).[28] Jesus hat sein Wirken immer an das Wirken Gottes rückgebunden und die „alttestamentliche theozentrische Königs-Konstellation"[29] erhalten: Die Hauptperson ist Gott. Jesus versteht das Reich Gottes in der Tradition seines jüdischen Glaubens.

Neu ist der Anspruch des Jesus von Nazareth, wie Gott zu handeln. Die unwiderrufliche Gewissheit und Gegenwart Gottes wird in Erinnerung gerufen. Neu ist die Normativsetzung einer bestimmten jüdischen Tradition: die schrittweise Umdeutung von Macht und Herrschaft in Dienst am Leben bis hin zur Ohnmacht am Kreuz als erlösende Kraft. Die Gottesherrschaft, im Alten Testament so verstreut anzutreffen, dass manche Exegeten deren Relevanz bezweifeln[30], wird bei Jesus von Nazareth zum hermeneutischen Schlüssel und zur Hauptsache. So kommt die Rede Jesu von der Gottesherrschaft ohne die klassischen Insignien und Konnotationen der Königsideologie aus (Thron, Thronrat)[31]. Jesus buchstabiert sie in vielfältiger Form – insbesondere in seinen Gleichnissen – in den Lebensalltag der einfachen und armen Leute hinein.[32] Gottes Macht zeigt sich anders als in klassischer Herrschaftsmacht. Die ungeteilte Gegenwart Gottes steht dabei im Mittel-

---

[26] Vanoni/Heininger, Das Reich Gottes, 63.

[27] Auch die Geschichte des Christentums ist eine Migrationsgeschichte. Fremdlinge und Gäste auf Erden zu sein, gehört im Neuen Testament zum Selbstverständnis christlicher Gemeinden (Hebr 11,13; 1 Petr 2,11). Auch die Apostelgeschichte belegt den engen Zusammenhang von Christentumsgeschichte und Migration, vgl. Werner Kahl: „Komm herüber und hilf uns!" Migrationserfahrungen im Frühchristentum am Beispiel der Apostelgeschichte, in: Ders.: Vom Verweben des Eigenen mit dem Fremden. Impulse zu einer transkulturellen Neuformierung des evangelischen Gemeindelebens, Hamburg 2016, 33–44.

[28] Vanoni/Heininger, Das Reich Gottes, 122.

[29] Ebd.

[30] Ebd., 9.

[31] Ebd., 124.

[32] Ebd.

punkt der Verkündigung und Praxis des Jesus von Nazareth: *Jetzt* ist das Reich Gottes ganz da, *jetzt* erfüllen sich die prophetischen Verheißungen. Die Gegenwart kann zum Ort der Erfahrung des Reiches Gottes werden. Das Reich Gottes zeigt sich in den Heilungen und Exorzismen, wo Menschen von jenen Krankheiten und Besessenheiten befreit werden, die sie aus dem Leben und der menschlichen Gemeinschaft ausschließen. Krankheit und Dämonen werden dabei als soziale Phänomene erkennbar, deren Heilung und Vertreibung damit zugleich die Störungen von Gesellschaft und Politik entschleiert.[33] Es wird konkret in den Mählern Jesu mit Zöllnern und Sündern; in der bedingungslosen Zusage der Vergebung der Sünden hier und jetzt (Mk 2,5), in der Seligpreisung der Armen (Mt 5,3 par). In all diesen Handlungen wird das Reich Gottes erfahrbar und erfüllen sich *jetzt* die eschatologischen Verheißungen. Dies geschieht nicht nur fragmentarisch, sondern in jedem dieser Ereignisse ist das Reich Gottes ganz da. Jesus verkündigt die Entmachtung des Bösen (Lk 10,18). Das Reich Gottes wird unwiderruflich Wirklichkeit[34] und kann nicht aufgehalten werden. Jesu Worte und seine Praxis sind Realsymbole dieser Wirklichkeit. Wenn Jesus von Nazareth dies als Zeitenwende begreift, bedeutet dies nicht, dass damit die Vergangenheit des Alten Testaments aufgehoben ist. Vielmehr unterstreicht und bestätigt er dessen Glaubenserfahrungen und Verheißungen. Die Gegenwart wird zur Heilszeit – und nur insofern wird die Vergangenheit relativ. Das Reich Gottes steht im Verfügungsbereich der Menschen (Lk 17,20), es ist in der Welt erfahrbar: „mitten unter Euch". Auffällig ist dabei die „konsequente *Entsakralisierung der basileia*"[35]: Gottesherrschaft findet im konkreten Alltag statt. Sie kann in profanen Ereignissen wie dem Umgang mit Geld, Lohn und Schulden wirklich werden. Zugleich formuliert Jesus – in der ersten bis dritten Bitte des Vater Unser – als Bitten um das Kommen des Reiches Gottes[36] die Hoffnung auf eine universale Wende der Geschichte, in der alle Not ein Ende hat.

Die Rezeptionsgeschichte der Reich Gottes Botschaft wirft bis heute viele Fragen auf:[37] Wie steht es um das Verhältnis zwischen seiner Gegenwärtigkeit und seiner Zukünftigkeit? Wie politisch ist seine Botschaft? Worin

---

[33] Was sich mit jüngeren Befunden zum Zusammenhang zwischen Krankheit und sozialer Ungleichheit deckt, vgl. Wilkinson/Pickett, Gleichheit ist Glück.

[34] Dieser Überzeugung Jesu liegt eine spirituelle Erfahrung zugrunde; er formuliert sie, nachdem er in der Wüste gefastet und gebetet hat.

[35] Vgl. Vanoni/Heiniger, Das Reich Gottes, 95 f.

[36] Gerhard Lohfink: Das Vaterunser neu ausgelegt, Stuttgart 2012.

[37] Zur Vielfalt der Rezeption der Reich Gottes Botschaft des Jesus von Nazareth im Neuen Testament, vgl. Vanoni/Heininger, Das Reich Gottes, 97 ff.

besteht ihr spiritueller Charakter? Welche Rolle spielen Menschen bei seiner Errichtung?[38]

Wir schließen uns hier der Interpretation des katholischen Theologen Urs Eigenmann an, der eine exzellent systematisierte Übersicht entwickelt hat. Das Reich Gottes beschreibt eine konkrete persönlich-existentielle und zugleich gesellschaftlich-politische Wirklichkeit, die sich auf vielfältige Weise zeigt:[39]

Das Reich Gottes konkretisiert sich zuerst als Fest einer *offenen Tischgemeinschaft:* Alle gesellschaftlichen Regeln, Rituale, Konventionen sind relativiert, alle sozialen Ungleichheiten beseitigt. Im Fest feiert eine egalitäre Gemeinschaft, begegnen einander Menschen auf Augenhöhe. Niemand gilt hier als Fremder. Das Fest ist die Quelle und der Höhepunkt, aus dem das Reich Gottes erwächst und in dem es symbolisch schon verwirklicht ist.[40]

Das Reich Gottes hat *ökonomische Aspekte:* Es ist vor allem den Armen und Fremden zugesagt. Es verändert die Einstellung zu materiellem Besitz, zeigt sich in einer anspruchsarmen Lebensweise, in der Bereitschaft zur Solidarität und in einer Gerechtigkeit, die sich am Lebensbedarf und nicht an der Leistung der Menschen orientiert (vgl. das Weinberggleichnis Mt 20,1–16). Zum Reich Gottes gehört eine Ökonomie der Gerechtigkeit, die im Dienste des Lebens steht.[41]

Das Reich Gottes hat *politische Aspekte:* Es ist den sozial Exkludierten und gesellschaftlich wenig Anerkannten zugesagt, erneut: den Fremden. Es dreht die Ordnungen der Macht um: Es gibt keine vertikale Diskriminierung (wer oben ist, hat die Macht) und keine laterale Ausgrenzung (wer anders ist, ist draußen). Familiäre, ethnische, nationale Grenzen werden überschritten zugunsten der Verbundenheit aller Menschen untereinander und mit Gott. Erwachsene orientieren sich an Kindern, Frauen werden geachtet, Kranke geheilt.[42]

Das Reich Gottes hat *religiös-spirituelle Aspekte:* Es verlangt die *Metanoia* der Herzen zu Gott: Die Wirklichkeit anders wahrnehmen, denken, gestalten zu lernen. Menschen und Gesellschaften werden von Dämonen – Besessenheiten, die das verhindern – geheilt. Die Unmittelbarkeit der Kinder ist das Maß, die Orientierung an der Gottes- und Menschenliebe steht im Mittelpunkt. Zugang eröffnet nicht das Bekenntnis, sondern die Praxis.[43]

---

[38] Ebd., 63 ff.
[39] Vgl. zum Folgenden Urs Eigenmann: Das Reich Gottes und seine Gerechtigkeit für die Erde. Die andere Vision vom Leben, Luzern 1998, 33–94.
[40] Ebd., 37–41.
[41] Ebd., 41–55.
[42] Ebd., 56–72.
[43] Ebd., 72–85.

In dieser Interpretation zeigt sich deutlich, dass das Reich Gottes eine Vision, besser: eine Realutopie vom Zusammenleben ist. Was zukünftig allen Menschen verheißen ist, wird jetzt schon wirklich, wo Menschen in diesem Sinn leben. Es gibt Antworten auf die Fragen jeder Gesellschaft: wie das physische Leben und Überleben zu sichern sind, wie das gesellschaftliche Zusammenleben zu regeln ist, und wie ein sinnvolles Leben möglich wird.[44] Es ist eine spirituelle Größe, insofern die damit verbundenen Praxisformen in einer existenziellen Erfahrung von Gott verwurzelt sind und aus der Gottesbeziehung gespeist werden. Die Gotteserfahrung entbindet zu einer neuen Form des Zusammenlebens. Zugleich und umgekehrt gibt es „Einlassbedingungen", die mit konkreten Praxisformen verbunden sind. Ohne die Praxis von Gerechtigkeit und in inhumanen Gesellschaften lässt sich Gott nur sehr schwer erfahren. Praxis kann ihrerseits Gotteserfahrung ermöglichen. Das Zusammenleben im Reich Gottes beschreibt demnach die Wirklichkeit und Verheißung einer Menschheit, die mit Gott und untereinander zuinnerst verbunden ist. Menschen sind darin aufeinander und auf Gott verwiesen, brauchen einander und Gott. In dieser Menschheit ist Verschiedenheit zwischen Gott und Mensch, zwischen Mensch und Mensch deshalb keine Störung, sondern notwendig zum Zusammenleben.

Migration birgt die große Chance, die Botschaft vom Reich Gottes wiederum und vertieft neu zu entdecken. Die Mehrheit der MigrantInnen in Europa gehört zu jenen, die von rechtlicher, politischer, ökonomischer und politischer Exklusion betroffen und bedroht sind. MigrantInnen können BotschafterInnen des Reiches Gottes sein. Die Einheimischen brauchen sie, um sich an diese zugesagte Realität wieder zu erinnern. Das Zusammenleben mit ihnen ist ein Ort, an dem Gottes Reich konkret werden kann: als Realsymbol.

Aus einer theologischen Perspektive ist der springende Punkt: *Zusammenleben ist als Lebensmöglichkeit von Gott her zugesagt*. Das Reich Gottes lässt sich aber nicht moralisch, rechtlich oder politisch erzwingen – wenngleich es untrennbar mit Moral, Recht und Politik verbunden ist und sich in diesen konkretisiert. Reich-Gottes-Praxis bedarf spiritueller Verwurzelung: die Wahrnehmung der Präsenz des Reiches Gottes in der Welt; die Wahrnehmung des Antlitzes Christi in den MigrantInnen (vgl Mt 25,35). Dies wird möglich, indem man Zusammenleben riskiert und im Sinne des biblischen Ethos Handeln erprobt.

Zusammenleben wird heute im Kontext einer Welt erforderlich, die von Pluralität und Diversität gekennzeichnet ist. Pluralität und Diversität sind Ausgangsort und Faktum unserer Fragestellung. Leben mit Menschen, die

---

[44] Ebd., 44.

andere Lebensstile und Werte, andere religiöse oder weltanschauliche Vorstellungen, andere kulturelle Traditionen haben, wird weltweit und in Europa zur Normalität – und damit zur Herausforderung für Gesellschaft und Kirche. Doch damit nicht genug: Wachsende Verschiedenheit bedeutet auch, dass sich Erfahrungen von Fremdheit radikalisieren. Denn wachsende Pluralität muss nicht automatisch die Erfahrung unverständlicher Fremdheit bedeuten. Pluralität fordert zunächst dazu heraus, mit erhöhter Komplexität umzugehen.[45] „Das Viele, das Andere und das Fremde sind nicht Ausdrucksformen ein und desselben, sondern unterschiedliche Erfahrungen. Eine Anzahl noch so vieler Menschen muss mich nicht befremden, während mir eine einzige Person ungeheuer fremd sein kann."[46]

Erfahrung von Diversität hat also unterschiedliche Dimensionen. Diversität als Herausforderung für Gesellschaft und Kirche bedeutet, mit der Vielfalt und Andersheit des Verschiedenen leben zu lernen, aber auch und vor allem mit dem unverständlichen Fremden, das sich in der Verschiedenheit zeigen kann. Migration löst diese Herausforderung keinesfalls aus, denn MigrantInnen sind nicht per se „die Anderen" oder „die Fremden". Migration verändert jedoch die Wahrnehmung von Andersheit und Fremdheit und zeigt die Dringlichkeit der Frage nach dem Zusammenleben in Vielfalt und Verschiedenheit.

3. Kirche als Lerngemeinschaft

Die Vision vom Reich Gottes möchten wir konkretisieren in der Vision von der Kirche als Lerngemeinschaft. Eine Synagoge wird von Juden auch „Schul" genannt, weil sie ein Ort des ständigen Lernens ist. Warum sagt man das eigentlich nicht von einer Kirche?[47]

Jesus selbst war Zeit seines Lebens ein Lernender.[48] Von klein auf lernte er die Thora. Das Neue Testament erzählt, wie Jesus von einer Ausländerin und Heidin, der syrophönizischen (kanaanäischen) Frau, gelernt hat (Mt 15,21–28; Mk 7,24–30): Gottes Heil geht über das jüdische Volk hinaus. Schließlich hat Jesus im Leiden den Gehorsam gelernt (Hebr 5,8).

---

[45] Vgl. Franz Gmainer-Pranzl: Beunruhigungen. Diskurs über das Unzugängliche, in: Lederhilger, Auch Gott ist ein Fremder, Frankfurt am Main, 53–75 (62).
[46] Ebd.
[47] Vgl. Norbert Lohfink: Der Glaube und die nächste Generation. Das Gottesvolk der Bibel als Lerngemeinschaft, in: Lohfink, Das Jüdische am Christentum, 144–166, 260–263.
[48] Vgl. Wilhelm Bruners: Wie Jesus Glauben lernte, Freiburg im Breisgau/Basel/Wien 2012; Rainer Riesner: Jesus als Lehrer. Eine Untersuchung zum Ursprung der Evangelienüberlieferung (Wissenschaftliche Untersuchungen zum Neuen Testament II/7), Tübingen 1981.

Als Lerngemeinschaft ist die Kirche eine Schule Jesu, Jünger und Jüngerin sein bedeutet genau übersetzt, Schüler und Schülerin sein *(mathetes)* in der Bedeutung von existentiellem Lernen. Und im Missionsauftrag nach Matthäus (Mt 28,19–20) lautet die Aufforderung Jesu, „macht alle Menschen zu meinen Schülern", womit gemeint ist, dass sich die Menschen jenen anschließen, die bereits die Schule Jesu bilden, in der alle in gleicher Weise zuallererst Lernende sind.

Pfingsten gilt als Gründungsdatum der Kirche, das Pfingstereignis gewissermaßen als ihr Geburtsfest (Apg 2,1–13). Erfüllt vom Heiligen Geist sprachen die Apostel in anderen Sprachen und alle konnten sie in ihrer jeweiligen Sprache verstehen, ist in der Apostelgeschichte zu lesen. Kirche ereignet sich von Beginn an als ein Ort der Verständigung in Vielfalt. Absurd wirkt da eine merkwürdige Praxis, wenn die Katholische Kirche Ende September einen „Sonntag der Völker" etabliert und so das Vergessen von Pfingsten als das Fest einer Kirche, die ein Zeichen der Einheit der Völker, ja der Einheit der Menschheit ist, verfestigt.

Die Kirche ist Lerngemeinschaft insofern sie von der Welt lernt. Die „Kirche weiß, wie sehr sie selbst in ihrer lebendigen Beziehung zur Welt an der Erfahrung der Geschichte immerfort reifen muss"[49] und sie ist sich „auch darüber im Klaren, wie viel sie selbst der Geschichte und Entwicklung der Menschheit verdankt."[50] „Von Beginn ihrer Geschichte an hat sie (die Kirche) gelernt."[51] Und heute bedarf die Kirche „der besonderen Hilfe der in der Welt Stehenden, die eine wirkliche Kenntnis der verschiedenen Institutionen und Fachgebiete haben und die Mentalität, die in diesen am Werk ist, wirklich verstehen, gleichgültig, ob es sich um Gläubige oder Ungläubige handelt"[52]. Letztlich geht es auch darum, dass „die geoffenbarte Wahrheit immer tiefer erfasst, besser verstanden und passender verkündet werden kann"[53].

Kirche wird immer mehr Weltkirche. Katholische, evangelische, orthodoxe ChristInnen dürfen entdecken, – was vor aller konfessioneller Einschränkung – „katholisch" sein heißt: eine Gemeinschaft von Brüdern und Schwestern, die weltweit ist. Diese Weite führt in eine Lerngemeinschaft von wechselseitig Empfangenden und Gebenden.

Und *was* könnte gelernt werden? Lähmend wirkt die Enge der Verhältnisse, die Enge des Lebenshorizonts, die Enge der Weltsicht und der

---

[49] Pastorale Konstitution Gaudium et Spes über die Kirche in der Welt von heute, Vatikan 1965, 43.
[50] Gaudium et Spes 44.
[51] Ebd.
[52] Ebd.
[53] Ebd.

Weltanschauung, die Enge der Normalität. Aus Enge wird Angst, nicht nur etymologisch. In einer Kirche, soweit sie katholisch ist, kann der Ausbruch aus der Enge und Angst in die weite Welt der Kinder Gottes gelernt werden, in die Weite des Reiches Gottes, das allen Menschen zugesagt ist. Kirche ist jener Ort, an dem Menschen mit allen damit verbundenen Schwierigkeiten lernen, Einheit in Vielfalt zu leben.

4. Die Realität: aus sozialwissenschaftlicher Sicht

Noch niemals in der Geschichte war die Möglichkeit so groß, das Zusammenleben in Vielfalt und Verschiedenheit zu lernen. Migration eröffnet dazu zahlreiche Chancen. Migration sprengt längst die Grenzen demographischer Erfassung.[54] Im Zuge der „Super-Diversifizierung"[55] verteilt sich Migration aus immer mehr Ländern auf immer mehr Länder. MigrantInnen sind eine heterogene Gruppe: Flüchtlinge, ArbeitsmigrantInnen, dauerhaft ansässig gewordene MigrantInnen und deren Nachkommen, nicht dokumentierte MigrantInnen. Migration lässt „Mehrfachzugehörigkeiten" von Menschen entstehen, die nicht mehr in die klassischen Formate von „Heimat" und „Fremde" passen. Rund um den Globus findet so eine transnationale Revolution statt, die Gesellschaften, Politiken und auch die Kirchen neu formt. Die nationalstaatlichen Mythen der Homogenität werden erschüttert. Migration führt zu neuen Verbindungen zwischen Regionen und Staaten. Sie fördert soziale Interaktionen, lässt neue Institutionen und Netzwerke entstehen.

Migration fördert Entgrenzung und Konnektivität: Grenzen werden durchlässig, neue Verbindungen entstehen. Migration hat enormes Innovationspotential: Sie kann soziale, ökonomische, kulturelle und religiöse Kreativität fördern, ermöglicht politischen Systemen humane und demokratische Weiterentwicklung. Die Kirche bekommt die Chance, ein Stück katholischer – in Verschiedenheit eins – zu werden. Länder, in denen MigrantInnen rechtliche, ökonomische und politische Teilhabemöglichkeiten eröffnet wurden, erlebten in Geschichte und Gegenwart enorme Entwick-

---

[54] Einen ausgezeichneten globalen Überblick bieten Stephen Castles/Mark J. Miller: The Age of Migration. International Population Movements in the Modern World, New York/London⁴ 2009. Dazu aktuelle Informationen auf, URL: http://www.age-of-migration.com/ (30.06. 2017).

[55] Nach Steve Vertovec, vgl. z. B. Steve Vertovec: Super-diversity and its implications, in: Ethnic and Racial Studies 29 (2007), 1024–1054.

lungsschübe.[56] Auch das Christentum ist primär durch Migration gewachsen und hat erst im Zuge dessen sein universales Missionsverständnis entwickelt.[57] Migration kann ihr Potential freilich nur entfalten, wenn Menschen die Möglichkeit zur Partizipation haben und die dafür notwendigen rechtlichen, politischen, wirtschaftlichen, sozialen, kulturellen und religiösen Rahmenbedingungen vorfinden.[58] Wie können MigrantInnen in den gegenwärtigen Gesellschaften und Kirchen Europas ihre Fähigkeiten einbringen?

Eine der zentralen Ursachen für Migration ist die globale Ungerechtigkeit zwischen dem reichen Norden und dem armen Süden.[59] Globalisierung, Migration und Entwicklung hängen eng zusammen. SozialwissenschaftlerInnen votieren deshalb für den politischen Einsatz für größere ökonomische und soziale Gleichheit und Gerechtigkeit, damit Migration – ein Menschenrecht[60] – unter besseren Bedingungen stattfinden kann.[61] Aber warum sollten reiche Länder auf ihre souveränen Rechte zugunsten der ärmeren verzichten? Wie können sie Migration als Bereicherung wahrnehmen lernen?

Migration fördert Pluralität und Diversifizierung. Staaten und Kirchen sind mit der Frage konfrontiert: Wie soll man mit der wachsenden Diversität umgehen? Insbesondere ethnische Diversität wird primär als Störung und Problem wahrgenommen. Auch wenn nur wenige Staaten jemals ethnisch homogen waren, hat der Nationalismus der vergangenen Jahrhunderte doch massiv zum Mythos des homogenen Nationalstaates (und damit verbunden zur Repression von Minoritäten) beigetragen. So reagieren die meisten Staaten mit massivem Widerstand und Ausgrenzungspolitiken.[62] Auch die

---

[56] So waren z.B. die aus dem katholischen Frankreich des 17. Jh. vertriebenen protestantischen Hugenotten Uhrmacher, Bauern, Tabakerzeuger, Bäcker etc. Länder, die diese Flüchtlinge aufnahmen, erfuhren durch sie einen enormen ökonomischen Modernisierungsschub, vgl. Martin Baumann: Migration and Religion, in: Peter B. Clarke/Peter Beyer (eds.): The World's Religions. Continuities and Transformations, London/New York 2009, 338–352 (339); vgl. auch Klaus Bade (Hg.): Enzyklopädie Migration in Europa. Vom 17. Jahrhundert bis zur Gegenwart, Paderborn/Wien 2007.

[57] Wie eng christliche Mission und damit die Verbreitung des Christentums mit Migration zusammenhängen, vgl. Michael Sievernich: Die christliche Mission. Geschichte und Gegenwart, Darmstadt 2009.

[58] Wie eng der Zusammenhang von Innovation und Partizipation ist, vgl. Castles/Miller, The Age of Migration, 245–276.

[59] Ebd., 50–78.

[60] Art. 13 der Allgemeinen Erklärung der Menschenrechte 1948, URL: http://www.un.org/depts/german/grunddok/ar217a3.html (30.06.2017); vgl. Heiner Bielefeldt: Menschenrechte in der Einwanderungsgesellschaft. Plädoyer für einen aufgeklärten Pluralismus, Bielefeld 2007.

[61] Castles/Miller, The Age of Migration, 204.

[62] Ebd., 277–299. Diese Situation verschärft sich mittlerweile monatlich.

Kirchen plagen sich mit ihren migrantischen Glaubensgeschwistern und nehmen Migrationsgemeinden kaum wahr. Was kann man dazu aus den Sozialwissenschaften lernen? Wenn ethnische Gemeinschaften („communities") eingeschränkte Rechte haben und sozial, kulturell und politisch nicht am Gemeinwesen teilhaben können, verwandeln sie sich in ethnische Minoritäten mit einer Tendenz zur Abschottung.[63] Das Ineinander von rassistischen, diskriminierenden und exkludierenden Zuschreibungsprozessen durch die Mehrheit fördert reaktive Selbst-Definitionen. Je stärker die erfahrene Ab/Ausgrenzung durch diskriminierende und fremdenfeindliche Zuschreibungen ist, umso intensiver erfolgt die Pflege der jeweiligen ethnischen Identität, ihrer Symbole und Praktiken vor der Migration. Die derzeitigen Konflikte sind demnach maßgeblich ein Resultat sozialer Ungleichheit und Benachteiligung und lassen Unrecht und Ungerechtigkeit zeitgenössischer Wirtschafts- und Politikpraxen erkennen. „Kultur" und „Ethnie" sind dabei zu Markern des Ausschlusses, aber auch Symbolen des Widerstandes von Minoritäten geworden. Wenn es nicht gelingt, Vorstellungen von Politik, Staat und Nation von ethnischer Homogenität und kultureller Assimilierung zu entkoppeln, ist die Demokratie in Gefahr. Ethnische Diversität kann durch strukturelle Maßnahmen zum Innovationspotential oder zur Bedrohung gemacht werden. Wenn Anerkennung von Diversität gelingt – und zwar vor allem kulturell, politisch und rechtlich – kann Migration zu einer Quelle der Erneuerung und sogar der Humanisierung werden.

Der aktuelle politische Diskurs greift die Chance, von Migration Gerechtigkeit und Leben mit Diversität zu lernen, nur sehr halbherzig auf. Wie steht es in dieser Hinsicht um die Kirchen? Lassen sich ähnliche Prozesse, wie die eben beschriebenen, nicht auch in ihr finden – z. B. im Verhältnis zwischen ansässigen und anderssprachigen Gemeinden; oder in der mangelnden Präsenz von migrantischen Glaubensgeschwistern in den kirchlichen Strukturen und Gremien? Migration eröffnet auch der Kirche, ihre internen Strukturen auf Gerechtigkeit und Partizipationsmöglichkeiten zu überprüfen und kann dabei den Glauben erneuern und vertiefen. Denn aus einer theologischen Perspektive sind die hier exemplarisch beschriebenen Lernpotentiale – Gerechtigkeit, Partizipation, Umgang mit Pluralität und Diversität usw. – zugleich Praxisformen, mittels derer sich Reich Gottes verwirklichen kann. Reich-Gottes-Praxis ist kein Privileg gläubiger Menschen. Vielmehr können sich diese an den zeitgenössischen Herausforderungen beteiligen und ihre gläubige Motivation bzw. Deutung einbringen. Menschen, Gesellschaften und Staaten greifen derzeit auf Denk- und Ver-

---

[63] Ebd., 4 f., 245 ff.

haltensweisen zurück, die historisch zu millionenfacher Menschenvernichtung geführt haben: Menschenfeindlichkeiten aller Art – Antisemitismus und (antimuslimischer) Rassismus und Fremdenfeindlichkeit[64] – sind weltweit im Wachsen, vor allem in Einwanderungs- und Übergangsländern (so z. B. die ehemals kommunistischen Länder) sowie im reichen Westen der Welt[65]. Migration ruft das in modernen Gesellschaften verdrängte Problem „der Anderen" und „des Fremden" in Erinnerung. Auch die Kirchen leiden an diesem Problem. Wenn sich z. B. angesichts der Krise um die Asylsuchenden in der Wiener Votivkirche im Kommunikationsbüro der Erzdiözese Wien zahlreiche sogenannte „KatholikInnen" empören: „Werft das Gesindel endlich raus!"[66], zeigt sich, wie stark menschenverachtende Einstellungen auch in der Kirche – quer durch die Konfessionen – anzutreffen sind. Empirisch ist diese beschämende Tatsache leider ohnedies belegt: EuropäerInnen, die sich selbst als überdurchschnittlich religiös verstehen, sind mit hoher Wahrscheinlichkeit auch intolerant gegenüber ethnischen und sozialen Minoritäten und halten kulturelle Homogenität für einen hohen Wert.[67]

5. Die Realität: aus religionspädagogischer Sicht

Das ist im Bildungsbereich besonders virulent. Wer Migration als Ursache für Probleme im Bildungssystem ansieht, übersieht leicht die Probleme, die das gegenwärtige Bildungssystem verursacht (z. B. durch fehlende Individualisierung im Unterricht, Reproduktion sozialer Ungleichheit), zum Nachteil für alle. Migration macht diese Probleme nur sichtbar und ihre Lösung dringlicher.

---

[64] Es gibt keine allgemein anerkannte Definition des Begriffs Rassismus. Als rassistisch gilt jedenfalls, Menschen aufgrund ihrer Hautfarbe, ihrer Herkunft, neuerdings ihrer „Kultur" bestimmte Eigenschaften oder Verhaltensweisen zuzuschreiben. In Österreich und Deutschland wird dieses Wort nur sehr ungern verwendet, man spricht lieber von Fremdenfeindlichkeit oder Fremdenangst.

[65] Castles/Miller, The Age of Migration, 37.

[66] Vgl. Michael Prüller, Pressesprecher der Erzdiözese Wien: „Werft das Gesindel endlich raus!", URL: http://www.katholisch.at/blog/prueller (30.06.2017).

[67] Wil Arts/Loek Halman: Value Research and Transformation in Europe, in: Regina Polak (Hg.): Zukunft. Werte. Europa. Die Europäische Wertestudie 1990–2010: Österreich im Vergleich, Wien 2011, 79–99 (89).

5.1 Die Fiktion der Homogenität

Die Schule kann den Folgen von Migration nicht aus dem Weg gehen, aber viele gehen nach Möglichkeit jenen Schulen aus dem Weg, an denen ihre Kinder mit einer von ihnen unerwünschten Veränderung der Gesellschaft konfrontiert werden. Die Schule in Österreich geht von einer durch die diagnostizierte „Schulreife" der Kinder gesicherten Normalität und Homogenität aus, in der Verschiedenheit systematisch übersehen wird. Falls dies angesichts der Vielfalt an Muttersprachen nicht mehr möglich ist, wird die auftretende Diversität primär als Störung interpretiert. Zugleich gelingt es dem österreichischen Bildungssystem „relativ stabil, Schüler und Schülerinnen ‚mit Migrationshintergrund' zu benachteiligen" *(P. Mecheril):* Diese Kinder haben in Österreich zum Recht auf Bildung[68] keinen angemessenen Zugang.[69]

Auch kirchliche Bildungsaktivitäten sind von monoreligiösen, monokonfessionellen und monolingualen Routinen geprägt. Von ihnen geht ein – oft sogar wohlmeinender – Assimilierungsdruck aus, der Differenz ausblendet, zum Verschwinden bringt oder als Buntheit „vorführt". Als erster Schritt wäre erforderlich, diese Homogenitätsroutinen bewusst zu machen, den Anspruch auf Homogenität als gegen *alle* Menschen gerichtet zu demaskieren und Heterogenität als Normalität zu würdigen.

5.2 Die Bedeutung der (Mutter-)Sprache

Die entscheidende Grundlage jeden Lernens und von Bildung ist die Sprache, daher ist dem Spracherwerb der Erst- und der Zweitsprachen in allen Bildungseinrichtungen viel mehr Aufmerksamkeit zu widmen. Die Intelligenzentwicklung hängt eng mit der Förderung der Muttersprache zusammen. Anstatt die Chancen zu nutzen, die sich aus der Pluralität von Erstsprachen für alle ergeben (erweitertes Sprachrepertoire, größere Sprachkompetenz, Beitrag zur Heilung von Einsprachigkeit), werden nichtdeutsche Muttersprachen zur Privatsache erklärt („Zu Hause sprechen die Kinder die Fremdsprache." – so eine Volksschullehrerin in Wien), ihr Gebrauch selbst in der Pause an Schulen verboten, wie jüngst von einer ka-

---

[68] Art. 26 der Allgemeinen Erklärung der Menschenrechte der UNO 1948, URL: http://www.un.org/Depts/german/grunddok/ar217a3.html (30.06.2017).
[69] Zuletzt die Europäische Kommission gegen Rassismus und Intoleranz (ECRI), ein Organ des Europarates, im 4. Bericht über Österreich vom 2.3.2010: ECRI: ECRI-Bericht über Österreich. Vierte Prüfungsrunde, Brüssel 2010.

tholischen Privatschule im Bundesland Salzburg.[70] Das ist insofern bizarr, als die Katholische Kirche die Bedeutung der Muttersprache anerkennt und ihren Gebrauch etwa in der Liturgie ausdrücklich fördert. In der monolingualen Realität der Gemeinden ist die Vielfalt an Muttersprachen faktisch bedeutungslos. Die Geringschätzung vieler Erstsprachen (Muttersprachen) trägt strukturell zur Benachteiligung von Kindern bei, die nicht Deutsch als Erstsprache haben. Wie viele pädagogische Fachkräfte haben überhaupt eine Ausbildung für Deutsch als Zweitsprache? Statt eine Bildungsoffensive zur Qualifikation von LehrerInnen zu starten, verlangen politisch Verantwortliche in Österreich, Kinder mit schlechten Deutschkenntnissen, bis sie entsprechende Deutschkenntnisse erworben haben, zu separieren.

Die Voraussetzungen, um in dem beschriebenen Horizont in einer Migrationsgesellschaft Bildung zu fördern, sind nicht sehr günstig. Das Bedürfnis nach Homogenität und Normalität ist gesellschaftlich und kirchlich zu groß. Es ist eben nicht normal, verschieden zu sein.

6. Convivenz: Ein Modell

6.1 Politische und sozialwissenschaftliche Zugänge

Integration und Multikulturalismus lauten in Europa die politischen „Zauberworte", mit denen man die Frage des Zusammenlebens beantwortet. Der Multikulturalismus anerkennt die sprachliche, kulturelle und religiöse Identität von MigrantInnen und setzt sich für die Partizipation von MigrantInnen in allen Bereichen der Gesellschaft ein. Integration betont die Einheit und Zusammengehörigkeit der Gesellschaft, der sich die einzelnen Elemente einzugliedern haben. Beide Modelle haben Stärken und Schwächen und sind derzeit im öffentlichen Diskurs sehr umstritten. So bleibt im Multikulturalismus die Frage unterbestimmt, wie man zu gemeinsamen Werten und Regeln kommt. Praktisch führt dieses Modell oft zu Abschottungsprozessen. Toleranz wird zu Beliebigkeit und Gleichgültigkeit. Konflikte werden verschleiert. Integration meint, Mitgliedern einer Minorität Partizipation an den Möglichkeiten der Majorität zu eröffnen. Praktisch führt dieses Modell jedoch in der Regel zu Forderungen nach Anpassung der Minorität an die Mehrheit und nach einseitigen Assimilationsprozessen.

---

[70] „Sprachenstreit in Salzburger Privatschule", in: Der Standard" vom 14.10. 2010, URL: http://derstandard.at/1276412989706/Zwang-zu-Deutsch-Sprachenstreit-in-Salzburger-Privat schule (30.06.2017). Diesem Verstoß gegen Kinderrechte wurde erfreulicherweise von vielen Seiten – u. a. vom Bildungsministerium – entschieden widersprochen. Die Idee taucht seither aber immer wieder auf.

Ohne Anerkennung der Unterschiede übt die Mehrheit einen homogenisierenden Sog auf die Minorität aus, die sich sodann dagegen zur Wehr setzt. Gemeinsam ist beiden Modellen, dass sie statisch denken: „Kultur" und „das Ganze", in das integriert wird, stehen einander gegenüber und verändern sich nicht. Die Möglichkeit, voneinander etwas zu lernen und miteinander etwas Neues zu entwickeln, steht nicht im Blick. Beide Modelle blenden ungleiche Machtverhältnisse zwischen Mehrheit und Minderheit aus, als stünden diese gleichberechtigt einander gegenüber. Vor allem: Sie denken oftmals vom Einzelnen, vom Individuum her, das sich einem größeren Ganzen einfügt. Die Bedeutung von Gemeinden und Gemeinschaften – *communities* – für das Zusammenleben wird erst in jüngerer Zeit entdeckt.

Als Akteure auf der Mesoebene der Gesellschaft sind diese insofern relevant, als in ihnen Zusammenleben, das über den familialen Raum hinausgeht, im öffentlichen und politischen Raum konkret gelebt und gelernt wird. Ihre Entdeckung als „Treiber" in der Entwicklungspolitik (als „Diasporagemeinden") wird allerdings von solchen *communities* selbst eher skeptisch betrachtet und als Instrumentalisierung und Ablenkungsmanöver der politisch Verantwortlichen betrachtet.[71]

Auch wenn in den Sozialwissenschaften beide Begriffe weitaus differenzierter verstanden werden[72], gelten sie zwischenzeitlich aufgrund ihre politischen Prägung und der damit verbundenen gesellschaftlichen Konsequenzen als problematisch[73]. Bedeutung und analytische Schärfe, normativer Gehalt, ideologische Implikationen werden kontrovers diskutiert[74].

Aus theologischer Perspektive scheint jener Begriff zukunftsweisend, der in den Sozialwissenschaften in jüngster Zeit Karriere macht: das Konzept der Inklusion.[75] Es hat seinen Ursprung in der Ungleichheitsforschung und fragt gemeinsam mit seinem Gegenbegriff Exklusion nach jenen Verhältnissen, die zu Ein- und Ausschließungsprozessen führen.[76] Damit unterläuft dieses Begriffspaar die Vorstellung einer Gesellschaft, der eine Gruppe von Ausgegrenzten gegenübersteht, die dann eingegliedert werden muss. Viel-

---

[71] Castles/Miller, The Age of Migration, 70–73.

[72] Z. B. Tariq Modood: Multiculturalism: A Civic Idea, Cambridge 2007; Heinz Fassmann/Julia Dahlvik (Hg.): Migrations- und Integrationsforschung – multidisziplinäre Perspektiven. Ein Reader, Wien/Göttingen 2011.

[73] Vgl. dazu Ilker Ataç/Sieglinde Rosenberger: Inklusion/Exklusion – ein relationales Konzept der Migrationsforschung, in: Ilker Ataç/Sieglinde Rosenberger (Hg.): Politik der Inklusion und Exklusion, Wien/Göttingen 2013, 35–52 (35).

[74] Ebd.

[75] Ebd.

[76] Vgl. zum Folgenden Martin Kronauer: Inklusion/Exklusion: Kategorien einer kritischen Gesellschaftsanalyse der Gegenwart, in: Ataç/Rosenberger (Hg.), Inklusion und Exklusion, 21 ff (22 f.).

mehr wird durch dieses Konzept die kritische Reflexion jener gesellschaftlichen Verhältnisse möglich, die solche Prozesse forcieren. Die sogenannten Exkludierten werden als Teil der Gesellschaft verstanden, *in* der In- und Exklusionsprozesse stattfinden. Strukturen, Institutionen, Akteure und Prozesse können so analysiert werden. Das gesellschaftliche Zentrum, die Konstitutionsbedingungen und der Wandel sozialer und politscher Ungleichheit stehen damit selbst im Zentrum der Aufmerksamkeit und ermöglichen es, soziale und politische Problemlagen zu identifizieren, die die *ganze* Gesellschaft betreffen.[77]

Gesellschaftliche Inklusion vollzieht sich im Europa der Nachkriegszeit in diesem Modell in drei Dimensionen:[78] durch Erwerbsarbeit (Teilhabe am Arbeitsmarkt), durch soziale Bürgerrechte (Teilhabe am Rechtssystem) sowie in Netzwerken von Verwandten und Bekannten (Teilhabe am Gemeinwesen). Alle drei Instanzen vermitteln Zugehörigkeit und Teilhabe an der Gesellschaft. In dem Maß, in dem durch die v. a. ökonomischen Transformationsprozesse seit den 1980er Jahren eines der drei „Instrumente" brüchig wird, gerät das ganze System ins Wanken.[79]

Damit teilt dieses Modell wesentliche normative und hermeneutische Grundlagen mit dem Gesellschaftsmodell des Reiches Gottes: Ungleichheit und Ungerechtigkeit in einer Gesellschaft werden als Problem für die ganze Gesellschaft und Exkludierte als Teil dieser Gesellschaft wahrgenommen. Das Modell ermöglicht der Theologie eine solide Gesellschaftsanalyse und Identifikation der spezifischen Aufgaben z. B. der Kirche und ihrer Gemeinden.

Ob nun Integration, Multikulturalismus oder Inklusion: Die Sozialwissenschaften zeigen in jedem Fall, dass Partizipation auf allen Ebenen der Gesellschaft der „Schlüssel zum Erfolg" des Zusammenlebens von Menschen – mit und ohne Migrationsgeschichte – ist. Rechtliche und politische Rahmenbedingungen sind die wichtigsten Faktoren für Partizipation, sie bilden die Basisvoraussetzungen.[80] Staaten, die den Zugang zu politischer Teilhabe *(citizenship)* auf allen Ebenen erleichtern, haben nachweislich geringere Schwierigkeiten mit dem Zusammenleben.[81] Solche Staaten – wie z. B. Kanada, Australien, Schweden – zeichnen sich auch dadurch aus, dass

---

[77] Ebd., 23.

[78] Ebd., 25 ff.

[79] Ebd., 26 ff.

[80] Einen systematischen Überblick über die verschiedenen Bedingungen von Integration bieten Alastair Agar/Alison Strang: Understanding Integration: A Conceptual Framework, in: Journal of Refugee Studies 21 (2008), 166–191. Rechtlich abgesicherte Partizipationsmöglichkeiten bilden auch hier die Basis.

[81] Vgl. Castles/Miller, The Age of Migration, 245–252.

sie Pluralität und Diversität eher bejahen. Ethnische Communities können in diesen Gesellschaften ihren Beitrag zum Gemeinwohl eher leisten. Demgegenüber erschweren Staaten, die Pluralität als Bedrohung ihrer nationalen Identität und Einheit verstehen, den Zugang zur *citizenship* und damit politischer Partizipation. Assimilation und reaktive Bildung ethnischer Minoritäten sind die Folge. Noch so guter Wille von Einzelpersonen hilft nichts, wenn die rechtlichen und politischen Rahmenbedingungen für das Zusammenleben nicht gewährleistet sind.

Was bedeuten diese sozialwissenschaftlichen Befunde für die Kirche, ihre Rechte, Strukturen, Organisationen und Gremien? Lässt sich das Phänomen anderssprachiger Gemeinden, die sich der jeweiligen Ortskirche gegenüber distanziert bis abgrenzend verhalten[82], so nicht angemessener verstehen? Ist deren Rückzug nicht viel eher Folge mangelnder Partizipation als Ausdruck abgeschotteter Identitäten?

Auch wenn Partizipation als Begriff in der Bibel nicht anzutreffen ist und in der Theologie mit Ausnahme der Sozialethik und der Praktischen Theologie eher ein Schattendasein fristet: Der Sache nach ist Teilhabe von Beginn der Schöpfung an Thema. Mit der Erschaffung der Menschen haben diese zugleich Anteil an ihrem Werden und ihrer Gestaltung. Vom menschlichen Wirken hängt es maßgeblich ab, ob und wie sich das Reich Gottes verwirklichen kann. Auch das Lebenswerk Christi ließ und lässt sich nur mithilfe seiner JüngerInnen fortführen; der Sendungsauftrag ist auch zu verstehen als Ermöglichung der Teilhabe an der Heilsgeschichte Gottes mit den Menschen. Schließlich ist der Heilige Geist das „Medium", das Partizipation ermöglicht: jene Kraft, die als Liebe untereinander Beziehung stiftet und sich in der Vielfalt der Gaben zeigt, die Menschen in Welt und Kirche einbringen können.

6.2 Convivenz – ein Modell auf der Mesoebene

Im Folgenden präsentieren wir ein Modell, das sich in jener der drei Dimensionen realisieren kann, die durch Netzwerkverbindungen Partizipation an der Gesellschaft ermöglicht und zum Zusammenleben beitragen kann. Unser Hauptaugenmerk gilt dabei den christlichen Gemeinden und Gemeinschaften und ihrem Beitrag zum Zusammenleben in Kirche und

---

[82] Wie dies z.B. Mariano Delgado: Lebendige Katholizität gestalten. Auf dem Weg zu einem Miteinander von einheimischen und zugewanderten Katholiken, in: Stimmen der Zeit 218 (2000), 595, kritisiert.

Gesellschaft auf der Mesoebene der Gesellschaft. Wir gehen davon aus, dass sie im Prozess des Zusammenlebens eine Schlüsselrolle spielen.

Denn es sind die ethnischen, gesellschaftspolitisch, sozial oder kulturell aktiven sowie religiösen Gemeinschaften, in denen Zusammenleben konkret im Alltag erprobt wird.[83] Insofern sind sie partikulare Orte, an denen das Reich Gottes konkret werden kann.

Das Modell der „Convivenz"[84] ist ein Modell des evangelischen Theologen Theo Sundermeier. Der Begriff stammt aus Lateinamerika und meint dort zunächst das alltägliche, nachbarschaftliche Zusammenleben von Menschen in Basisgemeinden. „Convivenz" entstammt der Lebenserfahrung von Menschen in prekären Lebenssituationen. Als Missionstheologe in Afrika stand Sundermeier vor der Frage, welche Rolle christliche Gemeinden in einer religiös pluralen Umgebung spielen – und übernahm dieses Konzept. Convivenz meint bei ihm das Zusammenleben christlicher Gemeinden mit den anders-religiösen, anders-kulturellen Menschen und Gemeinschaften ihrer lokalen und regionalen Umgebung. Es ist *kein* rechtliches, politisches oder ökonomisches Modell. Diese Dimensionen wären für den europäischen Kontext weiterzudenken. Aber es eröffnet Möglichkeiten, auf der Ebene des geteilten Alltags in einer pluralen Gesellschaft Zusammenleben zu erproben.

Sundermeier formuliert aufgrund seiner Erfahrungen drei wesentliche Dimensionen des Zusammenlebens:

- *Convivenz bedeutet „Leben teilen":* einander im Alltag begleiten, einander unterstützen und helfen, miteinander in Freude und Leid unterwegs sein. Alle sind aufeinander angewiesen, insbesondere die Stärkeren auf die Schwächeren.
- *Convivenz bedeutet wechselseitig von- und miteinander lernen.* Dabei wird nicht zwischen einem lehrenden Subjekt und einem lernenden Objekt unterschieden, sondern alle verstehen sich als Lernende. Lernen bedeutet, dass sich alle Beteiligten durch Erfahrung verändern lassen. Wissen steht dabei im Dienst des Lebens.
- *Convivenz bedeutet, miteinander zu feiern.* Im Feiern verdichtet sich der Alltag und zugleich wird dieser überstiegen. Das Fest wird zur Quelle des Zusammenlebens.

---

[83] Z. B.: Karin Weiss/Dietrich Thränhardt (Hg.): Selbsthilfe: Wie Migranten Netzwerke knüpfen und soziales Kapital schaffen, Freiburg im Breisgau 2005.

[84] Theo Sundermeier: Konvivenz und Differenz. Studien zu einer verstehenden Missionswissenschaft, Erlangen 1995. Konvivenz wird hier mit „C" geschrieben, um an die Herkunft des Begriffs zu erinnern und die eigenständige Weiterarbeit an diesem Modell anzuzeigen.

Convivenz ist eine Lebens-, Lern- und Festgemeinschaft in der Nachfolge Christi. Es ist ein theologisch reflektiertes Modell für das Zusammenleben christlicher Gemeinden in und mit ihrer pluralen und oft auch ihnen fremden Umwelt. Es scheint es uns aus mehreren Gründen geeignet, im europäischen Migrationskontext weiterentwickelt zu werden. Convivenz ist keine Theorie, die umgesetzt wird. Sie erwächst durch Lernen in und aus der Praxis und eröffnet so großen Freiraum für orts-, zeit- und kontextspezifische Konkretionen. Ideologischen – interessensgeleiteten oder gar absoluten – Vorgaben ist damit eine Grenze gesetzt. Orientierung bietet der Glaube (in unserem Verständnis die Botschaft vom Reich Gottes).

Gleichwohl ist solches Zusammenleben nicht beliebig oder pragmatisch, da es aus dem Glauben seine „Qualitätskriterien" gewinnt.[85] Convivenz ist eine theologische Theorie gelebter Praxis und ein offenes „work in progress". Sie beruft sich u. a. auf den Auszug des Abraham in das Gelobte Land, wo dieser dann inmitten einer religiös pluralen Gesellschaft lebt. Sie argumentiert inkarnationstheologisch, d.h. Gottes Wirklichkeit geht in alle menschlichen Verhältnisse ein und verändert diese zu ihrem Wohlergehen und ihrem Heil, ihrer Befreiung und Erlösung. Maßstab wären in unserem Verständnis dafür die Qualitätskriterien des Reiches Gottes. Christliche Gemeinden „mit und ohne Migrationshintergrund" werden so ermutigt, ihre je spezifische Convivenz vor Ort in einer Vielzahl lokaler, regionaler Laboratorien zu erproben.

Das Modell motiviert zum Aufbruch, zur Bewegung, zum Suchen nach neuen Wegen im Horizont theologisch reflektierten Glaubens. Convivenz geht davon aus, dass alle Menschen gleich an Würde und zugleich verschieden sind. Alle Menschen sind miteinander zuinnerst verbunden. Zugleich ist jeder Mensch für den Anderen ein bleibend Fremder, den man nie zur Gänze verstehen kann. Menschen brauchen einander, *weil* sie füreinander fremd sind. Diese ungewöhnliche Perspektive birgt für die Herausforderungen einer Migrationsgesellschaft nicht immer einfache, aber ungeahnte neue Erfahrungs- und Entwicklungspotentiale – praktisch, theologisch, spirituell.

Dass eine solche Wahrnehmung anderer Menschen auch politische Auswirkung haben kann, ist naheliegend, wird bei Sundermeier aber nicht thematisiert. Dass Diversität und eine damit verbundene Xenologie bei

---

[85] Diese wären für den europäischen Kontext entsprechend zu reflektieren und weiterzuentwickeln. Im Zentrum steht bei Sundermeier auch eine Xenologie, d.h. ein theologisch reflektiertes Verständnis vom „Fremden", vgl. Dieter Becker (Hg.): Mit dem Fremden leben. Perspektiven einer Theologie der Konvivenz, Theo Sundermeier zum 65. Geburtstag, 2 Bände, Erlangen 2000.

Sundermeier ein wesentliches Element dieses Modells bilden, lässt es besonders geeignet erscheinen für unsere Fragestellung.

Eine ebenso zentrale Perspektive, die Sundermeier eröffnet, besteht in der Erweiterung und Vertiefung des Selbstverständnisses christlicher Gemeinden: Allem voran leben sie *mit* den Anderen. Dies ist ungewöhnlich, da in Pastoral und Theologie traditionellerweise die christliche Pro-Existenz betont wird: das *Für*-andere-Leben. Sundermeier streicht demgegenüber heraus, dass die Grundlage der Pro-Existenz die Co-Existenz ist: allem füreinander-da-sein liegt das *miteinander*-da-sein voraus. Eine solche Haltung fördert Bescheidenheit und Mitmenschlichkeit. Sie schützt vor der weit verbreiteten paternalistischen/maternalistischen Versuchung der Mächtigen, die anderen zwar zu helfen, ihre Macht jedoch nicht zu reduzieren bereit sind. Convivenz ermöglicht, miteinander auf Augenhöhe zu leben und zu lernen. Das Modell ist getragen von der Erfahrung, dass christliche Gemeinden nicht bloß einen Auftrag für andere haben, sondern auf die Anderen verwiesen sind, um sie selbst werden zu können. In diesem Modell wird anerkannt, dass Menschen einander brauchen, um Mensch werden zu können. Deshalb ist Convivenz zuallererst ein Modell *in* der Gesellschaft, und erst dann eines *für* die Gesellschaft. Die Folgen einer solchen Haltung – zutiefst verankert in der biblischen Botschaft, z. B. von der Gleichheit der Menschen – bergen Sprengkraft, weil sie traditionelle Ordnungen und Hierarchien in Frage stellen.

Das *Miteinander*-Leben erleichtert auch Partizipation. So werden MigrantInnen in diesem Modell als MitgestalterInnen, LehrerInnen, Akteure anerkannt. Sie sind nicht Objekte der Fürsorge, sondern sie sind PartnerInnen im Engagement für ein besseres Leben für alle. Sie kommen selbst zu Wort und können ihre Erfahrungen und Fähigkeiten einbringen. Differenz wird in diesem Modell weder verschleiert oder negiert noch verringert, im Gegenteil. Sie kann so in ihrem Wert erst wahrnehmbar werden. Sie wird zum paradigmatischen Erkenntnis- und Lernmoment. Konflikte werden nicht als zu beseitigende Störung, sondern als notwendige Horizonterweiterung des Lebens und Lernens verstanden. Dieses Modell geht damit wesentlich über Vorstellungen von Multikulturalität und Integration hinaus. Niemand muss die je eigene Kultur angstvoll bewahren oder verteidigen, weil auch niemand in ein größeres Ganzes – sei es Gesellschaft oder Kirche – eingefügt werden muss. Das Modell konkretisiert und vertieft aus einer theologischen Sicht das Konzept der Inklusion, indem eine Dimension genauer ausgeleuchtet und deren Relevanz für christliche Gemeinden reflektiert wird. Wechselseitige Anerkennung und die Bereitschaft, von- und miteinander zu lernen, lässt Menschen gemeinsam unterwegs sein im und zum Reich Gottes. Convivenz ist deshalb ein Modell, das entlasten kann.

Denn Gemeinden können von der konkreten Situation vor Ort ausgehen und dabei Neues lernen und ausprobieren. Dabei können sie zu „Emergenzen"[86] des Reiches Gottes werden: Indem Menschen zusammenwirken und zusammenleben, können Gemeinden und ihre Umgebung neue Lebensformen entdecken, können neue Gesellschaftsformen auftauchen, die es ohne dieses Miteinander nicht geben kann, weil sie eben nicht nur die Summe individueller Praxis sind.

7. Convivenz: Leben

Convivenz eröffnet einen Perspektiv- und Haltungswechsel: von der Pro-Existenz zur Co-Existenz. Im Mittelpunkt unseres Convivenz-Verständnisses steht die gemeinsame Suche nach einem guten und gerechten Leben für alle in Würde: das Leben im Reich Gottes. „Das Reich Gottes ist ein Reich des Lebens. Jesus hat es als Befreiung von allem, was das Leben beschädigt oder zerstört und als Vision wahren, heilen und erfüllten Lebens für alle Menschen auf der Erde und vor dem Tod bezeugt."[87]

Konkret bedeutet das eine Gesellschaft und Welt, in der alle Menschen Platz haben. Option für das Leben meint, die Bedingungen der Möglichkeit von Leben zu erhalten und zu fördern. Leben bedeutet Zugang zu haben zu materiellen Gütern und finanziellen Mitteln, zu menschlicher Zuwendung und sozialer Zugehörigkeit sowie kultureller Entfaltung und religiöser Sinngebung.[88] Aus der Fülle der Möglichkeiten, in einer Migrationsgesellschaft die Option für das Leben zu wählen und miteinander Lebensräume zu gestalten, greifen wir im Folgenden exemplarisch einige Fragestellungen auf, die wesentliche Weichen stellen für die Perspektive und die Haltungen, in denen man den praktischen Herausforderungen begegnet.

7.1 Wer sind „die Anderen"?

> „Ich verstehe mich nicht als Migrantin. Das tun die Anderen. Migrantin sein heißt, ein Problem sein."[89]

---

[86] Hoffmann/Pschierer, Reich Gottes im Werden, 17.
[87] Eigenmann, Das Reich Gottes und seine Gerechtigkeit, 160.
[88] Ebd., 161.
[89] Die folgenden Zitate stammen aus: Regina Polak (in Zusammenarbeit mit Christoph Schachinger): Religiosität und Migration. Eine qualitativ-empirische Studie. Erste Ergebnisse, Wien 2013, unveröff. Werkstattbericht.

Wie diese junge serbische Wienerin wollen viele sogenannte MigrantInnen nicht als solche bezeichnet werden. „MigrantIn sein" ist in Europa zum sozialen Stigma geworden. MigrantInnen sind der Inbegriff „der Anderen". Der religiös Andere, der ethnisch-kulturell Andere, der sozio-ökonomisch Arme: Im Begriff des Migranten verdichtet sich alles, was in einer Gesellschaft als „anders", als „nicht normal" definiert wird.[90] Durch dieses „Othering" – Menschen aufgrund von Differenz zu „Anderen" zu erklären – spaltet eine Gesellschaft alles ab, was sie ablehnt und entlastet sich. Menschen, die aufgrund eines geringeren Rechtsstatus, Armut, niedriger Bildung besonders verletzbar sind und von der „mythischen Norm"[91] des wohlhabenden, erfolgreichen, weißen Mannes abweichen, eignen sich für solche Projektionen besonders. Sozialpsychologisch sind jene, die zu „den Anderen" erklärt werden, demnach ein Spiegel, in denen eine Gesellschaft ihre eigenen Probleme erkennen kann. Denn sprachliche Not, Armut, Bildungsferne, rechtliche Benachteiligung betrifft ja auch Einheimische.

Gibt es in der Kirche ähnliche Prozesse? Was ist da die „mythische Norm"? Welche Probleme einer Ortskirche machen jene sichtbar, die die einheimischen Gläubigen als „die Anderen" bezeichnen?

Aus philosophischer Perspektive ist „der Andere" immer einer von zweien (alter).[92] Beide sind auf dem Boden eines gemeinsamen Dritten aufeinander verwiesen. Dieses „Dritte" kann die Menschenrechte bezeichnen oder das gemeinsame Menschsein vor Gott. Deshalb ist jeder Mensch „anders" für einen „Anderen" und steht zugleich in Beziehung zu ihm. Es ist normal, anders zu sein.

Theologie beschreibt dieses Phänomen mit dem Begriff „Person" und dem Glauben an die Einheit der Menschheit in Verschiedenheit. Menschsein vollzieht sich nur „in Beziehung" und alle Menschen sind untereinander verbunden. Menschen sind keine isolierten Individuen, die sich nachträglich miteinander vernetzen, sondern jeder Mensch „ist" – d. h. realisiert und repräsentiert – in seiner speziellen Einzigartigkeit immer auch die Beziehungen, in denen er steht.[93] Differenz zwischen Menschen ermöglicht deshalb überhaupt erst Beziehung. Beziehung und Einheit müssen und können nicht hergestellt werden, sie sind von Gott her geschenkt (Eph 4, 1–6). Daher sind „die Anderen" unverzichtbar, um selbst sein zu können.

---

[90] Vgl. José Casanova: Europas Angst vor der Religion, Berlin 2009, 27.
[91] Maria do Mar Castro Varela: Unzeitgemäße Utopien. Migrantinnen zwischen Selbsterfindung und gelehrter Hoffnung, Bielefeld 2007, 268.
[92] Vgl. Gmainer-Pranzl, Beunruhigungen, 61–71.
[93] So sind in Gesellschaften, in denen große Ungleichheit herrscht, mehr Krankheiten, mehr Gewalt, mehr Bildungsprobleme zu beobachten, die auch als Ausdruck von Beziehungsstörungen verstanden werden können, vgl. Wilkinson/Pickett, Gleichheit ist Glück.

Gaudium et Spes[94] weiß um diese Verwiesenheit: Die Kirche bedarf der Menschen und „verschiedenen Sprachen" unserer Zeit, „damit die geoffenbarte Wahrheit immer tiefer erfasst, besser verstanden und passender verkündet werden kann", egal ob diese Anderen gläubig oder ungläubig sind. Die Kirche braucht so auch die MigrantInnen, um sie selbst zu werden und im Glauben zu wachsen. MigrantInnen sind freilich nicht „die Anderen" – sie ermöglichen den Einheimischen allerdings, sich daran zu erinnern und zu lernen, dass Menschen einander brauchen, *weil* sie anders sind.

7.2 Was ist „das Fremde"?

MigrantInnen werden als „die Fremden" bezeichnet. Diese Redeweise findet sich auch in der Bibel. Wieder zeigt sich eine Lerngeschichte:[95] Auch Israel kennt die Angst vor Fremden und aggressive Fremdenfeindlichkeit, insbesondere gegen jene Fremdvölker, die Israel ausrotten wollen oder mit ihren Kulten den Glauben Israels bedrohen. Aber die Erfahrung, selbst Fremde in Ägypten und Babylon gewesen zu sein, dominiert und lässt die Erkenntnis reifen, dass die Fremden besonderen Schutzes bedürfen, weil Gott auf ihrer Seite steht.

In dieser Tradition steht auch das Christentum. Jesu Leben ist von Heimatlosigkeit geprägt und sein Verhalten für viele befremdlich. Das Selbstverständnis als „Fremde" auf Erden *(paroikoi)* gehört zur Identität der ersten Christen. MigrantInnen ermöglichen einer sesshaften Kirche heute, dieses Selbstverständnis wiederzuentdecken.

Gespräche mit MigrantInnen zeigen freilich, dass die Bezeichnung „Fremde" für das Zusammenleben nicht hilfreich ist:

> „Ich werde immer ein Fremder bleiben. Da kann ich mich noch so sehr anpassen. Das ist bitter."[96]

Das erzählt ein katholischer Priester aus Kroatien, der seit 15 Jahren in Wien lebt. Menschen als „Fremde" zu bezeichnen, dient im öffentlichen Diskurs – in Gesellschaft und Kirche – dazu, sie auszuschließen. Diese

---

[94] Gaudium et Spes 44.
[95] Das Alte Testament kennt unterschiedliche Begriffe für „den Fremden", in denen sich diese Lerngeschichte wiederspiegelt, vgl. Ludger Schwienhorst-Schönberger, „… denn Fremde seid ihr gewesen im Lande Ägypten". Zur sozialen und rechtlichen Stellung von Fremden und Ausländern im alten Israel, in: Bibel und Liturgie 63 (1990), 108 ff.
[96] Polak, Religiosität und Migration.

Redeweise signalisiert: „Ihr gehört nicht dazu!" Im politischen Diskurs wird dies besonders deutlich.

Gleichwohl gibt es aber die Erfahrung des Fremden. Aber: Was ist „das Fremde"? Sind die MigrantInnen „die Fremden"? Wie kann man mit der Erfahrung des Fremden leben, ohne andere als „Fremde" zu bezeichnen? Der Fundamentaltheologe Franz Gmainer-Pranzl hat dazu wegweisende Überlegungen formuliert:[97] Menschen können einander fremd sein, aber sie sind keine Fremden. „Das Fremde" bezeichnet kein Objekt und keine Eigenschaft, sondern eine Beziehung zwischen Menschen, in denen das je Eigene, Vertraute fremd wird. Migration ermöglicht so allen Beteiligten neue Erkenntnisse über das je Eigene. Das Fremde ist ein „Anspruch" an Menschen mit und ohne Migrationsgeschichte. Das „Fremde" lässt sich nicht in Vertrautheit auflösen. Es beschreibt die bleibende Entzogenheit eines anderen Menschen, einer anderen Kultur oder Religion. Es lässt sich nicht zur Gänze verstehen, eingemeinden oder vereinnahmen. Daher lässt es sich auch nicht integrieren. Wird es unterdrückt, kehrt es auf andere, unkontrollierbare Weise wieder.

Das Fremde irritiert, beunruhigt, verursacht Schmerz, Angst und Aggression. Genau deshalb kann das Fremde aber auch Antrieb und Anstoß zu Aufbruch und Entwicklung werden. Insofern kann es heilsam sein. Die Erfahrung des Fremden ist notwendig, um Mensch zu werden. Die Erfahrung des Fremden sucht man sich nicht aus, sie widerfährt einem. Sie wird erlitten und stellt einen Anspruch. Sie verlangt nach Antwort. Wer seine Identität bewahren will, wird die Antwort verweigern und das Fremde ausgrenzen. Dies richtet sich zumeist gegen Menschen. Die Antisemitismusforschung zeigt das in erschreckender Weise: Es gibt im Menschen und in der Gesellschaft einen tiefsitzenden Hass, der sich gegen das Leben und letztlich gegen sich selbst richtet.[98] Er ist rationalen Argumenten nicht zugänglich. Menschen, die anders sind, werden zum Objekt dieses Hasses.

Das Fremde ist in jedem Menschen: Jeder Mensch ist sich selbst bleibend entzogen. Alle Menschen sind Fremde – für sich selbst und für andere. Wer das wahrnimmt, muss nicht andere Menschen zu Fremden machen und sie bekämpfen. Das Fremde ist eine verstörende und befreiende Krise im Eigenen. Es betrifft Menschen mit und ohne Migrationsgeschichte.

Zusammenleben heißt: sich voneinander befremden lassen. Dem Fremden Zeit und Raum gewähren. Miteinander nach seinem Anspruch fragen. Gemeinsam Antworten suchen. Dies geschieht in persönlichen Be-

---

[97] Vgl. Gmainer-Pranzl, Beunruhigungen, 61–71.

[98] Maximilian Gottschlich: Die große Abneigung. Wie antisemitisch ist Österreich? Kritische Befunde zu einer sozialen Krankheit, Wien 2012.

ziehungen und in Gemeinschaft. Wenn in einer Gemeinde um das Glaubensverständnis, um Organisationsstrukturen oder liturgische Formen gerungen wird, will das Fremde gehört und anerkannt werden. Migration eröffnet Gemeinden die Möglichkeit, sensibel zu werden für den unerhörten Anspruch des Fremden.

Deshalb müssen MigrantInnen selbst zu Wort kommen können. Aber die MigrantInnen sind nicht „die Fremden". Sie erinnern jedoch an die Wirklichkeit des Fremden, das in der europäischen Neuzeit sukzessive zum Verschwinden gebracht und verdrängt wurde.[99]

Das achtsame Wahrnehmen des Fremden kann auch spirituelle Erfahrungen ermöglichen. Denn der Anspruch, den das Fremde stellt, verweist auf das unergründliche Geheimnis jedes Menschen und darin auch auf Gott. Der nahegekommene Gott ist einer, der fremd ist und bleibt. Migration eröffnet die Möglichkeit, tiefer in das Geheimnis Gottes einzutauchen. Wie kann diese Erfahrung auch gesellschaftlich und politisch relevant werden?

7.3 Konflikte gehören zum Leben

Sich dem Fremden auszusetzen ist bedrohlich. Zusammenleben ist keine harmonische Idylle. Convivenz bedeutet, dies anzuerkennen. Migration ist aber nicht die Ursache dafür. Insofern ist sie auch nicht die Ursache für Konflikte. Aber sie kann Konflikte ans Licht bringen und verschärfen. Konflikte entstehen an der Grenze zwischen Verschiedenen und machen Unterschiede deutlicher erkennbar. Sie entstehen in der Begegnung mit dem Fremden. In einer Gesellschaft, in der es „normal ist, verschieden zu sein", in der das Fremde anerkannt wäre, wären daher auch Konflikte „normal".

Theologisch gesehen, sind Konflikte notwendig, um gemeinsam nach der Wahrheit suchen und sie besser verstehen zu können. Jeder Konflikt kann ein Weg sein, der gesuchten Wahrheit näherzukommen. „Wahrheit" ist dabei auch mit der Bibel ganz praktisch zu verstehen: Jeder Konflikt kann helfen, der Suche nach besserem Leben, einer gerechteren Gesellschaft, einem friedlichen Zusammenleben näherzukommen; vorausgesetzt, er wird nicht um des Durchsetzens, Gewinnens oder Ausschlusses der Anderen, sondern um des Zusamenlebens willen geführt.

Entscheidend dabei ist die Art, wie Konflikte geführt werden und welches Ziel sie verfolgen. Sicherung und Durchsetzung der je eigenen Interessen gegen die Anderen führen nicht weit. Steht hingegen das Gemeinwohl aller und jedes Einzelnen im Zentrum, sind Konflikte *miteinander für etwas*

---

[99] Vgl. Gmainer-Pranzl, Beunruhigungen, 56–60.

Drittes eine Quelle der Erneuerung. Dabei haben die jeweils Stärkeren – die Mehrheit – die Verantwortung, auf die Rechte und den Schutz der Minorität besonders zu achten.

Convivenz ist keine idealistische Norm, die Konflikte verschleiert. Solange das Konfliktpotential nicht bewusst gemacht ist und die Verletzungen, die damit verbunden sind, aufgedeckt und angenommen sind, ist Zusammenleben gar nicht möglich. „Wo Menschen im Konflikt lernunfähig geworden sind, gelingt die Wiederherstellung ihrer intellektuellen, affektiven und sozialen Kräfte, ihrer Chance menschlichen Wachstums nur so, dass der unterdrückte Konflikt und seine Folgen thematisiert und zum eigentlichen Lernfeld gemacht werden. Eingeschüchterte Menschen lernen nur *im* Konflikt und *am* Konflikt."[100]

8. Convivenz: Lernen

Im Modell der Convivenz verbindet das Lernen gewissermaßen Leben und Feiern. Wir führen in den Zusammenhang von Leben und Lernen am Beispiel „Christen und Muslime" ein, das in einer Sendung „Erfüllte Zeit" zu hören war:[101]

8.1 Freundschaft

Moderator: „Es ist eine kleine Wohnung in einem typischen alten Zinshaus in der Nähe des Brunnenmarktes in Wien-Ottakring. Neben einem kleinen Aquarium sitzen Frau Emine und ihre Nachbarinnen Frau Anna-Maria und Frau Irene am Esstisch und trinken, wie so oft, gemeinsam Kaffee. Frau Emine lebt seit 20 Jahren in diesem Haus, sie ist hier Hausbesorgerin. Geboren ist sie in der Türkei, und auch hier in Wien leben sie und ihre Familie ihren muslimischen Glauben."

Frau Irene: „Ich habe Emine und ihre Familie als in ihrem Glauben und in ihrer Kultur lebend kennen gelernt, und das hat mich fasziniert. Es war von der Seite ihrer Familie auch eine sehr starke Öffnung da, dass ich immer fragen konnte, wenn mich etwas interessiert hat. (…) Weil wir befreundet sind, haben wir eigentlich sehr offen reden können. Dann wird es ja wirklich

---

[100] Ernst Lange: Sprachschule für die Freiheit. Bildung als Problem und Funktion der Kirche, München 1980, 123. Die Überlegungen des Doyens des ökumenischen Lernens sind auch relevant für das Lernen im Kontext von Migration.
[101] Christen und Muslime Tür an Tür, in: memo. Ökumenischer Manuskriptdienst 4 (2000), 22–25 (Auslassungen RP/MJ).

interessant, wenn man nicht nur die Theorie liest, sondern fragen kann: „Wie lebt denn ihr damit, wie macht ihr das in allen Facetten des Lebens eigentlich? (…) Es hat mich vor allem auch dann dazu bewogen, mich selbst wieder auf die Kultur, in der ich aufgewachsen bin, die Religion, in der ich erzogen wurde, zu besinnen, und ich bin wieder in die Katholische Kirche eingetreten, und meine Tochter geht auch in eine katholische Privatschule, um wieder das Leben mit Kultur und Glauben zu pflegen. Und dazu haben mich eigentlich Emine und ihre Familie bewogen, obwohl sie Muslime sind."

„Weil wir befreundet sind", das war die Basis, das miteinander geteilte Leben war der Boden, auf dem Frau Irene ganz neue, ungeahnte und unglaubliche Möglichkeiten eröffnet worden sind. Sie hat Neues gelernt und sich durch die religiös Andere selbst neu kennen gelernt, ja neu entdeckt. Dadurch wurde ihre Freundschaft vertieft. Lernen basiert hier auf geteiltem Leben, ist Konsequenz aus Erfahrung und fördert Lebenswissen. Dass geteiltes Leben auch mit Konflikten verbunden ist, wurde schon erläutert. Im miteinander geteilten Leben werden Herausforderungen gemeinsam angenommen und eröffnen sich damit besondere Lernchancen.

Der Kontext der Migration gibt die Möglichkeit, neu glauben zu lernen: MigrantInnen erzählen und erfahren Neues über Gottespräsenz und Gottesverlust. Einheimische werden daran erinnert, dass alles auch ganz anders sein könnte; sie lernen, wie vielfältig Christsein gelebt werden kann. Und alle lernen, was Menschsein und Christsein auch bedeuten: Ungesichertheit, Unterwegs-Sein, Aufbruch ins Ungewisse – in der Hoffnung auf ein gutes Leben. Die Antwort auf die Frage nach den Gründen solcher Hoffnung (1 Petr 3,15) verändert sich im Kontext von Migration.

Die Härte vieler Einstellungen, das Beharren auf lebens- und menschenfeindlichen Positionen beruht möglicherweise auf einem Mangel an miteinander geteiltem Leben. So ist ein Verlernen von Menschenfeindlichkeit schwer möglich. Je weniger Erfahrung im Zusammenleben mit Fremden, umso größer ist nachweislich die Fremdenfeindlichkeit.

8.2 Einsatz für Gerechtigkeit

Was beschädigt und zerstört das Leben von MigrantInnen? Was bedeutet Gerechtigkeit konkret in einer Gemeinde? Was können christliche Gemeinden beitragen, um ein besseres Leben für alle zu fördern – in der Kirche und in der Gesellschaft?

„Was anderes sind also Reiche, wenn ihnen Gerechtigkeit fehlt, als große Räuberbanden?"[102] fragte Augustinus. Gerechtigkeit hat aus biblischer und politischer Perspektive Priorität, Gerechtigkeit lernen gilt daher folgerichtig nach Norbert Mette als *die* religionspädagogische Aufgabe.[103] „Himmelschreiende Ungerechtigkeit" zählt Peter L. Berger zu den „Zeichen der Transzendenz heute"[104]. Wer sich der Erfahrung von Ungerechtigkeit aussetzt, wird sich für Gerechtigkeit einsetzen. Weil die Abschiebung bestimmter Menschen – sehr im Unterschied zu früheren Zeiten – als offensichtliches Unrecht erfahren wird, setzen sich so viele für eine gerechte Ordnung und die Verhinderung einer Abschiebung ein. Das vielfältige Engagement von Menschen, Gruppen, kirchlichen und politischen Gemeinden, aber auch kirchlichen Organisationen in Österreich für AsylwerberInnen, für von Schubhaft und Abschiebung Bedrohte ist beeindruckend, die Abwehr und der Ausschluss von sogenannten Fremden gerade auch durch lokale politische Autoritäten ist beängstigend.[105]

Es sind die anderssprachigen Gemeinden, die sich als Orte bewähren, wo MigrantInnen Unterstützung bei Arbeitssuche, Wohnungssuche und Sprachenlernen erhalten. An Kirchentüren ist in der Geschichte schon manches angeschlagen worden. An der Tür der koptisch-orthodoxen Kirche in der Wiener Quadenstraße ist ein Übersichtsplan mit den Zeiten für kostenlosen Nachhilfeunterricht angebracht.

Die Verpflichtung zur Anwaltschaft für im Kontext von Migration Benachteiligte befürworten zwar nicht alle, sie ist aber in den christlichen Kirchen anerkannt und wird auch praktiziert. Das eine ist, für andere zu sprechen; etwas anderes ist, Menschen zu unterstützen, für sich selbst sprechen und selbst für ihre Rechte einzutreten zu können. Wie ungewohnt dies in Österreich ist, zeigt die öffentliche Irritation, die von den Flüchtlingen in der Votivkirche ausgelöst wurde. Bei aller legitimen Skepsis gegenüber der konkreten Aktion ist doch das eigentlich Befremdliche, dass hier Menschen, die froh sein sollten, sich überhaupt in Österreich aufhalten zu dürfen, ihre Rechte einfordern. Hinzu kommt die Gewöhnung an eine menschenrechtswidrige Praxis in Österreich. So haben drei Bundesländer (Kärnten, Niederösterreich, Vorarlberg) eine Bauordnung, die durch das faktische Verbot des Baus von außen erkennbarer Moscheen das Recht auf

---

[102] Augustinus: De civitate Dei IV 1.
[103] Norbert Mette: Gerechtigkeit lernen – die religionspädagogische Aufgabe. Klaus Gossmann zum 60. Geburtstag gewidmet, Religionspädagogische Beiträge 27 (1991), 3–26.
[104] Peter L. Berger: Auf den Spuren der Engel. Die moderne Gesellschaft und die Wiederentdeckung der Transzendenz, Frankfurt am Main 1970.
[105] Das haben wir 2013 (sic!) geschrieben.

Religionsfreiheit verletzt. Und die bekannte Minderleistung des österreichischen Bildungssystems verletzt das Recht auf Bildung.[106]

8.3 Partizipation fördern

Wie kann Kirche MigrantInnen inner- und außerhalb mehr Möglichkeiten der Teilhabe eröffnen? Was können MigrantInnen selbst beitragen?

In allen politischen Beratungs- und Entscheidungsgremien sollte sich die Zusammensetzung der jeweils betroffenen Bevölkerung wiederspiegeln, was auch durch den erschwerten Zugang zur Staatsbürgerschaft verhindert wird. Solange der obige Grundsatz nicht bei der Zusammensetzung der Pfarrgemeinderäte verwirklicht ist, werden die Kirchen es schwer haben, hier glaubwürdig eine Änderung der politischen Praxis einzumahnen. Derzeit sind – so das Ergebnis der Pfarrgemeinderatswahlen 2012 und auch noch 2017 – die MigrantInnen in den Pfarren in der Regel weithin ohne die Möglichkeit, strukturell mitreden, mitgestalten und mitentscheiden zu können.

Es gibt ein Recht auf Partizipation, das auf der gleichen Würde und den damit verbundenen gleichen Rechten beruht. Partizipation vorenthalten ist eine Form der Entwürdigung; Partizipation ermöglichen, vielleicht die wichtigste Form der Würdigung. „Ich habe das auch erst lernen müssen. Als Elternvertreter einer Klasse, in der 50 % der Kinder Türkisch als Muttersprache hatten, verfolgte ich anfangs einen Ansatz besserer Betreuung: alle an die Eltern gerichteten Schreiben auch in türkischer Sprache, Übersetzung bei Elternversammlungen. Es hatte wenig Erfolg. Als ich zur Vorbereitung der Renovierung des Klassenraums eingeladen hatte, kamen zu meiner Überraschung vorwiegend die Väter der Kinder mit türkischer Muttersprache. Es war das erste Angebot einer ihnen angemessenen Beteiligung, weil ihre spezifischen Kompetenzen gefragt waren."[107]

Einen besonderen Blick auf Partizipation eröffnen die Forschungsergebnisse des US-amerikanischen Soziologen und Ethnologen Alex Stepick und seiner Forschergruppe[108], die danach fragten, welche Formen von

---

[106] Vgl. Barbara Herzog-Punzenberger (Hg.): Nationaler Bildungsbericht Österreich 2012, II: Fokussierte Analysen bildungspolitischer Schwerpunktthemen, Graz 2012.

[107] Persönlicher Erfahrungsbericht von Martin Jäggle.

[108] Alex Stepick/Terry Rey/Sarah Mahler: Churches and Charity in the Immigrant City. Religion, Immigration and Civic Engagement in Miami, New Brunswick/London 2009; Alex Stepick/Terry Rey: Civic Social Capital. A Theory for the Relationships between Religion and Civic Engagement, in: Martin Baumann/Frank Neubert (Hg.): Religionspolitik – Öffentlichkeit – Wissenschaft. Studien zur Neuformierung von Religion in der Gegenwart, Zürich 2011, 189 ff.

bürgerschaftlichem Sozialkapital, von *„civic social capital"*, religiös begründete Gemeinschaften hervorbringen. In seiner Studie „Churches and Charity" unterschied er drei Formen von Sozialkapital. Die Ergebnisse sind auch Antworten auf die Frage, wie in einer Gesellschaft Partizipation möglich wird:

Partizipation bedarf eines Netzes sozialer Beziehungen, in denen man einander kennt und anerkennt. Die Ressourcen und das Potential dieser Netze werden mit Pierre Bourdieu Sozialkapital genannt. Bei der Suche nach dem bürgerschaftlichen Sozialkapital – d. h. Sozialkapital, das für ein demokratisches Gemeinwesen notwendig ist – konnte er drei Formen identifizieren: *„bonding"*, *„bridging"*, *„linking"*:[109]

- *„bonding social capital"*: Dieses geht aus Beziehungen von Personen hervor, die ähnliche Interessen haben und der gleichen religiösen Gemeinschaft angehören. Sie haben Vertrauen zueinander und unterstützen sich gegenseitig.

- *„bridging social capital"*: Dieses verbindet Personen, die in unterschiedlichen Gruppen und Milieus beheimatet sind. Sie bauen Brücken zwischen unterschiedlichen Gemeinschaften und Personen; sie fördern Kooperation, Toleranz und gegenseitige Anerkennung. Sie können sich zusammenschließen und im Sinne des Gemeinwohls übergeordnete Ziele verfolgen, etwa gegen Diskriminierung ankämpfen, Stadtteilkriminalität entgegentreten u. a.

- *„linking social capital"*: Dieses verbindet Personen aus unterschiedlichen Gruppen mit ungleichen Zugängen zu Macht und gesellschaftlichen Ressourcen. Es handelt sich um eine vertikale Beziehung. Einzelne Mitglieder können Beziehungen zu Privilegierten haben, zu Personen mit Macht und Einfluss. Dies kann wiederum vorteilhaft für die Gemeinschaft und ihre gesellschaftliche Positionierung sein. Der Kampf gegen die Abschiebung eines Gemeindemitgliedes kann dadurch erfolgreich sein.

Bonding bzw. verbindendes Sozialkapital stellt noch kein bürgerschaftliches Kapital dar, bildet jedoch durch Formen der Binnensolidarität die Voraussetzung dafür. Offensichtliche Beispiele in religiösen Gemeinschaften sind gegenseitige Unterstützungsleistungen und Freiwilligenarbeit. Hohe bonding-Beziehungen können, durch gesellschaftliche Vorgänge des Aus-

---

[109] Zitiert nach Martin Baumann: Religion als Ressource und Konfliktpotential in Europa. Analytische Perspektiven auf Immigration, Gemeinschaft und Gesellschaft, in: Regina Polak/Wolfram Reiss (Hg.): Religion im Wandel. Transformation religiöser Gemeinschaften in Europa durch Migration – Interdisziplinäre Perspektiven, Wien 2014, 49–74.

schlusses und der Diskriminierung, auch segregierend und absondernd wirken. Insofern kann Religion durch Schaffung von Binnenkohäsion auch isolieren und separieren.

Bridging bzw. brückenbauendes Sozialkapital verbindet unterschiedliche Immigrantengruppen, seien es verschiedene muslimische oder afrikanische Gruppierungen in einer Stadt oder Region, um mit einer Stimme zu sprechen, Zusammenarbeit zu fördern und für sich und andere gemeinschaftlich etwas zu erreichen. Beispielsweise bringt die Organisation eines „Tags des Flüchtlings" durch ImmigrantInnen gänzlich unterschiedliche Gruppen zusammen, schafft Vertrauen und lässt sie durch den gemeinsamen Auftritt in der Öffentlichkeit auf die Situation vieler hinweisen.

Linking bzw. statusüberbrückendes Sozialkapital können etwa gute Beziehungen von einzelnen Leitern, Gruppierungen oder Dachverbänden zu einflussreichen Personen in Behörden, Parteien und Sozialinstitutionen darstellen, ebenso zu WissenschaftlerInnen und Forschungsinstitutionen. Hier können gegebenenfalls Unterstützung für Anliegen erbeten und das eigene Renommee gefördert und verbessert werden.

8.4 Differenz als Lernmöglichkeit

Was und wie kann man im Angesicht der Unterschiede zwischen Menschen mit und ohne Migrationsgeschichte mit- und voneinander lernen? Welche spezifischen Erfahrungen bringen MigranInnen mit? Differenz als Ermöglichungsgrund von Denken eröffnet damit zugleich immer auch neue Lern- und Erfahrungsmöglichkeiten. Ohne Differenzerfahrung ist substantielles, nachhaltiges Lernen, das immer auch Veränderung des Handelns bedeutet, gar nicht möglich. Auch wenn diese Art zu lernen, irritierend, schmerzhaft und mühselig sein kann, ist es doch die wesentliche. Selbstbestätigung im und durch den Anderen, die Differenz ausblenden oder gar beseitigen und auslöschen muss, bedroht nicht nur den Anderen, sondern auch die Lern- und Entwicklungsmöglichkeiten des Lernenden.

8.5 „Ohne Angst verschieden sein"

Auch die Gemeinden sind herausgefordert, das Zusammenleben einer größer werdenden inneren und äußeren Heterogenität zu gestalten. Das „braucht neue Formen des Miteinanders verschiedener kultureller und religiöser Beheimatungen und sozialer Herkünfte. Nicht das Vereinheitlichen fördert" ein christliches Gemeindeleben, „sondern Diversität als Ressource wahrzunehmen, (…), besonders auch religiöse Diversität."[110] Wie groß diese Herausforderung hier ist, kann leicht an den Schwierigkeiten im gegenwärtigen Umgang mit innerkatholischer Pluralität abgelesen werden. „Jenseits aller Postulate einer abstrakten Gleichheit entscheidet sich die Demokratiefähigkeit einer Gesellschaft am konkreten Umgang mit Verschiedenheit und mit Minderheiten. Wir brauchen Orte des gemeinsamen Lernens an Unterschieden."[111] Es geht darum, „den besseren Zustand (…) zu denken als den, in dem man ohne Angst verschieden sein kann"[112], es geht um eine Kultur der Anerkennung.

Migration hilft, die Fiktion der Homogenität zu entlarven. Gerade die durch Migration geförderte religiöse Pluralität kann eine Ressource sein, auch wenn sie für katholische Christinnen und Christen schmerzlich damit verbunden ist, dass sie etwa in Wien und in der Stadt Salzburg nicht mehr die Mehrheit in der Bevölkerung bilden. Diese Ressource öffnet sich aber nur in dem Ausmaß, in dem religiöse Pluralität Anerkennung findet – auch als von Gott eröffnete Chance. Vielfalt ist ja grundsätzlich nicht ein Problem, das vielleicht zu lösen wäre, sondern Kennzeichen einer Situation, in der es zu handeln gilt. Die Erfahrung von Differenz, eine Erfahrung durch die Bekanntes und Vertrautes fremd, ja fragwürdig werden, gilt als Ermöglichungsgrund von Denken. Erwächst Denken nicht gerade aus Differenzerfahrungen? Denn die Normalität gibt aus sich heraus nicht zu denken. Pluralität als Lernchance wird erschwert oder verhindert, wenn Differenz nicht sichtbar wird oder werden darf, wenn Differenz keine (öffentliche) Anerkennung hat, wenn alles gleichgültig, Differenz somit wertlos ist. Gesellschaftliche Anerkennung ist an Öffentlichkeit gebunden. Assimilierungszwang und Normalisierungsdruck verhindern Lernchancen; gefördert werden diese, wenn z. B. die Frage und Suche nach Wahrheit als gemeinsame Frage und Suche verstanden und behandelt wird. – Wäre nicht schon der Versuch der Verständigung über religiöse, konfessionelle oder kulturelle Differenz selbst manchmal eine Form *spirituellen* Lernens? Besonders wenn er getragen ist vom grundlegenden Dialog des Lebens und dem Bemühen „einander bei der Erforschung der Wahrheit zu Hilfe kommen"[113], wie es das II. Vatikanische Konzil in seiner Erklärung zur Religionsfreiheit fordert?

---

[110] Martin Jäggle/Thomas Krobath: Schulentwicklung für eine Kultur der Anerkennung. Pädagogische, organisationsethische und religionspädagogische Akzente, in: Martin Jäggle/Thomas Krobath/Robert Schelander (Hg.): lebens.werte.schule. Religiöse Dimensionen in Schulkultur und Schulentwicklung, Wien/Berlin 2009, 23–60 (27 ff).

[111] Theodor W. Adorno: Minima Moralia. Reflexionen aus dem beschädigten Leben, Frankfurt am Main 1951, 114.

[112] Ebd. (Änderungen RP/MJ).

[113] Dignitatis Humanae. Über die Religionsfreiheit, Vatikan 1965.

Nicht die Abgrenzung gegenüber religiös Anderen, sondern die Auseinandersetzung mit religiös Anderen fördert einen tragfähigen Prozess des Christwerdens. Dies würde viele kirchliche Bildungsanstrengungen fruchtbarer machen und zugleich die Gefahr der Indoktrinierung oder den Zwang zur „Normalisierung" mindern.

9. Convivenz: Feiern

Das Fest ist das zentrale Symbol des Reiches Gottes.[114] Immer wieder vergleicht Jesus das Reich Gottes mit einem großen Fest- (Mt 22,1–10) oder Hochzeitsmahl (Lk 14,15–24). Im Fest verdichtet sich in symbolischer Form all das, worauf sich das Leben im Ganzen orientiert und worauf es ankommt. Alles, was man zum Leben braucht, ist in Fülle vorhanden: Nahrungsmittel, Gemeinschaft, Sinn. Das Fest ist der Inbegriff des Lebens. Es ist die Quelle und der Höhepunkt von Convivenz.

Welch bedeutsame Rolle Fest und Feier im Kontext von Migration spielen, zeigt auch die Kulturanthropologie. In einer Studie in Birmingham[115], die der Frage nach dem Diskurs über „die Anderen" nachging, zeigte sich, dass selbst Menschen, die rassistische Einstellungen haben, diese „Andersheit" bei Stadtfesten positiv bewerten: Sie sind stolz auf „ihre MigrantInnen" und deren Beiträge zum Fest. Gemeinsam zu feiern birgt großes Veränderungspotential. Man lernt einander in anderen Rollen und Situationen kennen, kommt ins Gespräch und ist ausgelassen oder entspannt. Freilich bedeutet das nicht automatisch, dass sich damit Alltag und Einstellungen verändern. Feste ersetzen nicht Bildung und Politik. Feste können auch bloße opiate Alltagsfluchten sein, die den Alltag erträglicher machen und stabilisieren.

Jesus beschreibt ein Fest besonderer Art.[116] Alle sind eingeladen – unabhängig von sozialem Status, Geschlecht, Herkunft. Das Fest bestätigt nicht die bestehende Gesellschaftsordnung noch überhöht es sie durch Religion. Das Fest stellt diese Ordnungen vielmehr massiv in Frage: Eingeladen sind vor allem die, die am Rande der Gesellschaft stehen. Dieser egalitäre Charakter verleiht dem Fest einen politischen Charakter. Die üblichen Verhältnisse sind verkehrt. Das ist bedrohlich. Das Fest in diesem Verständnis ist eine gesellschaftliche Herausforderung auf jeder Ebene: Die Gesellschaft

---

[114] Vgl. Eigenmann, Das Reich Gottes und seine Gerechtigkeit, 37–41.

[115] Martin Stringer: Managing Religious Diversity through the Discourse of Ordinary Members of Inner-Urban Neighborhoods in Birmingham, UK, in: P. Pratap Kumar (eds.): Religious Pluralism in the Diaspora, Leiden 2006, 221.

[116] Vgl. zum Folgenden Eigenmann, Das Reich Gottes und seine Gerechtigkeit, 37–41.

als Ganze mit ihren vertikalen und lateralen Diskriminierungen wird entschleiert und steht zur Disposition (Makroebene). Die Ordnung bei Tisch ist durch die Anwesenheit der Ausgeschlossenen durcheinandergebracht (Mesoebene). Indem Jesus auch die Speisevorschriften kritisch beleuchtet, wird zudem die Mikroebene erschüttert: die Regeln, an die sich jeder Einzelne hält, um dazu zugehören.

Das Fest ist eine Vision vom Zusammenleben und zugleich eine Kritik der Gegenwart. „Aber wir sind nicht nur für die Folklore da, wir möchten auch pastoral etwas sagen."[117] Das ist die Festerfahrung eines kroatischen Priesters aus Wien. Bei den Festen der Einheimischen – nicht nur in der Kirche – sind MigrantInnen und Migrationsgemeinden gern gesehene Gäste. Menschen gehen auch gerne essen: in indische, persische, chinesische Restaurants. „Das Fremde" ist bei Festen eine willkommene Bereicherung. Den Menschen, die es einbringen, geht es damit nicht immer gut. Sie fühlen sich mitunter vorgeführt. Sie spüren, dass das Fremde, das sie mitbringen, benützt wird. *„Im Alltag werden wir gar nicht wahrgenommen"*, erzählt dieser kroatische Priester.

Es gibt auch positive Erfahrungen: Am Mittwoch, den 16. Jänner 1991 begann der Erste Irakkrieg. Unter dem Eindruck der Fernsehbilder initiierten die SchülerInnen des BORG Wien 1., Hegelgasse 16 ein Friedensgebet. Es war das erste interreligiöse Gebet an einer österreichischen Schule. Diese Feier erwuchs aus dem Zusammenleben in Vielfalt an dieser Schule und hat es zugleich vertieft.

Fest und Feier können nähren und verändern, ermutigen und in Frage stellen. Feiern in diesem Sinn will gelernt werden. Migration eröffnet Lernchancen: die vertraute Weise zu feiern, ist nicht die einzig mögliche. Es gibt verschiedene Arten, christlich zu feiern. Die Unterschiede machen es möglich, miteinander ins Gespräch zu kommen über Inhalt und Form des Feierns. Denn jede Art hat ihre Stärken und Schwächen. Auch die zentrale Bedeutung der Eucharistie erschließt sich im Horizont von Migration neu. Sie kann zum Ort werden, an dem die Einheit in Verschiedenheit gelebt und erfahrbar wird: wenn Verschiedenheit in Sprache, Kultur, Tradition öffentlich wird. Sie kann zur Quelle gemeinsamer Erneuerung und Vertiefung im Glauben werden. Gott selbst schenkt in einer solchen Feier Mut, Kraft und Hoffnung, Convivenz im Alltag zu riskieren.

Convivenz ist ein theologisches Modell, das im Kontext kultureller und religiöser Diversität christlichen Gemeinden und Gemeinschaften Perspektiven eröffnet, einen Beitrag zum Zusammenleben in Vielfalt und Verschiedenheit zu erbringen. Insofern bietet es sich an, im Kontext der

---

[117] Polak, Religiosität und Migration (Originalzitat aus der empirischen Studie).

Migrationsgesellschaft Europa weiterentwickelt zu werden. Den größeren Horizont bildet dabei das Reich Gottes. Convivenz kann dazu dienen, die Gottesherrschaft in der Gesellschaft wahrnehmbar zu machen und zu verwirklichen – innerhalb, außerhalb und vor allem „zwischen" Gemeinden und ihrer Umgebung kann es sich zeigen.

In ihren praktischen, insbesondere ethischen und politischen „Qualitätskriterien" mag das Modell der Convivenz vielleicht auch anregend sein für säkulare Gemeinden und Gemeinschaften. Das Reich Gottes selbst ist kein Monopol christlicher Gemeinden, sondern ereignet sich überall, wo Zusammenleben die „Reich-Gottes-Verträglichkeits-Prüfung"[118] bestehen würde. Die Theologie kann dazu Fragen, Perspektiven und Kriterien formulieren, die im lernenden Dialog mit all jenen kritisch zu prüfen sind, denen es um ein gutes und gerechtes Zusammenleben in Vielfalt und Verschiedenheit geht.

---

[118] Urs Eigenmann: Kirche in der Welt dieser Zeit. Praktische Theologie, Zürich 2010, 198.

Diversität und Convivenz: Zusammenleben in Verschiedenheit. Ein praktisch-theologischer Beitrag zum Narrativ der europäischen Migrationsgesellschaft

Erschienen in: Kurt Appel/Isabella Guanzini (Hg.): Europa mit oder ohne Religion? II. Der Beitrag der Religion zum gegenwärtigen und künftigen Europa. Reihe: Religion and Transformation in Contemporary European Society 10, Wien 2016, 109–130. (peer-reviewed)

1. Einleitung

> „Migrationen sind (…) nur scheinbar konkrete Phänomene. Die Summe individueller Bewegungen ist in der Regel nur auf abstrakter Ebene zureichend wahrnehmbar und deutbar. Doch können (…) ihre lebensweltlichen Wirkungen sehr einschneidend sein."[1]

So begründet der Historiker Walter Pohl in seinem Beitrag „Die Entstehung des europäischen Weges: Migration als Wiege Europas" die Notwendigkeit von Narrativen[2] für Gesellschaften in Transformationsprozessen. Auch das zeitgenössische Europa braucht solche Narrative, um mit den Herausforderungen europäischer Migrationsgesellschaften angemessen umgehen zu können. Migrationen und die mit ihnen verbundene notwendige Neugestaltung des sozialen Raumes bedürfen differenzierten Wissens und hochentwickelter Deutungssysteme: „Ohne eine solche Abstraktionsebene, die es erlaubt, ein gesellschaftliches Phänomen als Ganzes zu verstehen, ist nachhaltige Problemlösung nicht möglich."[3]

In diesem Beitrag möchte ich der Frage nachgehen, welche Narrative der Theologie und den Kirchen in einer Migrationsgesellschaft zur Verfügung stünden, die sie ggf. auch in den gesellschaftlichen Diskurs einbringen könnte. Ich möchte im Folgenden zwei Fragen nachgehen: Wie wird Migration wahrgenommen? Welche Narrative stehen zur Verfügung, um die zeitgenössischen Migrationen und damit verbundenen Transformationsprozesse wahrnehmen, verstehen und gestalten zu können? Mein Beitrag

---

[1] Walter Pohl: Die Entstehung des europäischen Weges: Migration als Wiege Europas, in: Österreichische Forschungsgemeinschaft (Hg.): Migration. Reihe Wissenschaft – Bildung – Politik. Band 15, Wien/Köln/Weimar 2013, 27–44, 42 (Auslassungen RP).
[2] Gemeint sind damit Erzählungen, die sozialen Prozessen Sinn und Bedeutung verleihen, indem Wissensvorräte und Deutungssysteme generiert und (re)kombiniert werden.
[3] Pohl, Die Entstehung des europäischen Weges, 43.

dazu erfolgt aus einer praktisch-theologischen Perspektive und ich stelle dazu vier „Bausteine" als Impulse zur Diskussion:
- Den Kontext und die Relevanz der Fragestellung: Wie ist Zusammenleben angesichts von Diversität möglich?
- Einen geschichtlichen Rückblick auf die Zeitspanne der „migration period" zwischen dem 4. und 7. Jahrhundert in Europa, bei uns „Völkerwanderung" genannt, der exemplarisch zeigt, welche Rolle Narrative bei der „Integration" einer neu entstehenden politischen Landschaft des weiten europäischen Raumes gespielt haben: in diesem konkreten Fall die Erzählungen des Christentums.
- Die Narrative von Migration und Religion in den europäischen „migration studies".
- Exemplarische Potentiale und Ressourcen, die den Kirchen und der Theologie zur Verfügung stehen und gesellschaftlich fruchtbar gemacht werden könnten.

2. Kontext und Relevanz der Fragestellung

„Ein im globalen Maßstab erfolgreiches Zusammenleben in Frieden und Differenz stellt für die Menschheit zweifellos die große, vielleicht entscheidende Herausforderung im 21. Jahrhundert dar."[4]

Ottmar Ette

„Entweder können wir in diesem Jahrhundert eine gemeinsame Zivilisation aufbauen, mit der jeder sich identifizieren kann, die von denselben universellen Werten zusammengehalten, von einem kraftvollen Glauben an das Abenteuer Menschheit geleitet und durch all unsere kulturellen Unterschiede bereichert wird; oder wir gehen alle in einer gemeinsamen Barbarei unter[5]."

Amin Maalouf

In Wissenschaft und Kunst mehren sich in jüngerer Zeit Stimmen, die die Brisanz der Frage nach dem Zusammenleben der Menschheit drastisch hervorheben.[6]

---

[4] Ottmar Ette: ZusammenLebensWissen. List, Last und Lust literarischer Konvivenz im globalen Maßstab, Berlin 2010, 29.
[5] Amin Maalouf: Die Auflösung der Weltordnungen, Berlin 2010, 27.
[6] Richard Wilkinson/Kate Pickett: Gleichheit ist Glück. Warum gerechte Gesellschaften für alle besser sind, Berlin[4] 2012 (2009); Forschungscluster der Universitäten Trier und Mainz: „Gesellschaftliche Abhängigkeiten und soziale Netzwerke", URL: http://www.netzwerk-exzellenz.uni-trier.de/ (30.06.2017).

In der zusammenwachsenden und zugleich zerrissenen globalisierten Welt des 21. Jahrhunderts ist die Frage nach dem Zusammenleben in Verschiedenheit eine, wenn nicht *die* Schlüsselfrage. Migration ist weder Ursache noch Auslöser für diese Situation, aber in den mit ihr verbundenen Herausforderungen – allem voran soziale und globale Gerechtigkeit – spitzt sich die Dringlichkeit der Frage zu. Menschenfeindlichkeit[7] – schärfer: Menschenhass – aller Art (Rassismus, Xenophobie, antimuslimischer Rassismus und Antisemitismus), Diskriminierung, Ausbeutung und Exklusion von MigrantInnen, Menschenhandel, rigide staatliche Migrationsregime und skrupellose Migrationsindustrien u.v.m. machen bewusst, dass die Frage nach dem Zusammenleben alle Menschen betrifft. Der Umgang mit Migration – mit Flüchtlingen, Zuwanderern, ethnischen und religiösen Migrationscommunities – enthüllt, wie es um die Humanität, den Gerechtigkeitssinn und die Solidarität, kurz: das Ethos der Menschheit bestellt ist. Ein solches Ethos zu entwickeln braucht Narrative.

Europa lernt derzeit, sich als Migrationsgesellschaft zu verstehen – der Geograph Heinz Fassmann hat dafür die zutreffende Wendung „Migropa entsteht"[8] gefunden. Dabei kommt dem Umgang mit Diversität eine zentrale Rolle zu. Trotz seiner vielfältigen Bedeutungen und Verwendungsweisen[9] wird der Begriff Diversität Kern einer neuen „normativen Metaerzählung"[10] im gesellschaftlichen Selbstverständnis. WissenschaftlerInnen sprechen von einer „Diversitätswende" in Politik und Wirtschaft, die maßgeblich durch den „Kampf um Minderheitenrechte" und das „Aufkommen sogenannter Identitätspolitiken"[11] beeinflusst sind. Die mit Diversität verbundenen „normativen Diskurse, institutionellen Strukturen, Maßnahmen und Praktiken"[12] beziehen sich keinesfalls ausschließlich auf MigrantInnen, hängen aber eng mit Migrationsphänomenen zusammen.

Verbunden mit dem Diversitäts-Narrativ werden zeitgleich auf der Mesoebene der Gesellschaft Modelle des Zusammenlebens in Verschie-

---

[7] Der Begriff lehnt sich an das Konzept der „gruppenbezogenen Menschenfeindlichkeit" von Wilhelm Heitmeyer und das damit verbundene Langzeitforschungsprogramm des Instituts für interdisziplinäre Konflikt- und Gewaltforschung der Universität Bielefeld an: Wilhelm Heitmeyer: Deutsche Zustände. 10 Bände, Berlin 2002–2011.

[8] Heinz Fassmann: Migration: Konstituens der Conditio humana, in: ÖFG (Hg.), Migration, 5–26, 23.

[9] Vgl. zum Verständnis von Diversität in den Sozialwissenschaften Steven Vertovec: „Diversität" und die gesellschaftliche Vorstellungswelt, in: Julia Dahlvik/Christoph Reinprecht/Wiebke Sievers (Hg.): Migration und Integration – wissenschaftliche Perspektiven aus Österreich. Jahrbuch 2 (2013), Wien 2013, 21–47.

[10] Yudhishthir Ra Isar : Cultural Diversity, in: Theory, Culture & Society 23, 2–3 (2006), 372–375.

[11] Vertovec, „Diversität" und die gesellschaftliche Vorstellungswelt, 21.

[12] Ebd., 22.

denheit erprobt, die auch das Zusammenleben von Menschen mit und ohne Migrationsgeschichte betreffen.[13] Im öffentlichen und politischen Diskurs firmieren entsprechende Projekte unter dem fragwürdigen Label der „Integration", während die Sozialwissenschaften hier mittlerweile bevorzugt von Inklusion sprechen.[14] Dabei liegt das Hauptaugenmerk auf den politischen Akteuren, Prozessen und Strukturen sowie den rechtlichen und ökonomischen Rahmenbedingungen. In den Geisteswissenschaften und der Theologie, aber auch in den Kirchen denkt man über Konvivenz nach[15] – ein Begriff des Zusammenlebens, der vor allem die Bedeutung von Gemeinschaften, Gemeinden, Communities und der damit verbundenen interpersonalen Beziehungen und Netzwerke auf der Ebene des alltäglichen Zusammenlebens betont, wo der Umgang mit Diversität konkret erprobt und gelernt wird. In all diesen unüberschaubaren Prozessen und Forschungen werden jedenfalls Narrative von Migration generiert, die entscheiden, ob Migration als Ressource oder als Problem für das Zusammenleben wahrgenommen wird.

3. Rückblick auf die „Völkerwanderung": Die Rolle des christlichen Narrativs

Auch die Zeit vom 4. – 7. Jahrhundert nach Christus stand vor der Herausforderung, angesichts der damaligen Migrationen und damit verbundener „Integrationsprozesse" dem „menschlichen Zusammenleben in größeren Gemeinschaften Sinn zu geben"[16] angesichts großer Ideen, aber auch höchst heterogener Aufassungen über die soziale Welt. Formen des Zusammenlebens in größeren Räumen zu lernen und zu erproben ist „eine

---

[13] Viele kommunale Projekte in fast jedem österreichischen Bundesland bezeichnen sich so, z. B. Projekt „zusammenleben" in Hohenems (seit 2009), URL: https://www.hohenems.at/de/bildung_soziales/zusammen-leben/; Projekt „okay. Integration und Vielfalt in Vorarlberg", URL: http://www.okay-line.at/projektstelle/okay.zusammen-leben/; Projekte zu Integration in Wels, URL: http://www.wels.gv.at/Leben-in-Wels/Zusammenleben/Projekte-zu-Integration.html?hp=3; „Mentorin" – „Zusammen Leben in Wien", URL: http://www.mentoring.or.at/wien-zusammen-leben.html (alle: 07.01.2017).

[14] Z. B. Ilker Ataç/Sieglinde Rosenberger (Hg): Politik der Inklusion und Exklusion. Wien/Göttingen 2013.

[15] Z. B. Ottmar Ette: Konvivenz. Literatur und Leben nach dem Paradies, Berlin 2012; Theo Sundermeier: Konvivenz und Differenz. Studien zu einer verstehenden Missionswissenschaft, Erlangen 1995 (hg. von Volker Kuster); vgl. in diesem Sammelband: Diversität und Convivenz: Miteinander Lebensräume gestalten – Miteinander Lernprozesse in Gang setzen", 21. Ich selbst halte zur Thematik zahlreiche Vorträge in kirchlichen Einrichtungen, Gemeinden, Orden.

[16] Pohl, Die Entstehung des europäischen Weges, 42.

immense politische und intellektuelle Leistung"[17]. Walter Pohl, auf den ich mich im Folgenden beziehe, beschreibt diese Leistung für die Epoche der sog. Völkerwanderung in einer für die Gegenwart höchst instruktiven Weise.[18]

Auch in dieser Epoche waren Migrationen weder Ursache noch „prime mover"[19] historischen Wandels, sondern Teil umfassender soziopolitischer Transformationsprozesse, die zum Ende des Römischen Reiches geführt haben. Freiwillige und vom Römischen Imperium flexibel und rücksichtslos gesteuerte Migrationen waren Teil einer kontinuierlichen Zuwanderung von der Peripherie ins Zentrum des Reiches.[20] Diese wurden zur Integration des riesigen Herrschaftsgebietes genutzt. Erst diese „Integrationspolitik" ließ sodann jene „transnationalen Netzwerke"[21] von spezialisierten, zugewanderten Kriegern und Soldaten entstehen, deren „Warlords"[22] mit Migrationshintergrund (Odoaker, Theoderich, Chlodwig) die Macht in den römischen Provinzen übernahmen. Das Zusammengehörigkeitsgefühl jener „Barbaren", die sich dann gegen die Zentralmacht wendeten, war nicht zuletzt ein Resultat von Ausgrenzung und Verachtung durch die Vertreter der römischen „Leitkultur". So entstand das Konzept von Herrschaft auf ethnischer Grundlage. Keinesfalls sind damals demnach selbstbewusste, geschlossene Völker in das Römische Reich einmarschiert, sondern in komplexen Wechselspielen zwischen Zentrum und Peripherie, „Römern und Barbaren", Zuschreibungen und Übernahme von Fremdzuschreibungen sind jene ethnischen Identitäten überhaupt erst entstanden, die dann die politische Landschaft prägen sollten. Jener Raum gleichgeordneter, vorwiegend ethnisch bestimmter Herrschaftsgebilde: Er ist das Resultat von Narrativen, Diskursen und sozialer Praxis.

Mit Walter Pohl kann man die Vorstellungen, die bei der Entstehung dieser neuen politischen Landschaft eine maßgebliche Rolle spielten, als „visions of community"[23] bezeichnen. Diese „visions" sind untrennbar mit

---

[17] Ebd., 41.

[18] Zum Folgenden vgl. die Darstellung bei Pohl.

[19] Pohl, Die Entstehung des europäischen Weges, 32.

[20] Das ist vielleicht vergleichbar jenen Migrationsprozessen, die heute zum Entstehen globaler Mega-Cities führen, Doug Saunders spricht von „Arrival Cities", vgl. Doug Saunders: Arrival Cities, München 2011 (2009).

[21] Pohl, Die Entstehung des europäischen Weges, 33.

[22] Ebd., 34.

[23] Vgl. Walter Pohl/Clemens Gantner/Richard Payne (eds.): Visions of Community. Religion, Ethnicity and Power in the Early Medieval West, Byzantium and the Islamic World, Aldershot 2012; Walter Pohl/Gerda Heydemann (ed.): Strategies of Identification. Ethnicity and Religion in Early Medivial Europe, Turnhout 2013.

dem Prozess der Christianisierung verbunden: „Die Königreiche der Migranten entstanden auf christlicher Grundlage."[24]

Dies hatte zum einen „pragmatische Gründe, denn die kirchliche Hierarchie vertrat die Mehrheitsbevölkerung, verstand sich auf schriftliche Verwaltung und konnte so die Integration der neuen Reiche erleichtern."[25] Der Erfolg lag aber auch an biblischen Gemeinschaftsmodellen: „Der Exodus Israels aus Ägypten und der Einzug ins Gelobte Land boten ein positives Beispiel einer gottgewollten Migration; der Bund Gottes mit dem auserwählten Volk schuf ein starkes ethnisches Identifikationsmodell; die Genealogie der Söhne Noahs erlaubte eine Erklärung für die Vielfalt der Völker; der Turmbau von Babel eine, wenn auch negative, Begründung für die Existenz unterschiedlicher Sprachen."[26] Das Neue Testament propagierte die paulinische Vision von der Einheit der Völker in Christus. Zugleich offerierte es im Kontext des christlichen Missionsauftrages den neu entstehenden „Völkern" eine bedeutsame Rolle in der Heilsgeschichte: „Ihre Bekehrung konnte als Erfolg verheißende Erwählung durch Gott verstanden werden und legitimierte dadurch die Herrschaft der Könige."[27] So entstand in Europa eine stabile Vielheit gleichgeordneter und im Christentum vereinter, aber konkurrierender Völker – eine im Vergleich mit anderen Kulturen keinesfalls notwendige Entwicklung. Die (christlichen) Narrative und ihr gesellschaftlicher Wirkungszusammenhang spielten die entscheidende Rolle. Ein halbes Jahrtausend asymmetrischen Austausches zwischen der hegemonialen Zivilisation des Mittelmeerraumes und den Barbaren der Peripherie hatten diesen Integrationsprozess vorbereitet. Die kulturelle Matrix war nicht die klassische Hochkultur des Römer, sondern das spätantike Christentum und die spätrömische Militärkultur, die für Offiziere barbarischer Herkunft zugänglich war. „Am Beginn des nachrömischen Europa stand eine Anpassung römisch-griechischer und christlich-alttestamentarischer Diskurse an einen neuen politischen Horizont."[28] Ethnizität – bis dahin als Lebensform der Barbaren verachtet – wurde als grundlegendes Einteilungsschema der politischen Welt legitimiert und festgeschrieben.

Freilich war die Errichtung dieser Landschaft mit hohen sozialen Kosten und gewaltsamen Begleitumständen verbunden, die nicht verharmlost werden dürfen. Auch die zwiespältige Rolle der Kirche und der fragwürdige Umgang mit biblischen Erzählungen dürfen nicht ausgeblendet werden.

---

[24] Pohl, Die Entstehung des europäischen Weges, 36.
[25] Ebd.
[26] Ebd.
[27] Ebd.
[28] Ebd., 42.

Aber mit Walter Pohl ist doch auch die gewaltige intellektuelle Leistung herauszustreichen, die damals zu dieser „gesellschaftlichen Konstruktion der Wirklichkeit"[29] und einer neuen politischen Ordnung geführt hat.

Was lässt sich für die Frage nach der Bedeutung von (religiösen) Narrativen aus dieser kurzen Darstellung erkennen?

Da zeigt sich zum einen der fatal und viel zu eng gefasste Bezug zwischen heilsgeschichtlichen Erlösungsversprechen und Ethnizität, dessen katastrophische Auswirkungen sich bis in den modernen Nationalismus und zur Shoa ziehen. „Es genügt, an den Hitler-Gruß zu denken"[30], meint Walter Pohl. Der theologische Begriff vom Volk Gottes wurde Israel geraubt und am Ende zur Legitimation der Vernichtung der Juden missbraucht. Wenn (religiöse) Narrative ideologisch instrumentalisiert werden, um eigene Interessen und Erfolge, Machtansprüche oder Gewalt zu legitimieren, droht Lebensgefahr. Eine Studie der Körber-Stiftung hat bei der Untersuchung von Schulbüchern für Geschichte festgestellt, dass diese primär der eigenen Siege, Helden, Opfer und Leiden gedenken.[31] Sie kommt zu dem Schluss, dass Europa nur dann eine Zukunft hat, wenn in den Erinnerungen und Erzählungen auch der Leiden und Opfer der Anderen gedacht wird. Katastrophal wirkt sich die Totalidentifikation von konkreter Geschichte und Heilsgeschichte aus, zumal wenn diese der Selbsterhöhung dient. Narrativen dieser Art liegt aus theologischer Sicht das Vergessen und Ignorieren, vielleicht auch das Leugnen der unaufhebbaren Differenz zwischen Gott und Welt bzw. Mensch zugrunde.

Zugleich aber lässt sich die kreative und innovative Kraft erkennen, die religiöse Erzählungen für die Gestaltung und Lösung sozialer und politischer Herausforderungen bergen. „Der reiche Erzählschatz der Bibel gab den Wanderungen symbolische und heilsgeschichtliche Bedeutungen vom Exodus bis zu Gog und Magog. Aus der Sicht der Aufklärung kann man solches religiöses Wissen in seiner sozialen Anwendung zu Recht für kritikwürdig halten, aber es war und ist immer noch in vielen Zusammenhängen äußerst handlungsrelevant."[32]

Für die Theologie und die Kirchen stellt sich die Frage, wie ihre religiösen Erzählungen angesichts des historischen Befundes heute fruchtbar für die Suche nach gesellschaftlichen Narrativen zu Migration, Diversität und Zusammenleben werden können. Europa sind Narrative aus christlichen

---

[29] Peter L. Berger/Thomas Luckmann: Die gesellschaftliche Konstruktion der Wirklichkeit, Frankfurt am Main 1969.
[30] Pohl, Die Entstehung des europäischen Weges, 36.
[31] Vgl. Ute Frevert: Was ist das bloß – ein Europäer?, in: „Die Zeit" vom 23. Juni 2005 (sic!), URL: http://www.zeit.de/2005/26/Essay_Frevert (30.06.2017).
[32] Pohl, Die Entstehung des europäischen Weges, 43.

Traditionsbeständen fremd geworden – und das ist auch gut, weil sie bei den Katastrophen des 20. Jahrhunderts Pate gestanden haben. So wichtig sie für die Entstehung Europas waren, so haben sie durch und mit 1945 ein Ende gefunden. Heute gibt es eine gut begründete und weit verbreitete Skepsis, an diese Narrative auch nur zu rühren. Ihre theologisch differenzierte Entfaltung kollidierte mit den historischen Konnotationen. Übersetzungsarbeit christlicher Narrative im Horizont zeitgenössischer Gesellschaften steht an, nicht nur für die Fundamental- und die Praktische Theologie.

Die Gesellschaft wiederum muss zur Kenntnis nehmen, dass religiöse Narrative auch heute noch handlungsrelevant sind – vor allem für MigrantInnen: So hat Martin Baumann in seinen Studien zu Migrationsgemeinden gezeigt, dass diese aus ihrer Religion nicht selten das Potential schöpfen, mit Erfahrungen des Leides, der Diskriminierung und Marginalisierung umzugehen. Religion ermöglicht ihnen Selbstachtung und Würde, Schutz und Tröstung und dies kann gesellschaftspolitisches Engagement zur Folge haben.[33] Die Stigmatisierung von MigrantInnen-Religion als „vormodern" wird da wenig weiterhelfen.[34]

4. Narrative von Migration und Religion in den europäischen migration studies

Der kurze geschichtliche Rückblick, aber auch die Migrationsforschung verdeutlichen: Migration ist kein Naturereignis. Ihre Wahrnehmung und Deutung ist zeitbedingt und hängt eng zusammen mit sozialen, politischen, ökonomischen, kulturellen und auch religiösen Rahmenbedingungen.[35] Die Zusammenhänge, die die Forschung dabei aufzeigt, sind komplex und lassen sich nicht in einfache Geschichten fassen. Genau solche aber waren von der Öffentlichkeit immer schon erwünscht – und sie entstehen heute wie in der Zeit der „Völkerwanderung". Frappierend ist, wie stark der zeitgenössische Diskurs dabei immer noch auf Erzählungen und Bilder dieser Zeit zurückgreift.

---

[33] Martin Baumann: Diaspora: Genealogie of Semantics and Transcultural Comparison, in: Numen 47 (2000), 313–337; ausführlich in: Ders.: Alte Götter in neuer Heimat. Religionswissenschaftliche Analyse zu Diaspora am Beispiel der Hindu auf Trinidad, Marburg 2003.

[34] Die Herausforderungen durch MigrantInnen-Religion für Europa beschreibt z. B. Robert Schreiter: Die neue Katholizität. Globalisierung und die Theologie, Frankfurt am Main 1997, 538–539. Eine seiner Thesen: Die Ablehnung von MigrantInnen-Religion ist auch ein Ausdruck der Abwehr an die „unappetitlichen Erinnerungen" der europäischen kolonialen Vergangenheit.

[35] Fassmann, Migration, 14–20, 26.

Damals wie heute wird die Ankunft der sogenannten Fremden als unbegreifliches Naturereignis dargestellt. Frühmittelalterliche und zeitgenössische MigrantInnen haben in den Erzählungen des damaligen Boulevards oftmals keine Namen, ihre Sprache stört, sie haben keine sichtbare Organisation, ihre Religion ist fremd, „heidnisch" und gefährlich. Bis heute werden Metaphern des Fließens verwendet, mit denen damals die Ankunft der Barbaren beschrieben wurde: Man spricht von Migrationsströmen, Flüchtlingswellen, Ausländerschwemmen oder –fluten.

Aber welche Narrative haben jene Wissenschaften, die sich mit Migration und Religion beschäftigen? Ich kann diese Frage hier nicht beantworten, halte aber einen selbstkritischen Austausch darüber für notwendig. Auch in bestimmten Bereichen der Migrationsforschung spricht man von Migrationsströmen, werden MigrantInnen als homogene Gruppe dargestellt und kommen selbst kaum zu Wort. „Forschungen zu Migration und Integration waren lange Zeit (…) durch eine ausgeprägte Problem- und Defizitorientierung charakterisiert. Im Fokus stand die Analyse von Desintegrationsprozessen und Konfliktkonstellationen (…) – Stichworte sind Bildungsferne, Verhaltensauffälligkeit, innerfamiliäre Entfremdung, Mangel an Anpassungsbereitschaft (…)."[36] Seit einigen Jahren erst rückt „die Analyse der migrationsbezogenen sozialstrukturellen und soziokulturellen Veränderungspotentiale verstärkt in den Mittelpunkt"[37]. Es wächst die Aufmerksamkeit „für die den Migrations- und Integrationsprozessen innewohnende Antriebskraft für gesellschaftliche und institutionelle Erneuerung, für Lernprozesse auf individueller wie kollektiver Ebene, für die kulturelle und demokratische Erneuerung der Gegenwart, für den Umgang mit Diversität und die Verwirklichung der Ansprüche auf soziale Gerechtigkeit."[38]

Ähnliches gilt auch für die Wahrnehmung und Deutung von Religion im Kontext von Migration, wobei in den säkularen Gesellschaften (Westeuropas) Religion von (muslimischen) MigrantInnen fast ausschließlich als Problem wahrgenommen wird. Ein Perspektivwechsel in der Forschung, der sich auf die Suche nach deren Potential macht, steht noch weitgehend aus. Wie Richard Alba und Nancy Foner im Vergleich der diesbezüglichen Diskurse in den USA und in Europa zeigen, gilt MigrantInnen-Religion in Europa eher als Barriere denn als Brücke zur Integration.[39] Ich zitiere aus

---

[36] Julia Dahlvik/Christoph Reinprecht/Wiebke Sievers: Vorwort, in: Dies. (Hg.), Migration und Integration, 9–17, 10 (Auslassungen RP).

[37] Ebd., 10.

[38] Ebd.

[39] Vgl. Nancy Foner/Richard Alba: Immigrant Religion in the U.S. and Eastern Europe: Bridge or Barrier to Inclusion?, in: International Migration Review 2 (2008), 360–392.

dem Abschlussbericht eines Schweizer nationalen Forschungsprogrammes: Die „neue religiöse und sprachliche Vielfalt", die durch die Zuwanderung insbesondere seit den 1980er Jahren entstanden sei, stelle ein „beunruhigende(s) Anzeichen dafür (dar), dass das ‚Schweizerische Integrationsmodell' an Grenzen stößt"[40]. Es sind Ausnahmen, wie der Religionswissenschaftler Martin Baumann oder der Sozialwissenschaftler Alexander-Kenneth Nagel, die die Religion der MigrantInnen und ihrer Gemeinden als Sozialkapital resp. zivilgesellschaftliches Potential für die Gesellschaft betrachten.[41]

5. Potentiale und Ressourcen, die Kirche und Theologie zur Verfügung stehen – und stellen könnten

1) Papst Franziskus auf Lamepdusa

> „Ich denke auch an die geschätzten muslimischen Immigranten, die heute Abend das Fasten des Ramadans beginnen, und wünsche ihnen reiche geistliche Früchte. Die Kirche ist euch nahe auf der Suche nach einem würdigeren Leben für euch und eure Familien. Auf euch (oshià)!"[42]

So begrüsste am 8. Juli 2013 Papst Franziskus muslimische Flüchtlinge auf der Insel Lampedusa, die er im Zuge seiner ersten Reise als Papst besuchte. In seiner Predigt spricht er über die Verantwortung für die Flüchtlinge und erinnert an die beiden ersten Fragen Gottes im Alten Testament: „Adam, wo bist Du?" und „Kain, wo ist Dein Bruder Abel?" Wenn diese Fragen vergessen werden, sind die Menschen nicht mehr in der Lage, „einander zu

---

[40] Werner Haug: Vorwort, in: Hans-Rudolf Wicker/Rosita Fibbi/Werner Haug (Hg.): Migration und die Schweiz. Ergebnisse des nationalen Forschungsprogramms „Migration und interkulturelle Beziehungen", Zürich 2003, 7–11.

[41] Vgl. Martin Baumann: Religion als Ressource und Konfliktpotential in Europa. Analytische Perspektiven auf Immigration, Gemeinschaft und Gesellschaft, in: Regina Polak/Wolfram Reiss (Hg.): Religion im Wandel. Transformation religiöser Gemeinschaften in Europa durch Migration. Interdisziplinäre Perspektiven, Wien 2015 (= Religion and Transformation in Contemporary European Society 9), 49–74; Edmund Arens/Martin Baumann/Antonius Liedhegener/Wolfgang W. Müller/Markus Riess (Hg.): Integration durch Religion? Geschichtliche Befunde, gesellschaftliche Analysen, rechtliche Perspektiven, Baden-Baden 2014; Alexander-Kenneth Nagel (Hg.): Religiöse Netzwerke: Die zivilgesellschaftlichen Potentiale religiöser Migrantengemeinden, Bielefeld 2015; Ders. (Hg.): Diesseits der Parallelgesellschaft. Neuere Studien zu religiösen Migrantengemeinden in Deutschland, Bielefeld 2012.

[42] Dieses und die folgenden Zitate vgl. Predigt von Papst Franziskus bei seinem Besuch auf der Insel Lampedusa am 8. Juli 2013, URL: http://www.vatican.va/holy_father/francesco/homilies/2013/documents/papa-francesco_20130708_omelia-lampedusa_ge.html (30.06.2017).

hüten" und es kommt zu Tragödien wie jenen, dass Immigranten auf dem Meer umkommen, auf den Booten, „die statt eines Weges der Hoffnung ein Weg des Todes wurden".

2) Zu den wichtigen Anliegen von Caritas und Diakonie, den Sozialeinrichtungen der katholischen bzw. evangelischen Kirche, gehören das soziale und politische Engagement für AsylwerberInnen und Zuwanderer. In den Konflikten rund um die Besetzung der Votivkirche durch Asylwerber in Wien 2012/2013 hat sich der Erzbischof von Wien, Christoph Schönborn eindeutig auf die Seite der Flüchtlinge gestellt – und wurde für dieses Engagement von vielen KatholikInnen aufs heftigste kritisiert. Ähnliches weiß auch der evangelisch-lutherische Bischof Michael Bünker (Österreich) zu berichten, wenn sich seine Kirche für Asylwerber und MigrantInnen und deren Rechte stark macht.[43]

3) In der katholischen Pfarre „Am Schöpfwerk"[44] (12. Wiener Bezirk) treffen einander vier Mal im Jahr MuslimInnen und KatholikInnen aus der Siedlung und überlegen, wie sie durch gemeinsame Veranstaltungen zeigen können, dass die beiden Glaubensgemeinschaften ein friedliches Zusammenleben wünschen. So werden in der Siedlungszeitung „Schöpfwerkschimmel" Gemeinsamkeiten dokumentiert. Aktionen wie gemeinsames Müll-Sammeln oder „Salam und Servus Am Schöpfwerk", bei der Grußformeln in verschiedenen Sprachen auf großen Tüchern in der Siedlung aufgehängt wurden, um die Vielfalt der Gesellschaft zu zeigen, gehören zu den gemeinsamen Projekten ebenso wie Gespräche zu verschiedenen Themen wie Begräbnis und Tod, Ehe und Partnerschaft, die Stellung der Frau in Christentum und Islam.

4) Die Churches' Commission for Migrants in Europe (CCME) der Konferenz Europäischer Kirchen (KEK) hat 2010 das Jahr der Migration ausgerufen[45] und verfolgt seither folgende Ziele: Sie wollen sich für und mit MigrantInnen für deren gesellschaftliche und politische Anerkennung entsprechend dem Zeugnis der Bibel einsetzen; eine inklusive Politik auf nationaler und europäischer Ebene fördern und sich für die Rechte von MigrantInnen engagieren. Sie entwickeln auf Gemeindeebene Programme, die Flüchtlinge und MigrantInnen willkommen heißen, Begegnung und Partizipation fördern und politisch gegen Exklusion und Arbeitslosigkeit von MigrantInnen kämpfen. Ziel ist die Verwirklichung der Vision, „unity in diversity" zu leben.

---

[43] All dies bereits vor der sog. „Flüchtlingskrise" im Herbst 2015.

[44] Vgl. Kontaktgruppe "Pfarre am Schöpfwerk", URL: http://www.pfarreamschoepfwerk.at/index.php/pfarrleben/kontaktgruppe-zu-muslimen.html (30.06.2017).

[45] Vgl. URL: http://www.migration2010.eu/ (30.06.2017).

Diese Beispiele zeigen, dass sich die Kirchen in ihrer sozialen Praxis des theologischen Stellenwertes, den Migration für den Glauben hat, vielerorts durchaus bewusst sind. An Orten wie den hier beschriebenen werden durch diese Praxis die alten Migrations-Narrative erinnert und im Kontext der Gegenwart neue Narrative reformuliert.

Freilich muss man, vor allem für den deutschsprachigen Raum, feststellen, dass eine solche Migrations-Sensibilität eher noch die Ausnahme darstellt und die Kirchen das Potential, das ihnen qua Migrationstradition zur Verfügung stünde, noch lange nicht so verwirklichen, wie dies möglich wäre. Viele der einheimischen christlichen Gemeinden sind migrationsblind; das Zusammenleben zwischen Migrationsgemeinden und ortsansässigen Gemeinden und Kirchen ist eher ein Neben- als ein Miteinander, mitunter selbst innerhalb ein und derselben Kirche; die Tatsache der „Ent-Europäisierung"[46] des Christentums in Europa wird weitgehend ignoriert (in manchen Städten wie London oder Hamburg bilden MigrantInnen bereits die Mehrheit der ChristInnen vor Ort).

Ehe sich die Kirchen also daran machen, ihre Beiträge zum Migrations-Narrativ in die Gesellschaft einzubringen, wäre es notwendig, dass sie sich ihres Migrations-Erbes in Theorie und Praxis erinnern. Es wäre schon viel gewonnen, wenn innerhalb der Kirche die Narrative der biblischen Tradition zu Migration, Diversität und Zusammenleben etabliert wären und sich mit entsprechender Praxis verbinden. Dazu können und müssen auch die theologischen Disziplinen einen Beitrag leisten, der allerdings im deutschsprachigen Raum bisher etwas unterbelichtet ist.

Diese Randstellung entspricht jedoch keinesfalls der fundamentalen Bedeutung, die Migration für Entstehung und Selbstverständnis des christlichen Glaubens und der Kirchen hat. Ohne hier auf Details eingehen zu können, lässt sich sagen: Migration ist der *locus theologicus* – also der glaubens- und theologiegenerative Ort *par excellence*;[47] vor allem die Texte des Alten Testaments, aber auch viele des Neuen Testaments, sind in Migrationskontexten: Exil, Flucht, Wanderschaft, Diaspora, Fremd sein – entstanden.[48] Biblische Theologie ist in vielen Bereichen (v. a. des Alten Testaments) eine Theologie der Migration, die diese Erfahrungen verdichtet

---

[46] Giancarlo Collet: Gemeinsam das Evangelium verkünden, in: Arnd Bünker u. a. (Hg.): Gerechtigkeit und Pfingsten. Viele Christentümer und die Aufgabe einer Missionswissenschaft, Ostfildern 2010, 242–266.

[47] Dazu in diesem Sammelband: Gegenwart als *locus theologicus*. Für eine migrationssensible Theologie im Anschluss an Gaudium et Spes, 179.

[48] Vgl. Norbert Lohfink: Bücherei und Buch zugleich. Die Einheit der Bibel und die neueren deutschen Übersetzungen, in: Norbert Lohfink: Das Jüdische am Christentum. Die verlorene Dimension, Freiburg/Basel/Wien 1987, 217–234.

und entfaltet.[49] Migration bildet einen wesentlichen Erfahrungsraum, der das ethische und politische, spirituelle und theologische Selbstverständnis von Juden und Christen – wenn auch in verschiedener Weise interpretiert – von Anfang an prägt. Gottes Gerechtigkeit und Barmherzigkeit werden gleichsam und wesentlich im Kontext von Migration entdeckt und gelernt – so, als würden Migration und die damit verbundenen Erfahrungen von Fremdheit, Nicht-Zugehörigkeit, Heimatlosigkeit, Verletzbarkeit – in besonderer Weise für die Wahrnehmung und Erkenntnis Gottes sensibilisieren.[50] Migration wird in den biblischen Erzählungen dabei keinesfalls theologisch überhöht. Im Zentrum stehen vielmehr „Wohl und Würde" des Migranten sowie sein Recht auf einen „Zielort, eine Bestimmung, die nicht sein 'Heimatland' sein muss, die ihn aber zu sich kommen lässt."[51] Daher ist Migration im Alten Testament untrennbar mit der Frage nach Recht und Gerechtigkeit verbunden. Für Israel ist „religiöses Heil nicht möglich ohne Gerechtigkeit in der irdischen Stadt. Keine vertikale Dimension ohne horizontale Gerechtigkeit (…) Ein irdisches Jerusalem muss vollendet werden (…) damit das himmlische Jerusalem mit göttlicher Gegenwart erfüllt wird. Es gibt keinen anderen Weg zum Heil als den über die Wohnung des Menschen"[52].

Migranten-Identität ist konstitutiv für Israel und sie wird immer wieder erinnert (Dtn 26,5–9). Sie führt zur Entwicklung von Gastfreundschaft als heiligem Gebot und einer differenzierten Gesetzgebung für Fremde. Diese findet ihren Höhepunkt im Gebot, den Fremden zu lieben wie sich selbst. So hat das im Alten Testament singuläre Gebot der Nächstenliebe zwei Gestalten. In Lev 19,18 bezieht sie sich auf den Nächsten, in Lev 19,34 auf den Fremden: „Wenn bei dir ein Fremder in eurem Land lebt, sollt ihr ihn nicht unterdrücken. Der Fremde, der sich bei dir aufhält, soll euch wie ein Einheimischer gelten, und du sollst ihn lieben wie dich selbst; denn ihr seid selbst Fremde in Ägypten gewesen." Migrationserfahrung führt schließlich auch zu der Erkenntnis, dass jeder Mensch, unabhängig von Ethnie, Farbe, Geschlecht, Religion das Ebenbild Gottes ist und daher alle Menschen von gleicher Würde sind.

---

[49] Vgl. Ulrich Dehn/Klaus Hock: „Mein Vater war ein heimatloser Aramäer." Religionswissenschaftliche und theologische Anmerkungen zum Thema Migration, in: Zeitschrift für Missionswissenschaft 1–2 (2005), 99–114.

[50] Das arbeitet z.B. Dianne Bergant heraus am Beispiel des Buches Ruth: Dianne Bergant: Ruth: The Migrant who Saved the People, in: The Center for Migration Studies (ed.): Migration, Religious Experience and Globalization, New York 2003, 49–61.

[51] Dehn/Hock, „Mein Vater war ein heimatloser Aramäer", 112.

[52] Babylonischer Talmud. Traktat Makkoth 10a, zit. nach Emmanuel Lévinas: Jenseits des Buchstabens. Band 1: Talmud-Lesungen, Frankfurt 1996, 57 (Auslassungen RP).

Auch das Neue Testament ist von Migrationserfahrung geprägt. Jesus ist als Wanderprediger in Galiläa unterwegs, sein Leben beginnt mit der Flucht nach Ägypten und ist von Heimatlosigkeit geprägt. Diese Heimatlosigkeit wird auch für seine Jünger zur Verpflichtung, damit sie das Reich Gottes verkünden können. Das Selbstverständnis als „Fremde" und „Gäste" auf Erden (Hebr 11,13; 1 Petr 2,11) gehört zum Selbstverständnis der ersten Christen. Jungen Christengemeinden wurden „Anhänger des Weges" (Apg 9,2) „die den Weg des Friedens" (Lk 1,79) und „den Weg der Wahrheit" (2 Petr 2,2) gehen genannt. Die Verantwortung für den Fremden wird zum ethischen Gebot und darin zum spirituellen Begegnungsort mit Christus selbst (Mt 25). Das missionarische Selbstverständnis des Christentums hängt ebenso wie seine Verbreitung untrennbar mit Migrationserfahrungen zusammen. Diese wurden im Sinne der Verwirklichung des universalen Sendungsauftrages der Kirche gedeutet, sind also *locus theologicus* für christliche Missionstheologie. Bis in die Patristik hinein kennt die junge Kirche eine Spiritualität der Migration:[53] Sie versteht sich als universale Kirche, die immer nur provisorisch inkarniert in eine pilgernde Kirche eingebettet ist und darin ein Zeichen der Hoffnung darstellt. Sie ist bereit zur Aufnahme unterschiedlichster Menschen und Völker in deren Vielfalt und ist bei allen Differenzen gemeinschaftsbildend.

Diese Herkunft aus einer „Migranten-Religion" und die damit verbundenen Narrative wurden freilich im Zuge der Sesshaftwerdung und Machtakkumulation vergessen – ja, die Kirchen und ihre Gläubigen haben dieses Erbe bisweilen sogar verraten und gegenteilig gehandelt: Der christliche Antijudaismus über Jahrhunderte gibt dafür ebenso Zeugnis wie die Tatsache, dass die Kirche selbst Flüchtlinge – „Ketzer", „Häretiker" – „erzeugt", verfolgt und vertrieben hat.

Auf die Wiederentdeckung des Themas und seiner theologischen Relevanz kann ich hier nicht näher eingehen. Jedenfalls hat sich in der Katholischen Kirche – v. a. in Lateinamerika – im vergangenen Jahrhundert wieder eine Theologie entwickelt, die Migration nicht mehr unter einer pauperistischen Perspektive betrachtet („Wir müssen den armen MigrantInnen helfen"), sondern die MigrantInnen selbst und ihre Lebens- und Glaubenserfahrungen zum Ausgangsort des Theologisierens macht. Migration ist dabei eine „Quelle der Inspiration und der theologischen Arbeit" – und nicht mehr nur „Gelegenheit für Nächstenliebe und Mission".[54] Sie wird

---

[53] Carmen Lussi: Die Mobilität der Menschen als theologischer Ort. Elemente einer Theologie der Migration, in: Concilium 5 (2008), 44. Jahrgang, 551–562, 557, zitiert die brasilianische Theologin Analita Candaten.

[54] Ebd., 551.

zum *locus theologicus* für die Frage nach der Gerechtigkeit: „Fremde willkommen zu heißen ist nicht nur eine Option der Nächstenliebe, sondern sowohl für die Kirche als auch für die Gesellschaft eine Frage der Gerechtigkeit."[55]

Migration ist deshalb auch unabdingbar für die Gestalt, die innere Struktur der Gemeinschaft und die Lebensdynamik der Kirche. Daher ist es nicht die Gemeinde bzw. Pfarre, die Migranten aufnimmt. Es verhält sich umgekehrt: „Die Aufnahme des Migranten, des Reisenden, des Pilgers auf ihren Straßen macht die Pfarrei erst zu einer solchen."[56] Wenn die Kirche also migrationsblind ist und ihren migrantischen Glaubensbrüdern und -schwestern nicht einmal im Inneren Teilhabe ermöglicht, ist das ein spirituelles Alarmsignal. Migration ist kein kontingentes Problem der Kirche, das es intern und extern sozial und politisch zu lösen gilt. Sie gehört zur inneren Dynamik der Kirche selbst. Die Aufnahme von Migranten ist nicht bloß ein gutes Werk der Kirche, sondern ist Teil ihres Selbstvollzugs.

Erga migrantes formuliert dies so:

> „Die Migrationen bieten den einzelnen Ortskirchen die Gelegenheit, ihre Katholizität zu überprüfen, die nicht nur darin besteht, verschiedene Volksgruppen aufzunehmen, sondern vor allem darin, unter diesen ethnischen Gruppen eine Gemeinschaft herzustellen. Der ethnische und kulturelle Pluralismus in der Kirche stellt keine Situation dar, die geduldet werden muss, weil sie vorübergehend ist, sondern eine ihr eigene strukturelle Dimension. Die Einheit der Kirche ist nicht durch den gemeinsamen Ursprung und die gemeinsame Sprache gegeben, sondern vielmehr durch den Pfingstgeist, der Menschen aus unterschiedlichen Nationen und verschiedener Sprache zu einem einzigen Volk zusammenfasst und so allen den Glauben an denselben Herrn verleiht und aufruft zur selben Hoffnung."[57]

6. Biblische Erinnerung

Abschließend möchte ich drei biblische Narrative in Erinnerung rufen, die Kirche und Theologie im Kontext meiner Fragestellung zur Aufbereitung zur Verfügung stünden – allerdings einer kritischen Reformulierung im

---

[55] Silvano Tomasi: Migration und Katholizismus im globalen Kontext, in: Concilium 5 (2008), 44. Jahrgang, 520–537, 532.
[56] Lussi, Die Mobilität der Menschen als theologischer Ort, 552.
[57] Päpstlicher Rat für die Seelsorge für Migranten und Menschen unterwegs: Instruktion Erga migrantes caritas Christi, Vatikan 2004, 103.

Licht aktueller Migrationsphänomene und einer Übersetzung in säkulare Denk- und Praxiswelten bedürfen. Ziel kann dabei nicht eine universale „Große Erzählung" für alle sein, sondern die Bereitstellung von Argumenten und Sinn-Horizonten zur Motivation im Kontext von Flucht und Migration.

6.1 Der Turmbau zu Babel

Wie bereits erwähnt, hat diese Erzählung schon im Frühmittelalter zu einer Hermeneutik der vielsprachigen und multikulturellen Situation gedient. Erzählt wird in Gen 11, dass Gott nach dem Versuch der Menschen, einen himmelhohen Turm zu bauen, „die Sprache aller Welt verwirrt und die Menschen über die ganze Erde zerstreut hat" (Gen 11,9). Muss man dies als Strafe deuten? Der Text tut dies nicht. Der amerikanische Exeget und Migrationstheologe Ched Myers liest die Geschichte anders.[58] Er interpretiert sie als Beschreibung eines Pluralisierungsprozesses, in dem Differenz und Diversität als Normalität und Ausgangspunkt menschlichen Zusammenlebens anerkannt werden und sogar zum Schutz vor der Versuchung dienen, Uniformität, Homogenität oder gar totalitäre Systeme zu erschaffen. Gott macht es gleichsam den Menschen schwerer, aus eigener Kraft eine totalitäre Wirklichkeit zu schaffen, die alle gleichschaltet und der alle zu dienen haben.[59] Die biblischen Verfasser bringen demnach die Mehrdeutigkeit von Diversität zur Sprache: Zerrissenheit, Konflikte, Gewalt, Unrecht und Ungerechtigkeit, die Folge der Pluralität sein können; aber eben auch ein Schutz vor Vereinheitlichung und Ausdruck von schöpferischer Vielfalt.

6.2 Das Reich Gottes und seine Gerechtigkeit

Der Begriff „Reich" ist historisch schwer belastet, nicht zuletzt durch den Nationalsozialismus. Dennoch ist dieses Bild Herzstück der biblischen Vision vom Zusammenleben der Menschheit in Gottesgemeinschaft. Es beschreibt ein Zusammenleben von Menschen unter der Herrschaft Gottes. Wie dies aussehen kann, erzählt die Bibel in zahlreichen Bildern und Gleichnissen. „Das Reich Gottes ist kein Reich der Individuen, sondern (...) *Begründung und Beginn neuen Zusammenlebens*. Eine neue Individualität,

---

[58] Ched Myers: Cultural Diversity and Deep Social Ecology: Genesis 11 and Acts 2, in: Ched Myers/Matthew Colwell (eds.): Our God is undocumented. Bible Faith and Immigrant Justice, Maryknoll/New York 2012, 17–36.
[59] Ebd.

die nicht sofort eine neue Sozialität initiierte, ist biblisch undenkbar."[60] So gibt es im Alten Testament die Herrschaft Gottes nicht ohne eine konkret beschriebene Sozialordnung, deren zentrales Merkmal Gerechtigkeit ist. Diese Gerechtigkeit erweist sich in spezifischer Weise im Umgang mit jenen, die in einer Gesellschaft am Rand stehen und vom Ausschluss bedroht sind: mit den Armen, den „Witwen, Waisen und Fremden". Daran bemisst sich die Qualität jeder Gemeinschaft und Gesellschaft, die sich auf das Reich Gottes beruft. Das Reich Gottes, wie es im Alten Testament geschildert wird, ist demnach ein Reich, das sich durch Gerechtigkeit und Barmherzigkeit, Güte und Erbarmen, Teilhabe und Gleichheit sowie eine große Skepsis gegenüber allen Formen absoluter und totaler Herrschaft beschreiben lässt. Jüdische und christliche Gemeinden (qahal/ekklesia) lassen sich so als Erprobungsräume und Realutopien der Gottesherrschaft verstehen, als „Reich Gottes im Werden"[61]. Dieses Werden wird als Prozess verstanden. Vollendet wird es erst am Ende der Zeit durch Gott selbst. Im Laufe der Zeit verkündeten die Propheten, dass die Gerechtigkeit Gottes allen Völkern zugesagt ist. Wie dies geschieht, beschreiben die Prophetenbücher und auch die Psalmen vor allem im Bild der Völkerwallfahrt (z. B. Jes 2,2; Jes 60,4–9; Mich 4,1). Die Völker kommen aus freien Stücken zu Jahwe, müssen ihre Identität nicht aufgeben und preisen ihn als König: „Es kommt die Zeit, alle Nationen und Sprachen zu versammeln, dass sie kommen und meine Herrlichkeit sehen" (Jes 66,18). Jesus von Nazareth steht ganz in dieser Tradition. Im Zentrum seines Lebens steht die Ankündigung dieses Reiches Gottes: „Erfüllt ist die Zeit, und nahegekommen ist das Reich Gottes. (Deshalb) kehrt um und glaubt an die frohe Botschaft!" (Mk 1,15) „Kein anderes Thema treibt Jesus von Nazareth so um wie die Rede von der *basilieia tou theou*, die Rede von der Herrschaft oder dem Reich Gottes."[62] Dass sich dieses „Umhergetrieben Sein" Jesu ganz konkret in der Existenz eines Wanderpredigers – eines Migranten – verwirklicht, zeigt, wie bedeutsam Migration auch für das Werden und Wirken des Reiches Gottes ist.

Jesu Rede von der Gottesherrschaft kommt ohne die klassischen Insignien und Konnotationen der Königsideologie aus (Thron, Thronrat).[63] Er

---

[60] Hans-Joachim Kraus: Reich Gottes – Reich der Freiheit. Grundriss Systematischer Theologie, Neunkirchen-Vluyn 1975, 20 (Auslassung RP).

[61] Martin Hoffmann/Hans-Ulrich Pschierer: Reich Gottes im Werden. Modell einer auftragsorientierten Gemeindeentwicklung, Leipzig 2009. – Damit ist allerdings nicht gesagt, dass sich das Reich Gottes auf diese Gemeinden – oder die Kirche – beschränkt oder diese gar ident mit ihm sind. Vielmehr haben Judentum und Christentum den Auftrag, auf je verschiedene Weise dazu beizutragen, dass Gott sein Reich in der Welt wirklich werden lassen kann.

[62] Gottfried Vanoni/Bernhard Heininger: Das Reich Gottes. Perspektiven des Alten und Neuen Testaments, Neue Echter Bibel – Themen, Bd. 4, Würzburg 2002, 63.

[63] Ebd., 124.

buchstabiert sie in seinen Gleichnissen in den Lebensalltag der einfachen und armen Leute hinein.[64] Gottes Macht zeigt sich anders als in klassischer Herrschaftsmacht. Die Gegenwart kann zum Ort der Erfahrung des Reiches Gottes werden. Das Reich Gottes zeigt sich in den Heilungen und Exorzismen, wo Menschen von jenen Krankheiten und Besessenheiten befreit werden, die sie aus dem Leben und der menschlichen Gemeinschaft ausschließen. Krankheit und Dämonen werden dabei als soziale Phänomene erkennbar, deren Heilung und Vertreibung damit zugleich die Störungen von Gesellschaft und Politik entschleiert. Es wird konkret in den Mählern Jesu mit Zöllnern und Sündern; in der bedingungslosen Zusage der Vergebung der Sünden hier und jetzt (Mk 2,5), in der Seligpreisung der Armen (Mt 5,3par). In all diesen Handlungen wird das Reich Gottes erfahrbar und erfüllen sich jetzt die eschatologischen Verheißungen. Auffällig ist dabei die „konsequente Entsakralisierung der basileia"[65]: Gottesherrschaft findet im konkreten Alltag statt. Sie kann in profanen Ereignissen wie dem Umgang mit Geld, Lohn und Schulden wirklich werden. Das Reich Gottes beschreibt eine konkrete persönlich-existentielle und zugleich gesellschaftlich-politische Wirklichkeit, die sich auf vielfältige Weise zeigt:[66]

- Das Reich Gottes konkretisiert sich zuerst als *Fest einer offenen Tischgemeinschaft*, in der alle gesellschaftlichen Regeln, Rituale, Konventionen relativiert, alle sozialen Ungleichheiten beseitigt sind und Menschen einander auf Augenhöhe begegnen. Niemand gilt hier als Fremder.
- Das Reich Gottes hat *ökonomische* Aspekte: Es ist vor allem den Armen und Fremden zugesagt. Es verändert die Einstellung zu materiellem Besitz, zeigt sich in einer anspruchsarmen Lebensweise, in der Bereitschaft zur Solidarität und in einer Gerechtigkeit, die sich am Lebensbedarf und nicht an der Leistung der Menschen orientiert (vgl. das Weinberggleichnis Mt 20,1–16). Zum Reich Gottes gehört eine Ökonomie der Gerechtigkeit, die im Dienste des Lebens steht.[67]
- Das Reich Gottes hat *politische* Aspekte: Es ist den sozial Exkludierten und gesellschaftlich wenig Anerkannten zugesagt, erneut: den Fremden. Es dreht die Ordnungen der Macht um: Es gibt keine vertikale Diskriminierung (wer oben ist, hat die Macht) und keine laterale Ausgrenzung (wer anders ist, ist draußen). Familiäre, ethnische, nationale Grenzen werden überschritten zugunsten der Verbundenheit aller Menschen

---

[64] Ebd.

[65] Vgl. ebd., 95 f.

[66] Vgl. zum Folgenden Urs Eigenmann: Das Reich Gottes und seine Gerechtigkeit für die Erde. Die andere Vision vom Leben, Luzern 1998, 33–94.

[67] Eigenmann, Das Reich Gottes und seine Gerechtigkeit für die Erde, 41–55.

untereinander und mit Gott. Erwachsene orientieren sich an Kindern, Frauen werden geachtet, Kranke geheilt.[68]

- Das Reich Gottes hat *religiös-spirituelle* Aspekte: Es verlangt die *Metanoia* der Herzen zu Gott: Die Wirklichkeit anders wahrnehmen, denken, gestalten zu lernen. Menschen und Gesellschaften werden von Dämonen – Besessenheiten, die das verhindern – geheilt. Die Unmittelbarkeit der Kinder ist das Maß, die Orientierung an der Gottes- und Menschenliebe steht im Mittelpunkt. Zugang eröffnet nicht das Bekenntnis, sondern die Praxis.[69]

Migration birgt die große Chance, die Botschaft vom Reich Gottes wieder- und neu zu entdecken. MigrantInnen können BotschafterInnen des Reiches Gottes sein. Die Einheimischen brauchen sie, um sich an diese zugesagte Realität wieder zu erinnern. Das Zusammenleben mit ihnen ist ein Ort, an dem Gottes Reich konkret werden kann: als Realsymbol. Aus einer theologischen Perspektive ist der springende Punkt: Zusammenleben in Verschiedenheit ist als Lebensmöglichkeit von Gott her zugesagt.

6.3 Migration als Segen und Fluch

Die biblischen Texte haben eine durchaus differenzierte Sicht auf Migrationsphänomene. Deren Zusammenhang mit Unrecht, Ungerechtigkeit, „Sünde" ist ebenso bewusst[70] wie das Potential, zum Ort spiritueller Erfahrung und Erkenntnis Gottes zu werden. Migration gilt als Fluch und als Segen. Aus der Fülle der möglichen Sichtweisen auf Migrationsphänomene wähle ich ein zeitgenössisch brisantes Beispiel: das Gesetz zur Errichtung der Asylstädte (Deuteronomium 4,41–43; 19,1–10). Diese sind gekennzeichnet durch Aufnahmebereitschaft und Gastfreundschaft gegenüber jenen, die durch unverschuldetes und unbeabsichtigtes Töten mit dem Gesetz in Konflikt geraten sind. Man „wählt sie weder aus den kleinen Flecken (…) noch aus den großen Metropolen. Man wählte sie aus den mittleren Städten aus; man gründet sie nur dort, wo Wasser ist; und wenn dort keins ist, bringt man es hin; man gründet sie nur dort, wo Marktplätze sind"[71]. Sie sollen also

---

[68] Ebd., 56–72.
[69] Ebd., 2–85.
[70] Die Vertreibung ins Exil nach Babylon wird im Dtn als Strafe für die Sünden des Volkes Israel interpretiert; ebenso die Vertreibung aus dem Paradies.
[71] Babylonischer Talmud. Traktat Makkoth 10a, zit. nach Lévinas, Jenseits des Buchstabens, 61 (Auslassungen RP).

weder in Containern noch Auffanglagern eingeschlossen noch weggesperrt werden, sondern benötigen ausreichenden Lebensunterhalt

Ob und wie diese biblischen Narrative freilich wirksam werden, hängt eng damit zusammen, mit welcher sozialen Praxis der Kirchen sie sich verbinden und in welchem Verwendungskontext sie aufgegriffen werden. Sie bergen jedenfalls für die Kirchen ein kritisches und kritisches Potential in Bezug auf meine eingangs gestellte Frage. Nur wenn es in der Verbindung von Narrativ, Diskurs und sozialer Praxis und deren Reflexion gelingt, Sinn und Anliegen dieser Narrative in der kirchlichen Praxis freizulegen, können sie einen Beitrag zur Suche nach Erzählungen des Zusammenlebens im Kontext einer Migrationsgesellschaft leisten. Die Bibel nimmt Migration als Lernort der Gerechtigkeit und darin als Lernort wahr, die Frage nach Gott zu stellen und ihn darin wahrnehmen zu lernen. Wäre dies auch ein Beitrag zur Suche nach Migrations-Narrativen?

Religiöse Diversität als Herausforderung für die Katholische Kirche

Erschienen in: International Journal for Religion and Transformation in Contemporary European Society 1 (2016), 115–142. (peer-reviewed)

1. Einleitung

Religiöse Diversität stellt auch die Katholische Kirche global und lokal vor neue Herausforderungen. Als politische Akteurin trägt sie Verantwortung für Gerechtigkeit und Frieden in der Welt, und die Frage nach dem Zusammenleben in (nicht nur) religiöser Vielfalt muss daher an oberster Stelle der Agenda der Katholischen Kirche stehen. Die Auseinandersetzung mit diesem Thema hat aber auch innere, d. h. theologische Gründe. Die Katholische Kirche versteht sich selbst als „Zeichen und Werkzeug für die innigste Vereinigung mit Gott wie für die Einheit der ganzen Menschheit"[1]. Dies verpflichtet sie, als „Werkzeug" einen Beitrag zum friedlichen und gerechten Zusammenleben in einer (religiös) diversen Gesellschaft zu erbringen. Als „Zeichen" wiederum erhebt sie den Anspruch, selbst modellhaft diese „Einheit in Vielfalt" – dies ist theologisch mit dem Begriff „katholisch" gemeint – zu leben. Wie schwierig dies im Inneren der Kirche ist, zeigen allerdings die innerkirchlichen Spannungen zwischen konservativen Bewegungen wie z. B. *Opus Dei* oder dem *Neokatechumenat* auf der einen und Reformbewegungen wie der Plattform *Wir sind Kirche* auf der anderen Seite. Die Kirche steht wie die Gesellschaft vor einem neuartigen Lernprozess. Mein Beitrag wird sich daher auf die Frage konzentrieren, wie die Katholische Kirche in ihrem Inneren mit religiöser Diversität umgeht. Dies geschieht aus einer praktisch-theologischen Perspektive: d. h. dass ich auf der Basis sozialwissenschaftlicher Befunde nach theologischen Hermeneutiken frage, die vorfindbare Praxis zu reflektieren. Dies geschieht aus vier Perspektiven:

1. Welches ist der sozioreligiöse Kontext, in dem religiöse Diversität für die Katholische Kirche zur Herausforderung wird?
2. Worin besteht die kirchen- und gesellschaftspolitische Relevanz religiöser Diversifizierungsprozesse für die Kirche?
3. Welche theologischen Hermeneutiken stehen zum Verständnis sowie zum Umgang mit dieser Situation zur Verfügung?

---

[1] Dogmatische Konstitution über die Kirche Lumen Gentium, Vatikan 1964, 1.

4. Wo gibt es Orte, an denen die Kirche gegenwärtig lernt, mit religiöser Diversität umzugehen?

Die Größe und Komplexität der Kirche lässt für alle diese Fragen nur erste und überaus begrenzte, noch dazu sozialwissenschaftlich kaum validierte Hypothesen formulieren. Der Fokus der empirischen Einblicke liegt daher zum einen auf der Ebene der Kirchenleitung in Rom, zum anderen – als Fallbeispiel – auf der Katholischen Kirche in Österreich sowie der Erzdiözese Wien.

2. Der sozioreligiöse Kontext (Perspektive a)

Die Katholische Kirche findet sich heute in einer Welt, in der religiöse Diversität als Faktum anzuerkennen ist. Die Diversifizierung der globalen religiösen Landschaft wird zudem durch Säkularisierung und Migration dynamisiert. Dieser Kontext bildet die Ausgangssituation aller – auch theologischer – Überlegungen zum Umgang mit religiöser Diversität.

2.1 Die globale religiöse Landschaft

Die Forschung des *PEW-Research Center's Forum on Religion und Public Life* ermöglicht eine Skizzierung der zeitgenössischen „global religious landscape"[2]. Von einem Verschwinden der Religion kann keine Rede sein. So wussten sich 2012 5,8 Milliarden Menschen einer Religionsgemeinschaft zugehörig, das sind 83,7 % der Weltbevölkerung. Nur 16,3 % der Weltbevölkerung gehören keiner religiösen Gemeinschaft an; die Mehrheit dieser Gruppe lebt im asiatisch-pazifischen Raum. Europa ist nicht so religionsfern wie oft behauptet wird und bildet dort, wo Kirchen und Glauben tatsächlich stark reduziert sind (Tschechien, Ostdeutschland, Frankreich, die skandinavischen Länder), die globale Ausnahme.

Die religiös Zugehörigen teilen sich nach dieser Studie auf wie folgt: 0,2 % gehören dem Judentum, 31,5 % dem Christentum, 23,2 % dem Islam, 7,1 % dem Buddhismus, 15 % dem Hinduismus, 5,9 % traditionellen „Folk Religions" und 0,8 % „anderen religiösen Gruppierungen" an. Keine der hier

---

[2] PEW-Research Center's Forum on Religion and Public Life (2012): The Global Religious Landscape 2012, vgl. URL: http://www.pewforum.org/2012/12/18/global-religious-landscape-exec/ (30.06.2017).

benannten Religionen ist ein monolithischer Block; jede kennt intern plurale Interpretationen und Praxisformen.

2014 widmete sich das *PEW-Research Center* der Messung globaler religiöser Diversität. Der dafür entwickelte Diversity-Index orientiert sich an folgenden Parametern:[3] 1) an der Quantität der verschiedenen religiösen Gruppen in einer Gesellschaft 2) am sichtbaren, rechtlich gesicherten Einfluss der Minoritätengruppen in der Zivilgesellschaft, 3) am Grad der Dominanz der religiösen Gruppen. Auf einer Skala von 1 bis 10 bedeutet ein hoher Index hohe religiöse Diversität. Kein einziges Land in Europa und Nord-Amerika sowie in der Region des mittleren Ostens bzw. des arabischen Afrika hat einen hohen RDI. Europa hat einen moderaten RDI.[4] Nur im asiatisch-pazifischen Raum lassen sich Länder finden, deren RDI höher als 7 ist.[5] Die (gesellschafts)politische und mediale Aufregung angesichts religiöser Diversität in Europa wirkt im globalen Vergleich sehr befremdlich und zeigt, wie ungeübt das heutige Europa im Umgang mit religiöser „Andersheit" ist.[6] Der RDI verdeutlicht auch, wie eng das Zusammenleben religiös verschiedener Gruppen mit (Religions)Recht, öffentlicher Anerkennung sowie Macht und Gerechtigkeit zusammenhängt.

Die jüngste Studie des *PEW-Research Center* prognostiziert für 2050 folgende Entwicklungen:[7] ChristInnen werden zwar die größte Gruppe bleiben, aber der Islam wird die am schnellsten wachsende Religion sein. Wenn die aktuellen demographischen Entwicklungen konstant bleiben, wird die Zahl der MuslimInnen weltweit die der ChristInnen eingeholt haben. Die Gruppe der AtheistInnen und AgnostikerInnen und anderer Nicht-Zugehöriger wird zwar in einzelnen Ländern – wie z. B. in Frankreich oder den USA – wachsen, aber weltweit kleiner werden. 2050 wird es der Studie zufolge mehr HinduistInnen und JüdInnen geben als gegenwärtig. In Europe werden MuslimInnen ca. 10 % der Bevölkerung ausmachen. Indien wird das Land mit der größten muslimischen Bevölkerung weltweit sein. Vier von zehn ChristInnen weltweit werden in Afrika südlich der Sahara leben.

---

[3] PEW-Research Center's Forum on Religion and Public Life (2014): Global Religious Diversity, vgl. URL: http://www.pewforum.org/2014/04/04/global-religious-diversity (30.06.2017).

[4] Österreichs RDI = 3.8, Deutschlands RDI= 5.3, RDI des Vatikan = 0.0.

[5] In Singapur, Taiwan, Vietnam, Süd-Korea, China und Hongkong sowie in Surinam (Lateinamerika).

[6] Eine Ausnahme bilden bzw. könnten die ehemaligen Vielvölkerstaaten des British Empire und der Habsburger Monarchie bilden – allerdings gab es innerhalb der Pluralität eben auch Hierarchisierungen und Diskriminierungen.

[7] PEW-Research Center's Forum on Religion and Public Life (2015): The Future of World Religions: Population Growth Projections 2010–2050, vgl. URL: http://www.pewforum.org/2015/04/02/religious-projections-2010-2050/ (30.06.2017).

2.2 Faktoren der Diversifizierung

Religion(en) befindet sich weltweit in massiven Veränderungsprozessen, deren Folgen heute noch gar nicht abschätzbar sind: sozial, kulturell, politisch, religiös und spirituell. Die die medialen und politischen Diskurse in Europa aktuell dominierenden religionsfundamentalistischen Phänomene können auch als aggressive Reaktion auf die damit verbundenen Orientierungskrisen gedeutet werden. Zeitgleich bildet sich aber auch „derzeit so etwas wie ein globales Bewusstsein vieler miteinander mehr oder weniger vernetzter Spiritualitäten heraus"[8], wodurch ein offenes Weltsystem der Religionen entsteht. Unter dem Label „Spiritualität" entsteht ein neues Paradigma der semantischen, pragmatischen sowie strukturellen Transformationsprozesse von Religion.

Zwei Faktoren seien genannt, die die Diversifizierung von Religion beschleunigen:

1. Der globale Prozess der *Säkularisierung*[9] führt weltweit zu heterogenen gesellschaftlichen Entwicklungen und damit verbundenen religionspolitischen und religionsrechtlichen Herausforderungen.[10] Säkularisierung kann Religion als öffentliche oder politische Größe in den „privaten" Hintergrund verdrängen (wie in Frankreich), aber auch mit Religion im öffentlichen und politischen Raum koexistieren (wie in den USA, Indien). Säkularisierung kann religionsproduktiv wirken, wie das Entstehen alternativer, spiritueller Bewegungen und Gruppen in Europa[11] zeigt.

---

[8] Karl Baier: Spiritualitätsforschung heute, in: Karl Baier (Hg.): Handbuch Spiritualität. Zugänge, Traditionen, Interreligiöse Prozesse, Darmstadt 2006, 11–45, 13.

[9] Vgl. zum Folgenden Gregor Buß/Markus Luber (Hg.): Neue Räume öffnen. Mission und Säkularisierung weltweit, Regensburg 2013.

[10] Marian Burchardt und Monika Wohlrab-Sahr sprechen sogar von "Multiplen Säkularitäten" und unterscheiden zwischen Säkularisierung a) im Dienst individueller Freiheit (z. B. in den USA), b) im Dienst der Befriedung religiöser Differenz (z. B. in Indien, Niederlande), c) im Dienst des gesellschaftlichen Fortschritts und nationaler Einheit (in Frankreich, in der kemalistischen Türkei) sowie d) im Dienst der Autonomie gesellschaftlicher Teilbereiche. Marian Burchardt/Monika Wohlrab-Sahr: Über die kulturellen Bedeutungen religiös-säkularer Kontroversen in der Gegenwart, in: Buß/Luber (Hg.), Neue Räume öffnen, 33–55, 35–52.

[11] Z. B. Identity Foundation: Spiritualität in Deutschland, 2006, URL: http://www.kleine-spiri tuelle-seite.de/tl_files/template/pdf/studie_spiritualitaet_in_deutschland.pdf (30.06.2017); http://zelos.zeit.de/bilder/2006/15/aktuell/Studie_Spiritualitaet.pdf (20.10.2016) (für Deutschland); Franz Höllinger, Franz/Thomas Tripold: Ganzheitliches Leben. Das holistische Milieu zwischen neuer Spiritualität und postmoderner Wellness-Kultur, Bielefeld 2012 (für Österreich); Jörg Stolz/Judith Könemann/Purdie Mallory Schneuwly/Thomas Englberger/Michael Krüggeler: Religion und Spiritualität in der Ich-Gesellschaft, Zürich 2014 (für die Schweiz).

2. *Migration* forciert Pluralisierungs- und Diversifizierungsprozesse im Feld der Religionen und in den sozioreligiösen Landschaften: Religionsgemeinschaften pluralisieren sich in ihrem Inneren, die religiösen Zusammensetzungen verändern sich und die damit verbundene religiöse Diversität nimmt national und lokal zu.[12] Die Mehrheit der internationalen MigrantInnen weltweit sind ChristInnen und nicht, wie medial immer wieder der Anschein erweckt wird, MuslimInnen: 49 % der internationalen MigrantInnen weltweit sind ChristInnen, 27 % MuslimInnen.[13] Auch in der Europäischen Union verhält es sich so: 56 % der MigrantInnen in der EU sind ChristInnen, 27 % MuslimInnen. Den größten Anteil an MigrantInnen hat das Judentum (25 %), es folgen ChristInnen (5 %) und MuslimInnen (4 %). In manchen europäischen Großstädten wie Hamburg und Rotterdam stammt die Mehrheit der Christen aus einem nicht-europäischen Land.[14] Man spricht von einer „Enteuropäisierung des europäischen Christentums"[15]. Für JüdInnen verliert Europa seine jahrhundertealte zentrale Bedeutung[16]; der Schwerpunkt verlagert sich in den asiatischen Raum. Ereignisse wie die antisemitischen Ausbrüche während des Gaza-Konflikts im Sommer 2014 oder die Angriffe auf jüdische Einrichtungen im Kontext des Anschlags auf „Charlie Hebdo" 2015 veranlassen zahlreiche JüdInnen, Europa zu verlassen.

Migration verändert weiters die Qualität der jeweiligen Mehrheitsreligion: Die neuen Mitglieder bringen neue Praxisformen und Themen mit und können so die autochthone Religionsgemeinschaft beleben. Neue, „fremdartige" Ideen durch Mission und Konvertiten können zu Innovationen führen und neue Gemeinschaften entstehen lassen.[17]

---

[12] Am Beispiel Wien: Anne Goujon u. a.: Past present and future prospects in Vienna 1950–2050, URL: http://vidwirel.oeaw.ac.at/ ; http://witt.null2.net/wireldataviz/ (07.01.2016).

[13] PEW-Research Center's Forum on Religion and Public Life (2012): Faith on the Move: The Religious Affiliation of International Migrants, vgl. URL: http://www.pewforum.org/2012/03/08/religious-migration-exec/ (30.06.2017).

[14] Vgl. Arnd Bünker: Migrationsgemeinden als Sehhilfe. Überlegungen zur veränderten Realität des Christlichen in Mitteleuropa, in: Gottfried Bitter/Martina Blasberg-Kuhnke (Hg.): Religion und Bildung in Kirche und Gesellschaft. Festschrift für Norbert Mette, Würzburg 2011, 85–92, 85.

[15] Giancarlo Collet: Gemeinsam das Evangelium verkünden, in: Arnd Bünker/Eva Mundanjohl/Ludger Weckel/Thomas Suermann (Hg.): Gerechtigkeit und Pfingsten. Viele Christentümer und die Aufgabe einer Missionswissenschaft, Ostfildern 2010, 242–266, 242.

[16] Alfred Bodenheimer: Jüdische Migration in, nach und aus Europa, in: Regina Polak/Wolfram Reiss (Hg.): Religion im Wandel. Transformation religiöser Gemeinschaften in Europa durch Migration – Interdisziplinäre Perspektiven, Wien 2014, 389–396.

[17] Tuomas Martikainen: Migration and Contemporary Religious Change, vgl. URL: http://vidwirel.oeaw.ac.at/conference/ (30.06.2017).

2.3 Fallbeispiel 1: Zum Umgang mit religiöser Diversität bei KatholikInnen in Österreich

Ein anerkennender Umgang mit religiöser Diversität ist freilich in der Katholischen Kirche alles andere als selbstverständlich. Dies sei am Beispiel Österreich gezeigt. In ihren Einstellungen unterscheiden sich katholische Gläubige nicht signifikant vom Rest der österreichischen Bevölkerung. Diese zeichnet sich laut der Europäischen Wertestudie 2008 durch ausgeprägte Schwierigkeiten im Umgang mit Menschen aus, die als „anders" gelten, allem voran mit MigrantInnen und Minoritäten.[18] Diese Einstellungen wurden auch in einer Online-Befragung[19] erkennbar, die das Zukunftsforum3000[20] der Katholischen Kirche 2013 in Österreich in Auftrag gegeben hat.

Diese Umfrage fragte nach einem „gedeihlichen Miteinander" im Zusammenleben mit Menschen verschiedener Kulturen, Überzeugungen und Haltungen. Die Ergebnisse zeigten gravierende Bruchstellen der Befragten im Leben mit sogenannten „Ausländern". Aussagen wie folgende dominierten die Stellungnahmen der katholischen TeilnehmerInnen:

> „Dieses eigentlich offensichtliche Bewusstsein – nämlich dass ich mich an die herrschende Kultur anpassen muss wenn ich in der Fremde bin – ist, so scheint's mir, in unseren Breiten zusammen mit dem Bewusstsein für die Koordinaten unserer eigenen Kultur verlorengegangen. Wir können nicht von anderen erwarten, sich an etwas anzupassen, wenn wir selber keine klare Identität haben. Genau da drückt für mich der Schuh: wenn 'Zusammenleben' nur darin besteht, dass wahllos zusammengewürfelte Leute in ihren angestammten kulturellen Systemen wie in Luftblasen nebeneinander her leben und dabei schlecht oder recht einen improvisierten Modus Vivendi erfinden, dann geht das kurzfristig gut, ist aber letztendlich steril. Deshalb wäre es eine dringende Aufgabe der öffentlichen Autoritäten, eine klare Position zur Frage einer Leitkultur zu finden, die dem christlichen, genauer gesagt katholischen, Erbe der österreichischen Regionen entspricht. Solange

---

[18] Sieglinde Rosenberger/Gilg Seeber: Kritische Einstellungen: BürgerInnen zu Demokratie, Politik, Migration, in: Regina Polak (Hg.): Zukunft. Werte. Religion. Die europäische Wertestudie 1990–2010: Österreich im Vergleich, Wien 2011, 165–189.

[19] Zukunftsforum der Katholischen Kirche in Österreich: Online-Umfrage 2013. Bericht, URL: http://www.wodruecktderschuh.at/site/umfrage/article/21.html (30.06.2017).

[20] Katholische Aktion Österreich: Zukunftsforum3000, 2013, URL: http://www.zukunftsforum3000.at/site/home (30.06.2017).

der Staat sich hier nicht klar positioniert, wird kein kulturell fruchtbares 'Zusammenleben' möglich sein." [21]

Viele der Befragten sprechen sich für eine starke österreichisch-christliche Leitkultur aus und erwarten von den zugewanderten MitbürgerInnen Anpassung an die Mehrheit und deren Werte.

Vereinzelt finden sich auch Stellungnahmen, die Vielfalt als Bereicherung erkennen und sich für interkulturelles Zusammenleben, gemeinsame Feste und Feiern sowie eine zuwanderungsfreundliche Migrationspolitik im Verein mit Kampf gegen Rassismus und Islamophobie aussprechen. Aber selbst in diesen Aussagen steht einer „Wir"-Gruppe von ÖsterreicherInnen der Gruppe der „Anderen" gegenüber: MigrantInnen, vor allem Muslime, werden auch in diesen Texten nicht als MitbürgerInnen anerkannt:

> „Andere Kulturen und Religionen werden zu oft als Bedrohung angesehen, anstatt als Bereicherung. Es ist wichtig, seine eigene Kultur und die anderen Kulturen zu kennen, und Kontakt miteinander zu haben, z. B. Feste zu feiern. Feiertage: Warum gibt es in Österreich fast nur katholische Feiertage? Ich wäre dafür muslimische und jüdische Feiertage auf Kosten der katholischen Feiertage einzuführen. Die Feiertage sollten dann genützt werden, um zusammen zu feiern!"[22]

Die Umfrage ist weder für Österreich noch für KatholikInnen repräsentativ, lässt aber erahnen, dass die österreichische Kirche in ihrem Inneren massive Schwierigkeiten im Umgang mit (nicht nur) religiöser Diversität hat.

2.4 Fallbeispiel 2: „Wir sind keine Indianer!"[23] – Erfahrungen einer kroatisch-katholischen Gemeinde in Wien

Das folgende Beispiel zeigt, wie schwierig das Zusammenleben selbst mit langansässigen Gläubigen einer anderssprachigen Gemeinde in einer katholischen Diözese sein kann.

Die religiöse Struktur der Stadt Wien hat sich in den vergangenen Jahrzehnten gravierend verändert: So waren 1971 satte 78,6 % der Bevöl-

---

[21] Ebd., Datensatz „Offene Fragen". Sprachliche und Interpunktionsfehler wurden belassen.
[22] Ebd., Sprachliche und Interpunktionsfehler wurden belassen.
[23] Regina Polak: "Wir sind keine Indianer!". Pastoraltheologische Reflexionen zu den Erfahrungen einer katholischen Migrationsgemeinde in Wien, in: International Journal of Practical Theology 1 (2015), 19. Jg., 81–121; auch: Regina Polak: Migration, Flucht und Religion: Praktisch-Theologische Beiträge. Band 1, Ostfildern 2017, 161.

kerung katholisch, 10,3 % ohne Bekenntnis, 7,8 % protestantisch, 1,8 % gehörten zu „anderen Bekenntnisgemeinschaften", 1,1 % waren orthodox und 0,4 % muslimisch. 40 Jahre später, 2011, sieht die Verteilung aus wie folgt: 41,3 % katholisch, 31,6 % ohne Bekenntnis, 11,6 % muslimisch, 8,4 % orthodox, 4,2 % protestantisch, 2,9 % zählen zu „anderen Bekenntnisgemeinschaften".[24] Säkularisierung und Migration transformieren auch das wachsende Wien. Die genauen Zahlen der einer Religionsgemeinschaft zugehörigen Menschen mit sogenanntem „Migrationshintergrund" sind zwar nicht bekannt, aber dass das Wien, in dem 50 % der Bevölkerung Migrationshintergrund haben, auch in religiöser Hinsicht eine Migrationsstadt ist, ist evident. So haben 15–20 % der KatholikInnen (ca. 100.000–150.000 Personen) in Wien ausländischen Ursprung Davon stammen zwei Drittel aus Europa und ein Drittel aus Asien, Afrika und Lateinamerika. Die katholischen MigrantInnen sind in 24 anderssprachigen Gemeinden organisiert.[25] Diese migrationsbeschleunigte innere Diversifizierung wird aber weder von der Ortskirche in Wien noch von Forschung und Politik angemessen zur Kenntnis genommen.

Die katholische „Immer-Noch"-Mehrheitskirche in Wien[26] ist ihren anderssprachigen „Brüdern und Schwestern im Glauben" gegenüber erstaunlich blind. Wohl gibt es immer wieder heftige Auseinandersetzungen rund um und mit anderssprachigen Priestern.[27] Die anderssprachigen Gemeinden jedoch wurden bis vor kurzem bestenfalls als Gäste, nicht aber als selbstverständlicher Teil der Ortskirche von Wien wahrgenommen. Diese Erfahrung des Nicht-Wahrgenommen-Werdens spiegelt sich wieder in der Abwesenheit von VertreterInnen in den diözesanen Gremien, Strukturen und Veranstaltungen. Die Erfahrungen der kroatischen Gemeinde in Wien – die größte der anderssprachigen Sprachgruppen in Wien- sind vermutlich repräsentativ für die „Migrations- und Diversitätsblindheit" der Ortskirche von Wien.

---

[24] Vgl. Goujon u. a. 2014.

[25] Anderssprachige Gemeinden in Wien, vgl. URL: http://www.erzdioezese-wien.at/site/men schenorganisation/pfarrenordengemeinschafte/anderssprachigegemeinden (30.06.2017); Laszlo Vencser/Franz Scharl (Hg.): Einheit in Vielfalt. 40 Jahre Nationaldirektion der katholischen fremdsprachigen Seelsorge in Österreich 2015, Linz 2015.

[26] Die Erzdiözese Wien umfasst auch große Teile von Niederösterreich. In diesem Beitrag ist mit Erzdiözese Wien stets nur die Stadt Wien gemeint.

[27] Die Pastoral in Wien wird allerdings seit dem 19. Jahrhundert zu einem großen Teil von ausländischen Priestern verantwortet. Das Phänomen ist also nicht neu. Die Erzdiözese Wien hat mittlerweile eine „Interkulturelle Akademie für Priester (IKAP)" eingerichtet, in der ausländische Priester besser für den Dienst in Wien vorbereitet werden sollen.

2012 habe ich in dieser Gemeinde eine qualitative Studie durchgeführt.[28] Die Befragten meiner Studie – Priester wie Laien – erzählten vom Mangel an Erfahrung von Zugehörigkeit zur Ortskirche, von dem zu wenig erlebten Gefühl „Teil der österreichischen Kirche zu sein"[29]. So erfuhr die kroatische Niederlassung in Wien (die „Mission"[30]) zu Beginn – in den 1960er-Jahren im Zuge der Zuwanderung von Gastarbeitern – von Seiten der Diözese kaum Unterstützung. Seit 1969 hat die Gemeinde eine eigene Kirche, seit 1973 den Status einer Personalpfarre. Der Kontakt mit österreichischen Pfarren und Priestern wird aber nach wie vor als ungenügend wahrgenommen. Die Befragten erzählten, dass sie von Wiener Gläubigen als Ultrakonservative und Traditionalisten wahrgenommen werden. Mehrfach wurde die Ignoranz der Einheimischen erwähnt.

Besonders beklagt wurde in den Gesprächen der sog. „Sonntag der Völker", ein Sonntag im September, an dem die Wiener Erzdiözese mit ihren anderssprachigen Gemeinden Gottesdienst feiert – ein Gottesdienst, bei dem die ansässigen Gläubigen alljährlich durch Absenz glänzen. „In Wien hat man den ersten schwarzen Mann ausgestopft – so kommen wir uns beim 'Sonntag der Völker' vor. Wir kochen zuhause nicht mit offenem Feuer", meinte ein Interviewpartner. Auch die vollständige Absenz der Ortskirche beim ersten Wiesenfest im Mai 2012, bei dem die anderssprachigen Gemeinden im Sigmund-Freud-Park vor der Votivkirche in Wien zu einem Fest mit zahlreichen Darbietungen einluden, wurde als „Antwort" interpretiert: Die Ortskirche hat an anderssprachigen Gemeinden kein Interesse. Diese Erfahrungen führen zu „Schmerz, auf einer seelischen Ebene, der schwer zu verkraften ist". Einer der befragten Priester strich heraus, „dass die Kroaten durchaus bereit sind, sich anzupassen und das auch tun, aber dass auch sie verletzlich sind und beachtet werden wollen". Diese Beachtung wünschen sich die Befragten nicht nur für ihre „exotischen" kulinarischen oder tänzerischen Beiträge bei Festen und Feiern, sondern auch in pastoralen Fragen: „Nehmen Sie uns nicht wie Indianer, wir sollen uns Trachten anziehen, ein bisschen spielen und dann gehen wir nach Hause. Wir haben etwas zu fragen, auch etwas zu sagen." So formuliert ein Priester einer kroatischen Gemeinde in der Erzdiözese Wien seine Erfahrungen mit einem

---

[28] Regina Polak: Religiosität und Migration. Eine qualitativ-empirische Studie. Erste Ergebnisse, unveröff. Bericht, Wien 2013 (in Zusammenarbeit mit Christoph Schachinger).

[29] Die unter Anführungszeichen gesetzten Zitate sind Originalzitate aus der Studie.

[30] Hrvatska Katolička Misija Beč (Kroatisch-Katholische Mission in Wien), vgl. URL: http://www.hkm-wien.at/joomla/index.php (30.06.2017). Missionen sind von der Katholischen Kirche eingerichtete diözesane Gemeindeniederlassungen – Sprach- und Ritusgemeinden – für MigrantInnen.

autochthonen Pfarrer, der nicht erlaubte, dass die kroatische Gemeinde einen inhaltlichen Teil zu einer Veranstaltung zu Familienpastoral beiträgt.

Die Befragten erzählten, dass einzelne Gemeindemitglieder individuelle Lösungen der Integration praktizieren. Sie besuchen Angebote in autochthonen Pfarren, zu denen sie eingeladen werden. Aber dies wird oft als Überlastung erlebt und führt auch zu Gefühlen der Zerrissenheit. Viele reagieren auf das Desinteresse der Ortskirche mit Rückzug und sind sich der Segregationsprozesse durchaus bewusst, meinte der Pfarrer der Gemeinde: „Wir wissen auch, dass es eine gewisse Holschuld von den Migranten gibt. Man muss auch sagen: jetzt, o.k., was bin ich bereit auch selber zu geben? Es haben sich aber auch in diesem Vakuum, wo sich keiner interessiert hat, die eigenen Strukturen gebildet, die natürlich dann zu Parallelwelten werden. (…) Und irgendwann einmal sagen die fremdsprachigen Gemeinden: Na ja, wir machen eh das, was wir wollen."

Meine Studie zeigt, dass die kroatische Gemeinde nicht angemessen an den innerhalb der diözesanen Strukturen laufenden Kommunikations- und Entscheidungsprozessen teilnehmen kann. Ob und wie die derzeit laufenden Strukturreformen in der Erzdiözese, bei der die nicht mehr finanzierbare Vielzahl der Pfarren durch Zusammenlegungen zum Modell „Pfarre neu" reduziert werden soll, als Möglichkeit wahrgenommen wird, anderssprachigen Gemeinden mehr Partizipation in der Ortskirche zu eröffnen, lässt sich derzeit noch nicht sagen. Informelle Gespräche liefern ein widersprüchliches, konflikthaftes Bild: Während sich die Kirchenleitung mehr Integration wünscht, sind Vertreter der anderssprachigen Gemeinden besorgt um die Aufrechterhaltung ihrer muttersprachlichen Gemeinden. Diese Konflikte lassen zumindest ahnen, dass die anderssprachigen Gemeinden nicht mehr unsichtbar sind.

3. Relevanz religiöser Diversifizierungsprozesse (Perspektive b)

Als „global player" in der Weltpolitik und als Teil der Zivilgesellschaft trägt die Katholische Kirche mit ihren Ortskirchen universale und lokale Mitverantwortung in einer Welt, in der die Frage nach einem friedlichen und gerechten Zusammenleben in (nicht nur) religiöser Diversität zur Überlebensfrage der Menschheit wird. Diese Verantwortung hat auch theologische Ursachen. Die universale Bedeutung des Evangeliums als Botschaft des Heils für alle Menschen und das Selbstverständnis der Kirche als Zeichen der Einheit verpflichtet zum Dienst der Versöhnung und zum Einsatz für Gerechtigkeit und Frieden zwischen den Völkern in ihrer Verschiedenheit. Vier aktuelle „Zeichen der Zeit" lassen diese Verantwortung zu einer besonderen Herausforderung werden:

1) Das friedliche Zusammenleben mit dem kulturell „Anderen" wird weltweit dringlicher durch Migration und Flucht und daher inner- wie außerhalb der Kirche zur Aufgabe der Stunde. Das Lehramt der Katholischen Kirche sieht in der Instruktion *Erga migrantes Christi* in den weltweiten Migrationen einen Weg Gottes, die Heilsgeschichte voranzutreiben: „Wir können also das gegenwärtige Migrationsphänomen als ein sehr bedeutsames 'Zeichen der Zeit' betrachten, als eine Herausforderung, die es beim Aufbau einer erneuerten Menschheit und in der Verkündigung des Evangeliums des Friedens zu entdecken und zu schätzen gilt."[31] Migration und die damit verbundenen kulturellen Diversifizierungsprozesse werden als Initiative und Form des An- und Zuspruchs Gottes gelesen, die den Menschen erlaubt, sich für Friede, Gerechtigkeit und Solidarität zu engagieren: „Der Übergang von monokulturellen zu multikulturellen Gesellschaften kann sich so als Zeichen der lebendigen Gegenwart Gottes in der Geschichte und in der Gemeinschaft der Menschen erweisen, da er eine günstige Gelegenheit bietet, den Plan Gottes einer universalen Gemeinschaft zu verwirklichen."[32] Das hat praktische Auswirkungen auf die Wahrnehmung und den Umgang mit dem kulturell und religiös „Anderen": „Die Christen sind daher aufgerufen, zusätzlich zum Geist der Toleranz – die außer einer großartigen politischen und kulturellen auch eine religiöse Errungenschaft darstellt – die Achtung vor der Identität des Anderen zu bezeugen und zu praktizieren, indem sie, wo es möglich und angebracht ist, Wege des Teilens mit Menschen unterschiedlicher Herkunft und Kultur beschreiten."[33]

2) Untrennbar damit verbunden ist der Einsatz für (internationale) Gerechtigkeit, da die internationalen Migrationen maßgeblich durch „die Zunahme der Ungleichheit zwischen der Nord- und Südhemisphäre, die Existenz von protektionistischen Schranken im internationalen Handel, die den aufstrebenden Ländern nicht erlauben, die eigenen Produkte zu Wettbewerbsbedingungen auf den Märkten der westlichen Länder anzubieten, und schließlich die Vermehrung von Konflikten und Bürgerkriegen"[34] verursacht sind und aufgrund eines ungerechten Wirtschaftssystems auch zukünftig noch zunehmen werden. Merkmal einer gerechten Welt ist aus einer bibeltheologischen Perspektive, der sich das kirchliche Lehramt be-

---

[31] Päpstlicher Rat der Seelsorge für die Migranten und Menschen unterwegs: Erga migrantes caritas Christi, Vatikan 2004, 14.
[32] Erga migrantes 9.
[33] Ebd.
[34] Ebd., 4.

züglich Migration und Flucht verpflichtet weiß, der Umgang mit den sogenannten „Fremden"[35]. Die Lebensqualität von Minoritäten und MigrantInnen, ungeachtet ihrer religiösen Zugehörigkeit, ist der „Qualitätsmaßstab" für die Humanität und Gerechtigkeit einer Gesellschaft.

3) Die globalen kriegerischen und terroristischen Auseinandersetzungen haben ihre Ursachen eher in sozialen, ökonomischen und politischen Unrechtsverhältnissen als in Religion. Im Kontext von Armut, Ausbeutung und Sklaverei werden Religionen in verschiedener Weise allerdings zu „politischen" Akteuren. Sie forcieren ihren Einsatz für Gerechtigkeit und Solidarität, können Religion als Opiat für die Armen offerieren oder ihren fundamentalistischen Terror gegen die (vermeintlichen) Verursacher von Not und Armut richten. In Europa, das diese komplexen Zusammenhänge gerne ausblendet, um die eigene Verstrickungen in Menschen- und Waffenhandel und neokolonialistische Ausbeutungsverhältnisse zu verschleiern, werden die Ursachen von Krieg und Terror nicht selten „religionisiert". Sie werden monodimensional „der Religion" als solcher zugeschrieben: „Der" Islam ist dann verantwortlich für die Schwierigkeiten in der europäischen Bildungslandschaft, „die" JüdInnen verhindern Frieden im Nahen Osten, „die" Religion ist schuld an allen Formen terroristischer Gewalt. So lassen sich in Europa eine beunruhigende Zunahme islamfeindlicher[36] und antisemitischer Einstellungen[37] beobachten, die im Verein mit Rassismus, Fremdenfeindlichkeit und anderen Arten des Menschenhasses zu einem erschreckenden Einzug rechtspopulistischer politischer Einstellungen in die Mitte der Gesellschaft führen. Die Kirche ist verpflichtet, gegen jede Art von Menschenhass aufzutreten.

4) Die historische Verantwortung nimmt die Katholische Kirche ebenso in die Pflicht. Die Europäische Wertestudie konnte 2008–2010 einen europaweit signifikanten Einfluss normativ-religiöser Einstellungen auf das gesamte Wertesystem feststellen: Wer sich selbst als religiös versteht, hat mit

---

[35] Erga migrantes begründet seine Sicht auf Migration biblisch, indem es in Abschnitt 14 u. a. an den Auszug des Stammvaters Abraham in ein fremdes Land erinnert; das Gebot Lev 19,34 in Erinnerung ruft, demzufolge der Fremde zu lieben ist, wie man sich selbst liebt. Ebenso wird in Erga migrantes 16 der Ursprung der jungen Kirche als Fremde in der Welt zitiert. Die Liebe zu den MigrantInnen wird christologisch begründet: „Die Kirche hat in den Migranten immer das Bild Christi gesehen, der gesagt hat: 'Ich war fremd und obdachlos, und ihr habt mich aufgenommen' (Mt 25,35)."

[36] Vgl. Enes Bairkli/Farid Hafez (eds.): European Islamophobia Report 2015, Istanbul 2016; vgl. für Deutschland z. B. Kai Hafez/Sabrina Schmidt: Die Wahrnehmung des Islams in Deutschland. Religionsmonitor Sonderauswertung der Bertelsmann-Studie, Gütersloh 2015.

[37] Agentur der Europäischen Union für Grundrechte: Diskriminierung und Hasskriminalität gegenüber Juden in den EU-Mitgliedstaaten, vgl. URL: http://fra.europa.eu/de/publication/2014/diskriminierung-und-hasskriminalitat-gegenuber-juden-den-eu-mitgliedstaaten (30.06.2017).

signifikant größerer Wahrscheinlichkeit höhere Zustimmungswerte zum Wert von Ehe und Familie sowie zur Bedeutung von Erwerbsarbeit, betont stärker Solidarität, hat aber auch höhere Werte bei Autoritarismus, Homophobie und Fremdenfeindlichkeit.[38] In diesen Ergebnissen, die vor allem im orthodoxen Osten Europas deutlich ausgeprägt sind, spiegeln sich weniger die Folgen des christlichen Glaubens als vielmehr die Geschichte der Kirche(n) wieder, die sich und den christlichen Glauben in enger Kooperation mit Staat und Politik in den Dienst von Ordnungspolitik gestellt hat bzw. haben. Dieses Erbe belastet in Europa die Glaubwürdigkeit der Kirche im Einsatz für Anerkennung religiöser Diversität.

4. Theologische Hermeneutik religiöser Diversität (Perspektive c)

Für die Katholische Kirche ist die Frage nach Wahrnehmung und Umgang mit religiöser Diversität nicht bloß eine pragmatische Herausforderung. Ohne eine *theologische* Interpretation der sozioreligiösen Diversität der Gegenwart kann sie ihre Verantwortung nicht angemessen wahrnehmen.

4.1 Belastete Tradition: Partizipation an der Wahrheit der Katholischen Kirche als Lösung?

Wer die religiös „Anderen" aus der Sicht des Glaubens sind und wie mit ihnen zu leben ist, ist theologisch keine neue Frage. Ebenso zentral war immer auch die Frage, wie man mit der kircheninternen religiösen Verschiedenheit umgehen soll. Historisch hat die Katholische Kirche verschiedene theologische „Lösungen" für diese Fragen gefunden, von denen viele zu Diskriminierung, Unterdrückung, Exklusion, Verfolgung, Vertreibung und nicht zuletzt Ermordung der religiös „Anderen" – von „Ketzern" und Häretikern, Protestanten, Atheisten und allem voran Juden – geführt haben. Diese theologischen „Lösungen" sind durch die historischen Folgen desavouiert. Die dogmatische Lehre *Extra ecclesiam nulla salus* – außerhalb der Kirche kein Heil – hat jedenfalls Millionen Menschen das Leben gekostet. Auch intern ist es den ChristInnen nicht immer geglückt, die kirchliche Diversität friedlich zu regeln, wie das Schisma mit der orthodoxen Kirche, die Konfessionskriege der Neuzeit, Reformation und gewaltsame

---

[38] Wil Arts/Loek Halman: Value Research and Transformation in Europe, in: Regina Polak (Hg.): Zukunft. Werte. Religion. Die europäische Wertestudie 1990–2010: Österreich im Vergleich, Wien 2011, 79–99, 86 f.

Rekatholisierung sowie die bis heute existierenden Kirchentrennungen deutlich zeigen.

Mit dem Zweiten Vatikanischen Konzil (1962–1965) hat die Katholische Kirche neue Wege beschritten. Die „Erklärung *Dignitatis Humanae* zur Religionsfreiheit" (1965) sichert jedem Menschen das Recht auf religiöse Freiheit zu.[39] Die „Erklärung *Nostra Aetate* über das Verhältnis der Kirche zu den nichtchristlichen Religionen" weiß die Kirche im Judentum verwurzelt und anerkennt den geistlichen Bund mit „dem Stamme Abrahams"[40], spricht von der „Hochachtung"[41] der Kirche für Muslime und „lehnt nichts von alledem ab, was in diesen Religionen (in Hinduismus und Buddhismus, RP) wahr und heilig ist."[42] Sie gesteht ein, dass auch andere Religionen „den Strahl jener Wahrheit erkennen lassen, die alle Menschen erleuchtet"[43]. Schließlich gehört gemäß dem „Dekret *Unitatis Redintegratio* über den Ökumenismus" zufolge die Wiederherstellung der Einheit aller ChristInnen zu den „Hauptaufgaben" des Konzils wie auch der Gläubigen. Denn die „Spaltung widerspricht (…) ganz offenbar dem Willen Christi, sie ist ein Ärgernis für die Welt und ein Schaden für die heilige Sache der Verkündigung des Evangeliums vor allen Geschöpfen."[44]

Auf den Wahrheitsanspruch der Katholischen Kirche wird dabei freilich nicht verzichtet. Die Katholische Kirche stellt sich immer noch in das Zentrum der Heilsgeschichte. Alle anderen christlichen Kirchen und die anderen Religionen sind ihr im Modus der Teilhabe konzentrisch zugeordnet. Der dogmatischen Frage, ob dieses inklusivistische Partizipationsmodell für die anstehenden Herausforderungen taugt, werde ich hier nicht weiter nachgehen. Stattdessen möchte ich zwei Modelle aus der biblischen Tradition und eines aus der systematisch-theologischen in Erinnerung rufen, die die Weiterarbeit an einer gegenwarts-tauglichen Theologie der Diversität unterstützen könnten. Sie antworten alle auf die Frage: Was bedeutet die (religiöse) Diversität der Menschen aus der Sicht des Glaubens?

---

[39] Dignitatis Humanae. Erklärung zur Religionsfreiheit, Vatikan 1965, 3.

[40] Nostra Aetate. Erklärung über das Verhältnis der Kirche zu den nichtchristlichen Religionen, Vatikan 1965, 4.

[41] Ebd., 3.

[42] Ebd., 2.

[43] Ebd.

[44] Unitatis Redintegratio. Dekret über den Ökumenismus, Vatikan 1964, 1 (Auslassung RP).

4.2 Der Noah-Bund: Anerkennung von Diversität[45]

Mit dem Text aus Genesis 10 reagieren die Verfasser auf die Situation ihres Volkes Israel im Exil. Israel sieht sich mit anderen kulturellen und religiösen Traditionen konfrontiert: Warum will Gott die Menschheit als eine Vielfalt aus verschiedenen Völkern und Menschen?

Die Antwort: Die Vielfalt gründet in einer fundamentalen Einheit der Menschheit, die in der Erzählung vom Bund Gottes mit Noah zum Ausdruck gebracht wird – die Einheit aller Völker vergleichbar mit den Beziehungen innerhalb einer Familie. Gott hat mit Noah einen Bund geschlossen, demzufolge er die Menschheit nie wieder vernichten wird. Alle Völker dieser Welt sind Nachkommen des Noah und seiner Söhne. Sie bilden eine Art „Völker-Familie".

Zur Erinnerung: Noch keine zehn Generationen sind vergangen, da reut Gott, was er geschaffen hat (Gen 6,5). Er sieht, dass „auf der Erde die Schlechtigkeit des Menschen zunahm und alles Sinnen und Trachten seines Herzens immer nur böse war" (Gen 6,5). Seine Schöpfung ist durch die Menschen „voller Gewalttat" (Gen 6,13). Der Schöpfer zerstört seine Schöpfung mittels einer Flut (Gen 7). Der Text soll für Israel eine bleibende Selbstwarnung sein.

Die zweite, nachsintflutliche Schöpfung folgt veränderten, rigideren Regeln. Nach der Flut spricht Gott erneut einen Fruchtbarkeitssegen (Gen 9,1). Aber diesmal verbindet sich dieser mit einer Drohung. Wieder wird alles, was sich auf Erden regt, den Menschen übergeben. Die Tiere jedoch leben künftig in Furcht und Schrecken vor dem Menschen. Die Schöpfung hat ihre Unschuld verloren; sie ist eine andere geworden. Eine absolute Grundregel gibt Gott dieser neuen Menschheit: Das Töten von Menschen ist und bleibt Tabu. Es gilt als Brudermord und für jeden, dessen Blut vergossen wird, wird Rechenschaft verlangt. Sodann verpflichtet sich Gott auf den Erhalt der Schöpfung: Nie wieder sollen alle Wesen ausgerottet werden, nie wieder soll eine Flut die Erde vernichten (Gen 9,8). Gott schließt einen Bund, nicht nur mit den Menschen: den noachidischen Bund Gottes mit der gesamten Schöpfung.

Diese Erzählung ist Ausdruck des universalen Denkens Israels. Israel bindet seine Geschichte in eine umfassende Schöpfungsgeschichte. Der Bund Gottes mit allen Menschen und der ganzen Schöpfung bildet Rahmen und Basis aller weiteren Ereignisse und Bundesschlüsse.

---

[45] Vgl. zum Folgenden Karl-Josef Kuschel: Juden, Christen, Muslime. Herkunft und Zukunft, Ostfildern³ 2013 (2007), 234–249, 303–305.

Die Söhne Noahs – Jafet, Ham und Sem – sind die Vorfahren der verschiedenen Völker. Sie sind im Ursprung über Noah miteinander verbunden. Nicht nur alle Menschen (über Adam), auch alle Völker sind miteinander verwandt. Die Vielfalt der Völker[46] ist gewollt. Alle Völker sind gleich und haben einen gemeinsamen Ursprung. Die theologische Pointe dieser Erzählung besteht in der Aussage über die Einheit des Menschengeschlechtes. Segen ist auch den Nicht-Erwählten zugesagt.

Diese Einheit und Gleichheit wird allerdings sofort wieder gestört. Noah verflucht seinen Enkel Kanaan, den Sohn Hams, und verurteilt ihn zum Knecht Sems. Damit brechen erneut Ungleichheit, Unterdrückung und Gewalt in die Völkerwelt ein.

Eine weitere Spannung wird durch die Auserwählung Israels durch Gott in die Menschheitsgeschichte gebracht. Israel bekommt die Aufgabe, „Licht der Völker" zu sein und die Völker dadurch zu bewegen, JHWH zu verehren. Damit wird eine neue Denkweise des Verhältnisses zwischen der Partikularität eines Volkes (Israel) und der Universalität der Menschheit eröffnet: Israel lebt nicht wie die Völker, aber auch nicht gegen sie – sondern verschieden. Israels Leben schwankt zwischen den Polen von Partikularität (Auserwähltheit, Differenz, Separation) und Universalität (Verantwortung für die Gesamtmenschheit). Israel ist verpflichtet zu Solidarität mit den Weltvölkern – ein Modell, das in der Antike ohne Analogie ist.

Die Noah-Erzählung eignet sich dazu, die religiös Verschiedenen als „Kinder Noahs"[47] zu betrachten. So spielt sie nicht ohne Grund eine zentrale Rolle bei der Frage nach religiöser Diversität bei JüdInnen[48], ChristInnen

---

[46] Der Begriff des Volkes ist hier nicht rassisch-völkisch, kulturalistisch-national, sondern geschichtlich-geographisch zu verstehen. Volk bedeutet, dass die Verbindung und das Zusammenleben von Menschengruppen in Raum und Zeit Erinnerungsgemeinschaften stiftet.

[47] Kuschel, Juden, Christen, Muslime, 304–305.

[48] So hat das rabbinische Judentum im Babylonischen Talmud die sogenannten „Noachidischen Gebote" formuliert, die auch Nicht-Juden, die diese Gebote halten, als „Fromme vor Gott" bezeichnen. Als eine Art ethischer Minimalverpflichtung umfassen sie das Gebot der Rechtspflege, die Verbote von Götzendienst, Gotteslästerung, Unzucht, Blutvergießen, Raub, sowie des Genusses eines Gliedes vom lebendigen Tier (Grausamkeit gegen Tiere). Theologisch heißt das: Der Fremde, der nicht zum Volk gehört oder gehören will, hat einen eigenen theologischen Status: er wird der geistig-religiöse Nachbar, dem ebenfalls Gottes Gerechtigkeit zugesagt wird. Moses Maimonides wird diesen Begriff, den *ger toschav*, mit dem Begriff „Gerechter unter den Völkern" verbinden: „Wer die sieben Gebote übernimmt und gewillt ist, sie zu tun, gehört zu den Frommen der Weltvölker und hat Anteil an der kommenden Welt; dies gilt für jenen, der sie übernimmt und tut, weil Gott in der Tora so geboten und durch unseren Lehrer Moses bekannt gemacht hat, dass die Nachkommen Noahs auf diese Gebote verpflichtet wurden. Wenn jemand hingegen aufgrund der Überzeugung durch den eigenen Verstand tut, ist er kein ger toschav und kein Frommer der Weltvölker und keiner ihrer Weisen." Moses Maomonides, zitiert nach Kuschel, Juden, Christen, Muslime, 287.

und MuslimInnen[49], die sich auf diese Erzählung beziehen. Sie lassen sich alle als „Kinder Noahs" betrachten und sind aufgrund ihrer „Verwandtschaft" vor Gott verpflichtet, zueinander gerechte und friedliche Beziehungen aufzubauen.

4.3 Diversität – Erfahrung der Zersplitterung, Schutz der Fremdheit

Der hebräische Tenach wie das christliche Alte Testament anerkennen Diversität als von Gott geschaffenes und gewünschtes Faktum, gleichwohl verbindet sich in diesen Texten Diversität auch mit Gewalt und Konflikt. So folgt denn nach der Völkertafel in Genesis 10, die die nach der Sintflut neu entstandene Vielfalt der Stämme und Sippenverbände, deren Heimatregion, Personen und Geschlechterfolgen schildert, in Genesis 11 eine weitere Ätiologie. Diese erklärt Grund, Sinn und Ziel kultureller, religiöser und sprachlicher Diversität mittels der Erzählung vom Turmbau zu Babel (Gen 11).

Der Exeget Jürgen Ebach liest diese Erzählung als differenzierte Bejahung, ja sogar als „Rettung" der Vielfalt.[50] Alle Menschen sprechen in Gottes „zweiter Chance"[51] für die Schöpfung die gleiche Sprache. Dann aber versuchen sie, diese Einheit abzusichern: Ein Turm soll gemeinsam gebaut werden – damit sie sich „einen Namen machen" und „nicht mehr über die ganze Erde zerstreuen" (Gen 11,4). Die Menschen werden zu Funktionen dieses Einheitsprojektes. Die Sprache verkommt auf eine der Organisation und der Befehle: „Auf, formen wir Lehmziegel und brennen wir sie zu Backsteinen!" (Gen 11,3) Verständigung dient nun nicht mehr dem wechselseitigen Verstehen, sondern dem Schaffen eines gemeinsamen Projektes, dem alle zu dienen haben. In Gen 11 verhindert Gott dieses Projekt: Er

---

[49] Der Koran bekräftigt die prinzipielle Gleichheit aller Menschen vor Gottes Gesetz. Kein Mensch ist vom Gesetz Gottes ausgenommen (Sure 5,123). Zugleich weiß der Koran um die faktische Zersplitterung der Menschheit, der aber eine „Theo-Logik" unterstellt wird: Dass Gott verschiedene Völker und Stämme zugelassen hat, hat einen Sinn: Menschen sollen einander kennen lernen und untereinander um das Gute wetteifern. So z.B. Sure 49,13: „Ihr Menschen, wir haben Euch zu Völkern und Stämmen gemacht, damit ihr einander kennt. Der Edelste vor Gott ist der unter Euch, der am gottesfürchtigsten ist." Oder Sure 30,22: „Und zu seinen Zeichen gehören die Erschaffung der Himmel und der Erde, die Verschiedenheit eurer Sprache und Farben. Darin sind Zeichen für die Wissenden." Verschiedenheit ist „Gesetz Gottes", vgl. Kuschel, Juden, Christen, Muslime, 318.

[50] Vgl. Jürgen Ebach: „Globalisierung"– Rettung der Vielfalt. Die Erzählung vom „Turmbau zu Babel" im aktuellen Kontext, in: Hartmut Schröter (Hg.): Weltentfremdung, Weltoffenheit, Alternativen der Moderne: Perspektiven aus Wissenschaft – Religion – Kunst, Münster 2008, 39–58.

[51] Kuschel, Juden, Christen, Muslime, 11.

zerstört den himmelhoch geplanten Turm, verstreut die Menschen auf der ganzen Erde und verwirrt ihre Sprache. Nun verstehen sie einander nicht mehr. Der biblische Verfasser weiß: Diversität ist nicht nur Bereicherung, sie kann Zerstreuung und „Wirrsal" (Gen 11,11) nach sich ziehen.

In der Rezeptionsgeschichte wurde Gottes Reaktion immer wieder als „Strafe" gedeutet. Die Auslegung von Jürgen Ebach tut dies nicht – wie auch der biblische Text das Wort „Strafe" nicht verwendet. Nach Ebach schützt Gott mit dieser Maßnahme vielmehr die Menschen vor sich selbst: Indem er die Pluralität sichert, versucht er alle Projekte zu blockieren, die eine imperiale Macht schaffen, der alle zu dienen haben. Die Pluralität wird als Diversität erkennbar, die nach Kommunikation zwischen Verschiedenen verlangt und diese in gewissem Sinn sicherstellt. Gott institutionalisiert die Fremdheit zwischen Menschen, um diese vor wechselseitiger Vereinnahmung und Homogenisierung zu schützen. Eine Kommunikation wird nötig, die das Fremde nicht auslöscht. Gen 11 erinnert daran, dass Einheitsprojekte, die die Verschiedenheit auslöschen, nicht den Menschen dienen und daher nicht Gottes Gefallen finden.

Diversität hat aus bibeltheologischer Perspektive ein Doppelgesicht. Sie ist als Pluralität eine Gabe, ein Geschenk und eine Aufgabe, die durch Kommunikation zu gestalten ist. Ihr Schutz hat Vorrang vor allen Versuchen, Einheit um den Preis der Auslöschung des Verschiedenen, des Fremden herzustellen. Einheit wird verstanden als Kommunikations- und Beziehungsprozess der Teilhabe. Zugleich ist diese Wahrnehmung von Diversität nicht naiv: Diversität kann Menschen voneinander isolieren, Zerstreuung, Konflikt und Gewalt nach sich ziehen. Sie bedarf daher immer auch der Pflege der der Verschiedenheit zugrundeliegenden Einheit des Menschengeschlechts.

Die bibeltheologischen Zugänge ermöglichen der Kirche eine selbstkritische Sicht auf historische tradierte Einheitsvorstellungen sowie eine neue Wahrnehmung von Diversität.

4.4 Systematisch-theologischer Zugang: Katholizität

Die Katholische Kirche ist in der Entwicklung ihrer Theologie auch der kirchlichen Tradition verpflichtet. So soll als weiteres Modell eine der vier zentralen *nota ecclesiae* (Wesensmerkmale der Kirche) – die Katholizität – im Kontext der Frage nach dem Umgang mit Diversität in ihrem Potential erschlossen werden.[52]

---

[52] Vgl. in diesem Sammelband: Migration und Katholizität, 111.

Der Begriff „Katholizität" ist belastet. Zudem wird er seit den Konfessionskriegen im Zuge der sogenannten Reformation konfessionalistisch verengt verstanden, d. h. mit der Römisch-Katholischen Kirche identifiziert. Dies ist jedoch eine problematische Reduktion. Auch die orthodoxe und die evangelische Kirche verstehen sich als katholisch.

Daher sei daran erinnert, auf welche Frage dieser Begriff die theologische Antwort war. Frühkirchlich bezeichnet der Begriff ein sowohl theoretisches als auch praktisches Modell, den Zusammenhang zwischen der Fülle des Heils, das von Gott her allen Menschen eröffnet ist, und der Verschiedenheit der Menschen zu denken und zu leben: Wie kann das universale Heil der Vielfalt der Menschen zukommen? Die junge Kirche kommt zunehmend zu der Überzeugung, dass dies nur vermittels ihrer selbst möglich ist.

Der Sache nach wird diese Frage freilich bereits in zahlreichen Texten des Alten Testament reflektiert. Vor allem die Propheten verkünden, dass die Gerechtigkeit Gottes *allen* Völkern zugesagt ist. In visionären Bildern von einer „Wallfahrt der Völker" (z. B. Jes 2,2; Jes 60,4–9; Mich 4,1) bringen sie diese Erfahrung zum Ausdruck. Die Völker pilgern zu JHWH und loben und preisen Gott in der Vielfalt ihrer Sprachen und Kulturen: Sie müssen ihre Identität – auch die religiöse – nicht aufgeben: „Es kommt die Zeit, alle Nationen und Sprachen zu versammeln, dass sie kommen und meine Herrlichkeit sehen" (Jes 66,18).

Die Texte des Neuen Testaments stehen in dieser Tradition. Ihre Verfasser glauben, dass die Fülle des Heiles (*pleroma*) Gottes in Jesus von Nazareth, den sie als den Messias erkennen, irdische Wirklichkeit geworden ist. Die junge Kirche versteht sich als Gemeinschaft jener Gläubigen, die diese „Frohe Botschaft" allen Menschen in Wort und Tat verkünden soll. In ihr sind Juden und Heiden nicht mehr getrennt, sondern „in Christus" miteinander versöhnt (Eph 2,14). In der weiteren theologischen Entwicklung reflektiert die Kirche mittels des Modells der „Katholizität" folgende Fragen: Wie verhält sich die neu erfahrene Einheit zur Vielfalt und Verschiedenheit der einzelnen Gemeinden, der verschiedenen Kulturen, in die hinein das Evangelium verkündet wird? Wie hängt die Partikularität des Heils, das in der Kirche zur Gänze erfahren werden kann, mit der Universalität des Heils zusammen, das allen zugesagt wird?

Seit jeher versucht die Kirche mithilfe dieses Begriffes also die Frage zu beantworten, wie Vielfalt und Einheit zusammenhängen, woran sich Einheit in der Vielfalt erkennen lässt und wie von daher praktisch zu handeln ist. Der Begriff verhandelt das Verhältnis von Partikularität und Universalität. Freilich erlebte er im Lauf der beiden Jahrtausende seit Christus unzählige

Bedeutungswandel.[53] Was hier so abstrakt-philosophisch klingt, hatte und hat maßgebliche Auswirkungen auf das Verständnis von Macht und Politik im praktischen Umgang mit Diversität, nicht nur in der Kirche, sondern auch in der Gesellschaft. Daher ist folgende Frage nicht nur für die Kirche hochaktuell: Wie ist das Verhältnis von Vielfalt und Einheit, Partikularität und Universalität zu denken und gestalten?

Im Alten wie im Neuen Testament finden sich dazu zahlreiche „Lösungsmodelle". Diese zeichnen sich durch eine intensive Auseinandersetzung mit der kulturell und religiös anderen Umwelt aus und schildern heftig umstrittene Dynamiken zwischen Rezeption und Abgrenzung. Im Laufe der Geschichte der Kirche wird die Sicherung von Einheit und Universalität freilich zunehmend ausschließlich an sichtbaren kirchlichen Institutionen festgemacht: in der Katholischen Kirche an deren globaler Universalität, dem Festhalten an der kirchlichen Autorität des Bischofsamtes und der Rechtgläubigkeit gegenüber der kirchlichen Lehre. Katholisch sein bedeutet spätestens seit der Konfessionalisierung dieses Begriffes fortan eine universale Gemeinschaft mit einem gemeinsamen Glaubensbekenntnis zu sein, die unter der Leitung von Bischöfen und dem Papst gemeinsam die Sakramente feiert.

Die Katholische Kirche hat erst im Zweiten Vatikanischen Konzil wieder zu der Erkenntnis gefunden, dass dieses Modell inner- wie außerkirchlich zu kurz greift. Die Totalidentifikation „des" Heils mit einer einzigen Kirche und deren symbolischen und institutionalisierten Ausdrucksformen ist auch aus der Sicht der Katholischen Kirche mittlerweile eine unhaltbare Verkürzung. Auch innerkirchlich wurde das Verhältnis zwischen den partikulären Ortskirchen und der universalen Kirche reformuliert. Die Ortskirchen sind weder „Filialen" noch „Umsetzungsorte" der Universalkirche. Die Universalkirche ist auch nicht die Summe ihrer Teilkirchen. Vielmehr ist in jeder Ortskirche die ganze Kirche präsent. Für die Frage nach dem Verhältnis zwischen Partikularität und Universalität bedeutet dies, dass das Partikuläre nicht Bruchstück oder Fragment des Ganzen ist, sondern im Partikulären das Universale ganz präsent ist und umgekehrt sich das Universale nur im Partikulären zeigt – und dies eben je verschieden.[54] Das Universale ist nicht die Summe von Partikularismen, sondern wird via Kommunikation mit und zwischen den Teilen gesichert. Es beschreibt so den relationalen Zusam-

---

[53] Ebd.

[54] Das hat inkarnationstheologische Gründe: Indem Jesus von Nazareth von ChristInnen als der fleischgewordene Logos interpretiert wird, kann damit zugleich alles Konkrete, Materielle, Irdische in seiner Partikularität als Ausdruck des Universalen wahrgenommen und wertgeschätzt werden.

menhang und Zusammenhalt sowie die gemeinsame Bezogenheit auf eine alle verbindende, gemeinsame Wirklichkeit.

So wie der Begriff der Katholizität seit jeher speziell in Zeiten des Ringens der Kirche um ihr Selbstverständnis reinterpretiert wurde, steht freilich in einer globalen Welt rasanter Diversifizierung eine dogmatische Weiterentwicklung dieser theologischen Idee an: Was bedeutet Katholizität in der Beziehung der Kirche zur religiösen Diversität der Welt?

Für die hier leitende praktische Frage birgt das Modell der Katholizität Potentiale, die für einen zeit-gerechten Umgang mit Diversität in und außerhalb der Kirche theoretische Grundlagen bieten.

1) Pluralität und Diversität werden als „Normalität" und Ausgangspunkt des Denkens und Handelns anerkannt. Diversität wird als Partikularität gedacht: d. h. die Verschiedenen sind Teil der einen Menschheit, haben an dieser Teil und brauchen einander. Das Partikuläre ist jedoch weder „Fall" noch Variante des Ganzen. Das Verhältnis zwischen dem Partikulären und dem Universalen, den Teilen und dem Ganzen ist wechselseitig und komplex. Im Partikulären ist das Universale „ganz" präsent: In der Ortskirche ist die Kirche „ganz" da; in einem einzelnen Menschen ist die ganze Menschheit da[55]; in einer gesellschaftlichen Gruppe ist die ganze Gesellschaft präsent. Eine solche Sicht gewährleistet die Würde und Wertschätzung sowie Anerkennung des einzelnen und konkreten Phänomens in seiner Eigenheit.

2) Zugleich bilden das Streben nach Einheit und die Suche nach dem je tieferen Verständnis von Wahrheit den universalen Orientierungshorizont. Einheit und Wahrheit werden als Beziehungswirklichkeiten interpretiert. Sie verwirklichen sich als und in Beziehung auf allen Ebenen: zwischen Individuen, in und zwischen Gruppen, als und in Institutionen. Sie „existieren" *durch* Kommunikation und Teilhabe in der gemeinsamen Suche und Frage nach Einheit und Wahrheit. Auf symbolischer Ebene und in Strukturen werden sie „verdichtet" ausgedrückt. Einheit wird als vorgegebene Wirklichkeit *zwischen* Menschen verstanden, die zu bewahren und zu gestalten aufgegeben ist: Die Menschen *sind* konstitutiv untereinander als Menschheit und mit Gott verbunden. Daher sind sie verantwortlich, diese Verbindung zu gestalten; herstellen können sie sie nicht. Wahrheit wird als Beziehung zu einer transzendenten Alterität interpretiert, die als Geheimnis von Menschen nie zur Gänze erkannt und nicht fixiert werden kann. Wahrheit verwirklicht und bewährt sich als Treue zwischen Gott und den Menschen. Einheit „ereignet sich" als Praxis der Liebe und der Gerechtigkeit.

---

[55] Dies ist übrigens auch eine Erkenntnis des Talmud und des Koran: Wer einen Menschen rettet, rettet die ganze Welt.

Eine so verstandene Katholizität könnte dem Kairos einer religiös diversen Welt entsprechen, weil sie differenzierte Beziehungen auch zu den anderen religiösen Traditionen ermöglicht.

5. Kirchliche Lernorte (Perspektive d)

Ins Praktische gewendet, bedeutet Katholizität, Vielfalt und Verschiedenheit anzuerkennen. Konkret heißt das: die Andersheit des/der Anderen *als* Andersheit und darin auch seine Würde anerkennen. Katholizität praktisch meint, Unterschiede wahrzunehmen, zu beschützen und zu fördern, Partizipation zu eröffnen, sowie für Strukturen der Gerechtigkeit zu sorgen, die die Macht-Ungleichheit zwischen Verschiedenen ausgleichen. Diese praktische Form der Anerkennung von Diversität ist die Basis, auf der Liebe, Gerechtigkeit und die gemeinsame je tiefere Suche nach dem Verständnis von Wahrheit erst möglich werden. *Indem* dies geschieht, kann die Einheit der Menschen mit Gott und untereinander ein Stückweit mehr wahrnehmbar und wirksam werden. Eine solche Art von Praxis ist aus theologischer Perspektive die *via regia* zur „katholischen Einheit". Katholizität ist freilich immer schon verletzt und zerstört. Sie ist aus der Sicht des christlichen Glaubens unter endlichen Bedingungen nur im Fragment zu erkennen und zu leben, sie steht als Verheißung in der Zukunft aus. Sie wird anwesend, indem sie als Möglichkeit geglaubt, als Wirklichkeit erhofft und in der eben beschrieben Praxis schrittweise realisiert wird.

Ein solches Verständnis sowie eine so gelebte Praxis von Katholizität ist nach Jahrhunderten einer feudal-hierarchisch, uniform und homogenisierend interpretierten Praxis von Katholizität erst wieder zu gewinnen. Die Aufgabe der Kirche besteht daher darin, in ihren Diözesen und Gemeinden, im Verhältnis zu den anderen christlichen Kirchen, zu anderen Religionen und zur Welt sowie in der Theologie Katholizität zu üben. Für eine Kirche, die sich selbst ungebrochen zum einzigen, zentralen und normativen Bezugspunkt religiöser Wahrheit macht, ist das eine immense Herausforderung. Wohl sind die theologischen Reformen nach dem Zweiten Vatikanum ein riesiger Schritt in Richtung der Wiedergewinnung von Katholizität. Aber der Unwille der Katholischen Kirche, z. B. evangelische Kirchen als Kirchen und nicht nur kirchliche Gemeinschaften anzuerkennen oder die Schwierigkeiten, mit der inneren kulturellen, sozialen oder theologischen Vielfalt[56] umzugehen, machen deutlich, wie schwierig das ist.

---

[56] Man denke in diesem Zusammenhang z. B. an die Konflikte um wiederverheiratete Geschiedene oder das Frauenpriestertum, um Art und Ausmaß der Inkulturation des christli-

Aus praktisch-theologischer Sicht entsteht Veränderung zuerst in der Praxis. Sie ist es, die das Neue zur Welt bringt und immer erst im Nachhinein theologisch ausgelotet werden kann.[57]

Daher stelle ich zum Abschluss einige Beispiele aus der Praxis vor, in denen sich zeigt, dass die Katholische Kirche bereits auf dem Weg ist, zu einem veränderten Umgang mit Diversität zu finden.

1) Im Umgang mit der Diversität der anderen Religionen praktiziert die Katholische Kirche seit dem Zweiten Vatikanischen Konzil einen beeindruckenden interreligiösen Dialog mit den anderen Religionen, der sich in einer Fülle an lehramtlichen Dokumenten niedergeschlagen hat.[58] Vor allem im Gespräch mit dem Judentum[59], dessen konstitutive und einzigartige geistliche Bedeutung für das Christentum die Katholische Kirche anerkennt[60], ist das kirchliche Lehramt der pastoralen Praxis und mitunter auch der katholischen Theologie vielfach weit voraus. Das Wirken von Papst Johannes Paul II. kann in diesem Zusammenhang gar nicht hoch genug veranschlagt werden. Der Reichtum an Handlungsperspektiven ist für das kirchliche Handeln auf lokaler Ebene noch viel zu wenig erschlossen. Auch der globale Einsatz für Gerechtigkeit, Friede und die Bewahrung der Schöpfung, den die Katholische Kirche praktisch und in zahlreichen Dokumenten zur Katholischen Soziallehre bezeugt, kann als Ausdruck der Wertschätzung von Diversität wahrgenommen werden. Die theologische Pionierarbeit und das praktische Engagement der Katholischen Kirche im Kontext von Migration, Flucht und Vertreibung sei in diesem Kontext in besonderer Weise hervorgehoben. Die Anerkennung von innerkirchlicher Diversität zeigt sich z. B. in der Verpflichtung der Ortskirchen, ihre MigrantInnen aufzunehmen und „unbegründeten Verdächtigungen und beleidigenden Vorurteilen gegen die Fremden entgegenzutreten"[61], in der besonderen Verantwortung der Ortskirche für die Pflege der Sprache und

---

chen Glaubens in afrikanische oder indische Kontexte, an die Konflikte zwischen kirchlichem Lehramt und Befreiungstheologie usw. Alle diese Auseinandersetzungen haben zum Ausschluss von Gläubigen, Theologen, Gruppen aus der Kirche geführt und zeugen von der Schwierigkeit, mit Diversität „katholisch" umzugehen.

[57] Vgl. Michael de Certeau: Der gründende Bruch, in: ders.: GlaubensSchwachheit, Stuttgart 2009, 155–187, 181 f.

[58] Vgl. Ernst Fürlinger (Hg.): Der Dialog muss weitergehen. Ausgewählte vatikanische Dokumente zum interreligiösen Dialog (1964–2008), Freiburg i. B. 2009.

[59] Vgl. Rolf Rendtorff/Hans-Hermann Henrix (Hg.): Die Kirchen und das Judentum. Dokumente von 1945 bis 1985, Paderborn und München 1988; Diess.: Die Kirchen und das Judentum. Dokumente von 1986–2000, Paderborn und Gütersloh 2001.

[60] Dies schlägt sich strukturell darin nieder, dass die „Kommission für die religiöse Beziehung mit den Juden" seit 1974 mit dem „Päpstlichen Rat zur Förderung der Einheit der Christen" verbunden ist und *nicht* beim „Päpstlichen Rat für den interreligiösen Dialog".

[61] Erga Migrantes 41.

Volksfrömmigkeit[62] der anderssprachigen Gemeinden, sowie im Anprangern jener Ursachen der globalen Migrationen – eine ungerechte, neoliberale Wirtschaft – die die Vielfalt der Sprachen und Kulturen zerstören.

2) Papst Franziskus ist ein Wegbereiter für eine neue Kultur des Umgangs mit Diversität in Kirche und Welt. Beispielgebend und in der jüngeren Geschichte der Kirche radikal neu ist z. B. sein Führungsverhalten, das Partizipation fördert und an der Vielfalt der Erfahrungen und Meinungen innerhalb der Kirche offensiv interessiert ist. Die Art und Weise, wie er die Familiensynode der Katholischen Kirche (4. bis 25. Oktober 2015) vorbereitet, ist neu für diese Institution. In mehrschleifigen Feedback-Verfahren wurden 2013 weltweit mittels eines Fragebogens in jeder Diözese der Kirche die Vielfalt der Erfahrungen und Positionen zu Fragen der (nicht nur pastoralen) Situation von Ehe und Familie vor Ort erhoben. Die Bischöfe waren aufgefordert, ihre Gläubigen vor Ort aktiv in diesen Prozess der Meinungsfindung einzubeziehen. Sie waren ihrerseits bei der Vorbereitungsversammlung – der Außerordentlichen Generalversammlung der Bischofssynode vom 5. bis 19. Oktober 2014 in Rom – angehalten, erstmals frei ihre Meinung kundzutun. Ebenso neuartig für die Kirche war, dass die Diversität der Meinungen der Bischöfe öffentlich kommuniziert wurde, ohne dass der Papst das abschließende „Machtwort" sprach. Hier kündigt sich nicht nur ein neuer Stil, sondern ein veränderter Umgang mit interner Diversität an. Er könnte es möglich machen, dass die kulturelle Vielfalt der Weltkirche nicht nur sicht- und hörbar werden darf, sondern in einem lehramtlichen Erkenntnis- und Entscheidungsprozess eine konstitutive Rolle bekommt.

Bei der Rede des Papstes vor dem Europarat der Europäischen Union am 25. November 2015[63] betonte dieser einen globalen, europäischen friedlichen Umgang mit Diversität. So bezeichnet er „Multipolarität" und „Transversalität" als die beiden wesentlichen Herausforderungen, vor denen Europa steht. „Multipolarität" bezeichnet dabei seine Vision, ein Europa der pluralen kulturellen, religiösen und politischen Pole zu globalisieren, ohne dabei auf hegemonische Reduktionismen – wie einst „Osten und Westen" oder „Rom – Byzanz – Moskau" – zurückzugreifen. Die Besonderheit jedes Teils ist dabei zu bewahren. Für die harmonische Einheit des Ganzen ist dabei ebenso zu sorgen wie die konstruktiven Spannungen zwischen diesen

---

[62] Ebd. 38, 46.

[63] Ansprache von Papst Franziskus an den Europarat, 25. November 2014, URL: https://w2.vatican.va/content/francesco/de/speeches/2014/november/documents/papa-francesco_20141125_strasburgo-consiglio-europa.html (30.06.2017).

Polen zu fördern, die zersetzenden zu beenden. „Transversalität"[64] beschreibt die nicht-hintergehbare Pluralität der globalisierten Welt, in der zwischen den verschiedenen ethnischen, kulturellen, religiösen und anderen Gruppen vernünftig kommuniziert und kreativ interagiert wird. Identitäten werden dabei wertgeschätzt und als wechselseitige Bereicherungen verstanden. Der Papst träumt von einer transversalen globalen Identität in einer neuen multipolaren globalen Perspektive. Eine solche Transversalität verlangt „Einfühlungsvermögen" und „geschichtsbewusste Wachstumsmethodologie" sowie die Bereitschaft, sich nicht in die eigenen Identitäten einzuschließen und ausschließlich innerhalb der eigenen Zugehörigkeitsgruppen zu leben, sondern in „jugendlichem Geist" zwischen allen Kulturen, Gruppen und Generationen mehrperspektivisch zu dialogisieren.

3) Im Bereich der Schulentwicklung und Pastoral (z. B. in der Erzdiözese Wien) lassen sich Zeichen erkennen, dass die Kirche lernt, mit Diversität umzugehen.

Ein Lernort, der von der Kirche viel zu oft übersehen wird, sind die Entwicklungen im Bereich der Religionspädagogik und des Religionsunterrichts. In der Schule ist Diversität Normalität. Daher liegen in der religionspädagogischen Forschung wie auch in den Erfahrungen des Religionsunterrichtes reiche Schätze vor, wie die Kommunikation des christlichen Glaubens im Kontext von Diversität verwirklicht werden kann. In diesem Zusammenhang sei beispielhaft das Projekt „lebens.werte.schule"[65] erwähnt. Dieses entwickelt seit Jahren ein Modell der „Kultur der Anerkennung"[66] in Praxis und Theorie, das sich an den Prinzipien Würde, Gerechtigkeit und Anerkennung orientiert. Die Leitfrage lautet: Wie wird religiöse Diversität wahrgenommen?

Ganz in diesem Sinn versteht sich auch das Schulzentrum Friesgasse[67] in Wien, eine katholische Privatschule der Schulschwestern. Die Statistik dieses Schulzentrums – 1500 Kinder und Jugendliche leben und lernen in Kin-

---

[64] Zur Erläuterung dieses Begriffes vgl. Walter Kasper: Papst Franziskus – Revolution der Zärtlichkeit und der Liebe, Stuttgart 2015.

[65] Aus dem Leitbild: „Die Initiative lebens.werte.schule sensibilisiert für das Wahrnehmen religiöser Dimensionen in Schulkultur und Schulentwicklung. Eine gute Schule erkennen wir am Umgang mit kultureller und religiöser Pluralität. Unser Ziel ist eine demokratiefähige Schule und ein Beitrag zur menschengerechten Bildung." Die geistigen „Väter" dieser Initiative sind der katholische Religionspädagoge Martin Jäggle und der evangelische Vizerektor der Kirchlich-Pädagogischen Hochschule Wien – Krems, Thomas Krobath. Vgl. Lebens.werte.schule, 2015, vgl. URL: http://lebenswerteschule.univie.ac.at/ (30.06.2017).

[66] Martin Jäggle/Thomas Krobath/Helena Stockinger/Robert Schelander (Hg.): Kultur der Anerkennung. Würde – Gerechtigkeit – Partizipation für Schulkultur, Schulentwicklung und Religion, Hohengehren 2013.

[67] Schulzentrum Friesgasse, vgl. URL: http://www.schulefriesgasse.ac.at/ (30.06.2017).

dergarten und Hort, Volksschule, Neuer Mittelschule, Gymnasium und Realgymnasium, in einer Handelsschule und einem HAK-Lehrgang – weist pro Jahr ca. 40 verschiedene Muttersprachen und 20 verschiedene Religionsbekenntnisse auf. Von daher hat sich diese Schule aus pädagogischen und weltanschaulichen Gründen in den vergangenen Jahren bewusst multireligiös und multikulturell ausgerichtet und pflegt den interreligiösen Dialog sowie die Ökumene. Konkret wird das Leitbild z. B. in einem regelmäßig kooperierenden Team der Religionslehrerinnen. Die Diversität der Schülerinnen und Schüler wird öffentlich sichtbar, wenn man die Schule betritt: Transparente begrüßen den Gast mehrsprachig, kulturelle und religiöse Symbole verschiedenster Traditionen sind sichtbar. Dass die Betriebsküche auf unterschiedliche religiöse Ernährungstraditionen Rücksicht nimmt, ist selbstverständlich. In diese Schule schicken auch muslimische Eltern ihre Kinder gerne, weil ihre Religion dort anerkannt und unterrichtet wird.

Auch die Pfarren des zweiten Wiener Gemeindebezirkes – ein Bezirk mit hohem MigrantInnenanteil, zahlreichen orthodoxen Kirchen, Moscheen und Synagogen – haben begonnen, ihr „Programm" im Umgang mit der Diversität ihres Bezirkes entsprechend neu auszurichten. Vom Herbst 2014 bis zum Frühjahr 2015 fand eine Umfrage statt, die eruieren sollte, was sich die Bezirksbevölkerung von der Kirche in diesem Bezirk erwartet. Eine erste Auswertung der Ergebnisse zeigt ähnlich wie die Umfrage des Zukunftsforums3000, dass die Befragten die wachsende Diversität des Bezirkes deutlich wahrnehmen. Die Erwartungen an die Kirche sind allerdings widersprüchlich. Ängste werden geäußert, dass der zweite Bezirk „seinen Charakter durch Zuwanderung verliert"[68] und die Kirchen wieder „mehr auf Mission setzen" sollen, damit „das Katholische nicht verloren geht". „Leider sind wir kein deutscher Bezirk mehr, sondern ein Ort mitteleuropäischer, vorderorientalischer Prägung mit entsprechender Bevölkerung (…)" klagt ein Teilnehmer der Befragung. „Christliche Anstandsregeln" sollten daher wieder gefördert werden. Andere Befragte wiederum wünschen sich, dass sich die Pfarren stärker mit den anderen Religionsgemeinschaften vernetzen und Inklusion fördern. Mancher erkennt den Zuzug als „soziale und kulturelle Bereicherung" und „Kultimulti" (sic!) könne zur „Normalität" werden. Der zweite Bezirk sei „ein Schmelztiegel für die Zukunft" und die Kirche solle sich daher für interreligiöse und interkulturelle Treffs und Dialog stark machen. Interkulturelle Kompetenz soll gefördert werden, die Kirche „kann die Chance nutzen, sich mit der Bevölkerung mitzuentwi-

---

[68] Die zitierten Aussagen entstammen den Fragebögen, die mir von einem Pfarrgemeinderat dankenswerter Weise zur Einsicht gegeben wurden. Sprach-, Schreib- und Interpunktionsfehler wurden nicht korrigiert.

ckeln, Anlaufstelle für alle Generationen sein, Trends wie Naturverbundenheit, Nachhaltigkeit, Tauschen statt Neues kaufen, anderen Zeit schenken, Themen wie Erziehung, Familie, Umgang mit älteren Menschen" aufgreifen. Ein Teilnehmer schreibt: „Pluralismus bei den Religionen bringt immer auch Ängste mit sich – das Fremde bleibt bedrohlich, bis man es kennen lernt – darin liegen die Chancen: Aktiv und mutig aufeinander zugehen und über die Kulturen ins Gespräch kommen und ggf. Anteil nehmen. (…) Kirche ist dann positiv erlebbar, wenn sie offen ist für Menschen aller Religionen und Kulturen und die Botschaft, die sie zu verkünden hat, als Angebot bereit hält und die Entscheidung dafür, mitzumachen, mitzugehen, mitzudenken, mitzuleben, den einzelnen Menschen überlässt, weil sie darauf vertraut, dass Gott wirkt, wenn wir unsere Begeisterung zeigen!"

Hier wartet eine Menge Arbeit auf die Kirche des zweiten Wiener Gemeindebezirkes: der Diversität der Wahrnehmungen und Erwartungen gerecht zu werden und diese aus der Sicht des christlichen Glaubens so zu deuten, dass sie in Entschiedenheit eine Praxis finden kann, die den Menschen vor Ort beim Zusammenleben in Diversität hilft.

6. Schluss

In vier Schritten habe ich gezeigt, dass das Thema religiöse Diversität für die Katholische Kirche zuallererst Thema ist, mit dem sie sich praktisch, politisch, theologisch und vor allem innerkirchlich auseinandersetzen muss, wenn sie ihrem Wesen und Auftrag gerecht werden möchte. Dazu gehört 1) das Wahrnehmen des globalen wie sozioreligiösen Kontextes, in dem sich religiöse Diversifizierungsprozesse dynamisieren sowie die selbstkritische Auseinandersetzung mit der binnenkirchlichen Aggression gegen „Andere" und Fremdheitserfahrungen außerhalb und innerhalb der Kirche. 2) Die aktuelle weltpolitische Lage sowie das historische Erbe verpflichten die Kirche ebenso dazu, sich dieser Thematik offensiv zuzuwenden wie das kirchliche Selbstverständnis als „Zeichen und Werkzeug" für „Einheit in Vielfalt". 3) Theologisch stehen zur Auseinandersetzung im Kontext als Faktum anzuerkennender religiöser Diversität neu zu erschließende bibeltheologische Traditionen zur Deutung von Diversität, das systematischtheologische Modell der „Katholizität" sowie lehramtliche Schreiben im Bereich der Migrationstheologie sowie der Katholischen Soziallehre zur Verfügung. Schließlich zeigt 4) ein exemplarischer Blick auf Entwicklungen in der Praxis (hier am Beispiel der Dogmatik des Zweiten Vatikanums, der Praxis von Papst Franziskus und der Erzdiözese Wien), dass die Kirche bereits dabei ist, den Umgang mit Diversität neu zu lernen. Die Kirche verfügt also durchaus über theologische Traditionen sowie – freilich theologisch noch fruchtbar zu machende – praktische Erfahrungen für einen anerkennenden, gerechten und friedlichen Umgang mit Diversität.

Migration und Katholizität

Erschienen in: Regina Polak/Wolfram Reiss (Hg.): Religion im Wandel. Transformationsprozesse religiöser Gemeinschaften in Europa durch Migration – Interdisziplinäre Perspektiven. Reihe: Religion and Transformation in Contemporary European Society 9, Wien 2014, 233–296. (peer-reviewed)

1. Horizont und Zugang, Fragen und Aufbau

1.1 Globalisierung als Kontext

Interne und externe Gründe führen in der römisch-katholischen Theologie seit mehreren Jahren zu einer neuen Aufmerksamkeit für das Konzept der Katholizität.[1] Spätestens mit dem Zweiten Vatikanischen Konzil entwickelt die Katholische Kirche ein reflektiertes Verständnis ihrer Weltkirchlichkeit und damit ein Selbstverständnis als „Einheit in Vielfalt". Das Konzil stellt damit auch einen „entscheidenden Moment für die Seelsorge der Emigranten und der Menschen unterwegs dar, indem es besonderes Gewicht auf die Bedeutung der Mobilität und der Katholizität legt"[2]. Gegenwärtig konfrontiert die Globalisierung die Katholische Kirche mit den Herausforderungen neuartiger Pluralisierungsprozesse. Im Inneren führt dies zur Entwicklung einer „kulturell polyzentrischen Weltkirche"[3]. Die Globalisierung intensiviert weltweit zugleich das Wachstum[4] und die Bildung pluraler und

---

[1] Vgl. Robert Schreiter: Die neue Katholizität. Globalisierung und die Theologie, Frankfurt am Main 1997; Ders.: Katholizität als Rahmen für Nachdenken über Migration, in: Concilium 44/5 (2008), 537–550; Theologisch-Praktische Quartalschrift 161 (2013): Katholisch. Festgelegt, umstritten, nachgefragt; Silvano Tomasi: Migration und Katholizismus im globalen Kontext, in: Concilium 44/5 (2008), 520–537; Franz Gmainer-Pranzl: Entgrenzung und Verbindung. Zur integrativen und polarisierenden Dynamik von Katholizität, in: Martin Rothgangel/Ednan Aslan/Martin Jäggle (Hg.): Religion und Gemeinschaft. Die Frage der Integration aus christlicher und muslimischer Sicht, Wien/Göttingen 2013, 109–129; IKaZ Communio 4 (2012): Katholizität.

[2] Päpstlicher Rat der Seelsorge für Migranten und Menschen unterwegs: Instruktion Erga migrantes caritas Christi, Vatikan 20014.

[3] Johannes Baptist Metz: Glaube in Geschichte und Gesellschaft. Studien zu einer praktischen Fundamentaltheologie, Mainz 1992, 150; Ders.: Unterwegs zu einer nachidealistischen Theologie, in: Johannes Baptist Bauer (Hg.): Entwürfe zur Theologie, Graz/Wien/Köln 1985, 209–23, 221; vgl. John Allen: Das neue Gesicht der Kirche. Die Zukunft des Katholizismus, Gütersloh 2011 (2009).

[4] Hans Joas: Glaube als Option. Zukunftsmöglichkeiten des Christentums, Freiburg 2012, 192 f.; Philip Jenkins: Die Zukunft des Christentums. Eine Analyse zur weltweiten Entwicklung im 21. Jahrhundert, New York 2006 (2002).

polyzentrischer Christentümer.[5] Zudem konfrontiert sie Kirche(n) und Christentümer im Inneren wie im Äußeren mit globaler Armut und Ungerechtigkeit sowie einer zusammenwachsenden wie zugleich zerrissenen Menschheit. Migration spielt eine Schlüsselrolle in der Dynamisierung außer- wie innerchristlicher Globalisierung.[6] Diese Prozesse wecken den Bedarf nach einer theologischen Hermeneutik.[7]

Katholizität bietet angesichts dieser Herausforderungen als genuin theologisches Modell die Möglichkeit für deren tieferes Verständnis sowie eine angemessenere Praxis. Das Konzept ist zugleich nicht nur ein römisch-katholisches; es gehört als zentrales Element zu jedem christlichen Selbstverständnis. Umgekehrt ermöglichen die zeitgenössischen Migrationsphänomene eine Weiterentwicklung dieses Konzeptes. Migration animiert und motiviert Theologie(n), Kirche(n) und Christentümer dazu, Katholizität neu verstehen und leben zu lernen.

1.2 Katholizität im ökumenischen Kontext

Katholizität ist hinsichtlich seiner Bedeutungsvielfalt und Reichweite ein komplexer Begriff.[8] Entlang einer ökumenischen[9] Perspektive könnte man z. B. mindestens vier Verstehensweisen unterscheiden:

---

[5] Klaus Hock: Passions-Feier. Kreuzungen der Christentümer als Kreuzwege der Christenheit, in: Arnd Bünker/Eva Mundanjohl/Ludger Weckel/Thomas Suermann (Hg.): Gerechtigkeit und Pfingsten. Viele Christentümer und die Aufgabe einer Missionswissenschaft, Ostfildern 2010, 17–46.

[6] Vgl. die Beiträge in Bünker/Mundanjohl/Weckel/Suermann (Hg.), Gerechtigkeit und Pfingsten, 2010.

[7] Vgl. Schreiter, Die neue Katholizität.

[8] Ausführlich vgl. Abschnitt 2.4 in diesem Beitrag.

[9] Der Begriff Ökumene hat mehrere Dimensionen und beschreibt 1) das Ringen einer Kirche um ihre innere Einheit („intrakonfessionelle Ökumene"); 2) die Beziehungen zwischen den Kirchen und das Streben nach der weltweiten Einheit der Christen bzw. der Wiederherstellung ihrer sichtbaren Einheit („interkonfessionelle Ökumene"); 3) die Beziehung zwischen Kirche(n) und Welt im Horizont gemeinsamer Weltverantwortung, damit verbunden den Dienst der Kirche(n) an und in der Welt im Bemühen um die Einheit der Menschheit („Ökumene der Welt"); 4) die Beziehungen der Kirche(n) zu anderen Religionen, die nicht Einheit, wohl aber ein Zusammenleben in Frieden im Horizont der Verantwortung für die eine Welt zum Ziel haben („Ökumene der Religionen"). Hierbei müsste man noch gesondert unterscheiden zwischen den Beziehungen des Christentums zum Judentum, der Ökumene der sog. abrahamitischen Religionen und der Ökumene mit allen anderen Religionen. – Die Frage nach der Einheit stellt sich heute im Horizont des Zusammenlebens in Verschiedenheit neu und vertieft. Ökumene ist untrennbar mit Katholizität verbunden und beschreibt den Versuch, immer schon unvollkommene und verletzte Katholizität zu fördern. Dieses Verständnis verdankt sich der Auseinandersetzung mit Hans-Christoph Goßmann: „Mission" und „Ökumene" – synonyme Begriffe?", in: Friedemann Green et al. (Kirche in der Stadt 10): Um der

- die *intrakonfessionelle* Katholizität, die das Zusammenleben von Christen einer Konfession, aber verschiedener kultureller Traditionen als „Einheit in Vielfalt" beschreibt und im Regelfall mit der Römisch-Katholischen Kirche in Verbindung gebracht wird; dabei ist die römisch-katholische Katholizität als Selbstanspruch jene, mit der die anderen christlichen Kirchen konfrontiert sind und die in der Regel mit einem normativen Anspruch verbunden ist. Als Fragestellung nach dem intrakonfessionellen Zusammenleben in kultureller Verschiedenheit ist sie freilich Thema *aller* christlichen Kirchen.
- die Katholizität der jeweiligen katholischen, evangelischen, orthodoxen und anderen christlichen Kirchen, sodass man allgemein von einer *christlichen Katholizität* sprechen kann, die als ekklesiologisches Selbstverständnis jeder Form des Christentums eignet und eine Eigenschaft von Kirche beschreibt. Da sich diese aber in Theorie und Praxis konfessionell höchst verschieden realisiert, birgt sie die Möglichkeit bzw. Notwendigkeit einer *interkonfessionellen* Katholizität.
- die *Katholizität, die das Verhältnis der christlichen Kirchen zur Welt* beschreibt und über die Religionsgrenze des Christentums hinausgehend – universal – gedacht und verwirklicht wird. Insofern Gottes Heil allen Menschen zugesagt ist, ist diese Katholizität ein konstitutives Element jeder christlichen Konfession und Kirche.[10]
- die „Katholizitäten", die dem Christentum *in anderen Religionen* begegnen[11], insofern diese ihrerseits nach dem Verhältnis zwischen Einheit und Vielfalt bzw. dem Zusammenleben in Verschiedenheit innerhalb ihrer Religion und mit ihrer Umwelt fragen; der Begriff ist dabei aus einer christlichen Perspektive abgeleitet und beschreibt *nicht* deren Selbstverständnis, sondern erkennt eigene Fragestellungen im Anderen.

Ohne diesen Ordnungsversuch und die damit verbundenen (theologischen) Fragen im Detail ausführen zu können, wird deutlich, dass Katholizität kein römisch-katholisches Spezifikum oder Monopol ist. Die gemeinsame Frage, die mit dem Begriff Katholizität verhandelt wird, ist die nach der Universalität des religiösen Selbstverständnisses und der Partikularität seiner his-

---

Hoffnung willen. Praktische Theologie mit Leidenschaft (Festschrift Wolfgang Grünberg), Hamburg 2000, 281–286; Aloys Klein: Art. „Ökumene", in: Lexikon für Theologie und Kirche (LThK), 5. Band, Freiburg/Basel/Rom/Wien 1996, 1018–1024.

[10] Die damit verbundene Universalität hat sich im Kolonialismus als imperialer Zugriff konkretisiert – eine Interpretation des Weltverhältnisses, die sich selbst desavouiert hat. Gewaltförmige Interpretationen des universalen Weltbezugs sind ebenso wenig „katholisch" wie Abschottungsphänomene.

[11] Vgl. Peter Steinacker: Art. „Katholizität", in: Theologische Realenzyklopädie, Band XVIII, hg. von Gerhard Müller et al., Berlin/New York 1989, 72–80, 78.

torischen Verwirklichungsformen sowie die daraus folgende Frage nach dem Zueinander von Einheit und Vielfalt dieser Partikularitäten. Als Frage nach der Einheit und Zusammengehörigkeit der Menschheit in ihrer Vielfalt und Verschiedenheit stellt sie sich heute weltweit religiösen wie nicht religiösen Menschen.

1.3 Orthodoxe und evangelische Katholizität[12]

Die römisch-katholische, die orthodoxe sowie die evangelische Tradition beziehen Katholizität primär auf die Kirche und ihre Rolle in der Heilsgeschichte Gottes mit den Menschen. Katholizität ist zunächst ein ekklesiologischer Begriff. Aber bereits in diesem Verständnis sind die Antworten der christlichen Konfessionen äußerst verschieden. Während die Römisch-Katholische Kirche Katholizität im Laufe der Geschichte zunehmend stärker in der Hierarchie und im Papstamt verankert, also in der sichtbaren Struktur der Kirche, betont die Orthodoxie vor allem die qualitative Seite: Gott handelt „katholisch" und dies verwirklicht sich in der Katholizität der Kirche. Die Kirche setzt die Schöpfung, Erlösung (Erfüllung) und Vollendung fort und alle dabei entstehenden Gestalten der Kirche sind Abbilder einer Schöpfung, die immer mehr eins wird. In der Katholizität der Kirche spiegelt sich deshalb die Fülle des Lebens der heiligen Trinität wider. Katholizität ist daher für die Ostkirche ein pneumatisches *und* empirisches Geschehen, das weniger rechtlich als sakramental qualifiziert ist. Die Eucharistie ist die gelebte Gemeinschaft Gottes mit den Menschen, durch die der ganze Kosmos in das Geschehen des Geistes integriert wird. Die Bischöfe stellen die katholische Realität her, indem sie der Ortskirche und jedem einzelnen Gläubigen Teilhabe an der Einheit der Kirche ermöglichen. In modernen orthodox-theologischen Ansätzen wird Katholizität z. B. sogar als „Grenzenlosigkeit der möglichen Vereinigung des Menschlichen mit dem Göttlichen"[13] beschrieben. Ein enges konfessionalistisches Verständnis verträgt sich mit einem solchen Zugang ebenso schwer wie das römische Primatsprinzip, denn die „Einheit in Vielfalt" wird in der Orthodoxie über die Prinzipien der Autokephalie und Synodalität repräsentiert und garantiert. Die praktische Antwort auf die Frage nach dem Zueinander von Einheit und Vielfalt kann also ganz verschieden erfolgen.

Wieder anders ist die Entwicklung bei den evangelischen Kirchen. Diese haben sich stets in Kontinuität zur Katholischen Kirche des Anfangs ver-

---

[12] Vgl. zum Folgenden Steinacker, Katholizität, 75 ff.
[13] Steinacker, Katholizität, 75.

standen. Für Luther ist die Gemeinschaft der Heiligen selbstverständlich die *sancta Catholica Christiana*. Der Konflikt entfacht sich u. a. am Papsttum, das laut Luther die Vielheit der Kirchen nicht mehr zulässt und alles der römischen Norm unterwirft. Katholizität wird bei ihm sodann nicht mehr als *nota ecclesiae* (konstitutives Wesensmerkmal der Kirche) anerkannt, gehört aber nach wie vor zum Selbstverständnis der Kirche. Sie bezeichnet eine geistliche Größe, die jeder Kirche zukommt, wenn diese das Evangelium glaubt und verkündet sowie das Bekenntnis zum Glauben sichtbar macht. Calvin betont stärker die Rechtgläubigkeit: „katholisch" bedeutet für ihn ein Attribut der unsichtbaren Kirche. Noch im 17. Jahrhundert nannten sich evangelische Gemeinden „katholisch-evangelisch". Erst im Zuge der Gegenreformation wird „katholisch" zum Konfessions- und damit Kampfbegriff. Der Begriff Katholizismus entsteht überhaupt erst in dieser Zeit und bezeichnet aus protestantischer Sicht die papsttreu gebliebenen Altgläubigen.[14] Mit der Reformation[15] beginnen die Weichenstellungen für ein konfessionalistisch verengtes Verständnis des Begriffs.

1.4 „Katholizität der einen Welt"?

Aber ist es überhaupt angemessen, Katholizität nur auf die Kirche(n) zu beziehen? Die Römisch-Katholische Kirche hat nach dem Zweiten Vatikanum und seiner Wiederentdeckung des universalen Heilswillens Gottes in jüngeren Ansätzen die Welt-Dimension und die damit verbundene Einheit der Menschheit im Horizont von Katholizität zur Sprache gebracht. Dies ermöglicht ein Verständnis von Katholizität, das die Grenzen der Kirche und des Christentums übersteigt. Hätte Katholizität dann nicht auch eine schöpfungs- und heilsgeschichtliche Dimension – als Aussage und Verheißung über das Zusammenleben der Menschheit in Einheit und Vielfalt? Aber droht dabei nicht die Gefahr der Vereinnahmung? Wie ist Katholizität in einer religiös und weltanschaulich pluralen Welt zu denken und zu leben?

Eine so geweitete Zugangsweise ermöglicht es, Katholizitätskonzeptionen auch in anderen Religionen zu erkennen. So hat das Judentum über die Jahrhunderte hinweg – z. B. durch die Aufnahme von Flüchtlingsgruppen – immer wieder transkulturelle „Integrationsleistungen" vollbracht. Auch für den Islam ist die Überwindung von ethnischen und Stammesgrenzen sowie die Aufnahme anderer monotheistischer Gruppen eine Grunderfahrung

---

[14] Hans Maier: Art. „Katholizismus", in: Lexikon für Theologie und Kirche (LTHK), 5. Band, Freiburg/Basel/Rom/Wien 1996, 1368–1370, 1368.

[15] Steinacker, Katholizität, 77.

von Anfang an. Der Buddhismus kennt ähnliche Phänomene. Das Spannungsfeld zwischen Universalität und Partikularität, das Verhältnis zwischen einem „Ganzen" und dessen Teilen sowie die Frage, wie dies praktisch zu gestalten ist, ist religionsübergreifend. In diesem Sinn kann man genau genommen von Katholizität nur im Plural sprechen und ebenso plural sind die Begründungen und Praxisformen.

1.5 Fragen und Aufbau

Aus der Fülle der möglichen Zugänge zum Thema beschränke ich mich in meinem Beitrag auf *Katholizität aus einer römisch-katholischen Perspektive.* Ich verbinde dies aber zugleich mit dem Anliegen, Katholizität als eine *transkonfessionelle, christliche Wahrnehmungs- und Handlungsperspektive* erkennbar zu machen, die Konfessionen verbinden kann und vielleicht auch für die anstehenden globalen Fragen nach dem Zueinander von Einheit und Vielfalt anregende Aspekte birgt. Diese zu entfalten obliegt den systematischen Theologen der christlichen Konfessionen. Ich nähere mich dem Thema aus einer praktisch-theologischen Perspektive: 1) Wie verändert Migration die Bedeutung von Katholizität in Europa in Theorie und Praxis? 2) Welche Möglichkeiten, Migration zu verstehen, birgt das Modell der Katholizität? 3) Welche Lernfelder lassen sich identifizieren, die Katholizität fördern?

Ich gehe von folgenden Thesen aus: 1) Migration erinnert daran, was es bedeutet, als ChristIn, als christliche Gemeinde und Kirche „katholisch" zu sein. 2) Migration eröffnet ein vertieftes Verständnis von Katholizität und erschließt neue Konkretisierungen des „Katholischen" in einem globalen Kontext.[16] 3) Migration stärkt die Katholizität der Kirche, d.h. sie unterstützt diese dabei, ihr Wesen und ihren Auftrag zu realisieren: ein friedliches, humanes und gerechtes Zusammenleben in Vielfalt und Einheit, Verschiedenheit und Versöhntheit, mit Gott und den Menschen, innerhalb und zwischen den Kirchen und im Horizont der ganzen Welt zu fördern.[17] 4) Migration und Katholizität bergen ein zutiefst ökumenisches Potential, weil dies nur gemeinsam mit den anderen Kirchen und Religionen und im Horizont der einen Welt möglich ist. 5) Schließlich eröffnet Katholizität eine genuin theologische Perspektive auf Migration. Dies kann ein Beitrag zum

---

[16] Vgl. Erga migrantes 22, 98.

[17] Die Katholische Kirche versteht sich selbst in Christus als Sakrament für die Vereinigung der Menschen mit Gott und die Einheit der Menschen untereinander, vgl. Dogmatische Konstitution über die Kirche Lumen Gentium, Vatikan 1964, 1.

sozialwissenschaftlichen Migrationsdiskurs sein, der – z. B. in den Forderungen nach Gerechtigkeit und Anerkennung von Diversität – verstärkt hermeneutische und ethische Fragen formuliert.

Die Ausführung erfolgt in zwei Schritten:

1) *Zeitgenössischer Kontext und Herausforderungen für Katholizität:* Zunächst beschreibe ich exemplarisch den globalen Kontext, innerhalb dessen sich die Frage nach Katholizität in Europa stellt: Wir leben in einem Zeitalter der Migration, der Religion und der Menschenfeindlichkeit. Dies birgt Potential und die Notwendigkeit zur Horizonterweiterung von Katholizität.

2) *Theologische Begründung und Lernfelder für Katholizität:* Weil Migration als „Zeichen der Zeit" auch *locus theologicus* ist, beschäftigt sich Theologie mit diesem Phänomen. Katholizität eröffnet dabei eine theologische Sicht auf Migration und die damit verbundenen Fragen nach dem Verhältnis von Vielfalt, Verschiedenheit und Einheit. Ich skizziere vier Lernfelder, in denen Katholizität in der Kirche neu gelernt werden kann.

2. Zeitgenössischer Kontext und Herausforderungen für Katholizität

2.1 Das Zeitalter der Migration

Migration gehört untrennbar zur Geschichte der Menschheit. Von jeher hat sie demographisches und ökonomisches Wachstum, technologischen, sozialen und kulturellen Wandel, politische Konflikte und Krieg mit sich geführt. Sie ist keine Abirrung, sondern eine Konstante der Geschichte.[18] Gleichwohl weist die zeitgenössische Migration Merkmale auf, die in Quantität und Qualität historisch so neuartig sind, dass man von einem „Zeitalter der Migration" („Age of Migration"[19]) sprechen kann.

---

[18] Stephen Castles/Mark J. Miller: The Age of Migration. International Population Movements in the Modern World[4] New York/London 2009, vgl. dazu auch URL: http://www.age-of-migration.com/ (30.06.2017); Massimo Livi Bacci: Kurze Geschichte der Migration, Berlin 2015 (2010); Klaus Bade (Hg.): Enzyklopädie Migration in Europa. Vom 17. Jahrhundert bis zur Gegenwart, Paderborn/Wien 2007; Jochen Oltmer: Migration. Geschichte und Zukunft der Gegenwart, Darmstadt 2017; Ders.: Globale Migration. Geschichte und Gegenwart, München 2017.

[19] Castles/Miller, The Age of Migration. Die folgende Darstellung folgt weitgehend deren Studie.

2.1.1 Migration fördert Entgrenzung und Konnektivität

Nach Schätzungen der UNO ist seit der Jahrtausendwende die Zahl der internationalen MigrantInnen von ca. 173 Mio. auf 244 Millionen (2015) weltweit gestiegen.[20] Nicht in dieser Statistik enthalten sind die unzähligen Saison- und BinnenmigrantInnen, die nicht legal registrierten MigrantInnen oder die Nachkommen von MigrantInnen. Dazu kommen 65.3 Millionen durch Gewalt Vertriebene – darunter 21.3 Millionen Flüchtlinge, 40.8 Millionen intern Vertriebene, 3.2 Millionen Asylsuchende:[21] Das ist laut der UNHCR die höchste Zahl seit dem Zweiten Weltkrieg.

Eine kritische Auseinandersetzung mit Migrations-Statistiken[22] zeigt, dass das Phänomen längst die Grenzen demographischer Erfassung gesprengt hat. Die traditionellen Vorstellungen von Staat, Nation, Ethnie sowie Recht werden dadurch erschüttert. Auch die Qualität von Migration hat sich in den vergangenen Jahren verändert: Die „Super-Diversifizierung"[23] globaler Migration führt zu einem nicht mehr überschaubaren Ausmaß an Pluralisierung. Zeitgenössische Mobilitäts- und Kommunikationsmöglichkeiten fördern „transnationale Migration" und lassen Mehrfachzugehörigkeiten entstehen, die nicht mehr in die klassischen Formate von „Heimat" und „Fremde" passen. Rund um den Globus findet eine „transnationale Revolution" statt, die Gesellschaften und Politiken neu formt.[24] Migration fördert Entgrenzungsprozesse, die übergreifende Tendenzen aufweisen:[25]

1) *Globalisierung:* Zunehmend mehr Länder sind zu gleicher Zeit von Migration betroffen. Einwanderungsländer empfangen MigrantInnen aus immer mehr Herkunftsländern. Die meisten Einwanderungsländer haben Zuwanderer aus einem breiten Spektrum ökonomischer, sozialer und kultureller Herkunft.

2) *Akzeleration:* Alle großen Weltregionen sind zu gleicher Zeit von einem quantitativen Wachstum internationaler Migration betroffen. Die Regierungen kommen so immer mehr unter Druck.

3) *Differenzierung:* In den meisten Ländern gibt es eine Vielfalt an Migrationstypen: Arbeitsmigration, Flüchtlinge, dauerhaft Ansässige, nicht dokumentierte Migration. Diese Ausdifferenzierung zählt zu den

---

[20] United Nation: International Migration Report 2015, New York 2016, vgl. URL: http://www. un.org/en/development/desa/population/migration/publications/migrationreport/docs/Mi grationReport2015_Highlights.pdf (30.06.2017).

[21] UNHCR, URL: http://www.unhcr.de/service/zahlen-und-statistiken.html (30.06.2017).

[22] Vgl. Castles/Miller, The Age of Migration, XVIII.

[23] Vgl. Max Planck Institute for the Study of Religious and Ethnic Diversity, vgl. URL: http:// media.mmg.mpg.de/ (30.06.2017).

[24] Vgl. Castles/Miller, The Age of Migration, 7.

[25] Vgl. ebd.,10–12.

größten Problemen für nationale oder internationale politische Maßnahmen.

4) *Feminisierung:* In allen Regionen und Migrationsformen sind vorwiegend Frauen Betroffene. Seit den 1960er Jahren übernehmen sie weltweit die Hauptrolle in der Arbeitsmigration; in manchen Flüchtlingsbewegungen und im organisierten Menschenhandel machen sie die Mehrheit aus.

5) *Wachsende Politisierung:* Internationale Migration fordert nationale Politik, bilaterale und regionale Beziehungen zwischen Staaten und nationalen Sicherheitspolitiken heraus. Das Bewusstsein für die Notwendigkeit einer Kooperation zwischen Aufnahme-, Transit- und Herkunftsländern sowie für *global governance* wächst.

6) *Proliferation* von „Übergangsländern"[26]: Zunehmend mehr traditionelle Auswanderungsländer werden zu Übergangsländern – zumeist ein Vorspiel am Weg zum Einwanderungsland (in Europa z. B. Polen und Spanien).

Castles und Miller stellen fest:[27] Massenmigrationen haben in den vergangenen 500 Jahren eine Hauptrolle im Kolonialismus, in der Industrialisierung, in der Bildung von Nationalstaaten und in der Entwicklung des kapitalistischen Weltmarktes gespielt. Damit verbunden waren Vertreibung, Deportationen, Gewalt, Unrecht und Ungerechtigkeit – aber auch der Austausch von Ideen und Werten, kulturellen und religiösen Traditionen, die trotz allen Widerstands zur humanen Weiterentwicklung beigetragen haben. Neu an der gegenwärtigen Situation ist der durchdringende und globale Charakter von Migration. Migration ist ein komplexes System aus sozialen Interaktionen mit einer umfassenden Reichweite an institutionellen Strukturen und informellen Netzwerken zwischen entsendenden, aufnehmenden und Übergangsländern. So führt die Entgrenzung durch Migration zugleich zu größerer Konnektivität. Migration ist deshalb sozioökonomisch und politisch bedeutsam wie nie zuvor. Neu ist die Aufmerksamkeit, die Politiker diesem Phänomen zollen; allerdings ist auch der politische Widerstand gegen Migration so heftig wie nie zuvor. Noch nie war er so eng mit nationalen Sicherheitsdiskursen, mit politischem Konflikt und Unordnung auf globaler Ebene verbunden.

Europa ist im 20. Jahrhundert – nach 1945 – zum Einwanderungskontinent geworden und hat sich in eine Migrationsgesellschaft gewandelt. Die

---

[26] Das sind Länder, in denen die Zuwanderung schrittweise größer wird als die Auswanderung (Transitionsländer).

[27] Castles/Miller, The Age of Migration, 299.

massenhaften Flüchtlingsbewegungen nach dem Zweiten Weltkrieg, die Einwanderungen im Zuge der Dekolonialisierungsprozesse sowie die Binnenmigration haben dazu wesentlich beigetragen. Migration nach und in Europa ist seit den 70er-Jahren primär ökonomisch motiviert.[28] So dominierte zunächst die Arbeitsmigration. Danach hatten Familienzuzug und Flüchtlings- sowie Asylbewegungen nachhaltige Auswirkungen auf Arbeitsmärkte und Volkswirtschaften, auf demographische und soziale Strukturen, auf Kultur und politische Institutionen sowohl der Sende- als auch der Aufnahmeländer. Westeuropa reagierte in den 1990er-Jahren auf diese Entwicklungen mit „massiver Angst vor unkontrollierbaren Zuströmen"[29] der Armen aus dem Osten und dem Süden. Grenzkontrollen und Einwanderungsgesetze wurden restriktiver. Migration wurde zur Sicherheitsfrage erklärt, die Zuwanderung nahm zunächst ab. Seit 1997 nimmt sie wieder zu – vor allem durch die forcierte Zuwanderung gut ausgebildeter MigrantInnen, aber auch durch Asyl und illegale Zuwanderung.

Obwohl Migration weltweit gesehen die Ausnahme menschlichen Verhaltens ist – drei Prozent der Weltbevölkerung migrieren –, beschleunigt sie Entgrenzung und Konnektivität. Dies verlangt nach Konsequenzen: Sozialwissenschaftler votieren für mehr internationale Kooperation und *governance*, für Entwicklungspolitik, für politische Maßnahmen für irreguläre Migration und Regulierung legaler Einwanderung, für Integrationsprozesse ansässiger Migranten sowie einen gerechteren Umgang mit den Auswirkungen ethnischer Diversität auf den soziokulturellen Wandel.

Aus theologischer Sicht ist bemerkenswert, dass in diesem Zusammenhang immer wieder implizit und explizit die Frage nach der Gerechtigkeit auftaucht. Denn Migration entlarvt globale Ungerechtigkeit: In der Mehrzahl der Fälle ist Migration erzwungen – durch Armut, Gewalt und Not. Migration offenbart die Armut in der Welt, an die viele Reiche nicht erinnert werden wollen, weil damit die Frage nach deren Verantwortung auftaucht. Dabei sind es gar nicht die Ärmsten, die das Risiko der Migration auf sich nehmen: Migration muss man sich auch leisten können. Die globale Finanz- und Wirtschaftskrise sowie der Klimawandel werden diese Situation in den kommenden Jahren vermutlich noch verschärfen.[30] So stellen Sozialwissenschaftler angesichts des Zusammenhangs von Migration und internationaler Entwicklung z.B. die Frage: „Warum sollen entwickelte Staaten souveräne Rechte zugunsten internationaler Regulation von Migration

---

[28] Vgl. zum Folgenden Castles/Miller, The Age of Migration, 122 f.
[29] So Castles/Miller, The Age of Migration, 122.
[30] Vgl. Details dazu URL: http://www.age-of-migration.com/ (30.06.2017).

aufgeben?"[31] Anstelle von Migrationsreduktion verlangen sie verstärkten Einsatz für größere ökonomische und soziale Gleichheit zwischen Nord und Süd, damit Migration unter besseren Bedingungen stattfinden kann und die Erfahrungen und Fähigkeiten von MigrantInnen Gemeinschaften bereichern können.[32] Offen bleiben dabei aber doch Fragen: Warum sollen sich reiche Staaten überhaupt für arme Staaten einsetzen? Wie kann man Migration anders als Bedrohung und sogar als Bereicherung wahrnehmen? Wie lassen sich die Forderungen nach Gerechtigkeit, Gleichheit und Solidarität, nach Anerkennung von Diversität *begründen*?

Diese Fragen betreffen auch die Theologie. Denn aus biblischer Perspektive gibt es ohne das Engagement für eine gerechte Gesellschaft kein religiöses Heil. Maßstab eines theologisch verantworteten Verständnisses von Gerechtigkeit ist die Lebenssituation der Armen und Ausgeschlossenen. Der sozialwissenschaftliche Befund verdeutlicht, dass sich Katholizität gegenwärtig im Kontext einer Menschheit verstehen lernen kann, die ihre traditionellen Grenzen verliert, verändert und übersteigt und die sich zugleich vielfältig verbindet und vernetzt. Das Bewusstsein für die Zusammengehörigkeit der Menschheit als auch die politische Verantwortung für eine gerechte Welt gehören zu einem zeitgerechten Begriff von Katholizität. Herausfordernd für die Katholische Kirche ist dabei sicherlich die Transformation von Werten und soziopolitischen Ordnungen. Die besondere Aufgabe besteht darin, das entgrenzende und verbindende Innovationspotential von Migration zu fördern, damit es sich nicht wie bisher inmitten von Konflikt und Gewalt durchsetzen muss, sondern in Frieden entfalten kann. Diese Aufgabe stellt sich übrigens auch im Inneren der Katholischen Kirche, in der zwei Drittel der Katholiken arm und jung sind und im Süden der Welt leben.[33] Was bedeutet das Potential von Migration in diesem Horizont für die reiche Kirche Europas und ihr Verständnis von Gleichheit und Gerechtigkeit?

2.1.2 Migration fördert Pluralisierung und Diversität

Wenn auch nur wenige Staaten jemals ethnisch homogen waren, hat der Nationalismus der vergangenen zwei Jahrhunderte massiv zum Mythos des homogenen Nationalstaates beigetragen. Viele Staaten weisen gegenwärtig jedoch infolge von Migration ein höheres Ausmaß an Diversität auf als noch vor einer Generation. Diversität zeigt sich in der Entstehung zahlreicher

---

[31] Vgl. Castles/Miller, The Age of Migration, 303.
[32] Vgl. ebd., 304.
[33] Vgl. Allen, Das neue Gesicht der Kirche.

ethnischer Gemeinschaften.[34] Selbst wenn Zuwanderung morgen radikal gestoppt würde, hat die derzeitige Situation Auswirkungen[35] über Generationen. Ethnische Gemeinschaften können sich in bestimmten soziopolitischen Kontexten zu Minoritäten verwandeln, die sich entschieden von der Mehrheitsgesellschaft abgrenzen. Sie entstehen durch das Ineinander von rassistischen, diskriminierenden und exkludierenden Zuschreibungsprozessen durch die Umwelt und reaktiven Selbstdefinitionen. Je stärker die erfahrene Ab- und Ausgrenzung, umso intensiver erfolgt die Zustimmung und Pflege der jeweiligen ethnischen Identität, ihrer Symbole und Praktiken vor der Migration. Hinzu kommen die Folgen der jahrzehntelangen Versäumnisse der Integrationspolitik und fallweise mitgebrachter Hass auf „den" Westen. Diese Identität dient dann zur Mobilisierung gegen Diskriminierung und Exklusion.

Eine der Ursachen[36] für die Entstehung ethnischer Minoritäten in Europa liegt im Zusammenfall der Arbeitsmigration mit dem Übergang zu postindustrialisierten Gesellschaften und der ersten Modernitätskrise in den 90er-Jahren. Kapitalakkumulation, wachsende internationale Mobilität, die elektronische Revolution sowie der Niedergang klassischer Industriezweige hatten die Erosion der Arbeiterklasse und die Polarisierung auf dem Arbeitsmarkt zur Folge. ArbeitsmigrantInnen waren davon zweifach betroffen, denn sie litten unter Arbeitslosigkeit *und* sozialer Diskriminierung. Zugleich wurden sie von der Politik als Ursache des Problems dargestellt. In vielen Ländern wurde Migration für politische Interessen instrumentalisiert. Soziale Segregation und das rasante Wachstum von Rassismus und Fremdenfeindlichkeit waren die Folge. Die sozioökonomischen Auswirkungen dieser Entwicklung kann man insbes. in den „Mega-Cities" bzw. *global cities* – in Europa z. B. die Millionenmetropolen in Paris und London – wahrnehmen: Sie sind die Schmelztiegel sozialer Veränderung, politischer Konflikte, aber auch kulturellen Wandels.[37] Sie lassen soziale Kluften erkennen: zwischen geschlossenen Eliten und informellen TeilzeitarbeiterInnen, zwischen reichen, gut bewachten Wohnvierteln und Innenstädten mit hoher

---

[34] Castles/Miller, The Age of Migration, 309. Diversität zeigt sich allerdings auch im Bereich von Religion, Lebensform, Geschlecht und sexueller Orientierung usw.

[35] Welche sozialen Folgen die politische Ignoranz der spezifischen Lebenssituation junger Menschen mit Migrationshintergrund hat, konnte man z. B. 2005 an den Aufständen junger Franzosen mit nordafrikanischem Hintergrund in Paris sehen, die sich gegen Diskriminierung und Arbeitslosigkeit zur Wehr gesetzt haben, vgl. Castles/Miller, The Age of Migration, 1.

[36] Vgl. zum Folgenden Castles/Miller, The Age of Migration, 310.

[37] Vgl. Doug Saunders: Arrival City, München 2011: Er bezeichnet diese Städte als *Arrival Cities*, und zeigt an vielen Beispielen, unter welchen Bedingungen Migration zum Potential werden kann, aber auch sozialen Sprengstoff birgt.

Kriminalitätsrate, zwischen demokratischen BürgerInnen und nicht doku-
mentierten NichtbürgerInnen, zwischen dominanten und minoritären
Kulturen. MigrantInnen gehören zu beiden Gruppen, sind aber mehrheitlich bei den Ausgeschlossenen zu finden. Die Gruppen benötigen einander.
Ihr Zusammentreffen kann zu kultureller Innovationsdynamik führen, birgt
aber auch das Potential für soziale Zusammenbrüche, Konflikte, Unterdrückung und Gewalt. Diese Situation lässt die Inklusions- und Exklusionsprozesse[38] einer Gesellschaft erkennen und enthüllt damit deren
Strukturen der Ungleichheit, der Benachteiligung sowie von Unrecht und
Ungerechtigkeit, die *alle* betreffen. Die ethnische Segregation ist maßgeblich
deren Folge – nicht deren Ursache.[39] Die gegenwärtige Situation konfrontiert die Gesellschaften mit den Fragen nach politischer Partizipation, kultureller Pluralität und nationaler Identität und verlangt nach der Entwicklung universaler Konzepte von *citizenship*. Wenn es nicht gelingt, Migrant-
Innen politisch teilhaben zu lassen und *citizenship* von Vorstellungen
ethnischer Homogenität und kultureller Assimilierung zu entkoppeln,
werden Demokratien destabilisiert.[40]

„Kultur“ und Ethnizität sind zu einem Marker für gesellschaftlichen
Ausschluss und infolgedessen auch zum Mechanismus des Widerstands von
Minoritäten geworden. Wenn Partizipation verweigert und stattdessen auf
Abgrenzung und Eindeutigkeit gesetzt wird, ist mit sozialen Konflikten und
Gewalt zu rechnen. Insbesondere eine sozial marginalisierte zweite und
dritte Generation kann für politische Strukturen eine massive Herausforderung werden. Nationalstaaten sind demnach gut beraten, ihre nach wie
vor unersetzlichen Aufgaben im Horizont einer „Migrations-Welt“ zu reformulieren. Mehrheitsgesellschaften könnten so ihre Vorstellungen von
sozialer Konformität verändern und mit Pluralität leben lernen. Denn
Unterschiede in Sprache, Kultur und Religion sind auch dann Realität, wenn
alle Rassismen und Diskriminierungen beseitigt wären[41] und stellen die
Frage nach dem Zusammenleben in Verschiedenheit. Wenn SozialwissenschaftlerInnen fragen: „Wie kann eine Nation definiert werden, wenn nicht
in Begriffen einer geteilten oder einzigen ethnischen Identität? Wie kann

---

[38] Vgl. Martin Kronauer: Inklusion/Exklusion. Kategorien einer kritischen Gesellschaftsanalyse
der Gegenwart, in: Ilker Ataç/Sieglinde Rosenberger (Hg.): Politik der Inklusion und Exklusion, Wien/Göttingen 2013, 21–34.

[39] Vgl. Richard Wilkinson/Kate Pickett: Gleichheit ist Glück. Warum gerechte Gesellschaften
für alle besser sind, Berlin⁴ 2012 (2009), 204 f.

[40] In Wien z. B. sind derzeit bereits 25 % der Einwohner nicht wahlberechtigt, vgl. Simon Moser:
Keine Mitbestimmung für Ausländer: Jeder vierte Wiener darf nicht wählen, in: „Der Standard“ vom 6. Oktober 2015, vgl. URL: http://derstandard.at/2000023234175/Keine-Mit
bestimmung-fuer-Auslaender-Jeder-vierte-Wiener-darf-nicht-waehlen (30.06.2017).

[41] Castles/Miller, The Age of Migration, 311.

man sich im Angesicht einer Pluralität von Kulturen und Traditionen auf gemeinsame Werte (*core values*) und Verhaltensnormen einigen?"[42], sind das zugleich „katholische" Fragen: nach dem Zusammenspiel zwischen Partikularität und Universalität, zwischen Diversität und Zusammengehörigkeit. Diese Fragen spitzen sich durch Migration nur zu, sind aber nicht von ihr verursacht und betreffen das Zusammenleben aller.

Das Entstehen von ethnischen Gemeinschaften ist außerdem der soziologische Normalfall. Das rigideste Migrationsregime kann nicht verhindern, dass sich signifikante Anteile von MigrantInnen niederlassen und ethnische Gemeinschaften bilden. Denn Migration baut auf sozialen Netzwerken auf und birgt eine unkontrollierbare Dynamik. Die Entwicklung ethnisch diverser Gesellschaften ist ein unvermeidbares Resultat.[43] Neu ist infolge vermehrter Mobilitäts- und Kommunikationsmöglichkeiten das Ausmaß der Bildung transnationaler Gemeinschaften, sogenannter Diasporagemeinden. Deren Mitglieder können zwischen mehreren Orten hin- und herreisen und Verbindungen zu ihrer Heimat aufrechterhalten. Damit haben sie sowohl im Herkunfts- als auch im Einwanderungsland Einfluss auf soziale Identitäten und politische Institutionen. Nationalstaaten sind infolgedessen mit der Frage nach Mehrfachidentitäten und –zugehörigkeiten konfrontiert. Transnationale Netzwerke verbinden Ein- und Auswanderungsgesellschaften und stiften neue Formen transnationaler Konnektivität und Kooperation. Der innovative kulturelle Austausch wird sich solcherart beschleunigen und Neues entstehen lassen.[44] Trotz zahlreicher Widerstände – Abgrenzungs-, Sicherheits- und Identitätspolitiken – differenziert sich die Menschheit aus und wächst zugleich in ihrer Verschiedenheit zusammen. Ethnische und kulturelle Diversität wird in den meisten Ländern der Erde zunehmen. Vernetzung und Pluralisierung bedingen und fördern einander.

Die sozialwissenschaftliche Erforschung dieser Phänomene ermöglicht der Theologie, Katholizität – als Verhältnis zwischen Pluralität und Einheit – besser zu verstehen. So ist eine Kultur umso dynamischer, je angemessener es ihr gelingt, die Geschichte und Tradition einer Gruppe mit der je aktuellen Situation im Migrationsprozess zu verbinden. Bedürfnisse, Erfahrungen und Interaktionen mit der sozialen Umgebung bestimmen die Qualität ethnischer Kulturen. Regressionsphänomene wie z. B. der Fundamentalismus sind aus empirischer Sicht das Resultat von Diskriminierung, Ausbeutung und Zerstörung von Identität. Die Entstehung ethnischer Ge-

---

[42] Ebd., 43.
[43] Ebd., 47.
[44] Ebd., 312.

meinschaften, die Stabilisierung von Personen- und Gruppenidentitäten und die Formierung ethnischer Minoritäten sind ein einziger Prozess, der nicht naturgesetzmäßig abläuft. Vielmehr hängt er maßgeblich von der Qualität der Interaktion mit Staat, Institutionen und der Gesellschaft sowohl des Einwanderungs- als auch des Herkunftslandes ab. Die Auswirkungen ethnischer Diversität können demnach durch vielerlei (politische, rechtliche, soziale, ökonomische) Maßnahmen gefördert oder blockiert werden. Sie werden zum Innovationspotential oder zur Bedrohung einer Gesellschaft *gemacht*. Ethnische Gemeinschaften sind gleichsam „normal", ihre Verwandlung in sich abgrenzende Minoritäten eine Reaktion auf mangelnde Partizipationsmöglichkeiten in der und Ausschluss aus der Mehrheitsgesellschaft. Was bedeuten diese Erkenntnisse für die Rolle der Kirche und Gemeinden in einer ethnisch pluralen Gesellschaft? Was bedeuten sie für das Zusammenleben (nicht nur ethnisch) verschiedener Gruppen *innerhalb* der Kirche oder in der christlichen Ökumene?

Ethnische Pluralisierung unterminiert den Mythos der Homogenität. Ohne Maßnahmen, die die Partizipation sowie die Anerkennung von Diversität von Migranten in allen Gesellschaftsbereichen fördern, werden soziale Ungleichheit, Spaltungen und Konflikte zunehmen. Umgekehrt kann ethnische Pluralisierung durch solche Maßnahmen zu einer Quelle gesellschaftlicher Erneuerung und sogar Humanisierung werden. Ein angemessenes Verständnis von Katholizität wird so der Frage nach Partizipation und Anerkennung von Diversität und den damit verbundenen sozialen, politischen und rechtlichen Rahmenbedingungen mehr Aufmerksamkeit schenken: Welches sind ihre *theologischen* Gründe? Was bedeuten die empirischen Befunde für das Innenleben der Kirche? Wenn strukturelle Anerkennung von Diversität oder rechtliche Rahmenbedingungen nachweislich darüber entscheiden, ob Pluralität Einheit und Gemeinschaft fördert oder zerstört, haben Uniformitäts- und Homogenitätsvorstellungen weder in politischen Stellungnahmen noch im Innenleben der Kirche Platz. Könnte eine migrationssensible Katholizität, die ethnische Diversität im Außen und Innen anerkennt, nicht auch mit der Vielfalt christlicher Identitäten und Zugehörigkeitsformen zum Christentum differenzierter umgehen?

2.2 Das Zeitalter der Religion

2.2.1 Globale Perspektive

Wie Migration gehört auch Religion[45] untrennbar zur Geschichte der Menschheit. Von ihrem Verschwinden ist mit Blick auf das 21. Jahrhundert keine Rede. Nach der Studie „*The Global Religious Landscape*" des *PEW-Research Center*[46] (2012) gehören 83.5 % der Menschen (5.8 Milliarden) weltweit einer religiösen Gruppe bzw. Religionsgemeinschaft an. 31.5 % sind Christen, 23.2 % Muslime, 15 % Hindus, 7.1 % Buddhisten, 5.9 % gehören Stammesreligionen und 0.8 % anderen Religionen an. 16.3 % gehören keiner religiösen Gemeinschaft an.[47] Bereits 1999 hat Peter L. Berger mit seiner These einer weltweiten „Desecularization" Phänomene eines Wiedererstarkens von Religion diagnostiziert.[48] Westeuropa erschien als der globale Ausnahmefall.[49] 2015 hat er diesen Befund bekräftigt und verweist im Kontext einer differenzierten Theorie des religiösen Pluralismus v. a. auf das globale Wachstum von Islam und charismatischem Christentum.[50]

---

[45] Ich verwende diesen Begriff als Sammelnamen für alle Formen institutionalisierter Religionen und nicht- institutionalisierter Religiosität. „Religion" ist ein analytischer Begriff, der je nach Definition heuristische Funktion hat. Religion „an sich" gibt es genau genommen gar nicht, sondern beschreibt – je nach Perspektive und Interesse – Phänomene, die als solche bezeichnet werden, z. B. konkrete Religionsgemeinschaften; Menschen, die sich Religionsgemeinschaften zugehörig fühlen; Praxisformen mit Transzendenzbezug usw.

[46] PEW-Research Center's Forum on Religion and Public Life (2012): The Global Religious Landscape, vgl. URL: http://www.pewforum.org/global-religious-landscape-exec.aspx (30.06.2017). Die Studie wurde in über 230 Ländern und Regionen durchgeführt und basiert auf mehr als 2500 Volkszählungen, Melderegistern und Umfragen auf der Basis von Selbsteinschätzung.

[47] Zu etwas anderen Ergebnissen kommt die World Religion Data Base 2010, vgl. Britannica – Academic Edition: World Religion Data Base 2010, vgl. URL: http://www.britannica.com/EBchecked/topic/1731588/Religion-Year-In-Review-2010/298437/Worldwide-Adherents-of-All-Religions (30.06.2017). Sie zählt 33 % Christen, 22.5 % Muslime, 13.6 % Hindus, 9.6 % Nicht-Religiöse (Agnostiker), 6.7 % Buddhisten, 0.2 % Juden; der Rest Stammes- und andere Religionen.

[48] Berger bezeichnete damit v. a. das Erstarken konservativer, orthodoxer und traditionalistischer Strömungen in Christentum, Islam und Judentum, das sich nicht nur auf politische Ursachen, sondern auf wachsendes religiöses Commitment zurückführen lasse und als Bewegung gegen Modernisierungs- und Säkularisierungsprozesse zu verstehen sei. Insbesondere der Islam und das evangelikale Christentum standen dabei im Zentrum seiner Aufmerksamkeit. Peter Berger Berger (ed.): The Desecularization of the World. Resurgent Religion and World Politics, Washington D. C. 1999, 6–7.

[49] Berger, The Desecularization of the World, 9.

[50] Peter L. Berger: Altäre der Moderne. Religion in pluralistischen Gesellschaften, Frankfurt am Main 2015.

Gegenwärtig gibt es weltweit Anzeichen religiöser Vitalisierung oder zumindest einer gesteigerten Aufmerksamkeit für und Bezugnahme auf Religion.[51] Die Säkularisierungsthese, der zufolge mit zunehmender Modernisierung Religion verschwinden würde, wird im Sinne einer monolinearen, geschichtsphilosophisch zwingenden Metaerzählung nur mehr von wenigen Religionssoziologen (z. B. Detlef Pollack, Steve Bruce, Ronald Inglehart) vertreten – allerdings mit durchaus plausiblen Begründungen. Säkularisierung wird differenzierter gedacht und mittels Theorien der Pluralisierung (Robert Wuthnow, Peter L. Berger), Individualisierung (Grace Davie, Danièle Hervieu-Léger) oder Kontingenz (Hans Joas) korrigiert oder ersetzt.[52] Historische und globale Vergleiche zeigen, dass Säkularisierungsprozesse plurale Formen aufweisen und sich kontingent – entlang politischer, gesellschaftlicher, sozialer und kultureller Bedingungen und „Pfade" – auf vielfältige Art mit Religion verbinden können und einander keinesfalls ausschließen müssen.[53] Säkularisierung hat verschiedene Dimensionen: Sie kann die Ausdifferenzierung und Trennung zwischen Politik und Religion, den Niedergang religiöser Überzeugungen und Praxisformen und die Privatisierung von Religion meinen.[54] Alle diese Prozesse gründen in konkreten historischen Konstellationen und müssen keinesfalls vollkommenen Religions- oder Gottesverlust nach sich ziehen. Säkularität kann eine spezifisch neuzeitliche Weltsicht bezeichnen, in der der Glaube legitimationspflichtig geworden und nur mehr eine von vielen Optionen ist.[55] In diesem Sinn

---

[51] 2005 habe ich die damit verbundenen Phänomene noch „Wiederkehr der Religion" genannt. Dies finde ich mittlerweile missverständlich, da diese Bezeichnung Linearität insinuiert und die Veränderungen nicht angemessen beschreibt, vgl. Regina Polak: Religion kehrt wieder. Handlungsoptionen in Kirche und Gesellschaft, Ostfildern 2005.

[52] Aus der Fülle der Literatur: Detlef Pollack/Gergely Rosta: Religion in der Moderne. Ein internationaler Vergleich, Frankfurt am Main 2015; Ulrich Willems/Detlef Pollack/Helene Basu/Thomas Gutmann/Ulrike Spohn (Hg.): Moderne und Religion. Kontroversen um Modernität und Säkularisierung, Bielefeld 2013; Klaus Gabriel/Christian Gärtner/Detlef Pollack (Hg.): Umstrittene Säkularisierung: soziologische und historische Analysen zur Differenzierung von Religion und Politik, Berlin 2012; Grace Davie et al.: Welfare and Religion in 21st century Europe. Volume 1: Configuring the Connections, Ashgate 2010; Volume 2: Gendered, Religious and Social Change, Ashgate 2011; Steve Bruce: Secularization: In Defence of an Unfashionable Theory, Oxford 2011; Hans Joas: Glaube als Option. Zukunftsmöglichkeiten des Christentums, Freiburg 2012; Ders./Klaus Wiegandt (Hg.): Säkularisierung und die Weltreligionen, Frankfurt am Main 2007, Roland Inglehart/Pippa Norris: Sacred and Secular: Religion and Politics worldwide, Cambridge 2005; Robert Wuthnow: America and the Challenges of religious Diversity, Princeton 2005; Danièle Hervieu-Léger: Pilger und Konvertiten. Religion in Bewegung, Würzburg 2004 (1999); Detlef Pollack: Säkularisierung – ein moderner Mythos? Studien zum religiösen Wandel in Deutschland, Tübingen 2003.

[53] Joas/Wiegandt, Säkularisierung und die Weltreligionen.

[54] José Casanova: Public Religion in the Modern world, Chicago 1994.

[55] Charles Taylor: Ein säkulares Zeitalter, Frankfurt am Main 2009 (2007).

müssen Religion und Säkularität einander keinesfalls ausschließen. Vielmehr lassen sich in zeitgenössischen modernen Gesellschaften auf individueller wie kollektiver Ebene „nicht-vollständige", „partikular säkularisierte"[56] Identitäten erkennen: Selbstverständnisse, die sich durch Brüche, Widersprüche, Nicht-Totalität, „Leer-Plätze" ebenso auszeichnen wie durch die Verbindung religiöser und säkularer Elemente.

Europa ist somit zwar säkularisiert, aber keinesfalls religionslos.[57] Es ist vielmehr von zahlreichen pluralen religiösen Traditionen gekennzeichnet. Freilich zeigt sich in einzelnen Regionen – Skandinavien, Frankreich, Großbritannien, den Niederlanden, Tschechien und Ostdeutschland – ein radikaler Zusammenbruch traditioneller religiöser Praxis und ein kontinuierliches Wachstum a-religiöser und atheistischer Selbstverständnisse. Aber selbst in diesen Ländern gibt es Menschen, die einer Religionsgemeinschaft angehören oder zumindest gelegentlich, individuell und kollektiv, an religiösen Praktiken teilnehmen. Relativ konstant über 20 Jahre bezeichnen sich zwei Drittel der europäischen Bevölkerung als „religiös". Auch wenn sich damit verschiedene Bedeutungen verbinden, kann von einem radikalen Bedeutungsverlust von Religion nicht gesprochen werden. Es sind die traditionellen Formen religiöser Praxis wie Kirchgang und Gebet, die zurück gehen. Religiosität und Gottesglaube sind von diesen Entwicklungen zwar betroffen, bleiben aber auf vergleichsweise stabilem Niveau. Dies gilt auch für konfessionelle Selbstverständnisse, die nach wie vor einen dominanten Einfluss auf Werteinstellungen in allen anderen Bereichen haben. Säkularismus als radikale Ablehnung jeglicher Form von Religion scheint jedenfalls das Phänomen einer gesellschaftlichen Elite[58] zu sein. Im Zuge der wieder erstarkenden Wahrnehmung von Religion als gewaltgenerierendes politisches Problem wird sich dieser aber vermutlich gesellschaftlich weiter verbreiten. Auch Migration wird diese religiöse Landschaft nachhaltig verändern, v.a. pluralisieren. Dies spiegelt sich freilich in den Studien bis dato zu wenig, weil MigrantInnen nicht repräsentativ erfasst werden. Mit einem signifikanten Wachstum des Christentums in Europa ist

---

[56] Vgl. Isolde Charim: Die jüdische Erfahrung. Diaspora und Europa, in: Kurt Appel/Isabella Guanzini/Angelika Walser (Hg.): Europa mit oder ohne Religion? Der Beitrag der Religion zum gegenwärtigen und künftigen Europa, Reihe: Religion and Transformation in Contemporary European Society 8, Wien 2014.

[57] Vgl. zum Folgenden Regina Polak/Christoph Schachinger: Stabil in Veränderung: Konfessionsnahe Religiosität in Europa, in: Regina Polak (Hg.): Zukunft. Werte. Europa. Die Europäische Wertestudie 1990–2010: Österreich im Vergleich, Wien u.a. 2011, 191–222.

[58] Berger, The Desecularization of the World, 10; José Casanova: Einwanderung und der neue religiöse Pluralismus. Ein Vergleich zwischen der EU und den USA, in: Leviathan (34) 2006, 182–207, 184.

allerdings nicht zu rechnen.[59] Ob Menschen in einem theologischen Sinn gläubig sind, lässt sich mittels soziologischer Studien ohnedies nicht überprüfen.

Religion in Europa ist von gravierenden Transformationsprozessen betroffen, mit einem rasanten Umbruch im institutionell-strukturellen Bereich sowie mit einem empirisch wenig erforschten Bedeutungswandel. Die Globalisierung fördert auch die Entgrenzung und Konnektivität, die Pluralisierung und Diversifizierung von Religion. Kirchen, Religionsgemeinschaften und religiöse Menschen können und müssen sich im Horizont globaler Transformationsprozesse in Wirtschaft und Politik, Wissenschaft und Kultur, Gesellschaft und Bildung selbst neu verstehen und institutionalisieren lernen. So lassen sich in allen Kirchen und Religionsgemeinschaften und deren Institutionen innovative Reformprozesse[60] wahrnehmen. Wo die kreative Weiterentwicklung im Kontext der Gegenwart nicht gelingt, führen Verunsicherungen und Ängste, Kämpfe um Macht und Orientierungskrisen zum Erstarken traditionalistischer sowie fundamentalistischer Strömungen in allen Religionen. Weltweit wachsen diese derzeit in weitaus stärkerem Ausmaß[61] als es den Religionen gelingt, sich zu transformieren. Als Reaktion auf die Herausforderungen lässt sich die Forcierung von Identitätspolitiken beobachten, die das jeweilige eigene Profil durch Ab- und Ausgrenzung von den „Anderen" stärker betonen. So entstehen neue Konfliktzonen zwischen Religionen, aber auch zwischen Religion und Gesellschaft. Religion, v. a. der Islam, wird zudem auch politisiert und benützt, um soziale Probleme und deren politische Ursachen zu verschleiern. Dies wird nicht zuletzt auch infolge gewaltförmiger und fundamentalistischer Islam-Interpretationen durch den politischen Islamismus und Dschihadismus begünstigt und erzeugt eine komplexe Gemengelage. Auch die Restaurations-Politik[62] der katholischen Kirchenleitung vor Papst

---

[59] Joas, Glaube als Option, 185 ff.

[60] Z. B. in den Orden, in kirchlichen Bildungs- und Krankenhäusern, im Religionsunterricht und den Ausbildungsstätten aller Konfessionen und Religionen, in der Institutionalisierung islamischer Theologie an europäischen Universitäten, uvm. Im öffentlichen Diskurs und in der Wissenschaft sind diese Entwicklungen aber viel zu wenig erforscht und präsent. Es dominiert der Problemdiskurs über Religion. Vgl. auch Regina Polak/Wolfram Reiss (Hg.): Religion im Wandel. Transformationsprozesse religiöser Gemeinschaften in Europa durch Migration – Interdisziplinäre Perspektiven. Reihe: Religion and Transformation in Contemporary European Society 9, Wien 2014.

[61] Vgl. Martin Riesebrodt: Die Rückkehr der Religionen. Fundamentalismus und der „Kampf der Kulturen", München² 2001.

[62] Vgl. Gmainer-Pranzl 2013, 113 ff. beschreibt diese als Tendenz, auf gesellschaftliche Veränderung durch kulturkritische Apologetik und Stärkung der Binnenidentität zu reagieren, die mit dem Katholizismus des 19. Jahrhunderts gleichgesetzt wird. Erkennbar wird sie u. a. im Streit um die Konzilshermeneutik, in liturgischen Veränderungen (z. B. die Veränderung im

Franziskus kann verstanden werden als Abwehr-Reaktion auf gesellschaftliche Transformation und grundsätzliche Verweigerung, die Veränderungen theologisch zu würdigen.

Religion hat nach wie vor einen maßgeblichen Einfluss im und auf das Leben der Menschen in Europa. Es entwickeln sich religiöse Erfahrungsweisen und Denkformen, die Säkularität und Religionskritik, Mehrfachzugehörigkeiten oder Integration verschiedener Traditionen in die eigene Religion keinesfalls ausschließen. Menschen experimentieren mit Praxisformen verschiedener religiöser Traditionen. Sie lassen sich nicht mehr von religiösen Institutionen formatieren, sondern erheben den Anspruch auf authentische Erfahrung. So kann man im religiösen Feld auch einen ungeheuer „vitalen Glauben" wahrnehmen, der sich der „symbolischen Bevormundung durch die großen religiösen Institutionen"[63] entzieht. Diese Phänomene sind quantitativ zwar nicht zu überschätzen, aber verdichteter Ausdruck einer tiefgreifenden qualitativen Veränderung des religiösen Feldes. Unterschätzt werden darf freilich auch nicht die „sakrophage" Dimension der Gegenwart, die Religion um ihrer Wirkung – z. B. der Sinnstiftung willen – benützt und durch diese Funktionalisierung zu beseitigen droht.[64]

Welche theologische Bedeutung haben diese Transformationen von Religion für Katholizität, die davon ausgeht, dass sich Gott immer im Konkreten und auf vielfältige Weise zeigt? Wie lässt sich in dieser Vielfalt der „wahre Gott" der biblischen Offenbarung wahrnehmen und erkennen? Welche Rolle kann bei diesen Prozessen die Kirche als Institution spielen? Wäre eine *katholische* Kirche nicht eine, die sich als Lerngemeinschaft dieser Transformation aussetzt und die vorfindbaren Entwicklungen mit den biblischen und kirchlichen Traditionen in ein kritisches Gespräch bringt? Eine Institution, in der Vielfalt anerkannt und gemeinsam nach der Wahrheit in dieser Vielfalt gesucht und gefragt wird?

---

eucharistischen Hochgebet: („für viele", nicht mehr „für alle" hingegeben), in Ernennung von Bischöfen, die diözesan „Ordnung schaffen" sollen, im wieder aufgenommenen Dialog mit den Pius-Brüdern usw. Mit Papst Franziskus hat aber 2013 eine umfassende Kirchenreform begonnen, die auf Öffnung und Dialog setzt.

[63] Danièle Hervieu-Léger: Religion und sozialer Zusammenhalt in Europa, in: Krzystof Michalski (Hg.): Woran glaubt Europa? Religion und politische Kultur im neuen Europa, Wien 2007, 81–99, 83.

[64] Vgl. dazu die entsprechenden kritischen Analysen zur Ambivalenz der Wiederkehr der Religion von Hans-Joachim Höhn. Auf der Basis der von ihm in Anschluss an Ulrich Beck entwickelten Theorie „reflexiver Säkularisierung" beschreibt er die Dialektik zwischen „sakrophiler" und „sakrophager" Spätmoderne: „Am Religiösen ist man interessiert wegen seiner sinnstiftenden Wirkungen, um die man es zugleich bringt.", vgl. Hans-Joachim Höhn: Gewinnwarnung. Religion nach ihrer Wiederkehr, Paderborn 2015, 41.

Mit 9/11 ist Religion auch wieder ein weltpolitischer Faktor. So gilt Religion (spätestens) seither in Europa, genauer: in der Europäischen Union, primär als politisches und gesellschaftliches Problem. Insbesondere die Religion, die (v. a. muslimische) MigrantInnen mitbringen, wird als Bedrohung eines lokal begrenzten religiösen Pluralismus und vor allem der Säkularisierung wahrgenommen.[65] Übersehen wird dabei allerdings (noch), dass die Rebellionen im arabischen Raum – auch wenn diese vorläufig gescheitert scheinen – diese eindimensionale Sicht auf Religion konterkarieren. Auch im Untergrund der arabischen Gesellschaften haben längst religionskritische und säkularisierende Prozesse begonnen.

Wie kann in diesem komplexen und widersprüchlichen sozioreligiösen Horizont ein zeitgerechtes Verständnis von Katholizität entwickelt werden? Restauration, Abgrenzung und Profilbildung werden nicht in die Zukunft führen. Die Skandale in den eigenen Reihen (Missbrauch, Korruption) müssen bearbeitet werden. Zugleich birgt aber gerade das Modell der Katholizität ungeahnte Ressourcen einer vertiefenden spirituellen Erneuerung von Christentum und Kirche in einer religiös pluralen, sich globalisierenden Welt.

2.2.2 Religion und Migration

Migration spielt in den Transformationsprozessen von Religion eine zentrale Rolle. Sie verändert lokal, regional und global religiöse Landschaften.[66] Die Mehrheit der internationalen MigrantInnen trägt Religion im Gepäck: 49 % sind Christen, 27 % Muslime, die übrigen 14 % sind Hindus, Buddhisten, Juden sowie Angehörige anderer Religionen; nur 9 % sind ohne religiöse Zugehörigkeit.[67] Vier von zehn Migranten wandern in ein Land aus, in dem die Mehrheitsreligion des Aufnahmelandes eine andere ist als die des Geburtslandes.[68] Für religiöse Durchmischung ist so gesorgt – auch in Europa. Innerhalb der Europäischen Union sind 56 % der Migranten Christen (26 Mio. Menschen), 27 % Muslime (13 Mio. Menschen), 2 % Buddhisten und Hindus, 1 % Juden, 4 % gehören einer anderen und 10 % keiner Religion

[65] Zum Vergleich des Religions-Diskurses in der EU und in den USA, vgl. Casanova, Einwanderung und der neue religiöse Pluralismus.

[66] Martin Baumann: Migration and Religion, in: Peter B. Clarke/Peter Beyer (eds.): The World's Religions. Continuities and Transformations, London u. a. 2009, 338–353.

[67] PEW-Research Center's Forum on Religion and Public Life (2012): Faith on the Move: The Religious Affiliation of International Migrants, vgl. URL: http://www.pewforum.org/2012/03/08/religious-migration-exec/ (30.06.2017).

[68] Vgl. Human Development Report: Overcoming barriers. Human mobility and development, published for the United Nations Development Programme (UNDP), Hampshire/New York 2009, 21–22.

an. Exkludiert man die Binnenmigration in der EU, sind immer noch 42 % der Einwanderer Christen, 39 % Muslime, 3 % Buddhisten, 2 % Hindus, 2 % Juden, 4 % gehören anderen Religionen und nur 8 % gar keiner Religion an.[69] ChristInnen unterschiedlichster Konfessionen und Denominationen machen jedenfalls in jeder Hinsicht die Mehrheit aus.

Robert Schreiter formuliert drei spezifische Herausforderungen[70], die sich mit der Migration von Religion verbinden:

- *Neue religiöse Strukturen* entwickeln sich innerhalb der Länder. Spätestens die Kinder der Zuwanderer beginnen, religiöse Communities, Vereine, Gebäude, Institutionen zu gründen und beanspruchen öffentlichen Raum und Anerkennung. Damit ist das Religionsrecht herausgefordert. Neuartige Formen von Interreligiosität und –kulturalität entstehen. Aber vielerorts reagieren Einheimische mit religiös „argumentierender" Fremdenfeindlichkeit bzw. Rassismus. Am deutlichsten sichtbar wird dies im Umgang mit dem Islam in Europa, der als „nicht europäisch" benannt wird. Dabei war der Islam auf der iberischen Halbinsel sieben Jahrhunderte in Europa präsent und ist im Südosten Europas seit 600 Jahren bis in die Gegenwart anzutreffen. In Nord- und Westeuropa wird er gegenwärtig zur Herausforderung.
- *Migration konfrontiert mit Formen von Religiosität und Praktiken, die man v. a. in Westeuropa für vergangen hielt.* Einwanderer praktizieren ihre Religiosität im Aufnahmeland meistens intensiver als im Herkunftsland. Religion erweist sich für viele als stabilisierendes Element im Migrationsprozess; der Rückgriff auf sie ist aber auch Reaktion auf Exklusionserfahrungen zum Schutz der eigenen Identität. Insbesondere Pfingstkirchen und Kirchen afrikanischen Ursprungs – ob in Birmingham, Rotterdam oder Kopenhagen – lösen bei der ansässigen Bevölkerung ambivalente Gefühle aus weil diese dadurch nicht nur an die eigene religiöse Vergangenheit, sondern auch an die koloniale Vergangenheit[71] erinnert werden, die man zu vergessen trachtet. Flüchtlinge und arme Zuwanderer erinnern die Europäer an „einen unappetitlichen Teil ihrer Vergangenheit"[72]. Vielfach erzeugt dies Abwehr.
- *Migration lässt neue, hybride Formen von Religiosität entstehen.* So leiten europaweit ausländische Priester Gottesdienste in einheimischen Ge-

---

[69] PEW-Research Center's Forum on Religion and Public Life (2012): Faith on the Move: The Religious Affiliation of International Migrants.

[70] Vgl. Robert Schreiter: Katholizität als Rahmen für Nachdenken über Migration, in: Concilium 44 (2008), 537–550, 538–539 (Ergänzungen RP).

[71] Gilt das analog nicht auch für Wien, wenn es mit polnischen KatholikInnen konfrontiert ist und dabei an den Habsburger „Kolonialismus" erinnert wird?

[72] Schreiter, Katholizität als Rahmen für Nachdenken über Migration, 539.

meinden, neue Praxisformen entstehen[73], Migrantenreligion wird von unterdrückten oder elitären ansässigen Minoritäten zur Ausbildung neuer Identitäten übernommen. Migration macht es notwendig, Religion im globalen Kontext wahrzunehmen und zu reflektieren.

Religion und Migration teilen ein Schicksal: Sie werden in Europa primär als „Fremde", als Störung, als Konfliktpotential und Problem wahrgenommen. Im besten Fall sollen sie daher „integriert" werden, schlimmstenfalls grenzt man sie ob vermeintlicher Unvereinbarkeit mit der Moderne aus.[74]

In diesem Kontext ist die Versuchung groß, Katholizität qua Abgrenzung zu definieren. Demgegenüber plädiere ich dafür, offensiv und selbstkritisch das Potential von Migration und Religion freizulegen und zu fördern. Damit meine ich keine einseitige Instrumentalisierung von MigrantInnen, um ungläubige EuropäerInnen wieder zu bekehren. Es geht um die Inszenierung wechselseitiger Lernprozesse zwischen Gläubigen mit und ohne Migrationsgeschichte.[75] Schließlich wäre auch die Rolle zu reflektieren, die Kirche und Christentum im Zuge der Kolonialisierung gespielt haben. Weil der Frage nach dem Zusammenleben mit MuslimInnen in Europa eine Schüsselstellung zukommt, bedeutet zeitgerechte Katholizität weiters Solidarität mit diesen – als Basis der damit zugleich verbundenen und zu führenden Konflikte. Auffällig ist übrigens, wie sehr der anti-islamische Diskurs dem anti-katholischen Diskurs des 19. Jahrhunderts ähnelt.[76] In beiden Fällen geht bzw. ging es um die Verhältnisbestimmung zwischen Religion und Moderne. So gehört zur Entwicklung einer zeitgerechten Katholizität auch die Auseinandersetzung mit dem Selbstverständnis von Zeit und Gesellschaft.[77]

---

[73] Benedikt Kranemann: Liturgie und Migration: die Bedeutung von Liturgie und Frömmigkeit bei der Integration von Migranten im deutschsprachigen Raum, Stuttgart 2012; Baumann, Religion and Migration; Martin Baumann/Christoph Peter: Religionen in Basel-Stadt und Basel-Landschaft. Projekt „Führer durch das religiöse Basel", Basel 2000.

[74] José Casanova: Europas Angst vor der Religion, Berlin 2009, 12: Laut ISSP 1998 halten zwei Drittel der Europäer Religion für „intolerant"; außer in Norwegen und Schweden gilt für eine Mehrheit, dass „Religion Konflikte erzeugt".

[75] Modelle dafür z. B. Karl Gabriel/Stefan Leibold/Rainer Ackermann: Die Situation ausländischer Priester in Deutschland, Ostfildern 2011; Monika Scheidler: Interkulturelles Lernen in der Gemeinde: Analysen und Orientierungen zur Katechese unter Bedingungen kultureller Differenz, Ostfildern 2002.

[76] Casanova, Europas Angst vor der Religion, 32–99.

[77] Die Katholische Kirche hat im 19. Jahrhundert auf die Moderne abwehrend reagiert, aber spätestens mit dem Zweiten Vatikanischen Konzil von diesem Konflikt profitiert und ihr Verhältnis zur Welt neu geklärt (vgl. Gaudium et Spes).

2.2.3 Globales Diaspora-Christentum

Aus globaler Perspektive besteht kein Grund, am Überleben des Christentums zu zweifeln. Mit 2.2 Milliarden Menschen (mehr als die Hälfte davon konfessionell-katholisch) im Jahr 2010 ist es nicht nur die größte aller Weltreligionen, es hat sich seit 1910 mit 600 Millionen Menschen sogar fast vervierfacht. Derzeit wächst es insbesondere in Afrika und Asien. Gleichzeitig lassen sich weltweit umfassende Transformationsprozesse wahrnehmen.[78] Man kann von „Christentümern in Zeiten der Globalisierung"[79] sprechen. Die „Tertiaterranität"[80] ist eines der wesentlichen zeitgenössischen Merkmale des Christentums. Machten die Europäer um die Jahrhundertwende noch in etwa die Hälfte des Weltchristentums aus, so liegt ihr Anteil derzeit bei knapp 26 %.[81] Der prozentual größere Anteil lebt in Afrika, Asien und Lateinamerika und wächst kontinuierlich, wenn auch kontinental und regional sehr verschieden. Diese Entwicklung erklärt sich zum einen demographisch, aber insbesondere in Afrika durch Erwachsenen-Konversionen.[82] Vor allem lässt sie sich auf die rasante Zunahme der Pfingstkirchen und charismatischen Bewegungen zurückführen, die rascher wachsen als die etablierten Kirchen.[83] Auch innerhalb der Großkirchen gewinnen diese Gruppen an Bedeutung.[84] Die Mehrheit der ChristInnen weltweit lebt in der südlichen Hemisphäre. In der Katholischen Kirche zeigt sich dieselbe Entwicklung.[85] Damit aber stellt sich die Frage nach Katholizität im Horizont von Armut. Ökonomische, soziale, generationale und mit Blick auf den Klimawandel auch ökologische Gerechtigkeit sind somit wesentliche Dimensionen von Katholizität.

Dem europäischen Christentum kommt aus historischen Gründen in dieser Situation eine besondere Rolle zu, zumal die Großkirchen in Europa

---

[78] Vgl. Norbert Mette: Crossroads – Eine Herausforderung für die katholische (Pastoral) Theologie und Pastoral, in: Arnd Bünker/Eva Munanjohl/Ludger Weckel/Thomas Suermann (Hg.): Gerechtigkeit und Pfingsten. Viele Christentümer und die Aufgabe einer Missionswissenschaft, Ostfildern 2010, 199–208; Philip Jenkins: Die Zukunft des Christentums. Eine Analyse zur weltweiten Entwicklung im 21. Jahrhundert, New York 2006 (2002) ; Joas, Glaube als Option.

[79] Giancarlo Collet: Gemeinsam das Evangelium verkünden, in: Bünker/Mundanjohl/Weckel/Suermann (Hg.): Gerechtigkeit und Pfingsten, 244.

[80] Giancarlo Collet: Gemeinsam das Evangelium verkünden, in: Bünker/Mundanjohl/Weckel/Suermann (Hg.): Gerechtigkeit und Pfingsten 219–242, 223. Der Begriff stammt von Hans Margull.

[81] Ebd.

[82] Ebd.

[83] Mette, Crossroads, 199.

[84] Ebd., 200.

[85] Allen, Das neue Gesicht der Kirche.

immer noch reich sind. Da diese aber mit massiven Erosionsprozessen konfrontiert sind, neigen sie zu Migrationsblindheit innerhalb der eigenen Gläubigen und ignorieren die globalen Entwicklungen des Weltchristentums.[86] In Europa spricht man vom Ende der Konstantinischen Ära der Kirchen. Dieser Abschied ist mit Widerstand und Schmerz verbunden. Ob und welche Zukunft das Christentum in Europa hat, hängt maßgeblich von seiner Fähigkeit zur Erneuerung und zum Gestaltwandel ab: d. h. wie es im Horizont der Gegenwart seine Traditionen aus dem Glauben neu erschließen kann. Im offiziellen Diskurs der Katholischen Kirche in Europa dominiert derzeit ein defizitorientierter Diskurs, der für sich selbst und Europa keine gute Zukunft erkennt. Dieser Rückzug wird zum Teil aktiv zelebriert und theologisch überhöht – z. B. mit Vorstellungen der kleinen, elitären Herde oder dem biblischen „heiligen" Rest inmitten einer gottfernen Welt. Demgegenüber könnte das Modell der Diaspora Anknüpfungspunkte[87] bieten, das Potential einer soziologisch minoritären Situation auch theologisch angemessener wahrzunehmen und fruchtbar werden zu lassen. „Diaspora" – ein genuin jüdischer Begriff, mittlerweile auch ein religionswissenschaftliches und soziologisches Konzept[88] – birgt für Katholizität viele Anregungen. Diaspora ist eng mit Migrationserfahrung verbunden und hat sich historisch immer wieder als erkenntnistheoretisch ertragreicher Ort erwiesen.

Migration transformiert die christliche Landschaft in Europa. So leben große Gruppen evangelischer Christen in Italien oder Irland, Katholiken in Schweden, Orthodoxe in Frankreich und Österreich.[89] Brachen im 19. Jahrhundert zahlreiche ChristInnen vom Norden der Welt in deren Süden auf, um dort missionarisch zu wirken, dynamisieren gegenwärtig Menschen aus dem Süden die Pluralisierung der christlichen Landschaft in Europa. Christliche Migrationsgemeinden, die sich zum katholischen, evangelischen, orthodoxen, methodistischen oder adventistischen Glauben

---

[86] Mette, Crossroads, 200.

[87] Wie es die Evangelische Kirche in Österreich schon seit langem denkt und verwirklicht, vgl. Wilhelm Dantine (hg. von Michael Bünker): Protestantisches Abenteuer: Beiträge zur Standortbestimmung der evangelischen Kirche in der Diaspora Europas, Innsbruck/Wien/Göttingen 2001; Michael Bünker: Einheit in versöhnter Verschiedenheit. Evangelische Erfahrungen in Migration und Diaspora als Aufgabe der Kirche, in: Regina Polak/Wolfram Reiss (Hg.): Religion im Wandel. Transformationsprozesse religiöser Gemeinschaften in Europa durch Migration – Interdisziplinäre Perspektiven. Reihe: Religion and Transformation in Contemporary European Society 9, Wien 2014, 205–228.

[88] Vgl. Ulrich Dehn/Klaus Hock: „Mein Vater war ein heimatloser Aramäer." Religionswissenschaftliche und theologische Anmerkungen zum Thema Migration, in: Zeitschrift für Mission 1–2 (2005), 99–114, 104–107; Baumann, Religion and Migration, 350 ff.

[89] Collet, Gemeinsam das Evangelium verkünden, 246.

bekennen[90], finden sich heute in allen großen europäischen Städten. In London und Hamburg bilden ChristInnen mit Migrationshintergrund mittlerweile sogar die Mehrheit.[91] Diese Gemeinden können multi- oder monokonfessionell sein.[92] Auch innerhalb ein und derselben Kirche sind MigrationschristInnen zwischenzeitlich in vielen Städten eine zwar vielfach übersehene, aber quantitativ und qualitativ relevante Minorität. Parallel zur Struktur der Mehrheitskirche und großteils unverbunden im Abseits – so z. B. in der Katholischen Kirche Mitteleuropas – gibt es eine Fülle andderssprachiger Migrationsgemeinden – für binneneuropäische Sprachgruppen, für Menschen aus Afrika, Lateinamerika und Asien, Ukrainer und Rumänen des byzantinischen Ritus, Russen des slawischen Ritus, Inder des syro-malabarischen und syro-malankarischen Ritus, syrisch-unierte Katholiken oder chaldäische Katholiken aus dem Irak.[93] Christliche Migration verändert so sowohl Auswanderungs- als auch Einwanderungsländer. Man kann von einer „Enteuropäisierung"[94] des europäischen Christentums sprechen. Das unverbundene Nebeneinander dieser Gruppen, die mangelnde Kommunikation sowie Kooperation der Gruppen untereinander und mit der Mehrheitskirche vor Ort sowie die angemessene Repräsentanz und Partizipation in dieser sind besondere Herausforderungen für Katholizität[95] und Ökumene.

Ungezählte neue „postkonfessionell geprägte Migrationskirchen"[96], weitgehend pentekostaler und charismatischer Provenienz, tragen ebenfalls zur Transformation der religiösen Landschaft Europas bei. Diese organisieren sich großteils selbständig und distanziert von den etablierten Kir-

---

[90] Ebd.; Claudia Währisch-Oblau: Migrationskirchen in Deutschland. Überlegungen zur strukturierten Beschreibung eines komplexen Phänomens, in: Zeitschrift für Mission 1–2 (2005), 19–39.

[91] Vgl. Arnd Bünker: Migrationsgemeinden als Sehhilfe. Überlegungen zur veränderten Realität des Christlichen in Mitteleuropa, in: Gottfried Bitter/Martina Blasberg-Kuhnke (Hg.): Religion und Bildung in Kirche und Gesellschaft. FS Norbert Mette, Würzburg 2011, 85–92.

[92] Collet, Gemeinsam das Evangelium verkünden, 247.

[93] Bünker, Migrationsgemeinden als Sehhilfe, 85 ff.

[94] Collet, Gemeinsam das Evangelium verkünden, 243.

[95] Mariano Delgado: Lebendige Katholizität gestalten. Auf dem Weg zu einem Miteinander von einheimischen und zugewanderten Katholiken, in: Stimmen der Zeit 218 (2000), 595–608, 597. Er beklagt dieses Nebeneinander zu Recht als „unkatholisch" und kritisiert vor allem die Abgeschlossenheit der ethnischen katholischen Gemeinden, insbes. in deren Auswirkung auf die zweite und dritte Generation. Er übersieht aber die Ursachen für deren Entstehung: Eine Minderheit kann sich immer nur soweit integrieren, als die Mehrheit ihr Teilhabe ermöglicht. Die Mehrheitskirche ist allerdings in der Regel blind für ihre Binnenpluralität und nicht immer sensibel und differenziert im Umgang mit Unterschieden. Muttersprachliche Gemeinden oder nationale Missionen müssen per se kein Problem sein, entscheidend ist die Frage der Partizipation in der Gesamtkirche.

[96] Bünker, Migrationsgemeinden als Sehhilfe, 86.

ch.en.[97] Angesichts der zunehmenden Pluralität bleibt die Frage offen, ob es inmitten dieser vielen Minoritäten überhaupt noch ein Mehrheitschristentum gibt.[98] Die Tatsache, dass nicht alle MigrationschristInnen „gleich" sind, forciert die Komplexität. Sie haben verschiedene Bildungsgrade oder soziale Herkünfte – wie eben auch die Mehrheitsbevölkerung. Sie finden sich quer durch Kirchen und Christentümer in allen Milieus wieder.

Zeitgerechte Katholizität verlangt nach ausgeprägter Kontextsensibilität und Differenz(ierungs)fähigkeit. Die „katholische" Kernfrage scheint aber die nach der theologischen Bedeutung der Pluriformität des Christentums zu sein: Wie sind all diese Unterschiede zu interpretieren, mit denen ChristInnen einander konfrontieren? Wird diese Frage nach innen nicht reflektiert, wird sie auch außen kaum zu klären sein. Migration forciert die Frage nach den „anderen Christentümern" und deren theologischer Relevanz: Für das Christentum in allen Spielarten ist das ein „katholischer" Testfall.

Im 21. Jahrhundert kann keine einzige Region mehr von sich behaupten, „*das* Zentrum" des Christentums zu sein. So leben in Europa geschätzte 25.7 %, in Nordamerika 12.3 %, in Lateinamerika 24.4 %, in Afrika 23.8 % und in Asien 13.,2 % der Christen weltweit.[99] Nur das Judentum weist eine ähnliche globale Zerstreuung – Diaspora – auf wie das Christentum.[100] Diaspora wird die Situation des Christentums auch in Europa. Für Katholizität birgt diese Situation neue Aufgaben. Nach *innen,* d. h. für die Christenheit, formuliert sie Collet theologisch folgendermaßen: „Die Kirchen werden damit vor ökumenische Herausforderungen gestellt, wie sie es denn mit der Vision von der *einen* Gemeinschaft in Christus, mit der 'Einheit in versöhnter Verschiedenheit' und der 'Bewohnbarmachung der ganzen Erde für alle Menschen' halten."[101] Was die globale christliche Diaspora theologisch nach *außen* für die Ökumene der Welt und der Religionen bedeutet, ist als Frage wahrscheinlich noch nicht einmal formu-

---

[97] Zu ihrer Beschreibung: Bünker, Migrationsgemeinden als Sehhilfe, 88. So glauben sie an Mächte und Dämonen, haben andere Vorstellungen von Gott und Welt und stehen oft im diametralen Gegensatz zu aufgeklärter Religiosität. Empirisch und theologisch sind sie kaum erforscht. „Gemeinsamer Nenner" dieser Christentümer ist oftmals nur die Bibel bzw. die „Jesus-Story".

[98] Ebd., 89.

[99] PEW-Research Center's Forum on Religion and Public Life (2012): The Global Religious Landscape.

[100] Wobei das Judentum auch mehrheitlich als gesellschaftliche Minorität lebt: 74 % der Christen, 41 % der Juden leben als gesellschaftliche Mehrheit, vgl. ebd.

[101] Collet, Gemeinsam das Evangelium verkünden, 248.

lierbar. Das Phänomen Migration radikalisiert diese Herausforderungen und enthüllt eine grassierende „ökumenische Amnesie"[102].

Dabei gehört die Pluralität von Christentümern von Beginn an zur Geschichte des Christentums. Eine „interkulturelle Geschichte des Christentums"[103] zeigt dessen polyzentrische Entfaltung. Es hat sich nicht im Rahmen einer linearen Expansionsgeschichte über die ganze Welt ausgedehnt, sondern ist eine „Geschichte vielfach ineinander verstrickter Kontexte, deren gemeinsamer Bezugspunkt nur über Brüche und Ungleichzeitigkeiten hinweg erkannt werden kann."[104] „Ökumenische Amnesie" gehört allerdings ebenso von Anfang an zur Geschichte des Christentums[105] – und damit auch vergessene Christentümer wie einst das palästinensische oder äthiopische Christentum oder gegenwärtig die evangelikalen, pentekostalen, charismatischen Bewegungen, die per se als religiös bzw. politisch reaktionär gelten. Neu ist freilich die Globalität der Situation. Der katholische Theologe Karl Rahner hat dies bereits 1961 vorhergesehen und von der „planetarischen Diaspora" als „heilsgeschichtlichem Muss"[106] gesprochen. Worin dieses „Muss" besteht, wird sich u. a. im Kontext von Migration erweisen.

2.3 Zeitalter der Menschenfeindlichkeit?

Migration kann Innovation und Kreativität in allen menschlichen Bereichen fördern. Dieses Potential erschließt sich allerdings nicht automatisch. Menschen, Gesellschaften und Staaten greifen gegenwärtig auf Denk- und Verhaltensweisen zurück, die ich als Menschenhass[107] bezeichne, weil sie sich gegen Menschen richten: Antisemitismus und antimuslimischer Rassismus und Fremdenfeindlichkeit[108] sind zwar verschiedene Phänomene,

---

[102] Hock, Passions-Feier, 29. Er beschreibt damit die Situation der innerchristlichen Ökumene. Aber auch die Ökumene der Welt und der Religionen ist m. E. überaus fragil.

[103] Ebd., 19.

[104] Ebd., 31.

[105] Ebd., 32.

[106] Karl Rahner: Theologische Deutung der Position des Christen in der modernen Welt, in: Karl Rahner: Sendung und Gnade. Beiträge zur Pastoraltheologie, Innsbruck/Wien/München 1961, 13–47.

[107] Ähnlich auch Heitmeyer (Hg.), Deutsche Zustände, 2002–2011: Er spricht von „gruppenbezogener Menschenfeindlichkeit", vgl. Wilhelm Heitmeyer: Deutsche Zustände. 11 Bände, Frankfurt am Main 2002–2011.

[108] In der amerikanischen Sozialwissenschaft subsumiert man diese Phänomene unter dem Begriff „Rassismus" und konstatiert für Europa die Weigerung, diesen Begriff zu verwenden, insbesondere in Deutschland und Frankreich. Rassismus bedeutet, dass Menschen aufgrund ihrer Hautfarbe, ihrer Herkunft, neuerdings ihrer „Kultur" bestimmte Eigenschaften oder Verhaltensweisen zugeschrieben werden, vgl. Castles/Miller, The Age of Migration, 37.

lassen ihre Gemeinsamkeit aber darin erkennen, dass Menschen in Zeiten krisenhafter Transformationsprozesse dazu tendieren, die Ursachen für die damit verbundenen Probleme, jeweils „anderen" Menschen zuzuschreiben und diese mit Aggression und Hass auszugrenzen. Für die Rolle dieser „Anderen" – oftmals „Fremde" genannt – werden vorzugsweise Minoritäten ausgewählt, die sich aufgrund erhöhter Vulnerabilität (Armut, prekärer Rechtsstatus, niedriger Bildungsgrad) weniger wehren können oder aufgrund von Unterschieden zur Mehrheit[109] Projektionsflächen bieten, denen man alles, was im Eigenen abgelehnt wird, zuschreiben und sich so entlasten kann.

Diese „Problemlösungsstrategie" hat historisch zu millionenfachem Genozid geführt, am erschreckendsten in der Shoa, und sich und ihre Protagonisten desavouiert. Aber ihre Denk- und Verhaltensweisen liegen nach wie vor in den kollektiven Gedächtnissen bereit. Sie können durch politische Instrumentalisierung jederzeit abgerufen und aktiviert werden, insbesondere wenn sie mit der nach wie vor weit verbreiteten Scham- und Schuldabwehr[110] der unbearbeiteten Gewaltgeschichte von Kolonialismus, Faschismus oder Totalitarismus[111] verbunden sind: „Der Schoß ist fruchtbar noch, aus dem dies kroch."[112]

Sozialwissenschaftliche Studien zeigen, dass Menschenfeindlichkeiten aller Art weltweit weit verbreitet, sogar im Wachsen sind: vor allem in Einwanderungs- und Übergangsländern sowie im reichen Westen der Welt.[113] Soziale Gruppen kategorisieren andere Gruppen auf der Basis phänotypischer oder kultureller Merkmale als „anders" oder „inferior". Biologische Merkmale, Kultur, Religion, Sprache werden zu stigmatisierenden Differenzmarkern – und dies insbesondere dann, wenn diese mit

---

[109] Die Politikwissenschaftlerin Castro Varela spricht von der Abweichung von der „mythischen Norm" des erfolgreichen, wohlhabenden, weißen Mannes, die sozial vulnerabel macht, vgl. Maria do Mar Castro Varela: Unzeitgemäße Utopien. Migrantinnen zwischen Selbsterfindung und gelehrter Hoffnung, Bielefeld 2007, 268.

[110] Vgl. Maximilian Gottschlich: Die große Abneigung. Wie antisemitisch ist Österreich? Kritische Befunde zu einer sozialen Krankheit, Wien 2012; Stephan Marks: Warum folgten sie Hitler? Zur Psychologie des Nationalsozialismus, Ostfildern 2007.

[111] Dass sie sich auch bei von Ausgrenzung Betroffenen finden, lässt sich psychologisch und soziologisch erklären: Identifikation mit dem Aggressor, Übernahme von Zuschreibungen zur Identitätsabgrenzung u. a. dies zeigt, wie tief verankert diese Muster sind.

[112] Zitat aus dem Drama von Bertold Brecht: „Der aufhaltsame Aufstieg des Arturo Ui".

[113] Z. B. European Monitoring Centre for Racism and Xenophobia (ed.): Summary Report on Islamophobia in the EU after 11 September 2001, Vienna 2002; Castles/Miller, The Age of Migration, 37; Gottschlich: Die große Abneigung; Sieglinde Rosenberger/Gilg Seeber: Kritische Einstellungen: BürgerInnen zu Demokratie, Politik, Migration, in: Regina Polak (Hg.): Zukunft. Werte. Europa. Die Europäische Wertestudie 1990–2010: Österreich im Vergleich. Wien u. a. 2011, 165–190.

Armut gekoppelt[114] auftreten. Ist es die eigene Angst vor Armut, die ausgegrenzt wird, weil deren Anblick an die je eigene Fragilität, Ohnmacht und Bedürftigkeit sowie die konstitutive Verwiesenheit aller Menschen aufeinander erinnert?

Ökonomische, soziale oder politische Macht (Gesetz, Politik, Administration) wird dazu benützt, um Ausbeutung und Exklusion zu legitimieren. So gibt es neben dem individuell-informellen und eng mit diesem verbunden auch einen institutionalisierten und strukturellen Rassismus.[115] Sozialpsychologisch bzw. evolutionsgeschichtlich basieren Menschenfeindlichkeiten und alle Formen von Menschenhass auf dem Phänomen des „parochialen Altruismus"[116], d.h. dass sich Menschen evolutionsgeschichtlich am ehesten dann solidarisch verhalten, wenn sie als geschlossene Gruppe gegen andere auftreten.[117] Parochialer Altruismus ist eine „Kombination aus Sippenliebe und Fremdenfeindlichkeit"[118]. Solidarität als Fähigkeit des Verzichts zugunsten anderer bezieht sich demnach dann bloß auf den Zusammenhalt innerhalb der eigenen Gruppe und bezieht ihre Stärke aus der gemeinsamen Feindschaft nach außen. Zwischen urtümlichen Stammesgesellschaften und dem neuzeitlichen Sozialstaat ist diesbezüglich wenig Unterschied.[119] Demgegenüber stehen jüngere neurobiologische Studien, die die zentrale Bedeutung der Kooperation für das Zusammenleben betonen.[120] Diese belegen, dass Fremdenfeindlichkeit keinesfalls eine naturgesetzlich „normale" Reaktionen sein muss. Vielmehr wird deutlich, welche entscheidende Rolle Politik und Geschichte bei der Aktivierung menschenfeindlichen Verhaltens spielen. So haben die je konkreten Formen der Menschenfeindlichkeit immer historische Wurzeln – in Westeuropa, den USA oder Australien z.B. in Traditionen, Ideologien und kulturellen Praktiken, die sich im Zuge der Nationenbildung und des Kolonialismus ausgebildet haben.[121] Im Prozess gesellschaftlicher Transformationen können diese Muster reaktiviert werden. Der politische Diskurs sowie politische

---

[114] Vgl. Wilkinson/Pickett, Gleichheit ist Glück, 204 f.

[115] Castles/Miller, The Age of Migration, 37.

[116] Wolfgang Palaver: Warum Solidarität nicht gleich Solidarität ist. Der Umgang der Kirchen mit den Fremden, in: Severin Lederhilger (Hg.): Auch Gott ist ein Fremder. Fremdsein – Toleranz – Solidarität, Frankfurt am Main 2012, 121–140, 121.

[117] Vgl. Samuel Bowles: Conflict: Altruism's Midwife, in: Nature 456 (2008), 326–327.

[118] Palaver, Warum Solidarität nicht gleich Solidarität ist, 123. (Zit. Stefan Schmitt: Die Wurzeln des Bösen, in: „Die Zeit" 44 vom 22. Oktober 2009).

[119] Palaver, Warum Solidarität nicht gleich Solidarität ist, 123.

[120] Joachim Bauer: Prinzip Menschlichkeit. Warum wir von Natur aus kooperieren, München 2009; Martin A. Nowak,/Roger Highfield: Supercooperators: Altruism, Evolution, and Why We Need Each Other to Succeed, New York 2011.

[121] Robert Miles: Rassismus. Einführung in die Geschichte und Theorie eines Begriffs, Hamburg 1991 (1989).

Maßnahmen spielen *die* entscheidende Rolle[122], ob inhumane Reaktionsweisen forciert oder humane und für alle gerechte Lösungen für soziale Probleme gesucht werden.

Migration und Religion als das irritierende „Fremde" westlicher Gesellschaften erinnern an ein verdrängtes Phänomen sowie, eng damit verbunden, die Frage nach der Wahrnehmung von und dem Umgang mit dem „Anderen".[123] Sie stellen scheinbare gesellschaftliche und kulturelle Selbstverständlichkeiten in Frage und irritieren den Mythos der Homogenität. Die Europäische Wertestudie 2008–2010[124] zeigte z. B., dass sich in der Abwehr von MigrantInnen eine allgemeine Antipathie gegen alle Menschen verdichtet, die „anders" zu sein scheinen. So ist der in dieser Studie für reiche, demokratisch stabile westeuropäische Länder errechnete „Antipathie-Index" keinesfalls den MigrantInnen gegenüber am ausgepägtesten: am stärksten werden soziale Randgruppen abgelehnt – Familien mit vielen Kindern, Drogensüchtige, Menschen mit psychischen Problemen, gefolgt von „Links- und Rechtsextremen" sowie Minoritäten wie Muslime, Juden oder Roma und Sinti. Dieser „Antipathie-Index" ist seit 1999 in Westeuropa zwar konstant geblieben, hat sich aber verlagert. Menschenfeindlichkeit hat sich organisiert, parteipolitisch formiert und fremdenfeindliche politische Einstellungen finden sich keinesfalls nur mehr in abstiegsgefährdeten sozialen Gruppen, sondern zunehmend stärker in der Mittelschicht. In Europa werden Migration und Religion mit „dem Islam" verknüpft. Der religiös, der ethnisch und der sozio-ökonomisch Arme fallen dabei in eins und „der Islam" wird zum „Fremden" erklärt:

> „Immigranten- und fremdenfeindlicher Nativismus, die konservative Verteidigung der christlichen Kultur und Zivilisation, säkularistische und antireligiöse Vorurteile, liberal-feministische Kritik am patriarchalischen Fundamentalismus, die Furcht vor islamistischen Terrornetzwerken – all dies wird überall in Europa zu einem anti-muslimischen Diskurs verschmolzen."[125]

Auch die Kirchen in Europa sind von diesen Entwicklungen betroffen. Xenophobe Einstellungen hängen signifikant mit traditionellen religiösen

---

[122] Rosenberger/Seeber, Kritische Einstellungen: BürgerInnen zu Demokratie, Politik, Migration, für Westeuropa.

[123] Eine ausführliche Phänomenologie dafür bietet Franz Gmainer-Pranzl: Beunruhigungen. Diskurs über das Unzugängliche, in: Lederhilger (Hg.), Auch Gott ist ein Fremder, 53–75.

[124] Rosenberger/Seeber, Kritische Einstellungen: BürgerInnen zu Demokratie, Politik, Migration, 183.

[125] Casanova, Europas Angst vor der Religion, 27.

Selbstverständnissen zusammen: Je religiös konservativer eine Person ist, umso größer ist die Wahrscheinlichkeit, dass diese „Fremde" ablehnt.[126] Ab- und Ausgrenzungstendenzen gegenüber MigrantInnen lassen sich in den Kirchen ebenso finden wie eine Tendenz zum „integralistischen Rückzug"[127]. Säkularisierungs- und Pluralisierungsprozesse in der Gesellschaft und der kirchliche Bedeutungsverlust werden in der Katholischen Kirche so z. B. mit der Forderung nach Mission und Re-Evangelisierung beantwortet. Damit ist aber nicht immer das theologisch notwendige Fruchtbarmachen des christlichen Glaubens im Horizont der Gegenwart gemeint als vielmehr die (hegemonial ausgerichtet) Identitäts- und Vorrangsicherung in Europa.[128] Migration wird dabei als Bedrohung (durch den Islam), als Mittel zur Re-Evangelisierung eines gottfernen Europa oder – im Inneren der Kirchen – oft gar nicht wahrgenommen. Migrationsgemeinden werden bestenfalls zur Integration in die ortskirchlichen Strukturen aufgefordert, ohne dass sich die einheimischen Gemeinden dabei selbst ändern wollen oder ökumenisch öffnen.[129] Die Chance der Migration, sich mit innerkirchlichen Ab- und Ausschließungsmechanismen, internen fremden(menschen)feindlichen Einstellungen und Strukturen oder euro- und ethnozentrischen Superioritätsvorstellungen auseinanderzusetzen, wird nur sehr zögerlich aufgegriffen.

Dabei birgt Migration die Chance, vor Ort Weltkirche – also substantiell „katholisch" – zu werden. Statt im Inneren multikulturell „ein Leib" zu werden, werden die Migrationsgemeinden argwöhnisch beäugt und, wenn nicht zur eigenen Kirche gehörig, manchmal sogar als „Sekten" bezeichnet.[130] Deren ekklesiologische Relevanz, als Kirche „katholischer" werden zu können, wird kaum wahrgenommen. So wiederholen sich im innerkirchlichen Raum vielfach jene Exklusions- und Marginalisierungsprozesse, die MigrationschristInnen auch in der Gesellschaft erfahren.[131] Migrationsgemeinden greifen dann umgekehrt auf Schutzmechanismen der Abgrenzung und Profilierung der eigenen Identität zurück.[132] Mehrheits- und Minder-

---

[126] Vgl. Wil Arts/Loek Halman: Value Research and Transformation in Europe, in: Regina Polak (Hg.): Zukunft. Werte. Europa. Die Europäische Wertestudie 1990–2010: Österreich im Vergleich, Wien u. a. 2011, 79–99, 85 ff.

[127] Wolfgang Huber: Die Mehrheitsgesellschaft und die Minderheiten. Bedingungen des Zusammenlebens. Evangelischer Pressedienst, Frankfurt am Main 1993, 11.

[128] Vgl. Regina Polak: Mission in Europa? Auftrag – Herausforderung – Risiko, Innsbruck 2012.

[129] Collet, Gemeinsam das Evangelium verkünden, 256.

[130] Ebd.

[131] Mette, Crossraods, 203.

[132] Menschenfeindlichkeit ist selbstverständlich nicht nur ein Problem der Einheimischen; auch bei MigrantInnen lassen sich parochialer Altruismus, Xenophobie und Rassismus finden. Migrantische Identitätspolitik kann aber durch die Ablehnung der Umwelt verstärkt werden.

heitsgruppen in der Kirche entwickeln ihre je eigenen, theologisch und biblisch überhöhten Narrative zur Erklärung ihrer Situation als Minoritäten („Heiliger Rest", „erwähltes Volk", Diaspora).[133] Der Minoritätsstatus wird zu einem „ästhetischen und programmatischen Projekt der eigenen Identitätsabsicherung"[134].

Migration birgt die Chance, das Verständnis von Katholizität zu weiten. Die Katholische Kirche konterkariert dieses Potential gegenwärtig durch Tendenzen einer konfessionalistisch verengten Re-Katholisierung. Bei vielen Menschen in Europa steht sie für Autoritarismus, Sexualfeindlichkeit, Missbrauch, Homosexuellenfeindlichkeit und gilt als kulturell reaktionär und gesellschaftlich veraltet.[135] Wie sollen ihre innovativen Stellungnahmen zu Migration dann glaubwürdig erscheinen? Könnte sich eine zeitgerechte Katholizität nicht auch mit den internen Menschenfeindlichkeiten, den eigenen strukturellen Exklusionsmechanismen und der Versuchung zum parochialen Altruismus selbstkritisch auseinandersetzen?

3. Theologische Begründung und Lernfelder für Katholizität

Das Christentum versteht sich als geschichtliche Religion. Deshalb betreffen alle gesellschaftlichen Veränderungen immer auch den Glauben, die Theologie und die Kirche in Selbstverständnis und Praxis. Weltbezug und Weltverantwortung des christlichen Glaubens sind so die zunächst naheliegenden Gründe, sich mit Migration auseinanderzusetzen. Migration ist mit dem Christentum auch historisch seit jeher aufs engste verbunden. Die Transformationen des christlichen Glaubens lassen sich ohne Migration gar nicht verstehen:[136] So hat sich die christliche Antike mit Migrationen aus Zentralasien in den Mittelmeerraum und zum indischen Subkontinent verbunden; der Übergang von der Antike ins Mittelalter geschah gemeinsam mit den sogenannten „Völkerwanderungen"; zeitgleich zum Beginn der Moderne migrierten Menschen vom Osten in den Westen und die großen Seefahrtsunternehmungen sowie die Kolonisierung Amerikas begannen. Die Kirche hat in diesen Prozessen immer eine – ambivalente – Rolle ge-

---

[133] Bünker, Migrationsgemeinden als Sehhilfe, 91.

[134] Ebd.; Christoph Jacobs: Warum sie „anders" werden. Vorboten einer neuen Generation von Seelsorgern, in: Diakonia 42/5 (2010), 313–322.

[135] Vgl. Gmainer-Pranzl, Entgrenzung und Verbindung.

[136] Vgl. zum Folgenden Solange Lefebvre/Luiz Carlos Susin: Migrationsbewegungen in einer globalisierten Welt: Was trägt die katholische Theologie zu ihrem Verständnis bei, in: Concilium 44/5 (2008), 517–519, 518.

spielt. Christlicher Glaube und Theologie haben sich maßgeblich in diesen Migrationskontexten entwickelt.

Gegenwärtig treten „nationale Grenzen, Patriotismus, Bindungen an ein Heimatland und seine Symbole hinter transnationale Kulturen und Gemeinschaftssymbole zurück, die sich über die Demarkationslinien offizieller Territorien hinwegsetzen"[137]. Demokratie und moderne Nationalstaatspolitik geraten in die Krise und „politische Macht manifestiert sich in neuen kulturellen, symbolischen und religiösen Formen"[138]. Durch Migration kommen Menschen und Gruppen anderer ethnischer und kultureller Prägung in die Nationalstaaten und verändern in deren Gesellschaften Werte, Lebensweisen und Religion. Auch diese Entwicklungen sind eine der Ursachen, warum neofaschistische und rechtspopulistische Parteien, die auf Nationalität, „Heimat" und „kulturelle Identität" setzen, als Gegenreaktion zu den damit verbundenen Identitäts-Verunsicherungen so starken Zulauf haben: Es stehen noch keine weit verbreiteten transnationalen Identitätsmodelle zur Verfügung. Der Kosmopolitismus ist ein Eliten-Phänomen.

Christlicher Glaube und Theologie sind erneut herausgefordert, Selbstverständnis und Praxis in diesem Kontext zu reformulieren und mit den Menschen christliche Identität in diesem menschheitlich orientierten, globalen Horizont zu entwickeln. Zum Beispiel: die eine universale katholische Weltkirche im Dienst an der einen Menschheit – und dies konkretisiert sich in verschiedenen Formen an konkreten und verschiedenen Orten in Vielfalt. Einheit vollzieht und verwirklicht sich *durch* und *als* immer wieder zur Versöhnung aufgerufene und bereite, versöhnte Verschiedenheit.[139]

Katholizität betrifft also wesentlich zwei Dimensionen menschlichen Zusammenlebens in Gemeinschaft: die Frage nach der Gerechtigkeit und das Zusammenleben in Verschiedenheit. Der sozialwissenschaftliche Befund zeigt, dass weder Migration noch Religion Ursache der damit verbundenen Probleme ist. Vielmehr können Migration und Religion tiefliegende individuelle und strukturelle Schwierigkeiten menschlichen Zusammenlebens aufdecken, die alle Menschen betreffen. Das Christentum als ethischer Monotheismus ist von daher verpflichtet, sich mit den sozialen, ökonomischen und politischen Dimensionen von Migration zu beschäftigen. Das soziale und politische Engagement im Horizont von Migration ist Ausdruck des Glaubens. Denn aus theologischer Sicht sind die Fragen nach

---

[137] Lefebvre/Susin, Migrationsbewegungen in einer globalisierten Welt, 518.
[138] Ebd.
[139] Vgl. z.B. Papst Franziskus: Apostolisches Schreiben Evangelii Gaudium, Vatikan 2013, 117.131.

Gerechtigkeit und Zusammenleben immer zugleich Fragen nach Gott.[140] Welt und Geschichte sind nicht allein Orte, in denen sich Glaube „umsetzt" oder „bewährt". Aus der Sicht des Glaubens sind sie Orte der Anwesenheit, des Handelns und Wirkens Gottes. Sie sind theologiegenerative Orte der je tieferen Gotteserkenntnis, sogenannte *loci theologici*. Wenn die Wahrheit Gottes in die Schöpfung eingegangen und immer schon inkarniert anzutreffen ist, muss sie sich daher auch im Phänomen Migration wahrnehmen lassen. Insofern ist Migration auch nicht bloß ein Applikationsort für Theologie. Sie ist eine Wirklichkeit, in der sich die Frage nach Gott stellt.

So frage ich nun: Was ist Migration aus theologischer Sicht? Was kann Katholizität zu ihrem Verständnis beitragen?

3.1 Migration ist ein „Zeichen der Zeit"

Aus der Sicht des Glaubens ist Migration ein „Zeichen der Zeit"[141]. Sie verändert das Bewusstsein der Menschheit über sich selbst und kann darin Gottes Präsenz auf neue Weise erschließen – in der Vielfalt der kulturellen Ausdrucksformen der Schöpfung, aber auch im Aufruf zu mehr Gerechtigkeit. Sie kann Situationen und Orte eröffnen, in und an denen Gläubige die geoffenbarte Wahrheit „tiefer erfassen, besser verstehen und angemessener verkündigen können"[142]. Basierend auf der Verbundenheit und Solidarität der Gläubigen mit allen Menschen können Gläubige in diesem „Zeichen der Zeit" nach Gott suchen und ihn finden. Dies geschieht, indem Gläubige z.B. gemeinsam mit den Migranten um deren Würde und Anerkennung kämpfen, weil sie den Mangel an Gerechtigkeit als menschliche Gottesferne interpretieren. Migration lässt sich freilich nicht automatisch als „Zeichen der Zeit" erkennen. Es braucht sowohl gläubige Gemeinden, die die Gegenwart im Licht des Evangeliums deuten, als auch eine kritische sozialwissenschaftliche, historische und theologische Reflexion. Vor allem bedarf es konstitutiv der Perspektive der Erfahrungen der Migranten, seien diese gläubig oder nicht gläubig.[143] Nur *mit* ihnen kann Migration zum Ort

---

[140] Bibeltheologisch ist Gerechtigkeit eine Offenbarungsform Gottes. Die ethische Forderung nach Gerechtigkeit ist Ausdruck und Folge der Glaubenserfahrung, dass Gott gerecht ist und sein Volk aus ungerechten Lebensverhältnissen gerettet hat (Exodus aus Ägypten, Exil in Babylon).

[141] Vgl. Pastorale Konstitution Gaudium et Spes über die Kirche in der Welt von heute, Vatikan 1965, 4, 11. "Zeichen der Zeit" sind nicht per se ident mit historischen Wirklichkeiten, sondern geschichtliche Ereignisse, die aus der Perspektive gläubiger Gemeinden kritisch reflektiert werden und in denen man Gottes Anwesenheit erkennen lernen kann.

[142] Gaudium et Spes 44.

[143] Vgl. ebd.

der Gotteserkenntnis werden. Erst in diesem Zusammenwirken kann Gottes Offenbarung im „Zeichen der Zeit" Migration wahrgenommen werden.

Das Lehramt der Katholischen Kirche hat diese Sicht auf Migration bereits 2004 in seiner Instruktion *Erga migrantes caritas Christi* formuliert:

> „Wir können also das gegenwärtige Migrationsphänomen als ein sehr bedeutsames 'Zeichen der Zeit' betrachten, als eine Herausforderung, die es beim Aufbau einer erneuerten Menschheit und in der Verkündigung des Evangeliums des Friedens zu entdecken und zu schätzen gilt."[144]

„Zeichen der Zeit" bedeutet Gabe und Aufgabe in einem. Migration ist deshalb auch ein *locus theologicus*: ein Ort, an dem Gläubige Glaube und Theologie neu leben und vertieft verstehen lernen können. In diesem Prozess können sie Gott vertieft, anders oder neu wahrnehmen lernen.

3.2 Migration ist ein *locus theologicus proprius*[145]

3.2.1 Migration als Entstehungskontext biblischer Glaubenserfahrung

Migration gehört elementar zum Selbstverständnis des Glaubens. Die biblischen Bücher sind zu einem Großteil im Kontext von Migration entstanden.[146] Im Alten Testament ereignet sich in der Geschichte von Exil, Vertreibung, Wanderung, Fremd-sein und Diaspora die Offenbarung Gottes. Diese Geschichte[147] beginnt mit der Vertreibung Adams und Evas aus dem Paradies (Gen 3), führt von der Neuansiedlung Noahs und seiner Nachkommen nach der Sintflut (Gen 8), dem Aufbruch von Abraham und Sarah aus Haran (Gen 12), Jakobs Flucht vor Esau nach Haran (Gen 28), Josephs Verschleppung nach Ägypten (Gen 37) bis zur Übersiedlung der ganzen Sippe Jakobs nach Ägypten (Gen 46). Sie gipfelt im Auszug der Israeliten aus Ägypten und den Durchzug nach Palästina (ab Ex 12), reicht von den Exilserfahrungen nach dem Untergang Israels im 8. und 6. Jahrhundert

---

[144] *Erga migrantes* 14.

[145] Ein glaubens- und theologiegenerativer Ort, der aus dem Inneren des Glaubens selbst stammt und aus inneren Gründen notwendig ist.

[146] Norbert Lohfink: Bücherei und Buch zugleich. Die Einheit der Bibel und die neueren deutschen Übersetzungen, in: Norbert Lohfink: Das Jüdische am Christentum. Die verlorene Dimension, Freiburg/Basel/Wien 1987, 217–234, 223 spricht von „Exilliteratur". Vgl. auch Ilse Müllner: Heimat im Plural. Biblische Stimmen zum babylonischen Exil, in: Johanna Rahner/Mirjam Schambeck (Hg.): Zwischen Integration und Ausgrenzung. Migration, religiöse Identität(en) und Bildung – theologisch reflektiert, Münster 2011, 83–106.

[147] Vgl. zum Folgenden Dehn/Hock, "Mein Vater war ein heimatloser Aramäer", 111 ff.

v. Chr. bis zur endgültigen Vertreibung der Juden aus Judäa mit der zweiten Zerstörung des Tempels um 135 n. Chr. Diese Ereignisse wurden als „Lernerfahrung und Erfahrungsschatz genutzt und verarbeitet"[148] und biblische Theologie wird zu einer „Theologie der Migration". MigrantInnen-Identität wird zum Bestandteil des Glaubensbekenntnisses.[149] Die eigene Leidenserfahrung wird zu einer „empathischen Xenologie"[150], die sich im Gebot der Gastfreundschaft und einer differenzierten Gesetzgebung für Fremde verdichtet. Diese findet ihren Höhepunkt im Gebot, den Fremden zu lieben wie sich selbst. So hat das im Alten Testament singuläre Gebot der Nächstenliebe *zwei* Gestalten. In Lev 19,18 bezieht es sich auf den Nächsten, in Lev 19,34 auf den Fremden: „Wenn bei dir ein Fremder in eurem Land lebt, sollt ihr ihn nicht unterdrücken. Der Fremde, der sich bei dir aufhält, soll euch wie ein Einheimischer gelten, und du sollst ihn lieben wie dich selbst; denn ihr seid selbst Fremde in Ägypten gewesen."

Migration bildet demnach den Erfahrungsraum, der das ethische, spirituelle und theologische Selbstverständnis von JüdInnen und ChristInnen von Anfang an prägt – wenn auch in verschiedener Weise interpretiert. Dabei hat Migration weder einen per se religiösen Eigenwert noch wird sie theologisch überhöht. Im Zentrum stehen vielmehr „Wohl und Würde" des Migranten sowie sein Recht auf einen „Zielort, eine Bestimmung, die nicht sein 'Heimatland' sein muss, die ihn aber zu sich kommen lässt."[151] Migration ist bereits im Alten Testament eng mit der Frage nach Recht und Gerechtigkeit verbunden. Sie gründet in der schöpfungstheologischen Erkenntnis, dass jeder Mensch, unabhängig von Ethnie, Farbe, Geschlecht, Religion das Ebenbild Gottes ist und daher alle Menschen von gleicher Würde sind. Daher ist religiöses Heil ohne Streben nach Gerechtigkeit in der irdischen Welt nicht möglich. Migrationserfahrung ist für diese theologischen Erkenntnisse der genuine „Sitz im Leben". Sensibilisiert sie in besonderer Weise für spezifische Glaubenserkenntnisse?[152]

Auch das Neue Testament ist von Migrationserfahrung geprägt. Jesus ist als Wanderprediger in Galiläa unterwegs, sein Leben beginnt mit der Flucht nach Ägypten und ist von Heimatlosigkeit geprägt. Diese Heimatlosigkeit wird auch für seine Jünger zur Verpflichtung, damit sie das Reich Gottes

---

[148] Dehn/Hock, "Mein Vater war ein heimatloser Aramäer", 111.
[149] Vgl. Dtn 26,5–9: „Mein Vater war ein heimatloser Aramäer."
[150] Dehn/Hock, „Mein Vater war ein heimatloser Aramäer", 111.
[151] Ebd., 112.
[152] Dianne Bergant: Ruth: The Migrant who Saved the People, in: The Center for Migration Studies (ed.): Migration, Religious Experience and Globalization, New York, 49–61 arbeitet z. B. die Vulnerabilität als Bedingung der Möglichkeit für Gotteserfahrung heraus, wie sie MigrantInnen in besonderer Weise aufweisen.

verkünden können. Das Selbstverständnis als „Fremde" und „Gäste" auf Erden (Hebr 11,13; 1 Petr 2,11) gehört zum Selbstverständnis der ersten ChristInnen. Jungen Christengemeinden wurden „Anhänger des Weges" (Apg 9,2), „die den Weg des Friedens" (Lk 1,79) und „den Weg der Wahrheit" (2 Petr 2,2) gehen, genannt. Paulus, der erste „international" wandernde Apostel betont die unhintergehbare Einheit der Menschen in ihrer Verschiedenheit in Christus (z. B. Gal 3,28; Kol 3,10–11). Die Verantwortung für den Fremden wird zum ethischen Gebot und darin zum spirituellen Begegnungsort mit Christus selbst (Mt 25). Das missionarische Selbstverständnis des Christentums hängt ebenso wie seine Verbreitung untrennbar mit Migrationserfahrungen zusammen. Diese wurden im Sinne der Verwirklichung des universalen Sendungsauftrages der Kirche gedeutet, sind also *locus theologicus* für christliche Missionstheologie.[153] Bis in die Patristik hinein kennt die junge Kirche eine Spiritualität der Migration:[154] Sie versteht sich als universale Kirche, die immer nur provisorisch inkarniert in eine pilgernde Kirche eingebettet ist und darin ein Zeichen der Hoffnung darstellt. Sie ist bereit zur Aufnahme unterschiedlichster Menschen und Völker in deren Vielfalt und ist bei allen Differenzen gemeinschaftsbildend. Im Zuge der Sesshaftwerdung und Machtakkumulation ist dieses Erbe freilich in Vergessenheit geraten. Das Christentum ist diesem Selbstverständnis nicht immer treu geblieben und hat es als Verfolgerin bisweilen sogar verraten. Der christliche Antijudaismus über Jahrhunderte gibt dafür ebenso Zeugnis wie die Tatsache, dass Religionsfreiheit und Anerkennung der religiös Anderen erst sehr spät im Christentum rezipiert wurden.

3.2.2 Migration und Katholische Kirche

In der Katholischen Kirche kommt Migration als genuin theologisches Thema erst wieder im Zuge der Auswanderungsbewegungen des 18. Jahrhunderts in das „offizielle" kirchliche Bewusstsein.[155] Dies geschieht im Kontext von Mission „als Auftrag und als innerem Moment des Glaubens selbst"[156]. Einer der Pioniere in dieser Frage war Giovanni Battista Scalab-

---

[153] Bünker, Migrationsgemeinden als Sehhilfe, 7.

[154] Carmen Lussi: Die Mobilität der Menschen als theologischer Ort. Elemente einer Theologie der Migration, in: Concilium 44/5 (2008), 551–562, 557, zitiert die brasilianische Theologin Analita Candaten.

[155] Lussi, Die Mobilität der Menschen als theologischer Ort, 551. – Immer wieder haben sich vereinzelt ChristInnen, insbes. MystikerInnen, OrdensgründerInnen und Heilige dieser Tradition besonnen und Spiritualitäten der Pilgerschaft gelebt. Christliche Gemeinden haben „Fremde" unterstützt. Aber als konstitutiv christliche Frage – vor allem nach der Gerechtigkeit – war Migration kein offizielles kirchliches oder theologisches Thema.

[156] Ebd.

rini, der bereits im 19. Jahrhundert Migration als religiöse, politische und soziale Frage wahrgenommen hat. Insofern Migration damals im Kontext von Armut und Ausbeutung angesiedelt war, hatten Migrationspastoral und -theologie einen zunächst primär „assistentialistischen Charakter": Im Fokus stehen Nächstenliebe, Fürsorge und Dienst an den MigrantInnen. Fast hundert Jahre lang dominierte so eine „pauperistische" Perspektive auf Migration, trotz bedeutsamer Publikationen wie *Exsul Familia* 1952. Es lag außerhalb des Blickwinkels, MigrantInnen als Zugehörige der Kirche oder gar als Bereicherung wahrzunehmen. Auch die Frage nach der Gerechtigkeit wurde nicht gestellt.

Dies hat sich – vorläufig primär in Lateinamerika – in den vergangenen Jahrzehnten geändert. Ausgangsort einer Theologie der Migration sind nun die MigrantInnen selbst. Migration wird zum „Ort, von dem her die theologische Reflexion entwickelt wird", wodurch Migration zu einer „Quelle der Inspiration und der theologischen Arbeit" wird – und nicht mehr nur „Gelegenheit für Nächstenliebe und Mission"[157]. So kann Migration auch zum *locus theologicus* für die Frage nach der Gerechtigkeit werden: „Fremde willkommen zu heißen ist nicht nur eine Option der Nächstenliebe, sondern sowohl für die Kirche als auch für die Gesellschaft eine Frage der Gerechtigkeit."[158]

Die lateinamerikanische Migrationstheologie zeigt, dass Migration auch *locus theologicus* für vertiefte spirituelle Erfahrungen sein und trotz tragischer Schicksale neues Leben eröffnen kann. Migration eröffnet die Möglichkeit, Gott als Wegbegleiter, als Gott unterwegs zu erfahren, der „nicht auf der anderen Seite der Grenze bleibt"[159] und in Zeiten des Überlebenskampfes zur „Quelle der Hoffnung"[160] werden kann. Die Verletzlichkeit des, der MigrantIn kann eine Gotteserfahrung besonderer Art ermöglichen. Der Glaube kann sich verändern. Die Grenzüberquerungen ermöglichen neue Inkulturationen des Glaubens. Auch die Ansässigen können im Kontakt mit MigrantInnen dabei Neues über den Glauben lernen. Dies setzt freilich voraus, dass die Gläubigen „Migranten mit den Migranten" werden und Leben mit ihnen teilen. MigrantInnen sind nicht primär Opfer, für die man zu sorgen hat: Sie sind zuerst Mit-Menschen. Armut und Not sind zu bekämpfen. Aber nur wenn MigrantInnen als GesprächspartnerInnen, Ver-

---

[157] Ebd.

[158] Silvano M Tomasi: Migration und Katholizismus im globalen Kontext, in: Concilium 44/5 (2008), 520–537, 532.

[159] Lussi, Die Mobilität der Menschen als theologischer Ort, 558.

[160] Ebd., 558.

mittlerInnen, LehrerInnen und ProphetInnen ernstgenommen werden, kann Migration zum *locus theologicus* werden.[161]

Migration ist deshalb auch unabdingbar für die Gestalt, die innere Struktur der Gemeinschaft und die Lebensdynamik der Kirche. Deshalb ist es nicht die Gemeinde bzw. Pfarre, die MigrantInnen aufnimmt. Es verhält sich umgekehrt: „Die Aufnahme des Migranten, des Reisenden, des Pilgers auf ihren Straßen macht die Pfarrei erst zu einer solchen."[162] Wenn die Kirche also migrationsblind ist und ihren migrantischen Glaubensbrüdern und -schwestern (nicht einmal) im Inneren Teilhabe ermöglicht, ist das ein spirituelles Alarmsignal. Migration ist kein kontingentes Problem der Kirche, das es intern und extern sozial und politisch zu lösen gilt. Sie gehört zur inneren Dynamik der Kirche selbst. Die Aufnahme von MigrantInnen ist nicht bloß ein gutes Werk der Kirche, sondern gehört zu ihrem Selbstvollzug.

Erga migrantes formuliert dies so:

> „Die Aufnahme des Fremden, die der frühen Kirche eignet, bleibt also ein dauerhaftes Siegel der Kirche Gottes. Sie bleibt gleichsam gekennzeichnet von einer Berufung zum Exil, zur Diaspora, zur Zerstreuung unter die Kulturen und Volksgruppen, ohne sich je völlig mit einer von ihnen zu identifizieren, denn andernfalls würde sie aufhören, eben Angeld und Zeichen, Sauerteig und Verheißung des universalen Reiches zu sein als auch eine Gemeinschaft, die jeden Menschen ohne Vorzug von Personen und Völkern aufnimmt. Die Aufnahme des Fremden gehört also zum Wesen selbst der Kirche und bezeugt ihre Treue zum Evangelium."[163]

Migration hat eine ekklesiologische, näherhin ekklesiogenetische Bedeutung: Sie dient dem Aufbau der Kirche. Wenn es um das Zusammenleben mit den MigrantInnen in der eigenen Kirche geht, ist Migration ein *locus theologicus proprius*:

> „Die Migrationen bieten den einzelnen Ortskirchen die Gelegenheit, ihre Katholizität zu überprüfen, die nicht nur darin besteht, verschiedene Volksgruppen aufzunehmen, sondern vor allem darin, unter diesen ethnischen Gruppen eine Gemeinschaft herzustellen. Der ethnische und kulturelle Pluralismus in der Kirche stellt keine Situation dar, die geduldet werden muss, weil sie vorübergehend ist, sondern eine ihr eigene strukturelle Di-

---

[161] Ebd., 554.
[162] Ebd., 552.
[163] Erga migrantes 22.

mension. Die Einheit der Kirche ist nicht durch den gemeinsamen Ursprung und die gemeinsame Sprache gegeben, sondern vielmehr durch den Pfingstgeist, der Menschen aus unterschiedlichen Nationen und verschiedener Sprache zu einem einzigen Volk zusammenfasst und so allen den Glauben an denselben Herrn verleiht und aufruft zur selben Hoffnung."[164]

Das Zusammenleben von Menschen mit und ohne Migrationsgeschichte eröffnet der Kirche ein kreatives „Experimentierfeld für Innovationen"[165]: Die Gläubigen, die ihre eigenen kulturellen Traditionen mitbringen, ermöglichen der Kirche neue Erfahrungen, neue pastorale Konzepte, die die Kirche jung halten und die Gesellschaft verändern, neue theologische Ideen. Die Vielfalt der religiösen und kulturellen Ausdrucksformen und Gaben bereichert Katholizität. Dabei werden Konflikte, Vorurteile und Wunden auf allen Seiten aufbrechen. Aber dies ist notwendig, denn nur so werden Prozesse der Heilung, der Versöhnung und eines Einswerdens in Verschiedenheit überhaupt möglich.

Entspricht Katholizität als Gabe und Aufgabe damit dem Phänomen Migration nicht angemessener als integralistische Vorstellungen? MigrantInnen werden nicht in eine größere Einheit hinein aufgenommen: Sie sind unverzichtbare MitgestalterInnen neuer Lebens- und Glaubensweisen, die nur gemeinsam zu entdecken sind. Migrationsgemeinden helfen der Kirche, die eigene Universalität wieder zu entdecken und die ökumenische Dimension zu vertiefen. Zugleich zwingt Migration dazu, die je eigenen, konfessionalistisch verengten Vorstellungen von Orthodoxie und Uniformität[166] zu überprüfen. Migrationsgemeinden fordern dazu auf, die Grenzen alter Existenzweisen und überkommener Lebensformen[167] zu überschreiten und darin den Ruf Gottes zu erkennen. Migration ist ein Lernfeld für die Kirche, das diese unterstützt, mehr sie selbst zu werden. MigrantInnen sind kein „Sozialprojekt", sie haben vielmehr „fundamentaltheologischen Charakter"[168]. Sie erinnern die Gläubigen daran, wer sie selbst sind: MigrantInnen und „Fremdlinge" in der Welt.

Migration ist der Aufruf zu jenem Universalismus, der nur in einer vielfältigen Praxis an konkreten Orten wirklich werden kann. Er zeigt sich in einer multikulturellen Kirche, einem „Volk Gottes aus den Völkern", einer wahrhaft Katholischen Kirche. Diese Vision ist keinesfalls neu: Das Christentum hat sich von Anfang an als multikulturelles Projekt verstanden.

---

[164] Ebd., 103.
[165] Tomasi, Migration und Katholizismus im globalen Kontext, 533.
[166] Collet, Gemeinsam das Evangelium verkünden, 258.
[167] Vgl. Dehn/Hock, „Mein Vater war ein heimatloser Aramäer", 114.
[168] Gmainer-Pranzl, Entgrenzung und Verbindung, 123.

Historisch lassen sich dabei zwei Phasen beobachten:[169] Multikulturalität wird in der ersten Phase unter dem gemeinsamen Dach einer übernationalen Kultur gelebt – in der Ostkirche griechisch, in der Westkirche lateinisch geprägt. Nahe an der urchristlichen Vision versteht sich das Volk Gottes als ein Volk aus Völkern. In der zweiten Phase steht mehr die Inkulturation im Zentrum: Auf dem Boden verschiedener Nationalkulturen entwickeln sich Christentümer, ein Volk in vielen Völkern und Kulturen. Mit dem Zweiten Vatikanum erhält dieses Modell neue Brisanz; an der „Einheit der Menschheitsfamilie" und dem „Einswerden der Welt" hält die Kirche aber nachdrücklich fest.[170] So beschreibt *Lumen Gentium*[171] die Kirche als Volk Gottes, das in allen Völkern der Erde wohnt. Die ihm Zugehörigen entstammen der ganzen Welt. In diesem Volk gibt es zwar die Unterschiede der Völker, aber „in Christus" sind sie eins, d. h. verbunden und zusammengehörig. Katholizität wird dabei als jene Kraft verstanden, die es ermöglicht, dass die einzelnen Teile ihre je eigenen Gaben den übrigen Teilen und der ganzen Kirche bringen, „so dass das Ganze und die einzelnen Teile zunehmen aus allen, die Gemeinschaft miteinander halten und zur Fülle der Einheit zusammenwirken."[172]

Wenn in Europas Großstädten heute katholische ChristInnen aus verschiedensten Kulturen zusammenkommen, ist die Kirche bereits im Inneren mit neuartigen Grenzüberschreitungen konfrontiert. Das gesellschaftliche Zusammenleben mit ChristInnen aus aller Welt und aller Konfessionen forciert diese Grenzüberschreitung und verweist auf die ökumenische Dimension von Katholizität. Diese Situation kann nationalstaatlich-kulturalistische Vorstellungen von Kirche und Christentum ebenso irritieren wie sie der zunehmenden „Tribalisierung der Welt"[173] entgegenwirken und das urchristliche Projekt einer „Welt-Kirche" weiterführen kann. In einer solchen werden kollektive Identitäten von Nation, Rasse oder Klasse nachrangig zu Gunsten einer Kirche, in der alle mit ihren Unterschieden Platz finden und niemand mehr ein Fremder ist: wie einst in Rom, Korinth oder Kolossä, wo die „üblichen Berufsvereinigungen, Kultverbände, Begräbnisvereine etc. zur sozialen Homogenität tendierten"[174], während in den christlichen Gemeinden ethnische, soziale und geschlechtliche Schranken

---

[169] Vgl. Mariano Delgado: Familie Gottes unter den Völkern. Katholiken deutscher und ausländischer Herkunft in Deutschland – Herausforderungen für die Pastoral, in: Lebendiges Zeugnis 51 (1996), 219–236, 223.

[170] Ebd.

[171] Lumen Gentium 13.32.

[172] Ebd., 13.

[173] Delgado, Familie Gottes unter den Völkern, 224.

[174] Ebd.

relativiert waren. Ebenso könnten ChristInnen in Berlin, Frankfurt, Paris oder Wien die Vision verwirklichen, ein Volk unter Völkern zu sein. Die Kirche könnte sich erinnern, dass sie sich von jeher als transnationale Kirche verstand.

3.3 Migration ist ein *locus theologicus alienus*

3.3.1 Wer sind die (migrierenden) Anderen der Kirche für die Kirche?

Die bisherigen Überlegungen haben Migration vor allem als Herausforderung für das Innere der Katholischen Kirche und die christliche Ökumene thematisiert und auf christliche bzw. katholische MigrantInnen fokussiert. Der besondere Beitrag römisch-katholischer Theologie besteht dabei in der Betonung der universalen Dimension des christlichen Glaubens, die auf die Einheit der Menschheit mit Gott und der Menschen untereinander zielt. Mit Blick auf die damit verbundene universale Rede vom Volk Gottes stellen sich im Horizont einer religiös pluralen Welt aber schwierige Fragen: Wer ist dieses Volk Gottes? Wenn das jüdische Volk das erste erwählte Volk Gottes ist, ist dies die Kirche dann nur in einem analogen Sinn, indem sie an dieser Erwählung teilhat?[175] Wie verhält es sich überdies mit den religiös Anderen, den MuslimInnen, den Angehörigen anderer Religionen, den Nicht-Glaubenden? Zudem kennen auch andere Religionen wie Judentum und Islam Glaubenserfahrungen transnationaler und universaler Ausrichtung. Was bedeuten diese für die Kirche?

Migration macht die Dringlichkeit dieser Fragen nach dem theologischen Stellenwert der (religiös) Anderen deutlich sichtbar: Was bedeutet die globale Migration jener, die nicht zur Kirche gehören bzw. keine ChristInnen sind, für den Glauben, die Theologie, die Kirche? Die Migration der religiös und kulturell „Anderen" ist ein *locus theologicus alienus*[176] und als solcher eine epochal neuartige praktische und theologische Herausforderung. Migration verweist in diesem Kontext auf die „Außenseite" der Katholizität: Wie lässt sich die Universalität in Bezug auf die „Anderen" der Kirche und des Christentums denken und leben, wenn sich monodirektionale, imperiale Formen als Irrweg erwiesen haben und auch eine „sanfte"

---

[175] Vgl. Rolf Zerfaß: Volk Gottes unterwegs: In der Fremde, unter den Völkern, in: Herbert Haslinger (Hg.): Handbuch Praktische Theologie. Band 2: Durchführungen, Mainz 2000, 167–177, 173.

[176] Ein glaubens- und theologiegenerativer Ort, der nicht unmittelbar zur Kirche gehört, auf den sie aber zur Gotteserkenntnis verwiesen ist.

theologische Vereinnahmung keine Option ist? In dieser Hinsicht stehen Reflexion und Praxis wohl erst am Anfang.

So lassen sich derzeit in der Katholischen Kirche zwei dominante Verständnisweisen von Katholizität erkennen.[177] Sie unterscheiden sich in der Frage, wie sich die Kirche im Verhältnis zur Welt sieht: als Teil der Welt und mit dieser verbunden oder als Gegenüber. Schreiter ortet zwei Faktoren für die verschiedenen Zugänge. 1) Der externe Faktor hängt von den Antworten auf die Frage ab, „wie man die Welt in Bezug auf Gott, die Heilsgeschichte und die Rolle der Kirche in ihr sieht."[178] 2) Der interne Faktor betrifft die Interpretation des Zweiten Vatikanischen Konzils und die Bestimmung seiner Rolle in der Kirchengeschichte: Wendet es sich nach zwei Jahrhunderten der Abwendung nun radikal der Welt zu und bricht mit der Vergangenheit, um der Komplexität der modernen Welt besser zu entsprechen? Oder möchte es die Kirche im Inneren besser ausrichten, damit diese ihre Wahrheit besser in die Welt tragen kann? Je nach Antwort wird Katholizität dann 1) im ersten Konzept verstanden als „Ausdehnung der Kirche über die ganze Welt und zwar im geographischen wie theologischen Sinne"[179]. Die Kirche überbringt das Evangelium von Jesus Christus und führt die *missio Dei* aus, den Auftrag des dreieinen Gottes in der Welt. Dieser besteht in der Verkündigung von Heilung, Erlösung und Versöhnung für alle Menschen. Diese Verkündigung vollzieht die Kirche, indem sie weniger auf sich selbst als vielmehr auf die Welt sieht, sich dieser zuwendet (d. h. sich wie Christus entäußert) und an ihren Freuden und Leiden, Hoffnungen und Ängsten teilhat. Sie muss dazu die „Zeichen der Zeit" lesen und sich in den Dienst der Welt stellen. 2) Das zweite Konzept geht demgegenüber vom Geschenk der Fülle des Glaubens aus, die der Kirche als Offenbarung geschenkt und von dieser bewahrt und vermittelt wird. Die Kirche ist daher Garantin des ganzen und lebendigen Glaubens. Sie stellt sich so der Welt gegenüber und eröffnet ihr im Lichte der Offenbarungswahrheit eine alternative Sicht auf sich selbst. Sie bringt die Wahrheit in eine sündige und gefallene Welt. Die Hoffnung der Welt besteht darin, auf die Kirche zu hören und mit ihr das Reich Gottes zu betreten. „Zeichen der Zeit" sind in diesem Ansatz apokalyptische Zeichen, die beweisen, dass Gott in die Welt einbricht und sie in Gericht und Erlösung radikal säubern und reinigen muss. Während im ersten Ansatz dem Menschen zugetraut bzw. zugemutet wird, selbst etwas beizutragen für eine bessere Welt, wird die Erlösung im zweiten Ansatz

---

[177] Vgl. zum Folgenden Schreiter, Katholizität als Rahmen für Nachdenken über Migration, 542 ff.

[178] Ebd., 542.

[179] Ebd., 543.

primär Gott zugetraut. Das Verständnis von Katholizität hängt demnach eng mit dem Verständnis von Heilsgeschichte, Gottes- und Menschenbild zusammen.

Beide Zugänge beantworten die Frage nach der Bedeutung der (migrierenden) Anderen nicht zureichend. In beiden Modellen sind diese keine für die Heilsgeschichte relevanten Subjekte. Die Erinnerung an die Gewalt- und Leidensgeschichte der Menschheit und die ambivalente Rolle der Kirche darin zwingen jedoch zum Umdenken. Die Anderen sind nicht nur die – bestenfalls – Subjekte christlicher Mission, die man für den eigenen Glauben und die Kirche zu gewinnen versucht. Expansionsmodelle sowie Säuberungsvorstellungen aller Art haben sich historisch als unchristlich widerlegt. Aber ist nicht jedes mono-direktionale, noch so sanfte Evangelisierungsverständnis zu eng? Fordert die Frage nach den Anderen das Verständnis und die Praxis von Katholizität nicht weitaus radikaler heraus?

„Katholisch" kann in diesem Horizont nur mehr bedeuten, vom „Bund zwischen dem einzigen Gott und der Pluralität menschlicher Erfahrungen" auszugehen, sich immer wieder zu Gott zu bekehren und sich so aus Liebe, nicht aus Besitzstreben, den Anderen – Kulturen, Traditionen, Geschichten, Menschen – im Bewusstsein zuzuwenden, „dass sie der Offenbarung Gottes fehlen"[180].

Das bedeutet nicht, dass Gottes Offenbarung unvollständig wäre. Aber die Gläubigen können diese niemals verstehen und verwirklichen, ohne die Anderen zu hören, gleich ob sie zur Kirche gehören oder nicht, ob sie gläubig sind oder nicht.[181] Das aber bedeutet: Die Kirche braucht die Anderen, um wahrhaft katholisch werden zu können, auch dann, wenn diese nicht zu ihr gehören. Sie kann und muss von ihnen – in diesem Fall: von den MigrantInnen – lernen, wer sie selbst ist.

Dies bedeutet nicht, die Anderen zu idealisieren oder sie als „fremdes Exoticum" zu nützen, in dem sich Kirche spiegelt, und sei es im Mitleid für diese. So sind Migranten weder die besseren ChristInnen noch die besseren Menschen. Sie sind auch nicht die „radikal" Anderen. Jeder Mensch ist für den Anderen ein Anderer. Aber Migration erinnert an diese menschliche Wirklichkeit. MigrantInnen können der Kirche ermöglichen, an Unterschieden zu lernen. Dazu ist es nötig, die Glaubenserfahrungen aller zur Sprache zu bringen und anzuerkennen. Menschen mit und ohne Migrationsgeschichte werden sich dabei verändern. Die Anerkennung der Anderen ist notwendig für die Heilsgeschichte von Welt und Kirche.

---

[180] Diese Gedanken verdanke ich Michel de Certeau: Der gründende Bruch, in: ders.: GlaubensSchwachheit, Stuttgart 2009, 105.

[181] Gaudium et Spes 44 bietet für diese Überlegungen den theologischen Ausgangspunkt.

Diese Anerkennung der Anderen forciert Pluralität und verlangt nach neuen Lebens- und Verstehensweisen von Einheit. Auch in dieser Frage zeigen die beiden dominierenden Modelle von Katholizität ihre Unterschiede.[182] Während 1) im ersten Ansatz die Vielfalt der Ausgangspunkt ist und die Frage nach der Einheit sich erst im Anschluss daran stellt, betont 2) der zweite Ansatz zuerst die Universalität des Glaubens, verkörpert in der Einheit der Kirche, und wendet sich erst danach der Pluralität zu. Das erste Modell respektiert Vielfalt sehr viel klarer als das zweite, allerdings bleibt oft die Frage offen, wie Einheit dann konkret aussehen könnte. Beim zweiten Modell ist dieses klarer, dafür können Zweifel aufkommen, ob Vielfalt tatsächlich ernst genommen wird. Die Antworten auf diese offenen Probleme werden nicht am Schreibtisch entworfen werden. Sie entstehen in der Praxis der Kirche und werden die Theologie verändern. Ihre evangeliumsgemäße Qualität entscheidet sich wesentlich an der Wahrnehmung und am Umgang mit den Anderen. Deren Erfahrungen werden ein wesentliches Kriterium sein, ob und wie es gelingt, Katholizität zu realisieren. Die Möglichkeiten interkulturellen, interreligiösen und ökumenischen Lernens, die Migration derzeit eröffnen, sind jedenfalls das zentrale Laboratorium einer Katholizität der Zukunft.

3.3.2 Kirchen als Akteure

Die christlichen Kirchen sind in diesem Zukunftslaboratorium schon länger Akteure.[183] Aus der Fülle einige Beispiele: Die Evangelische Kirche in Deutschland und die Deutsche Bischofskonferenz haben 1997 in Zusammenarbeit mit der Arbeitsgemeinschaft Christlicher Kirchen ein „Gemeinsames Wort zu den Herausforderungen von Migration und Flucht"[184] herausgegeben: Der Text „(…) und der Fremdling, der in Deinen Toren ist" bietet historische, biblische, ethische, theologische und politische Überlegungen und Praxisvorschläge. Der Zentralausschuss des Ökumenischen Rates der Kirchen in Genf legte 2005 in seinem Papier zur „Praxis der

---

[182] Vgl. Schreiter, Katholizität als Rahmen für Nachdenken über Migration, 547.

[183] An der Universität Mainz entsteht dzt. eine Dissertation, die die kirchlichen Stellungnahmen zur Europäischen Asyl- und Migrationspolitik von 1974–2004 erforscht, vgl. Katharina Ludwig: Kirchliche Lobbyarbeit auf europäischer Ebene, am Beispiel der gemeinsamen Asyl- und Migrationspolitik (1974–2004), vgl. URL: http://graduiertenkolleg.ieg-mainz.de/dissertationsthemen/#ludwig (30.06.2017).

[184] Kirchenamt der Evangelischen Kirche in Deutschland/Sekretariat der Deutschen Bischofskonferenz in Zusammenarbeit mit der Arbeitsgemeinschaft Christlicher Kirchen in Deutschland (Hg.): „(…) und der Fremdling, der in Deinen Toren ist." Gemeinsames Wort der Kirchen zu den Herausforderungen durch Migration und Flucht, 1997, vgl. URL: http://www.dbk.de/fileadmin/redaktion/veroeffentlichungen/gem-texte/GT_12.pdf (30.06.2017).

Gastfreundschaft in einer Zeit neuer Migrationsformen"[185] eine Analyse der Situation und konkrete Handlungsvorschläge vor. Darin bekennen sich die christlichen Kirchen zu einer Kultur der Begegnung, der Gastfreundschaft und herzlichen Aufnahme von MigrantInnen. Konkrete Maßnahmen innerhalb der kirchlichen Gemeinden (Begegnungsräume, Ausbildungsprogramme, multikulturelle Dienste, (…) werden ebenso aufgezählt wie gesellschaftliche und politische Forderungen benannt: Interreligiöser Dialog, Grundrechte, Integration, Asylrecht usw. 2010 starteten die Konferenz Europäischer Kirchen[186] und die Churches' Commission for Migrants in Europe[187] das „Jahr der Europäischen Kirchen für Migration"[188] mit zahlreichen Aktionen. Die CCME publizierte auch eine Studie, die die Migrationssituation für alle Staaten Europas kompakt darstellt und die Antworten christlicher Kirchen auf Migration dokumentiert.[189]

Die Katholische Kirche gehört zu den ersten internationalen Organisationen, die sich mit der Frage der MigrantInnen befasst hat. Der Päpstliche Rat für die Seelsorge für Migranten und Menschen unterwegs publiziert jährlich Schreiben zu Fragen der Migration. Papst Johannes Paul II. hat sich vehement für die Verhinderung illegaler Immigration ausgesprochen, zugleich aber auch gefordert, deren Ursachen – globale soziale Ungerechtigkeit und politische Instabilität – durch forcierte internationale Zusammenarbeit zu bekämpfen.[190] Der Vatikan hat sich an der Ausarbeitung der internationalen Konvention der Vereinten Nationen zum Schutz der Rechte aller Wanderarbeitnehmer und ihrer Familienangehörigen beteiligt und fordert deren Einhaltung. Er unterstützt die Ratifizierung internationaler Rechtsmittel, die MigrantInnen, Flüchtlinge und deren Familien verteidigen und hat verschiedene Einrichtungen zur *advocacy* dieser Menschen gegründet.[191] Die Katholische Soziallehre sieht Migration vor allem als eine Chance für die Entwicklung gerechter internationaler Beziehungen innerhalb der Menschheitsfamilie. Die bereits erwähnte Instruktion *Erga migrantes* bietet sozialwissenschaftliche und politische Analysen und widmet sich neben den katholischen MigrantInnen auch dem Verhältnis zu MigrantInnen anderer

---

[185] Ökumenischer Rat der Kirchen: Praxis der Gastfreundschaft in einer Zeit neuer Migrationsformen (2005), vgl.URL: https://www.oikoumene.org/de/resources/documents/central-committee/2006/report-of-the-general-secretary (30.06.2017).

[186] Conference of European Churches – Konferenz Europäischer Kirchen, vgl. URL: http://www.ceceurope.org/ (30.06.2017).

[187] Churches' Commission for Migrants in Europe, vgl. URL: http://www.ccme.be/ (30.06.2017).

[188] Migration2010, vgl. URL: http://migration2010.eu/ (30.06.2017).

[189] CCME.

[190] Tomasi, Migration und Katholizismus im globalen Kontext, 532.

[191] Ebd., 528.

Kirchen und kirchlichen Gemeinschaften, zu muslimischen MigrantInnen sowie der Notwendigkeit des interreligiösen Dialogs.

Wegweisend ist in dieser Instruktion die Theologie der Migration. Sie wird in den Kontext der Heilsgeschichte gestellt:

> „Der Übergang von monokulturellen zu multikulturellen Gesellschaften kann sich so als Zeichen der lebendigen Gegenwart Gottes in der Geschichte und in der Gemeinschaft der Menschen erweisen, da er eine günstige Gelegenheit bietet, den Plan Gottes einer universalen Gemeinschaft zu verwirklichen. Der neue geschichtliche Kontext ist in der Tat gekennzeichnet von Tausenden Gesichtern des Anderen, und im Unterschied zur Vergangenheit wird die Vielfalt in den meisten Ländern zu einer Selbstverständlichkeit. Die Christen sind daher aufgerufen, (...) die Achtung vor der Identität des Anderen zu bezeugen und zu praktizieren." (...) Wir sind deshalb alle zur Kultur der Solidarität aufgerufen, (...) um gemeinsam zu einer wahren Gemeinschaft der Menschen zu gelangen."[192]

Migration wird weiters christologisch, ekklesiologisch, pneumatologisch und eschatologisch interpretiert. Im Migranten ist das Bild des fremden Christus (Mt 25) zu entdecken. Migration setzt das Pfingstereignis fort: Menschen aus verschiedenen Völkern und Rassen verstehen einander durch die Gabe des Heiligen Geistes in der je eigenen Sprache und können einen immer vielfältigeren „Gesellschaftskörper" aufbauen. Die Pluralisierung, die damit einhergeht, gehört zum Heilsplan Gottes. Die Migrationen werden als „Geburtswehen einer neuen Menschheit" betrachtet. Die Leiden, die Migration begleiten, machen den Riss, der durch die Sünde in die Menschheitsfamilie kam, sichtbar. Migration ist demnach ein Aufruf zu Solidarität und Gerechtigkeit. Migration lässt die endgültige Begegnung der gesamten Menschheit mit und in Gott erahnen (Lk 13,29; Offb 7,9). Migration ist ein „Hoffnungszeichen", das die „Umwandlung der Welt in der Liebe" beschleunigen kann.

Auch die lateinamerikanische Kirche widmet sich seit einigen Jahren der Migration.[193] Das Schlussdokument der 5. Generalversammlung des lateinamerikanischen Episkopats, die 2007 in Aparecida do Norte in Brasilien stattfand, bezeichnet die Mobilität von Millionen Menschen in der Doppelgestalt von Migration und Wanderungsbewegungen als eines der be-

---

[192] Erga migrantes 9 (Auslassungen RP).
[193] Vgl. Paolo Suess: Migranten-Pastoral. Fragmentarische Überlegungen zu Aparecida, in: Gottfried Bitter/Martina Blasberg-Kuhnke (Hg.): Religion und Bildung in Kirche und Gesellschaft. Festschrift für Norbert Mette, Würzburg 2011, 308–317.

deutsamsten Phänomene in diesen Ländern.[194] Insbesondere die „Emigranten, Vertriebenen und Flüchtlinge, die aus wirtschaftlichen und politischen Gründen oder aus Gründen der Gewalt unterwegs sind"[195], bedürfen der besonderen Aufmerksamkeit der Kirche, zu deren Aufgabe es gehört, „die Diskriminierung der Migranten prophetisch anzuklagen"[196]. Das Dokument formuliert dabei verwegene Optionen wie z. B. den Einsatz der Kirche für eine „universal gültige Staatsbürgerschaft, die keine Unterschiede zwischen den Personen macht."[197] In Lateinamerika erscheint Migration, die dort Entwurzelung, Individualisierung und Isolation bedeutet, allerdings *nicht* als Weg aus prekären Lebenssituationen hin zu einem Reich des „guten Lebens"[198]. Theologie der Migration ist in diesem Kontext eine radikale Kritik am Kapitalismus und legt den Finger auf die Wunden eines inhumanen Wirtschaftssystems.

3.4 Katholizität als Hermeneutik für Migration

Begriff, Geschichte und Praxis der Katholizität bergen weiteres reiches Potential zu einem vertieften Verständnis von Migration. Welche Fragen, welche Erfahrungen, welche Anliegen und Visionen, welches Selbstverständnis von Christentum und Kirche bündeln sich in diesem schillernden Konzept?

3.4.1 Zur Geschichte des Begriffes[199]

Der Begriff Katholizität entstammt der Ekklesiologie und bezeichnet als Adjektiv eine der vier traditionellen Kennzeichen – der *nota ecclesiae* – der Kirche. Seit dem Nicaenoconstantinopolitanum von 381 gehören Einheit, Heiligkeit, Apostolizität und Katholizität zum kirchlichen Selbstverständnis. Die meisten der im Ökumenischen Rat der Kirchen vertretenen Kirchen

---

[194] Aparecida 2007: Schlussdokument der 5. Generalversammlung des Episkopats von Lateinamerika und der Karibik (hg. von der Deutschen Bischofskonferenz, Stimmen der Weltkirche, Nr. 41), Bonn 2007, 73.

[195] Aparecida 2007, 411.

[196] Ebd., 414.

[197] Ebd.

[198] Suess, Migranten-Pastoral, 311.

[199] Vgl. zum Folgenden Helmut Merklein/Wolfgang Beinert: Art. „Katholizität in der Kirche", in: Lexikon für Theologie und Kirche (LTHK). 5. Band, Freiburg/Basel/Rom/Wien 1996, 1370–1374; Knut Wenzel: Art. „Katholisch", in: Lexikon für Theologie und Kirche (LTHK). 5. Band, Freiburg/Basel/Rom/Wien 1996, 1345–1346; Maier, Art. „Katholizismus"; Steinacker, Art. „Katholizität"; Schreiter, Die neue Katholizität.

teilen mit der Römisch-Katholischen Kirche diese Auffassung. Verschieden und umstritten ist allerdings, was mit „katholisch" gemeint ist. In dieser Uneinigkeit spiegeln sich sowohl die Geschichte des Begriffes als auch die Verschiedenheit der christlichen Selbstverständnisse.[200]

Das Adverb, aus dem später das Wort *katholikos*[201] gebildet wurde, ist zunächst kein theologischer Begriff. Bei Aristoteles bezeichnet es die Universalien gegenüber den Individuen: Es geht also um die Frage, wie sich das Einzelne und das Allgemeine, die Teile und das Ganze im Sinne einer organischen Einheit zueinander verhalten. Kat-holou beschreibt das Einzelne sowie den Teil, insofern diese auf das Ganze zugeordnet sind und umgekehrt. Im Profangriechischen hat das Wort drei Grundbedeutungen: 1) raum-zeitlich „vollständig" und „allgemeingültig"; 2) logisch und rhetorisch „allgemein" und „generell"; 3) „vollkommen", „in Fülle", „richtig, d. h. so, wie es sein soll".[202]

Das Neue Testament kennt den Begriff nur als Hapaxlegomenon in Apg 4,18: *katholou* meint dort „gänzlich" bzw. „überhaupt" und ist nicht auf die Kirche bezogen. Auch die Bezeichnung „katholische Briefe", seit dem 2. Jahrhundert gebräuchlich, bezeichnet nur die Gesamtheit und Gemeinschaft der Christen, die die Adressaten dieser Briefe sind. Der Sache nach findet sich das Thema der Katholizität freilich quer durch das ganze Neue Testament: die Universalität und Fülle des Heils für alle, insofern es in der um Jesus Christus versammelten Gemeinde präsent ist. Zu dieser universalen Kirche gehören Juden und Heiden. Dabei hat sich in vielen Konflikten die Erkenntnis durchgesetzt, dass es für die Aufnahme in die Gemeinden keine ethnischen, rassischen, geographischen, soziologischen oder biologischen Schranken geben kann, weil sich das Evangelium Jesu Christi an alle Menschen richtet. Gott möchte in Christus allen Menschen sein Heil zukommen lassen. Die *pleroma*-Theologie spielt dabei eine wichtige Rolle. Die Fülle des Heils erscheint in Christus. Der Epheser- und der Kolosserbrief verstehen die Universalität kosmologisch, d. h. die Kirche wird in den Bereich dieser Fülle Christi gezogen. So wird Katholizität bereits früh der Kirche zugeschrieben: und zwar sowohl der Ortskirche als auch dem überregionalen Zusammenhang der Gesamtkirche. In der Kirche wird das universale Heil in Christus für alle sichtbar. Dabei taucht die Frage auf, wie die einzelnen Teile der Kirche und die ganze Kirche zusammenhängen. Als Erkenntnis schält sich der Glaube heraus, dass die Fülle des Heils auch in den

---

[200] Steinacker, Art. „Katholizität", 72.

[201] Der „*Katholikos*" ist der Titel des Steuereinnehmers, der im Unterschied zu den privaten Steuereinnehmern die Steuern einnimmt, die für die Allgemeinheit bestimmt waren, vgl. Wenzel, Art. „Katholisch", 1346.

[202] Steinacker, Art. „Katholizität", 72.

Teilen ganz präsent ist. Zwischen dem Ganzen und seinen Teilen besteht eine untrennbare Zusammengehörigkeit und unauflösbare Spannung. Die Teile lösen sich nicht im Ganzen auf. Das Ganze der Kirche bedarf der Erfahrungen und Einzigartigkeit ihrer Teile. Diese können ihre Gaben wiederum nur entfalten, wenn sie sie ins Ganze einbringen.

Ignatius von Antiochia verwendet den Begriff „katholisch" dann erstmals in einem ekklesiologischen Sinn. In seinem Brief an die Smyrnäer (8,2) schreibt er: „Wo der Bischof erscheint, dort soll auch die Gemeinde sein, wie da, wo Jesus Christus ist, auch die Katholische Kirche ist."[203] „Katholisch" bezeichnet hier die Gesamtheit der Kirche und meint, dass jede konkrete Gemeinschaft von Gläubigen, die um ihren Bischof versammelt die Eucharistie feiert, die universale Gemeinschaft der Kirche zugleich vergegenwärtigt und Anteil an ihr hat.[204] Katholizität meint hier noch primär die Fülle an Erlösung, die ein Geschenk Christi an die Kirche ist und die diese der Welt vermittelt. Die Kirche selbst wird als transzendente Wirklichkeit verstanden, an der die empirische Kirche partizipiert. Bischof und Gemeinde repräsentieren den Anteil an der „himmlischen Kirche".

Im Zuge des Wachstums der Kirche bekommt der Begriff Katholizität eine geographische Dimension: Kirche wird als Gemeinschaft von Glaubensgemeinschaften in aller Welt verstanden, die aufeinander bezogen und füreinander verantwortlich sind. Bereits sehr früh ist Katholizität mit Migrationserfahrungen verbunden: die Weise, wie die damit verbundenen Herausforderungen – das Verhältnis von Ortskirche und Universalkirche, von Einheit und Vielfalt – praktisch beantwortet werden, entscheidet über das Verständnis des Wortes. So ist das Konzept der Katholizität zunächst von irenischer Absicht geprägt. Erst gegen Ende des dritten Jahrhunderts beginnt die Dimension der Einzigartigkeit zu dominieren: Der Begriff wird polemisch und dient dazu, zwischen der wahren Kirche und häretischen sowie schismatischen Sekten zu unterscheiden. „Katholisch" zu sein, bedeutet nunmehr rechtgläubig zu sein und die Fülle der Wahrheit anzunehmen, die Christus der Kirche geschenkt hat. In der westlichen Kirche wird der Begriff zur Bezeichnung für Orts- und Teilkirchen, die Gemeinschaft mit dem Bischof von Rom haben. „Katholisch" beschreibt die geographische Universalität der Kirche und die Fülle der Wahrheit, die diese vermittelt. In der Kontroverse mit den Donatisten ergänzt Augustinus dieses Verständnis dann um zwei weitere Dimensionen: 1) Das Festhalten an der rechtmäßigen Autorität, die die Universalität und die Rechtgläubigkeit der Kirche garantiert, wird zum weiteren Merkmal des Katholischen; die Au-

---

[203] Zit. nach Schreiter, Die neue Katholizität, 540.
[204] Ebd.

torität macht er an den Bischöfen, vereint mit dem Bischof von Rom, fest; 2) Katholizität hat eine eschatologische Dimension, denn mit der geographischen Fülle ist das Ende der Welt nahegekommen. Mit Vinzenz von Lerin wird Katholizität sodann mit dem Kontinuitätsgedanken verkoppelt: „festzuhalten ist, was überall, immer und von allen geglaubt worden ist"[205]. Katholizität meint eine Identität durch die Zeiten hindurch. In der konkreten Wirklichkeit der Kirche sind demnach Universalität, Rechtgläubigkeit und Festhalten an der Autorität durch die Kontinuität der Zeit verbunden.

Die Bedeutung von Katholizität hängt von jeher eng mit konkreten historischen Erfahrungen zusammen und stellt eine Reaktion auf zeitgenössische Probleme dar. In der jungen Kirche stand dabei die Frage im Zentrum, wer die Einheit in der Vielfalt garantiert und wie dies repräsentiert wird und durch die Zeit hindurch zu sichern ist. Damit verbinden sich von Anfang an heftige Konflikte.

In der Römisch-Katholischen Kirche wird Katholizität im Zuge dieser Konfliktgeschichte immer stärker in der *romanitas* – im Papsttum – verankert und mit ihr identifiziert. Papst, Bischöfe und deren Lehramt sichern Katholizität. Die Fülle der Vollmacht über Kirche und Gesellschaft obliegt dem Papstamt. Die horizontale Katholizität wird in die Vertikale verschoben. Die kirchliche Hierarchie garantiert die Katholizität der Kirche und der Begriff wird zum Synonym für Einheit. Es entsteht in der Auseinandersetzung mit dem Protestantismus das, was man Katholizismus nennt – im 19. Jahrhundert ein abgeschlossenes Milieu und Bollwerk im Kampf gegen die Moderne.[206]

Seit der zweiten Hälfte des 20. Jahrhunderts verliert der Katholizismus diesen Abgrenzungscharakter. Im Zuge der ökumenischen Bewegung und mit dem Zweiten Vatikanischen Konzil beginnen sich die konfessionalistischen Verengungen wieder zu weiten. Die katholischen Milieus öffnen sich gegenüber anderen Konfessionen, anderen Religionen und Kulturen und nehmen ihre Weltverantwortung mit anderen wahr. Im Zuge dieser Öffnungsbewegungen wird auch die Weite und Universalität des Verständnisses von Katholizität wiederentdeckt. Man beginnt, die „Fülle des Katholischen wiederzugewinnen"[207]. Die Katholische Kirche gibt im Konzil die Vorstellung von der Verkörperung des Katholischen in der sichtbaren Kirche nicht auf, verankert sie aber in der *Communio*-Struktur der Kirche, insbesondere

---

[205] Zit. nach Steinacker, Art. „Katholizität", 75.

[206] In dieser Zeit sind aber auch zahlreiche Orden und Bewegungen entstanden, die sich für die verarmten Schichten eingesetzt und für politische Anliegen engagiert haben.

[207] Maier, Art. „Katholizismus", 1369. Henri de Lubac war hier theologischer Vorreiter.

in ihren Aussagen zum Verhältnis von Orts- und Universalkirche. Pluralität und Einheit verbinden sich in der Gemeinschaft, werden also in Beziehungen realisiert, die sich auch institutionell und rechtlich niederschlagen (müssen). Katholizität wird aus katholisch-konfessioneller Sicht durch das Bischofsamt und insbes. durch den Papst garantiert und durch die Vielfalt der Riten und Charismen sowie durch die ökumenische Öffnung zu den anderen Kirchen und zur Welt realisiert. Insofern versteht sich die Katholische Kirche als jene, in der die Fülle der Katholizität fortdauert („subsistit"[208]). Soweit eine Teilkirche mit anderen und mit der Kirche von Rom vereint ist, ist in jeder Teilkirche die Fülle der Kirche präsent. Katholizität ist aber auch für die Katholische Kirche kein Besitz, sondern von Christus geschenkt.

Im Zuge der nachkonziliaren Entwicklungen wird dabei die Fülle der innerkatholischen Verschiedenheit wahrnehmbar, ohne die „die Fülle des Katholischen nicht entbunden werden kann"[209]. Auf die damit verbundenen Konflikte und Fragen hat die Kirchenleitung in der Zeit vor Papst Franziskus mit Integralismus und Restauration reagiert. So stand denn die Katholische Kirche in den Augen vieler Menschen (wieder) für eine dogmatische, traditionalistische, hierarchische und autoritäre Institution, die sich gegen demokratische Spielregeln, wissenschaftliche Erkenntnisse und kulturellen Fortschritt sperrt.[210] Ihre faktisch globale Pluralität wurde im öffentlichen Raum durch zentralistische Bestrebungen kaum wahrnehmbar. Mit Papst Franziskus wird seit 2013 die Weite des Katholischen wieder deutlicher wahrnehmbar, In seinem Apostolischen Schreiben *Evangelii Gaudium* spricht er sich explizit für Dezentralisierung aus, mit der Einrichtung eines internationalen Beratungsgremiums und einer an Kommunikation und Dialog orientierten Amtsführung (z. B. in der Vorbereitung und Durchführung der Familien-Synode) entwickelt er entsprechende Praxisformen. Sein Verständnis von Katholizität zeigt sich zudem auch in seinem intensiven Dialog mit der Orthodoxie und den Protestantischen Kirchen sowie Islam und Judentum.

Allein diese kurze, römisch-katholisch orientierte Geschichte der Katholizität zeigt, wie heftig von jeher mit der Frage nach dem Verhältnis zwischen (innerer) Vielfalt und nötiger Einheit gerungen wird. Der Versuch, diese Frage durch Uniformität und konfessionalistische Selbstabsicherung zu lösen, hat zu Ausgrenzung und Gewalt geführt. Diese historischen

---

[208] Lumen Gentium 8.
[209] Maier, Art. „Katholizismus", 1370.
[210] Gmainer-Pranzl, Entgrenzung und Verbindung, 119.

Lernerfahrungen könnten hilfreich sein für die zeitgenössischen Herausforderungen inner- und außerhalb der Kirche im Horizont von Migration.

3.4.2 Theologische Bedeutung

Auch wenn Katholizität sehr früh und dann immer mehr ausschließlich auf die Kirche bezogen wurde, bergen der biblische Befund und die Geschichte die Möglichkeit, Katholizität im Horizont der Welt und der anderen Religionen zu denken und zu leben. So wird seit dem Zweiten Vatikanum der Begriff in der katholischen Theologie wieder intensiv diskutiert. Zu unterscheiden ist zwischen Katholizität und Katholizismus. Katholizismus bezeichnet die ethnisch, national oder von spezifischen Milieus geprägten Formen des konfessionell-katholischen Christentums, die sich unter bestimmten politischen und sozialen Bedingungen in der Moderne gebildet haben.[211] Diese Formen sind historisch-kontingent und können nach Karl Rahner „weder zum bleibenden Wesen der Kirche gerechnet noch als dessen notwendige Ausprägung angesehen werden."[212]

Demgegenüber kann Katholizität dreierlei bedeuten:[213] 1) Der Begriff bezeichnet die konfessionellen Vorbedingungen wahren Kirche-Seins, z. B. „römisch-katholisch" als Gemeinschaft im Glaubensbekenntnis und in den Sakramenten unter der Leitung von Papst und Bischöfen; 2) Er charakterisiert einen bestimmten Kirchentypus im Christentum und 3) bezeichnet er als ekklesiologischer Begriff ein Wesensmerkmal der wahren Kirche Jesu Christi. Im Kontext von Migration erscheint vor allem der dritte Aspekt von Interesse, dem ich nun nachgehe.

Schon im Alten Testament – v. a. bei den Propheten, insbes. Deuterojesaja – wird erzählt, dass Gott allen Menschen sein Heil zukommen lassen möchte. Dazu erwählt er ein Volk, das dies bezeugen soll: das Volk Israel. Es soll ein „Licht für die Völker" sein. Dieser Auftrag wird aber nicht „missionarisch-zentrifugal" realisiert, sondern „eschatologisch-zentripetal"[214] visioniert: Am Ende der Zeiten pilgern alle Völker zum Zion und loben und preisen Gott, ohne dass sie ihre Identität aufgeben müssen (Jes 2,2; Mich 4,1). Jesus von Nazareth steht in dieser Tradition und weiß sich zunächst zu Israel gesandt. Der Auftrag, zu allen Völkern zu gehen und das Evangelium zu verkünden, erfolgt erst nach Ostern. Bei Paulus und in der Apostelgeschichte wird daraus eine „bis an die Grenzen der Erde" (Apg 1,8) reichende

---

[211] Vgl. Maier, Art. „Katholizismus", 1368.
[212] Zit. nach ebd.
[213] Vgl. Merklein/Beinert, Art. „Katholizität in der Kirche", 1372.
[214] Vgl. ebd., 1370.

Mission, gespeist von der Erfahrung von Auferstehung und Heiligem Geist. Die Kirche, die dabei „geboren" wird, ist ein Beziehungsraum, in dem Menschen aus allen Völkern das Evangelium in ihrer je eigenen Sprache verstehen können (Apg 2).

Katholizität ist biblisch gesehen zuerst eine Aussage über Gott: Er handelt „katholisch".[215] Er möchte seine Menschheit in ihrer Vielfalt einen. Dies geschieht zunächst und bis heute durch sein Volk Israel, mit dem Gott den Bund nie beendet hat. Katholische Identität kann nur aus dieser Bindung zu Israel heraus erwachsen. In Christus weitet sich dieser Bund auf die Heiden als erweitertes Israel. Nun können auch diese am Schöpfungs- und Heilswerk Gottes teilhaben. Katholische Identität schafft sich demnach nicht selbst. Sie verdankt sich Anderen: Gott und den Juden. In diesem Sinn kann sie nie autark und vollständig sein, sondern ist immer auf Andere verwiesen. Katholizität ist deshalb genuin abhängig, unvollständig, prekär und nie zur Gänze vollendet. Sie meint eine Verheißung und eine Vision, ist also eine eschatologische Wirklichkeit. Sie hat bereits begonnen, realisiert sich immer wieder aufs Neue und bleibt eine Aufgabe: Menschen können und sollen miteinander und mit Gott in Gerechtigkeit und Liebe eins und einig werden. In diesem Sinn ist Katholizität Zusage und Verheißung einer Möglichkeit, die jetzt schon ganz wirklich ist, wo sie geschieht. Den Prozess dieser Vereinigung kann man als eine zentrale Dimension des göttlichen „Heilswerkes" Gottes verstehen. Gott lässt die Menschen an diesem Vorhaben teilhaben, indem er ihnen die Verantwortung für die Erde, die Freiheit und die Gaben dazu schenkt – ihm ähnlich (Gen 1,26–30). Dem Imperativ zur Einheit liegt von Seiten Gottes ein Indikativ zugrunde. Menschen müssen und können diese Einheit untereinander und mit Gott nicht selbst herstellen; sie sind in dieser Einheit bereits geschaffen. Einheit meint dabei innige Beziehung zu Gott und Verbundenheit der Menschen untereinander (Gen 1). Diese Beziehungen sind freilich von Anfang an schwer gestört (Gen 3–4): Diese Situation wird Sünde genannt. Das „katholische" Anliegen Gottes ist also durch menschliches Misstrauen, Zweifel und Angst, Hass und Gewalt von jeher schwer beeinträchtigt.

Wie gefährdet und schwierig es ist, in Einheit zu leben, beschreibt auch das Neue Testament. Einige Juden erkennen in Jesus von Nazareth den Messias, der ihnen durch sein Leben, Sterben und Auferstehen zeigt, wie Zusammenleben vor allem im Alltag konkret verwirklicht werden kann.

---

[215] So z. B. Hans Urs von Balthasar, der „Gott in seiner dreieinen Liebe und in seinem Bund mit dem Volk, das er sich inmitten und zugunsten der Welt erwählt hat" als „das Katholische im Ursprung" versteht, vgl. Werner Löser: Verstetigung des Wunders. Zu den Dimensionen des Katholischen auf den Spuren Hans Urs von Balthasars, in: IKaZ Communio 4 (2012), 387–407, 394.

Paulus hofft, dass das Zusammenleben in Einheit eine reale, von Gott in Christus eröffnete Möglichkeit ist, die in allen Unterschieden diese Verbundenheit der Menschen untereinander und mit Gott (z. B. Gal 3,28; Kol 3,10–11) erfahren lässt. Aber das ganze Neue Testament ist auch voll von Erfahrungen des Konfliktes und der Entzweiung. So nimmt in der Ekklesiologie des Neuen Testaments die *Versöhnung* in und durch Jesus Christus nicht ohne Grund eine gewichtige Stellung ein. In der *pleroma*-Theologie des Epheser- (2,1–22) und des Kolosserbriefes (1,15–20) wird eine universale Kosmologie entfaltet: Der Kreuzestod Jesu umfasst Himmel und Erde. Weil in Jesus Christus alle Menschen untereinander und mit Gott versöhnt sind (Kol 1,15–20) und die „trennende Wand der Feindschaft" zwischen Juden und Heiden niedergerissen ist, können diese miteinander in Frieden leben (Eph 2,11–19). Die Metaphern, in denen diese Erfahrungen und Visionen beschrieben werden, entstammen übrigens dem Bereich der Migration: „Ihr seid also jetzt nicht mehr Fremde ohne Bürgerrecht, sondern Mitbürger der Heiligen und Hausgenossen Gottes." (Eph 2,19). Waren die biblischen Bilder von der Kirche als einem „Raum der Heilsfülle" damals gespeist von der Erfahrung einer Kirche, in der Juden und Heiden zusammenlebten, so muss man aufgrund der historischen Erfahrungen doch betonen, dass die beeindruckenden Bilder, in denen Kirche hier beschrieben wird, ausstehende Verheißungen und Visionen sind. Wird in diesem Verständnis von Kirche nicht erkennbar, wie sehr sie selbst der Versöhnung bedarf?

Katholizität ist kein Besitzstand. Sie ist ein kostbares Geschenk, das ständig der Sorge bedarf, weil sie verletzt und verletzbar ist. Gerade das durch den jahrhundertelangen Antijudaismus zerbrochene und bis in die Gegenwart nicht geheilte Verhältnis zum Judentum zeigt, wie beschädigt konkrete Katholizität war und ist. Desgleichen bezeugen die Kirchentrennungen deren schwere Störung. Die konkrete Geschichte der Kirche verpflichtet diese zu einer bescheidenen Haltung, wenn sie sich selbst, wie z. B. die Katholische Kirche „in Christus als das Zeichen und Werkzeug der Vereinigung der Menschen mit Gott und der Einheit der Menschen untereinander"[216] beschreibt. Sie formuliert damit weniger einen Ist-Zustand als vielmehr die Erfahrung einer Gabe und die daraus erfolgende Verantwortung. Katholizität beschreibt die Erfahrung, dass dort, wo sich solche Einheit ereignet, die eschatologische Fülle schon ganz präsent ist. Diese Einheit vollzieht sich aber stets nur partikulär in einer noch unvollendeten Geschichte. Katholizität bedeutet, dass in der Partikularität des Einzelnen die Fülle des Ganzen, das Universale, schon ganz da sein kann. Biblisch for-

---

[216] Lumen Gentium 1.

muliert: dass das Reich Gottes schon da ist (Mk 1,15). Mit dieser Erfahrung verbindet sich zugleich die Verantwortung für die Vereinigung mit Gott und die Einheit der Menschen, die sich in der Sorge um Versöhnung realisiert – zwischen Mensch und Gott, zwischen Menschen, Völkern und Religionen. In diesem Sinn wäre Katholizität eine Wirklichkeit, die im Denken erkannt, im Glauben bekannt und in der Praxis erhofft werden kann.

In diesem geschichtlich und anthropologisch gebrochenen Horizont sind auch die systematisch-theologischen Zugänge zu Katholizität zu verstehen. Katholizität meint eine immer schon verletzte und verletzbare, immer nur partikulär realisierte Wirklichkeit, eine Gabe und Aufgabe sowie eine Hoffnung, dass und wie sich der „universale Heilswille Gottes" in der Geschichte verwirklicht. Als Aussage über die Beziehung zwischen Vielfalt und Einheit[217] verwirklicht sich Katholizität in der Praxis von Liebe und Gerechtigkeit. Weil sie ihren Ursprung im trinitarischen Gott hat, bejaht sie Verschiedenheit und Vielfalt und versteht Einheit als versöhnte Beziehung zwischen Verschiedenen. Die Schöpfung, zu der auch die Pluralität der Kulturen und Religionen gehört, kann deshalb als Ausdruck und Spur der Fülle Gottes wahrgenommen werden und ist in Raum und Zeit auf Katholizität hin angelegt. Deshalb ist Katholizität – dieser Vereinigungsprozess des Verschiedenen – immer auf Universalität hin ausgerichtet: Katholizität heißt gerade nicht, dass alle gleich werden. Vielmehr wachsen Verschiedenheit und Einheit gleichermaßen durch Beziehungen zu- und miteinander und mit Gott. Die Inkarnation Gottes in Jesus Christus bejaht und erlöst die ganze Schöpfung in ihrer Endlichkeit und Partikularität: Katholizität geschieht konkret und ganz im einzelnen, endlichen, partikulären Ereignis. In besonderer Weise verwirklicht sie sich dort, wo die Marginalisierten, die Exkludierten und Armen im Mittelpunkt stehen und das Maß des Handelns abgeben. Katholizität beschreibt demnach konkrete Praxisformen, u. a. Heilung, Versöhnung, Erlösung, Befreiung, Einsatz für Gerechtigkeit, vor allem aber miteinander Leben teilen und feiern. Durch die Vielfalt der Gaben unterstützt der Heilige Geist als Gottes in der Welt präsente Beziehungswirklichkeit bei der schrittweisen Realisierung der Katholizität. Die Katholische Kirche versteht sich dabei als Zeichen und Werkzeug dieses Prozesses. Sie ist dabei – wie jede Kirche – katholisch, um katholisch zu werden.

Katholizität verwirklicht sich in verschiedenen Dimensionen: innerhalb einer Kirche, zwischen den Kirchen und in Bezug auf die Welt und die Vielfalt der Religionen. Deshalb gehören Denken und Handeln in einem

---

[217] Die folgenden Ausführungen orientieren sich an Merklein/Beinert, Art. „Katholizität in der Kirche", 1372 f.

ökumenischen Horizont unverzichtbar zur Katholizität. Dies kann eine Haltung begünstigen, Verschiedenheit inner- und außerhalb der Kirche(n) zu bejahen und zu fördern und darauf aufbauend nach neuen, tieferen Verstehensweisen und Wegen der Einheit zu suchen. Denn im Horizont von Katholizität sind weder Homogenität noch Uniformität mögliche Einheitsoptionen. Katholizität ermutigt dazu, Beweglichkeit und Wandelbarkeit zu unterstützen und mit dem Bemühen um ein Zusammenleben in Liebe, Gerechtigkeit und Frieden zu verbinden. Katholisch-sein bedeutet, skeptisch gegenüber jedem Versuch zu sein, einen Teil, ein partikuläres System oder ein Einzelinteresse für das einzige zu halten und mit dem Ganzen zu identifizieren. So könnte Katholizität vor Totalitarismen aller Art schützen. Ebenso vorsichtig ist Katholizität aber auch allen Theorien und Praxisformen gegenüber, die Menschen und Gruppen voneinander entzweien und zersplittern. Sie könnte Unterschiede fördern, aber zugleich all jene Unterschiede entlarven, die einseitige Machtverhältnisse legitimieren und daher die Einheit zerstören. Recht verstandene und gelebte Katholizität ringt um die Spannung zwischen Polen und Extremen und versucht, sie in Verbindung zu bringen: Freiheit und Gerechtigkeit, Gleichheit und Verschiedenheit, Pluralität und Einheit. Denn das „Herzstück" des Katholischen besteht in der Glaubenserfahrung, dass sich das Allumfassende, Universale im Partikulären findet, das „Ganze im Fragment"[218], kirchlich formuliert die „universale Einheit in ortsgebundener Vielfalt"[219]. Katholizität ist keine Ideologie; sie beschreibt die dynamische, sich immer wieder wandelnde Wirklichkeit Gottes, insofern sie sich weltweit immer mehr in der und durch die Kirche verwirklichen kann und soll. Henri de Lubac beschrieb dieses Potential so:

> „Der Katholizismus[220] entbindet uns und bindet uns gleichzeitig; er entbindet uns von jeder irdischen sozialen Form, und er bindet uns an jede irdische Gesellschaft. Gegen jeden Anarchismus ist er der gründlichste Konservative als Wahrer der Grundprinzipien, und gegen jeden Konformismus der gründlichste Revolutionär, da seine Ungeduld sich nie nur gegen eine bestimmte soziale Form richtet, sondern über alles hinaus strebt, was das Kennzeichen der Schwäche und der irdischen Hinfälligkeit trägt. Der Ka-

---

[218] Löser, Verstetigung des Wunders, 387, der einen Buchtitel von Hans Urs von Balthasar zitiert: Hans Urs von Balthasar: Das Ganze im Fragment: Aspekte der Geschichtstheologie, Einsiedeln 1963.

[219] Walter Kardinal Kasper: Katholizität als christologisch und pneumatologisch begründete Einheit in Vielfalt, in: IKaZ Communio 4 (2012), 360–371, 360.

[220] Katholizismus meint hier im Französischen das, was ich zuvor mit Katholizität beschrieben habe.

tholizismus hindert uns darum auch, je zu Sklaven unserer eigenen Amt-
lichkeit zu werden, weil er das eigentliche soziale Band ins Innere verlegt."[221]

3.4.3 Theologisches Potential

Dieses Potential kann freilich nur wirksam werden, wenn die Kirche ihrer
konkreten strukturellen Ausgestaltung, ihren Glaubenslehren, Theologien
und Praxen gegenüber immer selbstkritisch bleibt. Freilich braucht Einheit
eine konkrete, auch strukturell wahrnehmbare Gestalt, ohne die sie unbe-
stimmt, diffus und verschwommen wäre.[222] Das rufen insbesondere die
Katholische und die Orthodoxe Kirche in Erinnerung. Aber wie kann dies
angesichts der globalen Herausforderungen der Gegenwart konkret sichtbar
werden? Die Trennung der christlichen Kirchen erscheint in diesem Horizont als tragisches Skandalon, das das Potential von Katholizität an der
Entfaltung behindert. Die Geschichte von Kirchen, die im Zuge der
Machtentfaltung ihre Katholizität nicht nur nicht eingeholt, sondern sogar
verraten haben, lastet schwer. Katholizität ist keiner Kirche Privileg, sie
„gehört" auch nicht der Römisch-Katholischen Kirche. Sie dient weder der
Selbstabsicherung noch der Selbstzufriedenheit und ist ein bleibender Stachel im Fleisch, der dazu aufruft, Schritt für Schritt katholischer zu werden.
Getragen ist dieser schwierige Weg von der Hoffnung, dass Gottes Geschichte mit seiner Menschheit in der Vollendung der ganzen Schöpfung
und des Kosmos endet (Röm 8,18–30). Diese Hoffnung kann nur im konkreten Handeln eingeholt werden. Wie die Juden haben die Christen und
ihre Kirche(n) dabei eine dienende Aufgabe.

Im Horizont der Globalisierung haben in jüngerer Zeit Theologen im
Anschluss an das Konzil das Potential von Katholizität wiederentdeckt und
weitergedacht. Zwei für meine Fragestellung ertragreiche Ansätze seien
genannt:

1) Der Fundamentaltheologe Franz Gmainer-Pranzl arbeitet die integ-
rative und polarisierende Dynamik von Katholizität heraus: Katholizität
birgt das Potential von Entgrenzung und Verbindung[223], sie grenzt nicht ab
und schließt nicht aus. Theologisch wird dieses Merkmal mit der „Weltweite" der Kirche begründet, die in *Lumen Gentium* 13 *character univer-
salitatis* genannt wird. Die historische Auslegung dieser Weltweite als Expansion und Indoktrination hat sich dabei selbst als gottlos widerlegt. Für

---

[221] Zitiert nach Michael Figura: Die Weite des Katholischen nach Henri de Lubacs Erstlingswerk
„Catholicisme", in: IKaZ Communio 4 (2012), 372–386, 373 f.

[222] Vgl. Kasper, Katholizität als christologisch und pneumatologisch begründete Einheit in
Vielfalt, 367.

[223] Gmainer-Pranzl, Entgrenzung und Verbindung, 199.

Gmainer-Pranzl beschreibt Weltweite eine Haltung: die Offenheit für die Anderen und was diese der Kirche zu sagen haben. Deshalb bedeutet katholisch-sein „lernbereit gegenüber Neuem zu sein" sowie „fähig zu werden, die Identität einer gemeinsamen Hoffnung in der Vielheit, Andersheit und Fremdheit kultureller Traditionen zu finden sowie Offenheit gegenüber interner Pluralität zu gewinnen"[224]. Zugespitzt kann man mit Felix Wilfred von einer „umgekehrten Katholizität" sprechen, einem „Prozess des Universal-Werdens durch Empfangen und durch Lernen von Anderen"[225]. Eine wahrhaft Katholische Kirche stellt sich der gesamten Wirklichkeit und sucht nach einer Gestalt, die dem universalen Anspruch entspricht, den sie verkündet. Dies wird möglich nur durch einen reziproken, vorbehaltlosen und offenen Dia- und Polylog, in den sie das Evangelium einbringt und bezeugt – und von den Anderen dabei verändert wird. Eine Katholische Kirche ist keine Statthalterin der Wahrheit. Sie ringt darum, die geoffenbarte Wahrheit mit den Anderen gemeinsam besser zu verstehen und zu verwirklichen. Dabei wird sie gegen alle Grenzen protestieren, die menschliches Leben in Würde, Freiheit und Gerechtigkeit einschränken und alle Trennungen und Gräben zwischen Menschen und Gesellschaften zu versöhnen versuchen. Eine Katholische Kirche ist eine Kirche, die für die Welt da ist. Sie ist weltweit artikuliert und kontextuell verwurzelt, also kein Konzern mit Filialen, in denen überall dasselbe Programm veranstaltet wird. In der lokalen Existenz wird die globale Verbundenheit erlebbar. Katholizität meint daher weder einen „abstrakten Universalismus" noch einen „plumpen Kontextualismus", sondern die „Offenheit für das Ganze und die Aufmerksamkeit für das Besondere"[226]. Wer katholisch ist, glaubt, dass Gott nicht nur in der Kirche, sondern in der ganzen Welt wirkt.[227]

2) Für den Dogmatiker Roman Siebenrock[228] wiederum besteht die wesentliche Entdeckung des Konzils darin, dass Katholizität nicht der Abgrenzung, Entgegensetzung oder gar Feindschaft bedarf. Sie wird durch Dialog, Partizipation und Pilgerschaft verwirklicht. Damit werden die Anderen unverzichtbar, um katholisch zu werden. Differenz wird so als notwendig und Bereicherung für die Identität erkannt. Die katholische Identität wird „prekär", denn sie versteht sich nunmehr auf Andere verwiesen und

---

[224] Ebd., 120.

[225] Felix Wilfred: Asiatische Wege zur Katholizität. Theologische Reflexionen im post-christlichen Kontext, in: Claude Ozankom (Hg.): Katholizität im Kommen, Regensburg 2011, 95–108, 100.

[226] Gmainer-Pranzl, Entgrenzung und Verbindung, 123.

[227] Ebd., 114.

[228] Vgl. zum Folgenden Roman A. Siebenrock: Ein neues Pfingsten der Kirche. Das Zweite Vatikanische Konzil (1962–1965), Innsbruck 2012.

weiß, dass sie ihren Ursprung und ihre Identität nicht sich selbst verdankt. Ziel der Kirche ist nicht ihre Selbstbehauptung, vielmehr steht sie im Dienst der Ankunft des Reiches Gottes. Für die Katholizität nach innen bedeutet dies, dass die gleiche Würde aller Getauften ebenso in den Blick kommt wie deren gemeinsame Berufung zum Dienst und zur Heiligkeit – in der Verschiedenheit der Begabungen und Berufungen. Wenn Gott alle Menschen liebt und ihr Heil möchte und dies in der Praxis Jesu geschichtlich verbindlich geworden ist, ist Katholizität zugleich auf die Weite der göttlichen Liebe hin ausgerichtet und weiß sich mit allen Menschen aller Zeiten und Orte zuinnerst verbunden. Sie weiß daher auch darum, dass ihr in den Anderen das Geheimnis Gottes begegnen kann. Das macht Katholizität differenzsensibel. Weil die konkrete Kirche aber gespalten ist und ganze Kulturen vom Evangelium nicht ergriffen sind, ist die Katholizität der Kirche nur eine vorläufige. Dies fördert das Bewusstsein, dass die konkrete Kirche nicht für sich selbst da ist und unterwegs ist zum Reich Gottes. Katholizität nach außen bedeutet Ökumene und Dialog im Dienst an Friede und Gerechtigkeit unter den Menschen. Anerkennung der Anderen und Dialog sind die Weisen, wie sich Katholizität konkret verwirklicht und Gott sein Heil verwirklicht.

3.4.4 Ertrag

Geschichte und Begriff der Katholizität werfen ein genuin theologisches Licht auf Migration und bergen darin anregendes Potential für die Kirche, aber auch für die Gesellschaft. Einige Facetten möchte ich exemplarisch herausstreichen.

Katholizität ermöglicht eine positive und wertschätzende Wahrnehmung von Migration sowie der damit verbundenen Prozesse der Pluralisierung und Diversifizierung. Ethnische, kulturelle, religiöse Vielfalt – alle Arten menschlicher Vielfalt und Verschiedenheit werden vor aller Problematisierung als Gabe und Geschenk wahrgenommen. In diesem Sinn kann Migration Gabe und Geschenk sein, denn sie macht Vielfalt und Verschiedenheit wahrnehmbar, fördert diese und kann so zum Segen gereichen.

Zugleich betont Katholizität die innere Zusammengehörigkeit und das Aufeinander-Verwiesensein des Vielfältigen und Verschiedenen: Menschen mit und ohne Migrationsgeschichte, ob innerhalb oder außerhalb der Kirche, ob religiös oder nicht, sind aufeinander bezogen und brauchen einander. Pluralität bedarf deshalb der Strukturierung und Organisation im Horizont des Zusammenlebens in einer gerechten Gesellschaft. Migration wird im Licht der Katholizität zur Aufgabe, für solches Zusammenleben Verantwortung zu übernehmen.

Dies ist umso dringlicher, als Migration für viele MigrantInnen alles andere als ein Geschenk ist, sondern in Armut, Not und Gewalt wurzelt. Migration kann deshalb auch ein Fluch sein. Sie entschleiert die Ungerechtigkeit der Welt. Zum Segen kann sie nur gereichen, wenn die inhumanen Ursachen der Migration beseitigt werden und Menschen Gerechtigkeit lernen und erfahren. Daher gehört die Verantwortung für Gerechtigkeit untrennbar zur Katholizität.

Die Gaben der Vielfalt und der Verschiedenheit wiederum können sich nur entfalten, wenn sie wahrgenommen werden und Anerkennung erfahren. Ethnische und religiöse Gemeinschaften, die Vielfalt menschlicher Gemeinschaften, brauchen demnach einen angemessenen Platz in der Kirche und in der Gesellschaft. Erst dann können sie ihren Beitrag zum Gemeinsamen einbringen. Dafür braucht es entsprechende rechtliche Rahmenbedingungen, Strukturen, Institutionen und Repräsentationsmöglichkeiten. Zugleich wird das Potential der Gaben nur frei, wenn und indem diese auf das Ganze und Gemeinsame bezogen sind. Katholizität könnte also auch vor parochialem Altruismus, Tribalisierung, fragwürdigen Partikularismen und Identitätspolitiken auf allen Seiten schützen. Angesichts der wachsenden Komplexität der Beziehungen innerhalb von Kirche und Gesellschaft, zwischen Kirche(n), zwischen Kirche und Gesellschaft wird es viele neue Ideen brauchen, wie Pluralität und Diversität zu strukturieren und auf das jeweilige Gesamt und Gemeinwohl hinzuordnen sind, damit Migration ihr Potential zeigen kann.

Katholizität ermöglicht eine positive und wertschätzende Sicht auf Partikuläres: keine ethnische oder religiöse Gemeinschaft, kein einziger Mensch ist nur untergeordneter Teil eines Ganzen, dem er dienen muss – sei es in der Kirche oder in der Gesellschaft. Vielmehr hat alles Einzelne und Partikuläre Wert und Würde in sich selbst. Von Schutz, Anerkennung und Wertschätzung des Einzelnen hängt das Wohl des Ganzen ab. Dieses komplex gedachte Verhältnis zwischen den Einzelnen (Gemeinschaften) und dem Ganzen (Kirche, Gesellschaft) sichert eine polare Spannung, die nicht einseitig aufgehoben werden darf. Katholizität verpflichtet dazu, beides im Blick zu haben: Wohl und Würde des Einzelnen und Wohl und Würde der Kirche bzw. der Gesellschaft. Katholizität zeigt, dass aus der Gabe der Migration auch Aufgaben erwachsen – für Menschen mit und ohne Migrationsgeschichte.

Katholizität stellt angesichts der Vielfalt und Verschiedenheit zugleich immer auch die Frage nach der Einheit. Die geschichtliche Entwicklung des Katholizitätsverständnisses zeigt, dass Uniformitäts- und Homogenitätsvorstellungen von Einheit zu Gewalt neigen und die Herausforderungen nicht angemessen lösen. Die Frage nach der Einheit stellt sich angesichts der

Erfahrungen mit verletzender und verletzter Katholizität in der Kirche in anderem Licht. Sie mag auch für die Gesellschaft eine zentrale Aufgabe sein. Im Horizont von Migration verdichtet sie sich zur Frage nach dem *Zusammenleben in Verschiedenheit* auf allen Ebenen von Kirche und Gesellschaft, zwischen Menschen mit und ohne Migrationsgeschichte. Sie stellt sich im Horizont vielfältiger Zugehörigkeiten und komplexer Beziehungsstrukturen zwischen Menschen, Institutionen, Organisationen. Wie kann Einheit als Zusammenleben in diesen unterschiedlichen Kontexten konkretisiert und sichtbar werden? In der Entwicklung praktischer und theoretischer Antworten dafür besteht wohl die epochale Herausforderung der Gegenwart.

Die Geschichte der Katholizität zeigt, dass das heikle, aber unverzichtbare Verhältnis von Einheit und Vielfalt im Horizont der Gerechtigkeit immer nur partiell, schrittweise und fragmentarisch realisiert werden kann. Katholizität ist weder ein Ideal noch eine abstrakte Norm, die es umzusetzen gilt, sondern ein Prozess, in dem von Anfang an mit Konflikten, Brüchen, Widersprüchlichkeiten gerechnet werden muss. Katholizität ermutigt zu Grenzüberschreitung, Weltweite und Offenheit, darin ist sie migrationsaffin. Zugleich warnt ihre Geschichte vor Expansion und Indoktrinierung, Abschottung und Feindschaft. Kommunikation und Partizipation, Aufeinanderhören in vielfältigen Dia- und Polylogen und Beweglichkeit sind die „katholischen Instrumente". Katholizität kann in diesem Sinn Möglichkeiten erschließen, wie man in einer Migrations-Welt zusammenlebt. Zugleich zeichnet sich Katholizität durch eine achtsame Aufmerksamkeit für das Konkrete und Besondere aus, sodass Weite und Universalität nicht ortlos, abstrakt und sinnleer werden. Gerade weil Katholizität eine Geschichte der Verletzung und Verletztheit mit sich trägt, kann sie zu einem differenzierten Umgang mit Migration ermutigen. Versöhnung spielt dabei eine zentrale Rolle.

Katholizität zeigt die lebensnotwendige Bedeutung von Migration für die Kirche und die Gesellschaft. Ohne Migration drohen Gesellschaften und Kirche unlebendig und starr zu werden. Zeigt sich geschichtlich nicht ein seltsamer Zusammenhang zwischen wachsender Sesshaftigkeit und Machtansammlung und Verengung des Katholischen? Wäre Migration dann nicht *die* Chance auf Horizonterweiterung und Verlebendigung, auf die Kirche und Gesellschaft angewiesen sind? Biblisch gesehen ist Migration Segen und Fluch. Der zeitgenössische Befund zeigt, dass sich an dieser Zwiespältigkeit bis in die Gegenwart wenig geändert hat. Aber gerade darin wäre Migration jenes Lernfeld, in dem Katholizität im Denken erkannt, im Glauben bekannt und in der Praxis erhofft werden kann. Denn aus theologischer Sicht lässt Katholizität Migration als einen Prozess erkennen, in dem Gott konkrete Schritte ermöglicht, mit seiner Menschheit gemeinsam die Geschichte des Heils zu verwirklichen: Migration lässt neu lernen, was Zusammenleben in Vielfalt, Verschiedenheit und Einheit, Friede und Gerechtigkeit bedeutet. Aus der Sicht des Glaubens verwirklicht sich in diesem Lernprozess die Einheit der Menschheit untereinander und mit Gott. Katholizität als Eigenschaft dieses Prozesses hält in Erinnerung, dass dieser nicht vereinheitlicht, sondern zugleich differenziert und integriert. Indem jeder Mensch, jede Gemeinschaft in lebendiger Beziehung zu anderen immer mehr er/sie selbst wird, trägt er/sie unverzichtbar zum Ganzen bei. Die Aufgabe der Kirche besteht darin, diesen Prozess zu unterstützen und von den Anderen zu lernen, wer sie selbst ist.

3.4.5 Lernfelder

Der aktuelle sozialwissenschaftliche Diskurs um Migration kreist um Themen, die eng zum theologischen Selbstverständnis gehören und sich im Begriff der Katholizität verdichten. Umgekehrt können die Fragen und Herausforderungen im Horizont von Migration beim Verwirklichen zeitgerechter Katholizität unterstützen. Exemplarisch seien abschließend vier Lernfelder (für die Kirche) skizziert:

1) In der Frage nach der *Identität*, die im Migrationsdiskurs eine zentrale Rolle spielt, wird die Frage nach dem Verhältnis zwischen den Teilen und dem Ganzen verhandelt: Von und mit Migranten könnte gelernt werden, dass menschliche Identität prinzipiell prozesshaft, prekär und nicht-voll ist und konstitutiv der Anderen bedarf. Katholizität könnte als relationales Konzept erfahren werden, das die Qualität von Beziehungen beschreibt. Wäre die Erfahrung, dass Unvollständigkeit, Prekarität und Brüchigkeit konstitutiv zu einem katholischen Selbstverständnis gehören, nicht eine wesentliche Bedingung, die Frage nach Gott wieder angemessen stellen zu können?

2) *Phänomene der Menschenfeindlichkeit* und gesellschaftliche *Exklusionsmechanismen* verweisen auf die Frage nach den *Anderen* und dem *Fremden*, die Menschen mit und ohne Migrationsgeschichte betrifft. MigrantInnen sind weder „die Anderen" noch „die Fremden", sondern erinnern an den Anspruch, den Alterität und Alienität an alle Menschen stellen: Was ist es, das Menschen miteinander verbindet? Wie lebt man mit den dabei wahrnehmbaren Unterschieden? Was bedeutet jenes Fremde, das sich zwischen Menschen zeigt, das bleibend entzogen ist und sich nicht integrieren lässt? Könnte sich Katholizität dabei zu einer Theorie und Praxis im Leben mit Andersheit und Fremdheit entwickeln?

3) Die katholischen Dimensionen von Einheit und Versöhnung machen die Dringlichkeit der Frage nach globaler *Gerechtigkeit* deutlich. Migration ist ein ausgezeichneter Lernort für Gerechtigkeit. In den harten Kämpfen um Gerechtigkeit im Kontext von Migration könnte ein zeitgerechtes Verständnis von Katholizität vertieft werden.

4) Die Frage nach dem *Zusammenleben in Verschiedenheit,* insbesondere auf der gesellschaftlichen Mesoebene, ist der Brennpunkt, an dem die Frage nach der Katholizität konkret und praktisch wird. Gemeinden – Communities – kommt dabei eine Schlüsselrolle zu, denn sie sind es, in denen Katholizität lokal und schrittweise, wie in einem Laboratorium, riskiert und erprobt wird.

Damit bin ich am Ende meines Beitrages bei der elementaren Bedeutung von christlichen Gemeinden für eine lebendige Katholizität angekommen. Diese sind es, die der Kirche ermöglichen, sich auf die Herausforderung von Katholizität nach innen und nach außen einzulassen, indem sie lernen, mit den MigrantInnen innerhalb und außerhalb auf je verschiedene Weise zusammenzuleben: den Alltag zu teilen, einander beizustehen, von- und miteinander zu lernen und gemeinsam zu feiern.[229]

Für die Katholische Kirche (in Europa) wird die schwierigste Herausforderung darin bestehen, sich selbst und ihre Gemeinden als kontextuell gebundene, partikuläre Realisierung des Christentums und relative (d. h. relationale) Erkenntnis der Wahrheit des Evangeliums betrachten zu lernen.[230] Die Kirche in Europa ist nicht das Maß aller Katholizität. Zugleich aber ist eben diese Partikularität nicht nichts, sondern alles, was sie hat – und das darf, kann und muss sie einbringen. Die jeweilige Partikularität und Relativität ist dabei nicht einer abstrakten Universalität zu opfern, sondern kann und soll in die Begegnungen eingebracht werden als unersetzliche Teilerkenntnis der Wahrheit. Im Zusammenleben mit anderen wird sie sich weiterentwickeln, denn die Wahrheit der biblischen Offenbarung ist immer größer als das, was Menschen von ihr verstanden haben und realisieren.

Katholizität im Horizont von Migration zu lernen ist keine einfache Aufgabe. Die damit verbundenen Lernprozesse sind von Konflikten begleitet. Katholizität bedeutet nicht Harmonie, sondern immer wieder neues Ringen um Einheit. „Voneinander lernen" ist keine fromme Formel, die Konflikte verschleiert. Vielmehr werden beim gemeinsamen Lernen Kon-

---

[229] Vgl. das Konzept der Konvivenz nach Theodor Sundermeier: Konvivenz und Differenz. Studien zu einer verstehenden Missionswissenschaft. (Hg. von Volker Kuster), Erlangen 1995.
[230] Vgl. Collet, Mission und Kommunikation, 231.

flikte überhaupt erst sichtbar. Weder pastoral noch theologisch ist es möglich, um Einheit und Versöhnung zu ringen, solange das Konfliktpotential nicht bewusst gemacht ist und die Verletzungen, die damit verbunden sind, aufgedeckt und angenommen sind. Die Verletzungen der Schwächeren haben dabei Vorrang. Ohne Konfliktbearbeitung drohen die benannten Lernfelder zu idealisierenden Normvorgaben zu werden. „Wo Menschen im Konflikt lernunfähig geworden sind, gelingt die Wiederherstellung ihrer intellektuellen, affektiven und sozialen Kräfte, ihrer Chance menschlichen Wachstums nur so, dass der unterdrückte Konflikt und seine Folgen thematisiert und zum eigentlichen Lernfeld gemacht werden. Eingeschüchterte Menschen lernen nur *im* Konflikt und *am* Konflikt.“[231] Konflikte können dabei helfen, Katholizität zu verwirklichen. Die Lernfelder im Kontext von Migration könnten die Erfahrung ermöglichen, dass im „Haus des Vaters“ viele Wohnungen sind (Joh 14,2) – für Menschen mit und ohne Migrationsgeschichte.

---

[231] Ernst Lange: Sprachschule für die Freiheit. Bildung als Problem und Funktion der Kirche, München 1980, 191. Die Überlegungen des Doyens des ökumenischen Lernens sind auch relevant für das Lernen im Kontext von Katholizität.

Bausteine einer Theologie der Migration

Gegenwart als locus theologicus

(mit Martin Jäggle)

Erschienen in: Jan-Heiner Tück (Hg.): Erinnerung an die Zukunft. Das Zweite Vatikanische Konzil, Freiburg/Basel/Wien 2012, 570–598.

1. Blitzlichter

An den Grenzen Europas schreien im Meer die Toten. Die Lebenden waren auf der Suche nach einer besseren Zukunft:

„Etwas Besseres als den Tod finden wir überall."[1]

Auch das Migrationsregime der Europäischen Union zur Abwehr von Flüchtlingen, durchgeführt von FRONTEX[2], der Europäischen Grenzschutzbehörde, ist dafür verantwortlich.

Die ORF-Journalistin Susanne Scholl protestierte im Dezember 2011 gegen die Abschiebung einer tschetschenischen Familie. Sie erhielt dafür vom Ministerium eine Zahlungsaufforderung für 14,30 Euro Eingabegebühr. Die Aktion „1000 Protestschreiben gegen die Vergebührung von Protestschreiben" war erfolgreich: Das Innenministerium stellte die Gebühreneinhebung ein.[3]

51.000 freiberufliche Pflegebetreuerinnen – das ist die offiziell bekannte Zahl mit Stand 2015 – sind in Österreich 24 Stunden für Pflegen, Kochen, Wohnung putzen und Einkaufen im Einsatz und erhalten netto 60 Euro pro Tag. 56 % stammen aus der Slowakei, 32 % aus Rumänien und 5 % aus Ungarn.[4] Tausende philippinische Krankenschwestern arbeiten in Wiens

---

[1] Dieses Zitat war auf der Homepage der Seite „Import und Export" zu lesen, die u. a. Geschichten von und über MigrantInnen erzählt und „der Vielfalt Gesicht und Stimme" gibt, vgl. URL: http://importundexport.at/ (25.10.2016).

[2] FRONTEX, vgl. URL: http://frontex.europa.eu/about-frontex/origin/ (30.06.2017).

[3] Vgl. APA: Beschwerde gegen Abschiebung kostete 14,30 Euro, vom 29.11.2011, vgl. URL: http://diepresse.com/home/panorama/oesterreich/720164/Beschwerde-gegen-Abschiebung-kostete-1430-Euro (30.06.2017).

[4] Christian Höller: Werden Slowakinnen ausgebeutet?, in: „Die Presse" vom 16.2.2015, vgl. URL: http://diepresse.com/home/wirtschaft/economist/4664509/Altenpflege_Werden-Slowakinnen-ausgebeutet (30.06.2017).

Pflegeheimen und Krankenhäusern.[5] Die unsichtbaren Reinigungsdamen aus Serbien, Polen und der Türkei sind auch auf den Gängen der Universität Wien anzutreffen. Migration stabilisiert die soziale Infrastruktur in Österreich.

„Menschen mit Migrationsgeschichte sind Menschen, die Geschichten zu erzählen haben."[6] Diese erinnern an eine allzu oft vergessene Wirklichkeit: Der christliche Glaube hat seine Wurzeln in den im Alten wie im Neuen Testament reich bezeugten Migrationserfahrungen – in Vertreibung, Exil, Wanderschaft.

Erfahrungshintergrund unseres Beitrages bilden die Lebensgeschichten von 24 „MigrantInnen"[7], die im Rahmen eines Forschungsprojektes[8] des Instituts für Praktische Theologie der Universität Wien interviewt wurden.

2. Fragen

Ziel des vorliegenden Bandes ist das „Ressourcement" der Dokumente des Zweiten Vatikanischen Konzils. Unser Beitrag widmet sich der Pastoral-konstitution *Gaudium et Spes* (GS)[9]. Wir nähern uns dem Text aus einer praktisch-theologischen Perspektive und fragen nach den Folgen für die Theologie, wenn ein konkretes „Zeichen der Zeit" als Ausgangspunkt der Theologie ernst genommen wird: das globale Phänomen der Migration in Kirche und Welt.

Wir haben wir uns für Migration als jenen Kontext entschieden, von dem her wir das Konzilsdokument befragen. „Kontext" bezeichnet dabei das „Element, in und von dem her unsere Überlegungen Form und Ausdruck erhalten"[10].

Wir verfolgen mit unserem Beitrag folgende Fragen:
- Welches nicht ausgeschöpfte Potential birgt GS?

---

[5] „Krankenschwester aus den Philippinen", in: „Heimat, fremde Heimat", Radio Wien, vom 13.08.2006, 19.30), vgl. URL: http://volksgruppen.orf.at/diversitaet/programm/stories/53457/ (30.06.2017).

[6] Import und Export, vgl. URL: http://importundexport.at/ (25.10.2016); Ralf Leonhard: Folgsam und katholisch, in: Südwind Magazin 4 (2007), URL: http://www.suedwind-magazin.at/folgsam-und-katholisch (30.06.2017).

[7] Wir verwenden diesen Begriff im Wissen um seine Problematik.

[8] Regina Polak (in Zusammenarbeit mit Christoph Schachinger): Religiosität und Migration. Eine qualitativ-empirische Studie. Erste Ergebnisse, unveröff. Werkstattbericht, Wien 2013.

[9] Pastorale Konstitution Gaudium et Spes über die Kirche in der Welt von heute, Vatikan 1965.

[10] Michel de Certeau: GlaubensSchwachheit. Kulturen und Spiritualitäten, Stuttgart 2009, 45.

- Welche Folgen für die Theologie hat die Konzils-Kategorie „Zeichen der Zeit", wenn man sie als kreative Fortführung des *locus theologicus alienus* Geschichte (nach Melchior Cano) versteht?

3. Das unausgeschöpfte Potential von Gaudium et Spes

3.1 Konversion (*Metanoia*) zur Gegenwart als theologischer Erkenntnisquelle

Mit der Theologie der „Zeichen der Zeit" vollzieht GS eine radikale Konversion: Die Umkehr zur Gegenwart als Element, in dem sich Theologie konkretisiert. So sieht es Christoph Theobald: „Die Theologie der 'Zeichen der Zeit' gehört in das Grundgerüst von *Gaudium et Spes* und bildet den Kern der neuen konziliaren Textgattung 'pastorale Konstitution'. (…) Es geht in ihr um nichts weniger als um eine *Konversion* (…) zu Gunsten einer neuen Verhältnisbestimmung: die von Johannes XXIII initiierte 'Pastoralität' des Dogmas selbst."[11]

Die Gegenwart – in GS benannt als „unsere Zeit", als „die Welt von heute", als „neue Epoche ihrer (der Menschheit) Geschichte" – wird zu einer unverzichtbaren theologischen Erkenntnisquelle. Christoph Theobald zeigt, wie mit der Theologie der „Zeichen der Zeit" auch eine spezifische Weise des Theologisierens formuliert wird: „Die Kirche hat die Aufgabe (*munus*), das Werk Christi in seinem Geist weiterzuführen[12], kann dies aber nur *in* einem Auslegungs*prozess* tun, der sowohl das Evangelium selbst wie auch die Situation oder den Ort der Interpretation einbezieht."[13] Damit wird auch der Interpretationsprozess der biblischen Botschaft durch die Kirche in und mit der Gegenwart zu einem Element und Vollzug der göttlichen Offenbarung, denn die Kirche „weiß auch, wie sehr sie selbst in ihrer lebendigen Beziehung zur Welt an der Erfahrung der Geschichte immerfort reifen muss"[14]. Sie ist sich „auch darüber im Klaren, wie viel sie selbst der Geschichte und Entwicklung der Menschheit verdankt"[15]. GS 44, erst wenige Tage vor der Abstimmung eingefügt, bringt diese Konversion auf den Punkt: „Die Hilfe, welche die Kirche von der heutigen Welt erfährt".

---

[11] Christoph Theobald: Zur Theologie der Zeichen der Zeit. Bedeutung und Kriterien heute, in: Peter Hünermann (Hg.): Das Zweite Vatikanische Konzil und die Zeichen der Zeit heute, Freiburg im Breisgau 2006, 71–84, 71 (Auslassungen RP/MJ).
[12] Gaudium et Spes 3.4.11.
[13] Ebd., 72.
[14] Ebd., 43.
[15] Ebd., 44.

In gewissem Sinn revolutionär sind in diesem Abschnitt 44 folgende Aspekte:
- Die Kirche verdankt der Geschichte und der Gegenwart neue Möglichkeiten zu einem tieferen Verständnis der eigenen Wahrheit.
- Die Kirche kann die Botschaft Christi nur in den Vorstellungswelten und Sprachen der Gegenwart angemessen aussagen – und sie *muss* sie das auch tun (*lex*).
- Der Austauschprozess mit der Gegenwart stärkt die Fähigkeit, die Botschaft Christi auf je eigene Weise auszusagen – und damit auch den Glauben.
- Die Kirche bedarf der Hilfe von Gegenwarts-„ExpertInnen" – also Menschen, die in spezifischen Lebensbereichen erfahren sind – um die Welt angemessen zu verstehen.
- Das ganze Gottesvolk – „vor allem auch die Seelsorger und Theologen" – hat die Aufgabe, mithilfe des Heiligen Geistes auf die Gegenwart zu hören und sie im Licht des Gotteswortes zu beurteilen.

Die Wechselseitigkeit des Auslegungsprozesses wird damit zum Kern der Umkehr von GS. Das Evangelium (GS 4) und der Glaube (GS 11) ermöglichen die Interpretation der Gegenwart. Zugleich eröffnen das Hören, Unterscheiden und Deuten dieser Gegenwart ein tieferes und besseres Erkennen der geoffenbarten Wahrheit.[16] Das Hören auf die „Anderen" innerhalb wie außerhalb der Kirche ist notwendig zur Wahrheitserkenntnis. Die Gegenwart wird zur Hermeneutin der Offenbarung.

Damit sind die Weichen für eine „Theologie der Gegenwart" gestellt, freilich erst gegen Ende des Konzils. Dabei tauchen schwierige Fragen auf: Wie erkennt man die Gegenwart angemessen? Was ist überhaupt Gegenwart? Wie werden die Erfahrungen der „Anderen" theologierelevant? Wie erkennt man Gott, der als Geheimnis der Gegenwart immer auch entzogen bleibt?

GS beantwortet diese Fragen nur fragmentarisch und wird deshalb diesem „Neuen", das es eröffnet, nicht gerecht: Es fehlt das methodische Instrumentarium einer Gegenwartstheologie. So hat die Rede von der Gegenwart in GS den Charakter einer Applikationstheologie: Zeitdiagnose und Lehre stehen unverbunden nebeneinander, Glaubenslehren werden Gegenwartsphänomenen „übergestülpt", die Stimme der Gegenwart ist gleichfalls selten zu hören. Der Anspruch von GS 44 wirkt aufgrund der späten Einfügung weder strukturbildend für GS selbst noch für die anderen

---

[16] Vgl. Theobald, Zur Theologie der Zeichen der Zeit, 72–73.

Konzilstexte. Alle Konzilstexte hätten wohl nochmals im Horizont der Gegenwart reformuliert werden müssen.

Karl Rahner hat die gravierenden Folgen von GS 44 für die Theologie sehr deutlich erkannt und darin einen „Aufhänger für eine spätere Theologie"[17] gesehen, der ihm zugleich „sehr unheimlich"[18] war. Die gegenwärtigen kirchenpolitischen Kämpfe um die Konzilshermeneutik bestätigen, wie erschütternd und innovativ diese gegenwartssensible „Selbstrelationierung" ist: Die Kirche erkennt in ihrer Beziehung zur Gegenwart etwas theologisch Konstitutives. GS lässt sich als der „Anfang eines Anfangs"[19] bezeichnen, der in einer bis heute in Kirche und Theologie nicht ausgeloteten *Meta-Noia* besteht: einer Umkehr in der Wirklichkeitswahrnehmung. Konkrete Situationen können sich als offen für Gottes Ankunft und Wirklichkeit erweisen. Ist GS in gewisser Weise nicht von einer tiefen Mystik der Präsenz Gottes getragen?

Das Anliegen einer theologischen Würdigung der Gegenwart vertrat auch Papst Johannes XXIII., als er in der Konzilseröffnungsrede[20] vehement den „Unglückspropheten" widersprach: Diese können in den Zeitläuften nur Negatives entdecken, womit sie die Gegenwart Gottes in unserer Zeit leugnen.[21] Johannes XXIII. war getragen von der „einfachen Glaubensüberzeugung der immerwährenden Gegenwart des Herrn in der Geschichte"[22].

Matthias Sellmann bezeichnet diese *Metanoia* als eine „kulturhermeneutische Wende"[23] des Konzils. Deren revolutionäre Neuheit besteht a) in der „Einsicht in die *Konstitutivität* des kulturellen Resonanzhorizontes nicht nur für die Verstehbarkeit, sondern für die Gültigkeit der theologischen

---

[17] Brief vom 27.04.1964 an Herbert Vorgrimler, in: Herbert Vorgrimler: Karl Rahner verstehen. Eine Einführung in sein Leben und Denken, Freiburg im Breisgau 1985, 218.

[18] Karl Rahner: Zur theologischen Problematik einer „Pastoralkonstitution", in: Karl Rahner: Schriften zur Theologie Bd. VIII, Einsiedeln/Zürich/Köln 1967, 613–636.

[19] Karl Rahner: Das Konzil – ein neuer Beginn. Vortrag beim Festakt zum Abschluss des II. Vatikanischen Konzils im Herkulessaal der Residenz in München am 12. Dezember 1965, Freiburg im Breisgau 1966, 14.

[20] Eröffnungsansprache Gaudet Mater Ecclesia zum Zweiten Vatikanischen Konzil am 11. Oktober 1962, vgl. URL: https://www.ub.uni-freiburg.de/fileadmin/ub/referate/04/semapp/ konzil.html (30.06.2017).

[21] Vgl. Knut Wenzel: Kleine Geschichte des Zweiten Vatikanischen Konzils, Freiburg im Breisgau 2005, 17.

[22] Guiseppe Ruggieri: Zeichen der Zeit. Herkunft und Bedeutung einer christlich-hermeneutischen Chiffre der Geschichte, in: Hünermann (Hg.), Das Zweite Vatikanische Konzil und die Zeichen der Zeit heute, 61–70, 62.

[23] Matthias Sellmann: „Ohne pics glaub ich nix!" Die Jüngeren als Produzenten religiöser Bedeutung, in: Norbert Mette/Matthias Sellmann (Hg.): Religionsunterricht als Ort der Theologie (Quaestiones disputatae 247), Freiburg im Breisgau 2012, 65–91, 65.

Inhalte" und b) in der „Grundeinsicht, dass erst der Durchgang durch die kulturelle Hermeneutik die Offenbarung zu sich selber bringt und erschließbar macht"[24]. Zu ergänzen ist hier neben der kulturellen selbstverständlich auch die soziale, ökonomische und politische Dimension, die jede theologische Erkenntnis und Aussage prägt und in ihrem Sinn erschließt.

In jedem Fall wird Theologie damit zeit- und orts-gebundene Reflexion „über das Ereignis göttlicher Selbstmitteilung in Menschen, Situationen, Strukturen, Konstellationen, Epochen"[25]. Die Gegenwart und „ihre" Menschen werden zu „Con-Creatores"[26], MitschöpferInnen der Offenbarung Gottes.

Das Konzil hat sein Anliegen selbst programmatisch riskiert, die Erneuerung der Kirche solle der „Aufgabe dienen, erlösende Bedeutung in der modernen Welt zu haben"[27]. Es war eine Übung in dem, was Giuseppe Ruggieri *„pastorale Theologie als die geschichtliche Hermeneutik der christlichen Wahrheit"*[28] bezeichnete.

3.2 Was meint „Gegenwart"?

Die Rede von der „Gegenwart" ist im Horizont christlicher Geschichtstheologie und Eschatologie zu verstehen, zweier wenig relevanter theologischer Disziplinen in Westeuropa, die nach dem Sinn von Geschichte fragen und die christliche Hoffnung für diese Geschichte reflektieren. Ist diese eschatologische Amnesie ein Grund für die Gegenwartsblindheit der Theologie? Gegenwart ist zu verstehen in jenem komplexen In- und Zueinander von Vergangenheit und Zukunft gemäß der biblischen Tradition: als Beziehungsereignis zwischen Gott und seinem Volk im Modus von Erinnerung und Hoffnung. Gegenwart wird im Horizont von Geschichte zu einem Knotenpunkt, in dem sich Gottes Wirklichkeit realisiert. Die Botschaft Jesu vom Reich Gottes, das schon wirk-lich, schon anwesend ist und das die Menschen „bloß" annehmen „müssen", um umkehren zu können, beschreibt dieses Gegenwartsverständnis aus göttlicher Sicht. Aus menschlicher Sicht bedeutet Gegenwart die Offenheit für Gottes Kommen, für den *Advent(us)* Gottes: nicht, weil Gott nicht schon da wäre, sondern

---

[24] Ebd., 66 f.

[25] Ebd., 68.

[26] Anthropologischer Grundbegriff in der Schöpfungstheologie von Dorothee Sölle: Lieben und Arbeiten. Eine Theologie der Schöpfung, Stuttgart 1985.

[27] Wenzel, Kleine Geschichte des Zweiten Vatikanischen Konzils, 8.

[28] Zit. ebd., 8.

weil die Menschen Zeit brauchen, seine Wirklichkeit wahr- und anzunehmen.[29]

Eine angemessene Geschichts- und damit Gegenwartshermeneutik fehlen schmerzlich. Der große Zulauf, den all jene Formen von Spiritualität erfahren, die den Menschen unmittelbare Gotteserfahrung verheißen, ist nur einer der Indikatoren für dieses Manko.[30] Die Abstinenz einer Gegenwartstheologie mag historisch bedingt sein. Hat nicht zuletzt Adolf Hitler siegesgewiss in den „Zeichen seiner Zeit" die göttliche Vorhersehung wahrgenommen und dies mit zahllosen Paraphrasen auf das Johannesevangelium belegt?[31] Gegenwartstheologie ohne Geschichtsbewusstsein und Erinnerung an konkrete Geschichte ist ideologieanfällig und gefährlich. Allzu rasch erfinden Menschen „Große Erzählungen", in denen der Einzelne und dessen (Leidens)Geschichte nichts zählt. Darauf verweisen die Postmoderne, aber auch Theologen wie Johannes Baptist Metz[32]. Trotzdem – und deshalb – gehört die Frage nach einem zeitgerechten Instrumentarium einer Gegenwartstheologie zu den brennendsten theologischen Herausforderungen heute.[33]

3.3 Was ist das „Neue" der Gegenwarts-Theologie?

Gegenwarts-Theologie ist keine neue Erfindung des Konzils. „Neu" ist die Erinnerung des Konzils an die biblische Botschaft und die Art und Weise, in der Jesus in Wort und Tat „Theologie betrieben" hat.

„Erfüllt ist die Zeit, und nahegekommen ist die Gottesherrschaft. (Deshalb) kehrt um und glaubt an die frohe Botschaft!" (Mk 1,15)[34] Jesus spricht nicht nur *über* das Reich Gottes, sondern er sagt seine Wirk-lichkeit an – als öffentliche Anrede an ganz Israel und als Wirklichkeit. Die Umkehr ist dabei nicht die Bedingung, sondern die Folge des Heiles, das schon da ist.

---

[29] So z. B. die Zugangsweise von Gerhard Lohfink: Jesus von Nazareth. Was er wollte, wer er war, Freiburg im Breisgau[2] 2012, 52 ff.

[30] Vgl. z. B. aktuell Franz Höllinger/Thomas Tripold: Ganzheitliches Leben. Das holistische Milieu zwischen neuer Spiritualität und postmoderner Wellness-Kultur, Bielefeld 2012.

[31] Vgl. Friedrich Heer: Der Glaube des Adolf Hitler, München[2] 1998 (1968).

[32] Johann Baptist Metz: Memoria passionis. Ein provozierendes Gedächtnis in pluralistischer Gesellschaft, Freiburg im Breisgau/Wien 2006.

[33] Unser Kollege Kurt Appel, Fundamentaltheologe an der Universität Wien, stellt sich dieser Herausforderung mit dem Leitthema seiner Forschung: Christentum als Projekt eines Neuen Humanismus: Sinnerschließung der Geschichte in den gastlichen Texturen des HEILIGEN, vgl. URL: http://st-tgf-ktf.univie.ac.at/forschung/forschungsprojekte/kurt-appel/ (30.06. 2017).

[34] Zit. nach Lohfink, Jesus von Nazareth, 52.

Neu ist nach Lohfink[35] die Proklamation der „erfüllten Zeit": *Jetzt* erfüllen sich die prophetischen Verheißungen. *Jetzt* ist das Reich Gottes da. „Erfüllt" bedeutet freilich nach biblischer Sichtweise nicht „vollkommen" oder „jetzt erst wirklich", sondern beschreibt die er-neu-erte Bestätigung dessen, wovon bereits die Schriften des Alten Testaments schreiben. Gottes Wirklichkeit ist präsent und sie wirkt – jetzt schon, im Modus lauterer, treuer Präsenz, die sich freilich stets verändert. Jesus von Nazareth verkündet also nichts radikal Neues, sondern er-neu-ert und bestätigt die jüdische Erfahrung der Gottes-Wirklichkeit in und kraft seiner Existenz. Auf diese anwesende Wirk-lichkeit Gottes verweist bereits der Gottesname JHWH. Natürlich bleibt dabei immer auch ein „Noch-Nicht" erhalten – bis heute. Es ist noch etwas ausständig. Das Beste kommt noch. Wir dürfen noch etwas erwarten, erhoffen. Das „Noch-Nicht" betrifft nicht das Wirken Gottes, sondern die Antwort der AdressatInnen, die noch in der Entscheidung für oder gegen die Annahme dieser Wirklichkeit stehen. „*Deshalb* ist die Gottesherrschaft zwar nahe, aber noch nicht da. Sie ist dem Gottesvolk (…) vor die Füße gelegt (…). Aber solange sie nicht angenommen ist, ist sie nur nahe und um das Reich Gottes muss noch gebetet werden: ‚Dein Reich komme!' (Mt 6,10)."[36] Lohfink weiter: „Offenbar kommt es dem Menschen quer, wenn Gott in seinem Leben konkret werden will. Dann geraten die Wünsche und Lieblingsvorstellungen des Menschen in Gefahr. (…) Deshalb wird das Heil Gottes lieber in die Zukunft verlegt. Dort ruht es dann hygienisch wohl verpackt, ruhiggestellt, folgenlos."[37] Ist es deshalb spirituell so schwierig, Gegenwarts-Theologie zu versuchen?

Gegenwart ist für Jesus jene Zeit und jener Raum, in dem das Reich Gottes schon begonnen hat – als „*Nukleus*"[38] immer spezifisch erfahrbar und ganz praktisch: „Als Vergebung der Sünden, als Heilung von Krankheit, als Neueingliederung in die Gemeinschaft, als Widerfahrnis von Gerechtigkeit, als Ruf in die Nachfolge, als Freiheit von der Bindung des Reichtums, als Rettung aus dem Tod, als Befreiung von dämonischen Mächten, als Freundesmahl mit Jesus, als Wiedergeburt, Festfreude."[39]

GS greift dieses biblische Gegenwartsverständnis wieder auf.

---

[35] Vgl. zu dieser Gedankenführung ebd., 52–59. Dabei ist unser Referenzpunkt die präsentische Eschatologie Jesu. Ob diese, wie Lohfink im Gespräch mit dem AT darlegt, tatsächlich „neu" ist, ist kritisch zu hinterfragen. Auch das AT kennt Naherwartungen und Präsenzerfahrungen Gottes. Neu ist aus unserer Sicht, dass Jesus diese Glaubens-Erfahrung zum normativen hermeneutischen Ausgangspunkt erklärt.

[36] Ebd., 54 (Hervorhebung und Auslassungen RP/MJ).

[37] Ebd., 36 (Auslassungen RP/MJ).

[38] Dies und die folgenden Zitate vgl. Theo Sundermeier: Missio Dei heute: Zur Identität christlicher Mission, in: Theologische Literaturzeitung 127 (2002), 1243–1262, 1258.

[39] Ebd.

3.4 Ursachen für die Gegenwartsblindheit der Theologie?

Wesentliche Elemente einer Gegenwarts-Theologie sind, folgt man dem Verständnis der biblischen Texte: Erzählungen von konkreten Ereignissen und Lebensgeschichten, lebensnahe und erfahrungsgesättigte Bilder, eingewoben in eine mannigfaltige Rede von und vor allem mit Gott in vielfältigen Ausdrucksformen. Diese erschließen *im* Tradierungsprozess Gottes Offenbarung in der Welt immer tiefer. Die jeweilige Gegenwart ist im Alten wie Neuen Testament stets strukturbildendes Element. Die Bibel erzählt genau genommen, nichts „über" Gott und sein Wesen. Gott ist nicht das Objekt der Bibel, sondern ihr Subjekt. Wer sich in die Texte hinein begibt, gerät in die Dynamik Gottes, der in diesen Texten wirkt. In diesem Sinne erzählen die Texte immer auch Gegenwärtiges und können in die Gegenwart hineinwirken.

Woran liegt es, dass eine solche Sicht- und Erfahrungsweise und daher auch eine Theologie der Gegenwart im Raum der deutschsprachigen Theologie mit so vielen Schwierigkeiten verbunden ist? Exemplarisch nennen wir einige Gründe:

- Fundierte und systematische Zeitdiagnostik ist im Theologiestudium nur selten ein Thema. Damit taucht die Frage nach den „Zeichen der Zeit" primär abstrakt auf. Die mangelnde Kooperation zwischen den theologischen Disziplinen und anderen wissenschaftlichen Disziplinen erschwert fundierte Zeitdiagnosen.
- Aus pastoraler Sicht gibt es zu wenige Gemeinden, die ihre Gegenwartserfahrungen eigenständig gläubig artikulieren (können), d.h. in einer Sprache von Hoffnung, Vertrauen und Verheißung, Verzweiflung und Klage. Die Pastoral ermutigt (zu) selten zu einer Sprache, die aus einer tiefen Gottesbeziehung heraus den Formeln der Tradition Leben verleiht oder authentischer Ausdruck dieser Beziehung in persönlichen Worten ist.
- Die Theologie hört den Menschen nicht gut zu. Gegenwartserfahrungen werden nicht als theologie-würdig erachtet, womit sie ihre generative Wirkung nicht entfalten können. So stehen Lebens- und Welterfahrungen oft unvermittelt neben einer hochkomplexen akademischen Theologie, die nicht fruchtbar werden kann.
- Dies hängt wahrscheinlich mit dem oben beschrieben spirituellen Problem zusammen: die Schwierigkeit, Reich Gottes als präsente Wirk-

lichkeit wahr- und anzunehmen. Diese spirituelle Schwäche der (deutschsprachigen) Kirche diagnostizierte schon Karl Rahner.[40]

4. „Zeichen der Zeit"

In einer traditionell theologischen Zugangsweise werden „Zeichen der Zeit" primär als zeittypische, epochale und sozialwissenschaftliche Phänomene betrachtet, die es theologisch zu „läutern" und zu bewerten gilt. Theologie fragt nach ihrem spezifischen Beitrag, ihren Anschlussmöglichkeiten und kritischer Distanzierung.

Von den biblischen Wurzeln bzw. von Entstehungsgeschichte und Verwendungszusammenhang dieses „Konzepts" in den Konzilstexten aber wären „Zeichen der Zeit" jene Phänomene, die in der jeweiligen Zeit in besonderer Weise einen Anwesenheits-, Wirkungs- und Handlungsraum Gottes darstellen. Ein solcher Zugang lässt sozialwissenschaftlich erschlossene Phänomene auch als Quellen theologischer Erkenntnis wahrnehmen. Theologie verändert dabei ihre Gestalt – Ausdruck, Sprache, Form, Wahrnehmungs-, Denk- und Argumentationsweisen, auch so manchen Inhalt. Wie lässt sich ein solcher Zugang begründen?

4.1 Die biblischen „Zeichen der Zeit"

Jesus ist von der Fähigkeit der Menschen überzeugt, aufgrund seiner Botschaft vom Reich Gottes die konkreten Ereignisse in der Welt angemessen zu interpretieren und verweist die Menschenmenge ungehalten auf diese Fähigkeit (Lk 12,54 ff). Konkrete geschichtliche Ereignisse dürfen als Ereignisorte Gottes wahrgenommen werden. Sie bedürfen allerdings der Deutung durch gläubige Menschen; ihre theologische Bedeutung erschließt sich nicht zwingend.

Noch deutlicher bei Matthäus: Als von Jesus ein Zeichen gefordert wird, verweigert er ein solches (Mt 16,3 ff). „Zeichen der Zeit" sind keine eindeutigen und sicheren Beweise für das Reich Gottes. Bereits bei Jesus ist die Erkenntnis der „Zeichen der Zeit" an gläubiges Wahrnehmen der gegenwärtigen Ereignisse rund um ihn gebunden. „In" ihm – also in Beziehung zu

---

[40] Karl Rahner: Strukturwandel der Kirche als Chance und Aufgabe. Neuausgabe mit einer Einführung von Johann Baptist Metz, Freiburg im Breisgau 1989 (1972), 100–101: „ Wir sind doch, wenn wir ehrlich sind, in einem schrecklichen Maße eine spirituell unlebendige Kirche."

ihm, in der Praxis der Nachfolge – wird es möglich, „die Möglichkeit des Heils hinter der Doppeldeutigkeit des gesellschaftlichen Verblendungszusammenhangs wahrzunehmen"[41]. Nach Kuno Füssel sind die „Zeichen der Zeit" bei Jesus geschichtliche Zeichen, die den Charakter eines Ereignisses haben, das über seine unmittelbare Bedeutung hinaus zum Ausdruck einer höheren Wirklichkeit wird. Es gilt, die bestehende augenfällige Realität kontrafaktisch deuten zu lernen.[42] Indem Jesus als *das* „Zeichen der Zeit" Gottes an Jesu Zeitgenossen verstanden wird, wird die Gegenwart in der Nachfolge Christi zum Präsenzraum Gottes.

4.2 Konziliare Vorgeschichte

Im protestantischen Gebrauch des 19. Jahrhunderts betonte die Kategorie „Zeichen der Zeit" deren eschatologische Bedeutung, im katholischen Raum wurde die soziologische Bedeutung der „Zeichen der Zeit" als Kennzeichen einer Epoche als theologischer Ort gewertet.[43] Die *theologische* Bedeutung der „Zeichen der Zeit" formuliert der Theologe Marie-Dominique Chenu: „Von daher gesehen ist nicht die bare Faktizität des Ereignisses (…) das ausschlaggebende Moment, sondern die Bewusstseinsbildung, die es bewirkt, die Bündelung von Energien und Hoffnungen eines ganzen Kollektivs von Menschen, jenseits und unabhängig von der reflektierenden Intelligenz des einen oder anderen Individuums."[44] Es ist „die menschliche Wirklichkeit, insofern sie in einem bestimmten geschichtlichen Kontext menschlich bewusst wird"[45]. Erst indem Menschen sich bewusst werden, dass der Zeit die Möglichkeit innewohnt, Gottes Präsenz wahrzunehmen, kann sie zum Zeichen werden. Chenu sprach in diesem Zusammenhang von einer *praeparatio evangelica*, von einer *potentia oboedientalis gratiae*, die diesen Zeichen zu eigen sei.[46] „Zeichen der Zeit" können darauf vorbereiten, das Evangelium in Empfang zu nehmen und sie bergen die Möglichkeit, der Gnade Gottes gehorchen zu lernen.

---

[41] Ebd., 264.
[42] Ebd., 32.
[43] Vgl. Ruggieri, Zeichen der Zeit, 61.
[44] Marie-Dominique Chenu: Les signes de temps, in: NRTH 87 (1965), 29–39, 32, zit. nach: Kuno Füssel: Die Zeichen der Zeit als locus theologicus, in: ZPhTh 30 (1983), 259–274, 265.
[45] Zit. nach Ruggieri, Zeichen der Zeit, 65–66.
[46] Ebd., 66.

4.3 Konziliares Verständnis

In GS 4 anerkennt die Kirche diese Zeichen als theologische Erkenntnisquelle: Ihr obliegt „allzeit die Pflicht, nach den Zeichen der Zeit zu forschen und sie im Licht des Evangeliums zu deuten. So kann sie dann in einer jeweils einer Generation angemessenen Weise auf die bleibenden Fragen der Menschen nach dem Sinn des gegenwärtigen und des zukünftigen Lebens und nach dem Verhältnis beider zueinander Antwort geben".

Nach GS 11, PO 9[47] und AA 14[48] ist die Interpretation der „Zeichen der Zeit" Aufgabe des ganzen Kirchenvolkes. So heißt es in GS 11, dass das Volk Gottes, im Glauben an die Kraft des „Geistes des Herrn" bemüht ist, „in den Ereignissen, Bedürfnissen und Wünschen, die es zusammen mit den übrigen Menschen unserer Zeit teilt, zu unterscheiden, was darin wahre Zeichen der Gegenwart oder der Absicht Gottes sind". In UR 4[49] wird der enge Zusammenhang mit dem „ökumenischen Werk", der „ökumenischen Bewegung" betont: Die Zeichen lassen sich ohne die anderen christlichen Kirchen nicht erkennen.

Das Konzil legt kein fertiges Konzept einer Theologie der „Zeichen der Zeit" vor. Der Begriff bezeichnet „gelegentlich soziale und politische Wirklichkeiten als solche", aber auch „wichtige und hoffnungsvolle Aufbrüche in der irdischen Realität"[50]. Man formuliert Bausteine einer Methode, was aber viele Fragen offen lässt. Mit Füssel lässt sich feststellen: „Mit der Kategorie der 'Zeichen der Zeit' wird nicht nur die Geschichtlichkeit der Welt, sondern auch der Herausforderungscharakter dieser Geschichtlichkeit voll anerkannt. Wer diese Kategorie so gebraucht wie Johannes XXIII. (und dann auch das Konzil), gibt zu, dass es aus der Zeit selbst für die Kirche etwas zu lernen gibt, zumindest aber, dass sich die Kirche den Fragen der Zeit stellen muss."[51] Oder nach Yves Congar: „Man muss nämlich auf ihren biblischen, christologischen und eschatologischen Bezug Rücksicht nehmen. Das Wichtigste im Wortgebrauch aber ist die Absicht. Es handelt sich um die völlige Anerkennung der Geschichtlichkeit der Welt und der Kirche,

---

[47] Dekret Presbyterorum Ordinis. Über Dienst und Leben der Priester, Vatikan 1965.

[48] Dekret Apostolicam Actuositatem. Über das Laienapostolat, Vatikan 1965.

[49] Unitatis Redintegratio. Dekret über den Ökumenismus, Vatikan 1964.

[50] Vgl. Karl Kardinal Lehmann: Neue Zeichen der Zeit – Unterscheidungskriterien zur Diagnose der Situation der Kirche in der Gesellschaft und zum kirchlichen Handeln heute, in: Karl Kardinal Lehmann: Zuversicht aus dem Glauben. Die Grundsatzreferate des Vorsitzenden der Deutschen Bischofskonferenz mit den Predigten der Eröffnungsgottesdienste, Freiburg im Breisgau 2006, 504–530, 506.

[51] Füssel, Die Zeichen der Zeit als locus theologicus, 263.

die, auch wenn von der Welt unterschieden, trotzdem mit der Welt verbunden bleibt."[52]

4.4 Interpretationen

Die weiterführenden Überlegungen zweier Theologen stützen unser theologisches Verständnis von den „Zeichen der Zeit".

1. Der Fundamentaltheologe *Hans-Joachim Sander* erarbeitet drei Kriterien, die ein Phänomen als „Zeichen der Zeit" erkennen lassen: a) „Zeichen der Zeit" sind (historische) Wirklichkeiten, in denen Menschen um ihre und die Würde und Anerkennung der Anderen kämpfen, gleich ob ungläubig oder gläubig; (GS 1–4); b) „Zeichen der Zeit" sind Orte *(loci)*, an denen Menschen nach der Anwesenheit Gottes suchen bzw. diese finden können, basierend auf Solidarität der Gläubigen mit allen Menschen (GS 11); c) „Zeichen der Zeit" bedürfen zu ihrer Erkenntnis konstitutiv der Wahrheit der „Anderen" (UR 4).[53] Damit wird die Erkenntnis der „Zeichen der Zeit" eine Frage der Relationalität: Sie erschließen sich nur gemeinsam – auch mit jenen, die nicht zur Kirche gehören. Die Sicht „der Anderen" wird erkenntnis-notwendig.

2. *Guiseppe Ruggieri* arbeitet drei Merkmale der „Zeichen der Zeit" heraus: a) Die Interpretation der Zeichen der Zeit soll gemeinschaftlich und b) im Lichte des Evangeliums geschehen und c) zur Praxis vordringen.[54] Für Ruggieri ist die Wahrnehmung der „Zeichen der Zeit" notwendig an die gläubige Wahrnehmung der Wirklichkeit durch christliche Gemeinden als Ursprungsort gebunden.[55] Erfahren die „Zeichen der Zeit" in Kirche und Theologie deshalb so wenig Rezeption? – Weil viele Gemeinden darin zu wenig geübt sind und auch kaum Ermutigung und Begleitung erfahren, die „Zeichen der Zeit" zu identifizieren? Wenn die Erkenntnis der „Zeichen der Zeit" an Gemeinden gebunden ist, gehört sie zudem in erster Linie zur theologischen Erfahrung der bekennenden Gemeinde. Theologie kann dazu beitragen, dass die erlebte Wirklichkeit nicht „harmlos und naiv"[56] in ein Zeichen umgewandelt wird; aber sie kann gläubige Erfahrung nur begleiten,

---

[52] Yves Congar: Bloc Notes sur le Concile: Inf. Cath. Int. 15. November 1964, zit. nach Ruggieri, Zeichen der Zeit, 63.

[53] Hans-Joachim Sander: Migration as a Sign of the Times and a Precarious Locus Theologicus Alienus, in: Judith Gruber/Sigrid Rettenbacher (eds): Migration as a Sign of the Times. Towards a Theology of Migration, Rodopi 2015, 33–46.

[54] Ruggieri, Zeichen der Zeit, 65.

[55] Ruggieri betont dabei die Bedeutung der Liturgie, auf die wir hier aber nicht eingehen können.

[56] Ebd.

nicht ersetzen. Ruggieri fragt: „Ist der Mangel einer Theologie der Zeichen der Zeit in der westlichen theologischen Reflexion zugleich ein Mangel der theologalen Erfahrung der westlichen Kirche in unserer Zeit?"[57]

5. Locus theologicus

Wir verstehen „Zeichen der Zeit" als *locus theologicus*.[58] Das Konzil hat aus guten Gründen diese Begrifflichkeit vermieden, aber zu Ende gedacht ist durch seine theologische Neuorientierung aus einem *locus theologicus alienus* ein besonderer, ja ein notwendiger *locus theologicus* geworden.

5.1 *Locus theologicus* in der Tradition

Wo sich theologische Erkenntnis bilden kann, das wird nach alter Tradition *locus theologicus* genannt. Im Sinn der klassischen Lehre von Melchior Cano gelten jene Instanzen als *loci*, welche die Dignität einer theologischen Aussage verbürgen. Sieben *loci* (Schrift, Tradition, etc.) sind glaubensspezifische Bezeugungsinstanzen (*loci theologici proprii*). Drei *loci* – die natürliche Vernunft, die Philosophen, die Geschichte – werden als *loci theologici alieni* bezeichnet und dienen dem *intellectus fidei*, der vernünftigen Einsicht in den Glauben.

Die – berechtigte – Skepsis gegenüber diesem Konzept liegt im gegenreformatorischen Entstehungskontext: Während Philipp Melanchthon mit seiner Lehre von den *loci communes theologici* (1535) dogmatische Wahrheiten klassifizierte und systematisierte, wollte Cano (1563) die theologischen Wahrheiten aus den *loci* gewinnen und rechtfertigen. Die Lehre von

---

[57] Ebd., 68. Übrigens verweist lt. Ruggieri auch Chenu auf die mystische Erfahrung der Christen als Ort des Verständnisses der „Zeichen der Zeit".

[58] Hans-Joachim Sander kommt auf der Basis des heterotopischen Denkens von Michel Foucault, Kuno Füssel mittels materialistischer Sprachphilosophie zu ebendiesem Schluss. Weitere Literatur: Rudolf Englert: Wenn die Theologie in die Schule geht. Inkulturationserfahrungen, die zu denken und zu lernen geben, in: Norbert Mette/Matthias Sellmann (Hg.): Religionsunterricht als Ort der Theologie (Quaestiones disputatae 247), Freiburg im Breisgau 2012, 92–105; Elmar Klinger: Ekklesiologie der Neuzeit. Grundlegung bei Melchior Cano und Entwicklung bis zum 2. Vatikanischen Konzil, Freiburg im Breisgau 1978; Markus Knapp: Das Wort Gottes, seine Überlieferung und Erkenntnis. Die Lehre von den loci theologici, in: Mette/Sellmann (Hg.), Religionsunterricht als Ort der Theologie, 33–51; Bernhard Körner: Welche Rolle spielen die loci theologici in der Fundamentaltheologie?; Hans-Joachim Sander: Fundamentaltheologie – eine Theologie der Andersorte der Theologie, beide in: Josef Meyer zu Schlochtern/Roman Siebenrock (Hg.): Wozu Fundamentaltheologie? Zur Grundlegung der Theologie im Anspruch von Glaube und Vernunft, Paderborn 2010, 15–57, 39–58.

den *loci theologici* ist eine theologische Argumentationslehre, die dazu dient, Glaubensaussagen argumentativ zu stützen bzw. der kirchlichen Lehre Widersprechendes argumentativ zu entkräften. *Loci theologici* sind legitimierte Instanzen – „Autoritäten"; sie sind „Wohnstätten" theologischer Argumente; keine „Sammelbehälter", sondern theologisch qualifizierte Orte.[59]

Mit Blick auf unsere Fragen ist von bleibender Relevanz: a) Der Geltungsanspruch theologischer Aussagen ist fortan durch die formale Autorität der *loci theologici* in dialektischer Weise verbürgt; b) Mit Cano ist die Geschichte eine theologische Erkenntnisquelle;[60] c) Damit werden auch Glaubenserkenntnis und theologische Erkenntnis in ihrer historischen Verankerung und strukturellen Kirchlichkeit denk- und erkennbar; d) Glaube und Theologie sind auf eine Pluralität von Bezeugungs- und Verstehensinstanzen verwiesen; e) Inhaltlich sind die *loci theologoci* nur insofern Autoritäten theologischer Erkenntnis, als sie im biblischen Offenbarungsgeschehen selbst begründet sind.[61] Cano öffnet den Weg zu einer theologischen Erkenntnislehre, die die geschichtliche Vermitteltheit des Wortes Gottes, der Glaubenszeugnisse und ihrer selbst reflektiert.

Die Gegenwart wird so a) zu einer formalen Autorität mit Geltungsanspruch und b) zur theologischen Erkenntnisquelle, in der c) Glaubenserkenntnisse verankert und strukturell kirchlich sind; d) Die Pluralität der Autoritäten gehört notwendig zur theologischen Gegenwartserkenntnis; e) Inhaltlich ist die Gegenwart nur theologische Autorität, insofern sie in der biblischen Offenbarung gründet.

5.2 *Locus theologicus* nach dem Konzil

Lange Zeit diente die *Locus*-Lehre vor allem der apologetischen Begründung des kirchlichen Autoritätsanspruches. So spielt sie in den Konzilstexten keine Rolle, wird jedoch danach wiederentdeckt und weiterentwickelt. Markus Knapp zeichnet die Neurezeption nach:[62]

- Neue *loci theologici* werden gesucht, mit Verweis auf das Konzil neben der Liturgie, der Spiritualität, dem ökumenischen und interreligiösen Dialog auch die „Zeichen der Zeit" (z.B. Kuno Füssel).

---

[59] Vgl. Knapp, Das Wort Gottes, seine Überlieferung und Erkenntnis, 36–39.
[60] Womit er über Aristoteles und Thomas von Aquin hinausgeht, für die die Geschichte nicht bzw. nur beschränkt wissenschafts/theologiefähig war.
[61] Vgl. Knapp, Das Wort Gottes, seine Überlieferung und Erkenntnis, 36–39.
[62] Vgl. ebd., 40–43.

- Die ekklesiologischen Optionen der *Locus*-Lehre werden diskutiert. Sie wird als strukturale Auslegung und Ausfaltung des Traditionsprinzips interpretiert. Soll die Lehre praxisrelevant werden, bedarf es dazu spezifischer ekklesiologischer Gegebenheiten, konkret: Communio und Dialog. Die Erkenntnis"arbeit" kann dann an den verschiedenen *loci theologici* lebendig zusammenspielen und jeder *locus* seinen Beitrag leisten (z. B. Max Seckler). Damit kommen Kirchen- und Gemeindebezug der Theologie zur Sprache.
- Die Differenz zwischen Innen- und Außenperspektive des Glaubens steht zur Disposition (z. B. Hans-Joachim Sander). Dabei eröffnet der Unterschied zwischen den *loci theologici proprii* und *alieni* den hermeneutischen Schlüssel zu einer neuen Verhältnisbestimmung. Theologische Argumente müssen sich auch von außen und an anderen Orten bewähren, erweisen und neu herstellen. Die Kunst der Theologie besteht darin, in der Differenz von Innen und Außen zu argumentieren.

Das kommunikationstheoretisch-partizipatorische Offenbarungsverständnis des Zweiten Vatikanums ermöglicht den theologischen Verstehens- und Begründungszusammenhang. „So gilt als *locus* in der Theologie heute (…) vor allem das, was theologische Aussagen *generiert*. Im Zentrum des Interesses steht (…) die Frage nach den Entdeckungszusammenhängen („loci") theologischer Erkenntnis."[63] Offenbarung kann sich an vielen verschiedenen Orten und auch außerhalb der Kirche ereignen. Damit werden nun auch andere als die klassischen Orte relevant für die Theologie. Die *loci theologici* werden in eine neue Relation zueinander gebracht. Da *alle loci* in Differenz zum Wort Gottes stehen, weil sie Menschenwort sind, werden traditionelle Unterscheidungen und Grenzen – zu den anderen christlichen Kirchen, zu den Religionen, zu Welt und Gegenwart – durchlässiger, geweitet und reformuliert.

5.3 Zum Zusammenhang

Immer schon galt auch Geschichte als theologische Erkenntnisquelle: „Theologie hat ihren Ort in der Geschichte, und die Geschichte ist Ort der Theologie. Cano ist der erste Theologe, der mit voller Klarheit in der Geschichte selbst das Grundprinzip der Theologie erkennt und sie in ihrem Stellenwert von der formalen Beschaffenheit dieses Prinzips her definiert"[64].

---

[63] Englert, Wenn die Theologie in die Schule geht, 95 (Auslassungen RP/MJ).
[64] Klinger, Ekklesiologie der Neuzeit, 33.

Nun gelten die *loci theologici* als miteinander verbunden, auch verstanden als komplementär oder gar in dialektischer Spannung. „Die theologische Erkenntnis der Offenbarung ist prozessual und relational und eben nicht mehr nur noch im Selbstbezug auf die loci theologici ad intra etwa der Väter, der Schriften oder der eigenen Dogmenproduktion möglich."[65] Mit Füssel plädieren wir dafür, „den Zeichen der Zeit sowohl im Sinne der klassischen Auffassung Melchior Canos als auch der heutigen Theologie der Befreiung den Rang eines locus theologicus zuzuerkennen"[66]. Gerade „weil man die Zeichen der Zeit nicht als facta bruta nehmen darf, sondern ihre weiterführende Bedeutung, d. h. Gottes Denken und Planen für den Menschen vermitteln soll"[67], bergen sie das kritisch-weiterführende Potential, durch gläubige und theologische Würdigung die Wirklichkeit zu verwandeln.

Wir begründen die Identifikation der „Zeichen der Zeit" als *loci theologici* schöpfungs- und inkarnationstheologisch: Wenn es der Hilfe der Welt bedarf, um die Fähigkeit zu fördern, die „Botschaft" in der je zeitspezifischen Weise auszudrücken; wenn es der Hilfe der Welt bedarf, um die „geoffenbarte Wahrheit tiefer erfassen" und besser verstehen zu können (GS 44), dann muss diese Wahrheit in diese Welt qua Schöpfung eingegangen und auch in ihr inkarniert worden sein. Welt ist keine abstrakte Größe, sondern gebunden an konkrete Zeit, Kultur, Ort und somit Gegenwart – als Teil und Moment der Geschichte Gottes mit der Menschheit. Dann müssen die „Zeichen der Zeit" als theologische Wirklichkeit zugleich *loci theologici* sein, Orte, an denen Theologie entsteht und (neu) gelernt wird. Die „Zeichen der Zeit" – geschaffene und inkarnierte Wirklichkeit Gottes – sind solche Orte. Die Gegenwart gilt es als Anwesenheits-, Wirkungs- und Handlungsraum Gottes zu verstehen. Wie es Hans-Joachim Höhn formuliert: „Ist hier etwas im Kommen, in dem sich das Entgegenkommen Gottes in Zeit und Geschichte manifestiert?"[68]

Bereits Chenu hat in seinen Überlegungen zur *Locus*-Lehre auf zwei verschiedene Verständnismöglichkeiten des *locus theologicus* verwiesen: „Theologischer Ort" oder „Ort der Theologie". Während der „theologische Ort" eine autoritative Bezeugungsinstanz und damit konstitutiv für die Theologie ist, beschreibt ein „Ort der Theologie" eher den Kontext der Theologie.[69] Aber das „Erwachen des historischen Bewusstseins und die existentielle Erfahrung des modernen Pluralismus in den verschiedenen

---

[65] Sellmann, „Ohne pics glaub ich nix!", 66; er bezieht sich dabei auf Karl Rahner.
[66] Füssel, Die Zeichen der Zeit als locus theologicus, 262.
[67] Ebd.
[68] Hans-Joachim Höhn: Zeichen deuten – Zeichen setzen. Christliche Zeitgenossenschaft in Gaudium et Spes, in: HerKorr Spezial (2005), 26–30, 28.
[69] Knapp, Das Wort Gottes, seine Überlieferung und Erkenntnis, 48.

Feldern des Lebens, die Religion nicht ausgenommen," haben „Auswirkungen in der theologischen Hermeneutik und Methodik, sodann auch in der Akzentuierung verschiedener Lehrinhalte"[70]. Offenbarungs-, schöpfungs- und inkarnationstheologisch kommt deshalb die Rede vom „Kontext" als gleichsam theologiefreier Zone in die Krise. Kontexte sind als „Zeichen und Orte" Elemente, in und aus denen sich Theologie entwickelt.

6. Migration – Phänomen der Gegenwart

Migration gehört als „eine Raumbewegung von Individuen und Gruppen von einem Ort zum anderen"[71] – wie die Sesshaftigkeit – genuin zur menschlichen Geschichte.[72] Seit prähistorischen Zeiten brechen Stämme und Völker in neue Gebiete auf. In der Anthropologie spricht man daher vom *homo migrans*. Dass diese Migrationen oft mit Armut und Gewalt verbunden und besonders für ethnische und religiöse Minderheiten Flucht und Vertreibung bedeutet haben, muss hier erinnert werden – und wird im zeitgenössischen Kontext erneut erkennbar.

Migration hat immer auch soziale, kulturelle, politische, ökonomische und rechtliche Dimensionen.[73] Die Sozialwissenschaften[74] definieren Migration als „dauerhafte Ortsveränderung", „die mit einer Grenzüberschreitung verbunden sein kann und mit einem Wechsel des sozialen und kulturellen Bezugssystems einhergeht"[75] und knüpfen daran Fragen nach „Raum und Zeit (Ortsveränderungen und Zeithorizont), Grenze (Überschreitung politisch-adminstrativer Trennlinien), Sozialordnungen (Statusordnungen, Schichtgefüge) und kulturellem System (Werte- und Nor-

---

[70] Hans Waldenfels: Theologen unter römischen Verdacht, in: Stimmen der Zeit 4 (2008), 219–231.

[71] Martin Baumann: Migration and Religion, in: Peter B. Clarke/Peter Beyer (eds.): The World's Religions. Continuities and Transformations, London/New York 2009, 338–353, 339.

[72] Jan Osterkamp: Schnell raus aus Afrika, vgl. URL: http://www.spektrum.de/news/schnell-raus-aus-afrika/1061981 (30.06.2017).

[73] Vgl. z. B. Klaus J. Bade (Hg.): Enzyklopädie Migration in Europa. Vom 17. Jahrhundert bis zur Gegenwart, Paderborn/Wien 2007; Guter Überblick bei: Josef Ehmer: Migrationen in der historischen Forschung – Themen und Perspektiven, in: Heinz Fassmann/Julia Dahlvik (Hg.): Migrations- und Integrationsforschung – multidisziplinäre Perspektiven. Ein Reader, Wien/Göttingen[2] 2012, 95–108.

[74] Eine interdisziplinäre Einführung bieten: Fassmann/Dahlvik (Hg.), Migrations- und Integrationsforschung.

[75] Christoph Reinprecht/Hilde Weiss: Migration und Integration: Soziologische Perspektiven und Erklärungsansätze, in: Fassmann/Dahlvik (Hg.), Migrations- und Integrationsforschung, 13–33, 15.

mensystem)"[76]. Migrationsphänomene umfassen zirkuläre Formen wie Pendel- und Saisonarbeit, unterscheiden sich strukturell von Wanderungen im Lebenszyklus und Formen unfreiwilliger Migration (Flucht, Asyl) und transnationaler Migration. Unterschiedlich sind auch die Motive für Migration.

Dementsprechend heterogen sind die Definitionen sogenannter „MigrantInnen": Während die UN Menschen als „internationale MigrantInnen" bezeichnet, die mindestens ein Jahr außerhalb ihres Herkunftslandes leben, kennt man in Österreich „MigrantInnen der zweiten und dritten Generation" (Kinder und Enkel von Zuwanderern) bzw. „Menschen mit Migrationshintergrund" (Personen, von denen mindestens ein Elternteil im Ausland geboren wurde)[77]. Das Phänomen Migration hat auch Auswirkungen auf die Menschen und Institutionen der jeweiligen Ankunfts- bzw. Herkunftsländer. Migration gehört zu den großen globalen Herausforderungen des 21. Jahrhunderts. Mehr Menschen als jemals in der Geschichte zuvor migrieren. Europa wurde im 20. Jahrhundert von einem Aus- zu einem Einwanderungskontinent und ist eine Migrationsgesellschaft.

Globale Entwicklungen forcieren Migration und wirken sich auf diese aus: Ungleiche demographische Prozesse in den sogenannten „entwickelten" Industriestaaten und „Entwicklungsländern"; Konflikte und Bürgerkriege; wirtschaftliche Liberalisierungsprozesse und Wirtschaftskrisen im Zuge der ökonomischen Globalisierung; wirtschaftliche und soziale Ungleichheiten zwischen der nördlichen und südlichen Hemisphäre; die Ökologiekrise und deren soziale und politische Folgen; die Entstehung von „MigrantInnen-Netzwerken" und transnationaler Migration; soziale und kulturelle Globalisierung; die Pluralisierung der Lebensformen, kulturellen und religiösen Traditionen.

Migration eröffnet Chancen und bewirkt Probleme: wirtschaftliches Wachstum, kulturellen und sozialen Fortschritt, Entstehung eines globalen Gerechtigkeit- und Solidaritätsbewusstseins, aber auch neue Armut, Diskriminierung und Exklusion, eine kriminelle Migrations-Wirtschaft, Menschenhandel und neue Formen von Sklaverei. Migration wird so zunächst primär zu einer Aufgabe des Polit- und Sozialmanagements. Auf gesellschaftlicher Ebene verbindet sich Migration mit menschenfeindlichen Phänomenen wie Xenophobie, (antimuslimischem) Rassismus und Antisemitismus. Die Europäische Wertestudie zeigt diesbezüglich beunruhi-

---

[76] Ebd. (Veränderung RP/MJ).
[77] Vgl. Österreichischer Integrationsfonds: Statistisches Jahrbuch Migration & Integration. Zahlen. Daten. Indikatoren 2015, Wien 2015, 22 ff.

gende Entwicklungen.[78] Die Weigerung, ein Einwanderungsland zu sein, ist eine Form der Realitätsverweigerung. Viele Länder in Europa greifen dabei auf alte Strategien des Umgangs mit Zuwanderern zurück, die Teil des nicht aufgearbeiteten historisch-kulturellen Gedächtnisses sind, die allein mit moralischen Appellen oder Argumenten nicht außer Kraft gesetzt werden können.

Entscheidend für den Umgang mit dem Phänomen Migration ist deren Wahrnehmung und Deutung. Der Historiker Walter Pohl hat gezeigt, wie der Narrativ, der die sogenannten „Fremden" primär als Bedrohung wahrnimmt, bereits seit der Völkerwanderung die europäische Wahrnehmung von Migration prägt. Im Mittelalter ist es durch die christliche Erzählung von der „Einheit der Völker und Kulturen" gelungen, Differenzen und Spannungen zwischen Völkern und Kulturen zu beherrschen.[79] Freilich geschah dies um den Preis von Diskriminierung, Unterdrückung von Differenz, Gewalt, Exklusion und assimilierungsfordernden Homogenisierungsvorstellungen. Diese prägen bis heute den Umgang mit Migration in Europa. Ein alternativer Narrativ steht bisher aus.

Christlichen Kirchen und der Theologie kommt in dieser Situation eine wichtige Aufgabe zu, auch weil 49 % der internationalen MigrantInnen ChristInnen[80] sind. Das diakonisch-caritative Engagement der Kirchen ist herausragender Teil einer guten Tradition. Die Katholische Kirche gehört zu den ersten internationalen Organisationen, die sich der Frage der Migration widmeten.[81] Anders als in der US-amerikanischen, italienischen und spanischen Theologie gibt es in der deutschsprachigen Theologie aber eine merkwürdige Amnesie bezüglich Migration. Zwar gab es in den 90er-Jahren

---

[78] Sieglinde Rosenberger/Gilg Seeber: Kritische Einstellungen: BürgerInnen zu Demokratie, Politik, Migration, in: Regina Polak (Hg.): Zukunft. Werte. Europa. Die Europäische Wertestudie 1990–2010: Österreich im Vergleich, Wien u. a. 2011, 165–189.

[79] Walter Pohl: Die Entstehung des europäischen Weges: Migration als Wiege Europas, in: Reinhard Neck/Heinrich Schmidinger (Hg.): Migration. Band 15 der Reihe Wissenschaft – Bildung – Politik, hg. von der Österreichischen Forschungsgemeinschaft, Wien u. a. 2013, 27–44.

[80] PEW-Research Center's Forum on Religion and Public Life (2012): Faith on the Move, vgl. URL: http://www.pewforum.org/Geography/Religious-Migration-exec.aspx (30.06.2017).

[81] 1970 gegründet durch das motu proprio Papst Paul VI. „Apostolicae caritate"; Pontifical Council for the Pastoral Care of Migrants and Itinerant People, vgl. URL: www.vatican.va/roman_curia/pontifical_councils/migrants (30.06.2017). Mit dem Motu Proprio vom 17. August 2016 hat Papst Franziskus diesen „Migranten-Rat" mit anderen Päpstlichen Räten zu einem „Dikasterium für den Dienst zugunsten der ganzheitlichen Entwicklung des Menschen" zusammengelegt, vgl. URL: https://w2.vatican.va/content/francesco/de/motu_proprio/documents/papa-francesco-motu-proprio_20160817_humanam-progressionem.html (30.06.2017). 1952 ist auch das Gründungsjahr der International Catholic Migration Commission, vgl. URL: http://www.icmc.net/ (30.06.2017).

eine intensive Diskussion zur „Fremdentheologie", die Arbeitsmigration vor der eigenen Haustür wurde aber dabei bis heute übersehen.[82] Abseits vom herausragenden Engagement der Caritas, der Diakonie und einzelner Gemeinden in Flüchtlingsfragen erweist sich die Pastoral auffallend migrationsblind. Anderssprachige Gemeinden oder ausländische Priester innerhalb der je eigenen Kirche werden primär als Problem wahrgenommen.

In Staat, Gesellschaft und Kirchen ist der Migrationsdiskurs in Europa gegenwärtig primär problem- und defizitorientiert. Gibt es andere Möglichkeiten der Wahrnehmung? Welche Aufgabe kommt der Theologie dabei zu?

7. Migration: Theologische Würdigung

7.1 Migration als „Zeichen der Zeit" in *Erga migrantes caritas Christi*

GS 6 erwähnt die „Wanderung" von Menschen, aber nur im Blick auf die damit verbundene Änderung der Lebensart. Als „Zeichen der Zeit" kommt Migration in der Instruktion *Erga migrantes caritas Christi* (EM) (2004) in den Blick:[83]

> „Wir können also das gegenwärtige Migrationsphänomen als ein sehr bedeutsames 'Zeichen der Zeit' betrachten, als eine Herausforderung, die es beim Aufbau einer erneuerten Menschheit und in der Verkündigung des Evangeliums des Friedens zu entdecken und zu schätzen gilt."[84]

Neben fundierter sozialwissenschaftlicher Beschreibung und den daraus hervorgehenden ethischen, politischen und pastoralen Aufgaben – nur im ökumenischen Horizont zu bewerkstelligen – entwirft *Erga migrantes* auch einen klaren „biblisch-theologischen Bezugsrahmen, der das Migrationsphänomen in die Heilsgeschichte einbezieht als Zeichen der Zeit und der Gegenwart Gottes in der Geschichte und der menschlichen Gesellschaft im Hinblick auf eine universelle ,*communio*'"[85]. Bemerkenswert ist dabei die

---

[82] Kritisch dazu bereits 1991 Mariano Delgado: Glauben lernen zwischen Kulturen, in: Werner Simon/Mariano Delgado (Hg.): Lernorte des Glaubens. Glaubensvermittlung unter den Bedingungen der Gegenwart, Berlin 1991, 171–212. Er bezeichnete diese Fremdentheologie als „Verhaltenstherapie" für die Einheimischen und votierte für eine interkulturelle und interreligiöse Theologie als Reaktion auf Migration.

[83] Päpstlicher Rat der Seelsorge für die Migranten und Menschen unterwegs: Instruktion Erga migrantes caritas Christi, Vatikan 2004.

[84] Erga migrantes 14.

[85] Ebd., Einführung.

Verschränkung von soziopolitischer, sozioökonomischer und soziokultureller Wahrnehmung und theologischer Interpretation. Dies zeigt sich in der Verbindung mit der Katholischen Soziallehre, z. B.:

> „Gleichzeitig aber wirft das Phänomen der Migration eine regelrecht ethische Frage auf, nämlich die Frage nach einer neuen internationalen Wirtschaftsordnung für eine gerechtere Verteilung der Güter der Erde."[86]

Notwendig ist

> „eine Erziehung zu einer 'mondialen Sicht', das heißt zu einer Sicht der Weltgemeinschaft, die als eine Familie von Völkern angesehen wird, der schließlich im Blick auf das universale Gemeinwohl die Güter der Erde zustehen."[87]

Das Phänomen wird aber auch in einen großen theologischen Horizont gestellt, z. B.:

> „Der Übergang von monokulturellen zu multikulturellen Gesellschaften kann sich so als Zeichen der lebendigen Gegenwart Gottes in der Geschichte und in der Gemeinschaft der Menschen erweisen, da er eine günstige Gelegenheit bietet, den Plan Gottes einer universalen Gemeinschaft zu verwirklichen. (…) Wir sind deshalb alle zur Kultur der Solidarität aufgerufen, (…) um gemeinsam zu einer wahren Gemeinschaft der Menschen zu gelangen."[88]

Migration ist demnach eine Dimension der Heilsgeschichte. *Erga migrantes* zieht christologische, pneumatologische, ekklesiologische und eschatologische Argumentationen heran: Im Migranten ist nicht nur der „Fremde", sondern das Bild (des fremden) Christus (Mt 25) zu entdecken. Migration wird als Fortsetzung des Pfingstereignisses interpretiert: Menschen aus verschiedenen Völkern und Rassen verstehen einander durch die Gabe des Heiligen Geistes in der je eigenen Sprache und können einen immer vielfältigeren „Gesellschaftskörper" aufbauen. Die Pluralisierung, die damit einhergeht, gehört zum Heilsplan Gottes. Die Migrationen werden als „Geburtswehen einer neuen Menschheit" betrachtet. Die Leiden, die Migration begleiten, machen den Riss, der durch die Sünde in die Mensch-

---

[86] Ebd., 8.
[87] Ebd.
[88] Erga migrantes 9 (Auslassungen RP).

heitsfamilie kam, sichtbar. Migration ist demnach ein Aufruf zu Solidarität und Gerechtigkeit. Migration lässt die endgültige Begegnung der gesamten Menschheit mit und in Gott erahnen (Lk 13,29; Offb 7,9). Migration ist ein „Hoffnungszeichen", das die „Umwandlung der Welt in der Liebe" (und man wird ergänzen: in der Gerechtigkeit) beschleunigen kann. Migration verkündigt das Ostergeheimnis.

Erga migrantes eröffnet auch für die gesellschaftliche Diskussion Perspektiven: Migration als Chance zur Humanisierung, zur gemeinsamen Suche nach Gerechtigkeit und globaler Solidarität, als Möglichkeit, in Vielfalt und Verschiedenheit in Frieden miteinander leben zu lernen. Nicht zuletzt kommt Migration – dadurch – auch als Ort spiritueller Erfahrung und als Weg zu Gott in den Blick.

7.2 Migration als „Zeichen der Zeit" in (nach)konziliarer Kriteriologie

Auch im Sinne von GS ist Migration ein „Zeichen der Zeit". Migration bündelt Freuden und Hoffnungen, Ängste und Sorgen der MigrantInnen und ganzer Gesellschaften und zieht mit Chenu in ihrem Gefolge „massenhafte Bewusstwerdungsprozesse" mit sich: Strukturen globaler Ungerechtigkeit werden dabei ebenso bewusst wie die enge Zusammengehörigkeit der Menschheit. Sie ist mit Sander eine Wirklichkeit, in der Menschen um ihre Würde und Anerkennung kämpfen, sie eröffnet auf der Basis von Solidarität Möglichkeiten, nach Gottes Anwesenheit zu suchen und diese zu finden; und sie ist zu ihrem angemessen Verständnis bzw. Umgang mit ihr konstitutiv auf die Wahrheit der MigrantInnen angewiesen.

Noch werden die MigrantInnen nicht als Menschen mitten unter uns wahrgenommen, die Neues ermöglichen – an ethisch-politischen, aber auch an spirituellen Lern- und Entwicklungspotentialen. Migration erinnert z. B. daran, dass Glaube neben Heimat, Trost und Sicherheit auch Heimatlosigkeit, Irritation und Unsicherheit bedeutet.

7.3 Migration als *locus theologicus*

Die Heilige Schrift verdankt sich Migrationserfahrungen. Die Mehrheit der Texte entsteht in einem Kontext von Exil, Flucht, Vertreibung, Wanderschaft und Diasporasituationen. Judentum und Christentum entstehen in einem spannungsvollen Zusammenspiel von Erfahrungen der Sesshaftigkeit wie der Migration. Migration erschließt spezifische Möglichkeiten der

Gotteserfahrung.[89] Migration wird sowohl als Fluch wie auch als Segen wahrgenommen. Sie entwurzelt Menschen, macht sie verwundbar und führt Unrecht, Ungerechtigkeit, Gewalt, kurz: die Sünde des Menschen vor Augen (vgl. Vertreibung aus dem Paradies; Exodus und Exil Israels; etc.). Zugleich erschließt sie sich als Weg der Gnade Gottes, die dessen Treue ebenso erfahren lässt wie sie Ressourcen der Liebe und Solidarität freisetzen kann (Abraham, Moses, Apostelgeschichte). Migrationserfahrungen wecken und nähren die Hoffnung auf die Einheit der Menschheit (Jes, Jer, Offb).

Durch gläubige Wahrnehmung kann dieses Zeitzeichen auch heute zum *locus theologicus* werden. Sie bedarf dazu entsprechender kirchlicher Strukturen (z. B. Repräsentanz von MigrantInnen in den kirchlichen Strukturen und in der Theologie). Die Erfahrungen der MigrantInnen sind erkenntnisnotwendig. Diese zu erschließen, steht die Vielfalt theologischer Traditionen zur Verfügung.[90]

Die programmatische Formel „Migration als *locus theologicus"* zielt auf einen Perspektivwechsel. Dabei lassen sich verschiedene Fragerichtungen und Themenstellungen ausdifferenzieren:[91]

- Migration als *Applikationsort* von Theologie: Theologie bringt ihre Sichtweisen in den Dialog mit Sozialwissenschaften, Gesellschaft oder Politik ein; es kommt zu wechselseitiger Kritik und zu Erkenntnisfortschritten.
- Migration als *Bewährungskontext* von Theologie: Es geht um die Bedeutung und den Anspruch des christlichen Glaubens und seiner Theologie in einer Migrationsgesellschaft.
- Migration als *Entstehungskontext* von Theologie: Theologie kann Migrationserfahrungen als eigenen Ort des Glaubens wahrnehmen lernen. Theologie im Kontext von Migration ist dann kontextuelle Theologie, Gemeindetheologie, spirituelle oder politische Theologie.
- Migration als *Lernort* für Theologie: Indem Migration Differenz- und Befremdungserfahrungen fördert, kann sie als grenzüberschreitender Prozess – zwischen Theologie und Sozialwissenschaften, Kirche und Gesellschaft, MigrantInnen und Sesshaften usw. – zu neuer Theologie

---

[89] Vgl. z. B. Dianne Bergant: Ruth: The Migrant who Saved the People, in: The Center for Migration Studies (ed.): Migration, Religious Experience and Globalization, New York 2003, 49–61. Sie arbeitet die besondere Verletzlichkeit von MigrantInnen als heilsrelevant heraus.

[90] Dazu die ausgezeichnete Datenbank theologischer Literatur zu Migration: CSERPE – Studien- und Bildungszentrum für Migrationsfragen, vgl. URL: http://www.cserpe.org/ (30.06. 2017).

[91] Die folgenden Überlegungen transferieren die Thesen von Norbert Mette und Matthias Sellmann zum Religionsunterricht als locus theologicus auf das Phänomen Migration, vgl. Matthias Sellmann/Norbert Mette: Religionsunterricht als Ort der Theologie – eine Einführung, in: Mette/Sellmann (Hg.), Religionsunterricht als Ort der Theologie, 9–22, 11–13.

inspirieren. Dabei können Formen und Potential eines Christentums entstehen, das „tradiert, indem es lernt"[92].

- Migration als *Forschungsgegenstand* von Theologie: In Gemeinsamkeit und in Differenz zu anderen *loci theologici* kann Migration der Theologie zur Entwicklung ihres Selbstverständnisses verhelfen und praxisrelevante Erkenntnisprozesse ermöglichen, als gemeinsames Projekt aller theologischen Disziplinen.

8. Anfragen an die Theologie

Migration ist Teil der Offenbarung. Zu Erschließung des ihr innewohnenden theologischen Sinnes bedarf es der Stimmen aller von Migration Betroffenen, insbesondere der MigrantInnen selbst. Dies kann nur relational und prozessual mit den Betroffenen gemeinsam gelernt werden. Migration als *locus theologicus* – *proprius* wie *alienus*, bedeutet demnach ein Doppeltes:

a) Was haben die theologischen Disziplinen in dieser speziellen Situation, an diesem speziellen Ort beizutragen?

b) Inwiefern erweisen sich Migrationserfahrungen als genuine Orte und Situationen theologischen Erkenntnisgewinnes?

Migration zeigt sich dabei als Knotenpunkt, an dem alle theologischen Disziplinen zusammenkommen können. Praktische Theologie bringt dabei eine spezifische Fragestellung ein: Wie verändert sich eine Theologie, die den Zuwanderern und den „Eingeborenen" zuhört? Wie sieht eine Theologie aus, die sich von konkreter Freude und Hoffnung, Trauer und Angst ohne Stereotyp erzählen lässt und den Fragen, die dabei auftauchen, standhält – ohne dabei ihre traditionellen Theologoumena allzu rasch als Erklärung heranzuziehen?[93]

> „Als die Fachinspektorin zu mir gekommen ist, hat sie mich nachher gelobt, wie gut mein Deutsch ist. Kein Wort zu meinem Unterricht. Wie lange muss ich eigentlich hier leben, um nicht mehr als Migrantin wahrgenommen zu werden?"
> *Lehrerin aus Kroatien, seit 20 Jahren in Wien*
> „Ich werde immer ein Fremder bleiben. Auch in meiner Kirche. Da kann ich mich noch so sehr anpassen. Das ist bitter. Aber wir sind nicht nur für die Folklore da, wir möchten auch pastoral etwas sagen."
> *röm.-kath. Priester aus Kroatien, seit 15 Jahren in Wien*

---

[92] Ebd., 14 (nach Markus Tomberg).
[93] Die folgenden Originalzitate entstammen Polak, Religiosität und Migration.

„Es ist schön, anders zu sein. Meine Flucht aus Bosnien und das Leben lernen in der neuen Heimat waren zwar nicht einfach, aber ich habe dabei gelernt, wie reich und vielfältig das Leben sein kann."
Lehrerin aus Bosnien, während des Krieges nach Wien geflohen.
„Ich verstehe mich nicht als Migrantin. Das tun die Anderen. Migrantin sein heißt, ein Problem sein."
Studentin aus Serbien, während des Krieges nach Wien geflohen.
„Meine Kinder besuchen den Erstkommunionunterricht doppelt: in der kroatischen Gemeinde und in der Gemeinde hier im Ort."
Wirtschaftswissenschaftler aus Kroatien, seit seinem 12. Lebensjahr in Wien
„Das Wichtigste in meinem Glauben ist die Hoffnung und die Versöhnung. Ich habe gelernt, dass es immer irgendwie weitergeht. Ich habe denen verziehen, die mich hier in Österreich nicht gut behandelt haben."
(Ders.)

Wie spricht die Theologie über Menschen mit Migrationsgeschichte? Was tragen Theologie und Wissenschaft dazu bei, dass dieser Begriff aufgrund seines gesellschaftlichen Verwendungszusammenhangs zum stigmatisierenden Wort geworden ist? Wie kann der Migrationsgeschichte als Differenzmerkmal in Denken und Sprache, auch in der Wissenschaft, angemessen Rechnung gezollt werden?

Wie nehmen Theologie und Kirche Menschen mit Migrationsgeschichte in den eigenen Reihen wahr?

Wie zeigt sich die Gottesfrage in den Erfahrungen von Fremdsein, Nichtzugehörigkeit, Armut und Gewalt, aber auch in der Schönheit und Fülle des Lebens inmitten solcher Erfahrungen? Wie kann man angesichts dieser Erfahrungen von Gott (nicht) sprechen? Wie können Menschen mit Migrationserfahrung ermutigt werden, eigene Theologien zu entwickeln?

9. Migrationssensible Theologie

GS eröffnet den Weg zu einer migrationssensiblen Theologie. Die Pastoralkonstitution ruft nur in Erinnerung, was einer gegenwartsfernen Theologie aus dem Blick gekommen ist: Wie kann die Kirche "angemessen" das Evangelium verkünden, ohne „lebhaften Austausch" mit der jeweiligen Zeit und Kultur (vgl. GS 44)? Wie kann Theologie angemessen betrieben werden ohne Würdigung der Gegenwart?

Eine migrationssensible Theologie wird daher fragen: Kommt in den Erfahrungen der Menschen mit Migrationsgeschichte Gott entgegen – und wenn ja, wie? Welches tiefere Verständnis der geoffenbarten Wahrheit eröffnen diese Menschen der Theologie? Theologie darf damit rechnen, dass Gott in diesen Menschen, den sogenannten „Fremden", unerkannt begegnet. Menschen mit Migrationserfahrung können in gewissem Sinn jene ExpertInnen sein, von denen GS 44 sagt, sie seien nötig für ein tieferes und besseres Offenbarungsverständnis.

Als sogenannte „Fremde" fordern sie dabei zunächst zu Pro-Existenz und zur Diakonie heraus. Aber Menschen mit Migrationsgeschichte sind nicht bloß „Fremde", für die zu sorgen ist. Sie sind vorrangig *Mit*-Menschen, *von* und *mit* ihnen kann in Con-Vivenz[94] geübt werden, was Menschsein und ChristInsein auch bedeutet: Ungesichertheit, Unterwegs-Sein, Aufbruch ins Ungewisse – in der Hoffnung auf ein gutes Leben. Migration verändert die Wahrnehmung und das Bezeugen Gottes. Migration eröffnet die Möglichkeit zu spiritueller Transformation und erschließt neue Weisen und Wege der Verkündigung. MigrantInnen erzählen Neues über Gottespräsenz und Gottesverlust. Einheimische werden daran erinnert, dass alles auch ganz anders sein könnte; sie lernen, wie vielfältig ChristInsein gelebt werden kann.

GS ist Vorbild für solche Gegenwarts-Theologie. Freilich: Welt-Wissen und Theologie stehen hier noch unvermittelt nebeneinander. Aber was von manchem Kritiker als Schwäche bezeichnet wird, ist Stärke des Textes: seine zeitliche Signatur und der damit verbundene Fragmentcharakter, die Möglichkeit zum Irrtum bei Einschätzungen, der Verzicht auf ein geschlossenes, überzeitliches System. GS eröffnet den Weg zu einer bescheidenen Theologie, die weiß, dass sie Gottes Anwesen in der Gegenwart nicht perfekt erklären kann. Sie braucht die Anderen. Eine bescheidene Theologie erschließt die verborgene Präsenz Gottes „in unserer Welt" behutsam. Da bleiben Fragen offen, da gibt es Brüche, da lässt sich das Geheimnis Gottes erahnen.

Ohne diesen Versuch, die Gegenwart zu verstehen, wird Gott den Menschen in der Welt heute fremd bleiben. Wie Gott ist auch die Gegenwart ein Geheimnis, das sich niemals zur Gänze verstehen lässt und fremd bleibt. Aber ohne das Risiko einzugehen, die Gegenwart theologisch zu verstehen, droht die Gefahr, in Gott einen Leichnam zu verehren.

Welchen Wert hat die Erinnerung an ein christliches Erbe Europas, während an seinen Grenzen Menschen zugrunde gehen?

Migrationssensible Theologie benennt diese Leiden.

---

[94] Zusammenleben von Menschen verschiedener sozialer, kultureller, religiöser Herkunft und Tradition, bei dem Menschen in Wahrnehmung der Unterschiede als Lernmöglichkeiten das Leben miteinander teilen, miteinander feiern und in Freude und Leid einander begleiten.

Was käme in Gang, wenn in den Theologien und in unseren Gemeinden Menschen mit Migrationserfahrung selbst zu Wort kommen?
Migrationssensible Theologie entsteht im Gespräch der Menschen.

Welche humanisierende Wirkung ginge von jenen aus, die sich gegen Fremdenfeindlichkeit und Menschenhass engagieren, wenn in deren Praxis Gottes Wirken erahnt wird?
Migrationssensible Theologie fragt nach den eigenen xenophoben und menschenhassenden Anteilen.

Welche Ideen werden möglich, wenn ansässige und zugewanderte Gläubige gemeinsam an einer erneuerten Kirche in Europa bauen – gestärkt durch die Katholizität der Vielfalt?

..........................!!

Die Pastoralkonstitution ermutigt, Theologie als Hermeneutik der Gegenwart zu betreiben. Was bedeutet Migrationssensibilität für die Hermeneutik der Heiligen Schrift? Für die Christologie? Für die Kirchengeschichtsschreibung? Dabei können von prägnanten Zeichen signierte Theologien[95] entstehen: Theologien, die das Evangelium nicht bloß als Scheinwerfer zur Beleuchtung und Deutung gesellschaftlicher Entwicklungen verwenden, sondern sich selbst in diesem Licht reformulieren, indem sie mit-leben und mit-leiden.

Peter Hünermann sieht dies ähnlich: „Theologie tritt wieder deutlicher als geschichtlich begründete Hoffnung hervor, die im Zeugnis konkreter Menschen und Gemeinschaften Gestalt gewinnt. (…) *Im Aufsuchen der 'eigenen' und der 'fremden' Orte, der loci theologici proprii und alieni, gewinnt die Theologie eine zeitbezogene Verbindlichkeit, die nicht von einem philosophischen System entliehen ist, sondern aus den geschichtlichen Gestalten des Glaubens selbst erwächst.*"[96]

Das wirft für die Theologie viele Fragen auf:
Was kann Theologie zum aktuellen Migrationsdiskurs in Gesellschaft, Politik und Kirche beitragen?

---

[95] Erich Garhammer: Die Frage nach den Kriterien, in: Herbert Haslinger (Hg.): Handbuch Praktische Theologie. Grundlegungen, Band 1, Mainz 1999, 304–317, 307.

[96] Peter Hünermann: Gestern und Heute. Eine kontrastierende Relecture der Situation des Menschen in der heutigen Welt (GS 4–10), in: Hünermann (Hg.), Das Zweite Vatikanische Konzil und die Zeichen der Zeit heute, 60 (Hervorhebung und Auslassung RP/MJ).

Schwieriger sind diese Fragen:

Wie sieht eine migrationssensible Theologie aus, die Erfahrungen von Menschen in der Migration wahr- und ernst nimmt – Menschen, die auch hier, unmittelbar vor der Haustür in Wien oder mitten im Hörsaal leben?

Wie verändern sich die Gläubigen, wenn sie nicht nur mit MigrantInnen sprechen, sondern sich selbst und die Welt mit deren Augen wahrnehmen?

Mit diesen Fragen ist der Glaube sesshafter Mittel- und OberschichtchristInnen selbst angefragt:

Wie werden Pluralität und Differenz wahrgenommen?
Wie verändert sich das Verständnis von Gerechtigkeit?
Welchen (Un)Geist atmen gesetzliche Regelungen?
Ist Gott ein Sesshafter oder ein Migrant?

Der Ort zeitgenössischer Gottesrede und Gottespraxis ist eine Migrationsgesellschaft.

Perspektiven einer migrationssensiblen Theologie

Erschienen in: Julia Dahlvik/Heinz Fassmann/Wiebke Sievers (Hg.): Migration und Integration – wissenschaftliche Perspektiven aus Österreich (Jahrbuch für Migrations- und Integrationsforschung in Österreich 2), Wien 2013, 195–214. (peer-reviewed)

1. Hinführung

> „Wenn jemand die Erdkugel vom Mond aus ansähe, und wenn er dies zur Zeit der jüngeren Steinzeit täte, dann erblickte er zwei und nur zwei Menschenwerke: nämlich den römischen Limes und die Chinesische Mauer. Das sind Einrichtungen zum Schutz der Sesshaften gegen die Nomaden. (…) Europa ist zum Zentrum der Welt geworden, weil die Chinesische Mauer besser gebaut war als der Limes: Der Westen wurde vom nomadischen logos spermatikos besser befruchtet als der Osten. Die dritte der drei Zivilisationen, Indien, hatte zu ihrem Leidwesen keine Mauer nötig: Sie hatte den Himalaya."[1]

Der Kommunikations- und Wissenschaftsphilosoph Vilém Flusser reflektiert in seiner Textsammlung „Von der Freiheit des Migranten"[2] das gesellschafts- und politikkritische und darin befreiende Humanisierungspotential von Migration. Eine solche ressourcenorientierte Wahrnehmung ist im zeitgenössischen Migrationsdiskurs in Europa eher die Ausnahme als die Regel und steht erst in jüngerer Zeit im Fokus der Migrationswissenschaften.[3] Zumeist dominiert ein problemorientierter Diskurs. Die Sicht Flussers ist umso bemerkenswerter, als er – ein tschechischer Jude – selbst Migrant ist: Er flüchtete 1939 aus der damaligen Tschechoslowakei vor den Nationalsozialisten.

---

[1] Vilém Flusser: Nomadische Überlegungen, in: Vilém Flusser: Die Freiheit des Migranten. Einsprüche gegen den Nationalismus, Berlin 2002 (1990), 55–65, 63 (Auslassung RP).

[2] Flusser reflektiert darin Begriffe wie Heimat und Heimatlosigkeit, Sesshaftigkeit und „Gastarbeiter" und spezifiziert sein Verständnis von Freiheit als bewusstes „Flechten von Bindungen in Zusammenarbeit mit anderen", vgl. Vilém Flusser: Wohnung beziehen in der Heimatlosigkeit, in: Ders., Die Freiheit des Migranten. Einsprüche gegen den Nationalismus, 15–30, 20; Er entwickelt Bausteine von Philosophien der Emigration und des Exils, erschließt deren anthropologische Grundlagen und kreatives Potenzial und kritisiert den Nationalismus ebenso wie bestimmte Formen des Wohn- und Raumverständnisses.

[3] So der Soziologe Christoph Reinprecht in seiner Eröffnungsansprache der „2. Jahrestagung Migrations- und Integrationsforschung in Österreich", 18.–19. September 2012, an der Österreichischen Akademie der Wissenschaften.

Im eingangs angeführten Zitat beschreibt Flusser eine Erkenntnis, die ein historischer Blick auf Migration bestätigt: Migration ist ein Dynamisierungsfaktor für die wirtschaftliche, politische, soziale, kulturelle und auch religiöse Entwicklung von Gesellschaften.[4] Zugleich stellen sich Fragen, die über den historischen und sozialwissenschaftlichen Diskurs hinausreichen und Philosophie wie auch Theologie betreffen. Zwei davon möchte ich in meinem Beitrag aus praktisch-theologischer Sicht näher ausleuchten:

a) Welche Bedeutung haben verschiedene „Andere" füreinander? Oder zugespitzt auf das Verhältnis zwischen Sesshaften und Nomaden, aktuell zwischen Einheimischen und MigrantInnen: Welche Bedeutung haben Menschen mit und ohne Migrationsgeschichte füreinander?

b) Welche Bedeutung hat das Phänomen Migration in der Geschichte der Menschheit?

Die Antworten auf diese Fragen stellen maßgebliche Weichen für die interdisziplinäre Migrationsforschung, insbesondere für den Umgang mit empirischen Daten.

Flussers Beobachtung legt nahe, was auch die Gewaltgeschichte im Kontext von Migration bestätigt: Nomaden, Migranten, Flüchtlinge werden von jeher als dermaßen massive Bedrohung für die Einheimischen wahrgenommen, dass die Mauern zu ihrer Abwehr sogar kosmisch sichtbar sind. Das Aufeinandertreffen mit „den Anderen", gar „den Fremden" scheint das zentrale Problem der Menschheit zu sein. Demgegenüber ist für Flusser[5] gerade das „Anders-Sein" des Migranten die zentrale Chance für die Selbsterkenntnis des Sesshaften: Er ist „das Fenster, durch welches hindurch die Zurückgebliebenen die Welt erschauen" und „der Spiegel, in dem sie sich, wenn auch verzerrt, selbst sehen können"[6].

So ist Migration beispielsweise nicht, wie vielfach im öffentlichen und politischen Diskurs nahegelegt, die Ursache für die Schwierigkeiten im

---

[4] Klaus Bade (Hg.): Enzyklopädie Migration in Europa. Vom 17. Jahrhundert bis zur Gegenwart, Paderborn/Wien 2007; Martin Baumann: Migration and Religion, in: Peter B. Clarke/Peter Beyer (eds.): The World's Religions. Continuities and Transformations, London u. a. 2009, 338–353; Walter Pohl: Die Entstehung des europäischen Weges: Migration als Wiege Europas, in: Reinhard Neck/Heinrich Schmidinger (Hg.): Migration. Band 15 der Reihe Wissenschaft – Bildung – Politik, hg. von der Österreichischen Forschungsgemeinschaft, Wien 2013, 27–44. Z. B. waren die aus dem katholischen Frankreich des 17. Jahrhunderts vertriebenen protestantischen Hugenotten Uhrmacher, Bauern, Tabakerzeuger oder Bäcker. Länder, die diese Flüchtlinge aufnahmen, erfuhren durch sie einen enormen ökonomischen Modernisierungsschub (Baumann, Migration and Religion, 339).

[5] Flusser, Wohnung beziehen in der Heimatlosigkeit, 30.

[6] Migration lässt erkennbar werden, wie eine Gesellschaft mit Pluralität und Diversität, mit Minderheiten und Macht umgeht, welche Werte sie vertritt, was sie unter Gerechtigkeit versteht u.v.m.

Bildungssystem, sondern macht diese in zugespitzter Weise deutlich sichtbar. Aus inklusionstheoretischer Perspektive wird an der Benachteiligung migrantischer Kinder und Jugendlicher der Mangel an Bildungsgerechtigkeit ebenso erkennbar wie der selektive Charakter eines Bildungssystems, der junge Menschen aus sozial schwächeren Milieus – mit und ohne Migrationshintergrund – prinzipiell benachteiligt.[7] In den Bildungsproblemen von migrantischen Kindern kann eine Gesellschaft die Schwächen ihres Bildungssystems erkennen, die alle betreffen. Flussers These lässt sich an vielen weiteren sozialwissenschaftlichen Befunden belegen.[8]

Gerade weil Verschiedene aufeinandertreffen, kann Migration die Möglichkeit für Entwicklung aller eröffnen, insbesondere der „Bodenständigen".

Obwohl schmerzhaft, ist Migration ein kreativer Prozess, der neue Freiheit und Erkenntnismöglichkeiten erschließt – wenn sich eine Gesellschaft darauf einlässt, sich in der Begegnung mit MigrantInnen selbstkritisch wahrzunehmen.

Ausgehend von Flusser zeige ich aus einer praktisch-theologischen Perspektive, dass das Phänomen Migration spirituelle Erfahrungen ermöglichen kann, und damit unverzichtbare Grundlagen für eine migrationssensible Theologie. Ich konzentriere mich dabei auf die Einheimischen: Welche spirituellen Erfahrungen werden möglich, wenn einheimische Menschen jenen zuhören, die kommen? Darin besteht auch ein spezifischer Beitrag der Praktischen Theologie: die Stimmen jener Menschen, die gesellschaftlich von Diskriminierung und Exklusion bedroht sind, zur Sprache zu bringen und für die Theologie und die anderen Wissenschaften erkenntnisrelevant werden zu lassen.

Ich nähere mich meiner Frage in vier Schritten:
– Migration als „Zeichen der Zeit" und *locus theologicus:* Zunächst begründe ich, warum und inwiefern Migration und die „Stimmen der MigrantInnen" spirituelle Erfahrung eröffnen können und theologiegenerativ sind.

---

[7] Martin Jäggle/Thomas Krobath: Bildung, Gerechtigkeit und Würde: Kultur der Anerkennung, in: Amt und Gemeinde, Jg. 61, 1 (2010), 51–63, 52 f. Das in der Allgemeinen Erklärung der Menschenrechte verankerte Recht auf Bildung ist z. B. in Österreich für Kinder mit Migrationshintergrund nicht angemessen zugänglich, vgl. ECRI: ECRI-Bericht über Österreich. Vierte Prüfungsrunde, Brüssel 2010.

[8] Stephen Castles/Mark J. Miller: The Age of Migration. International Population Movements in the Modern World, New York u. a.[4] 2009; Maria do Mar Castro Varela: Unzeitgemäße Utopien. Migrantinnen zwischen Selbsterfindung und Gelehrter Hoffnung, Bielefeld 2007. Migration entschleiert die „mythische Norm" einer Gesellschaft, also z. B. welches normative Bild sie vom Menschen hat, welche Utopien und Visionen sie (nicht) hat.

- „Spirituelle Erfahrung": Anschließend erläutere ich den Begriff „spiritueller Erfahrung".
- „Zuhören": Menschen mit Migrationsgeschichte kommen selbst zu Wort. Ich versuche exemplarisch, Momente des spirituellen Erkenntnisgewinns herauszuarbeiten.
- Abschließend entwickle ich Perspektiven einer migrationssensiblen Theologie, sie sich mir in Interviews[9] mit Menschen mit Migrationsgeschichte erschlossen haben.

2. Migration als „Zeichen der Zeit" und locus theologicus[10]

2.1 Migration: „Zeichen der Zeit"

Mit dem Zweiten Vatikanischen Konzil hat sich die Katholische Kirche verpflichtet, „nach den Zeichen der Zeit zu forschen und sie im Licht des Evangeliums zu deuten"[11] (GS 4). Der Begriff „Zeichen der Zeit" ist eine genuin theologische Kategorie. Zumeist definieren die Sozialwissenschaften die „Zeichen der Zeit" und die Theologie bewertet sie, indem sie fragt, was sie zu deren besserem Verständnis beitragen kann, aber auch, wo sie kritischen Einspruch erheben muss.

Im Horizont biblischen und konziliaren Verständnisses dieser Kategorie beschreiben die „Zeichen der Zeit" aber vor aller wissenschaftlichen Hermeneutik zunächst eine Glaubenserfahrung. „Zeichen der Zeit" sind konkrete geschichtliche Phänomene, die von Gläubigen als Anwesenheits-, Wirkungs- und Handlungsraum Gottes erfahren werden und daher eine Quelle theologischer Erkenntnis sind. Sie ermöglichen spirituelle Erfahrung, die einer wissenschaftlichen Reflexion bedarf. Sozialwissenschaftlich erschlossene Phänomene eröffnen dem Glauben neue Einsichten und im Weiteren theologische Erkenntnis.

Dieses Verständnis verdankt sich zum einen der Interpretation der Reich Gottes-Botschaft des Jesus von Nazareth als einer geschichtlichen Kategorie: Das Reich Gottes ist eine gegenwärtige Wirklichkeit, die allen Menschen Heil und Gerechtigkeit noch vor dem Tod zusagt und daher auch in der Zeit

---

[9] Diese Interviews wurden im Rahmen eines Forschungsprojektes geführt: Regina Polak (in Zusammenarbeit mit Christoph Schachinger): Religiosität und Migration. Eine qualitativ-empirische Studie. Erste Ergebnisse. Wissenschaftlicher Bericht, Wien 2013, unveröff. Manuskript.

[10] Vgl. in diesem Sammelband: Gegenwart als *locus theologicus*, 179.

[11] Pastorale Konstitution Gaudium et Spes über dieKirche in der Welt von heute, Vatikan 1965.

wahrnehmbar ist.[12] Zum anderen schließt es an die Interpretation der „Zeichen der Zeit" dreier Theologen an.

Marie-Dominique Chenu[13] arbeitet heraus, dass nicht die bare Faktizität des Ereignisses das ausschlaggebende Moment[14] ist, sondern die Bewusstseinsbildung, die es bewirkt sowie die Bündelung von Energien und Hoffnungen eines ganzen Kollektivs von Menschen. Von „Zeichen der Zeit" kann man demnach erst sprechen, wenn Menschen sich bewusst werden, dass einem geschichtlichen Phänomen das Potenzial innewohnt, in ihm Gottes Präsenz wahrzunehmen. Der Begriff beschreibt die Wirklichkeit, insofern diese in einem bestimmten geschichtlichen Kontext Menschen bewusst ist und aus der Perspektive des Glaubens wahrgenommen wird. Der Theologie kommt dabei die Aufgabe der wissenschaftlichen Reflexion zu, sie kann aber den Glaubensvollzug nicht ersetzen. Erst eine gläubige Wahrnehmung geschichtlicher Phänomene lässt diese als „Zeichen der Zeit" erkennbar werden.

Migration ist deshalb nicht per se ein „Zeichen der Zeit". Nur indem sie mit den Sinnen und dem Verstand des Glaubens erfahren wird, kann sie das Bewusstsein der Menschen verwandeln und Gottes Präsenz auf neue Weise erschließen. Erst dann lässt sich nach Bedeutung – nach Sinn und Relevanz – von Migration in der Geschichte fragen.

Hans-Joachim Sander[15] erarbeitet im Anschluss an das Konzil drei Kriterien, die ein Phänomen als „Zeichen der Zeit" erkennen lassen: a) „Zeichen der Zeit" sind (historische) Wirklichkeiten, in denen Menschen um ihre und die Würde und Anerkennung der Anderen kämpfen, gleich ob ungläubig oder gläubig[16]; b) „Zeichen der Zeit" sind Orte (loci), an denen Menschen nach der Anwesenheit Gottes suchen bzw. diese finden können,

---

[12] Gerhard Lohfink: Jesus von Nazareth. Was er wollte, wer er war, Freiburg im Breisgau[2] 2010; Urs Eigenmann: Das Reich Gottes und seine Gerechtigkeit für die Erde. Die andere Vision vom Leben, Luzern 1998. Auf die Frage nach den konkreten Formen kann ich hier nicht eingehen.

[13] Marie-Dominique Chenu: Les signes de temps, in: Nouvelle Revue théologique 87 (1965), 29–39; dt.: Marie-Dominique Chenu: Die Zeichen der Zeit, in Ders.: Volk Gottes in der Welt, Paderborn 1968, 42–68.

[14] nämlich der theologischen Bedeutung der „Zeichen der Zeit", Anm. RP.

[15] Hans-Joachim Sander: Migration as a Sign of the Times and a Precarious Locus Theologicus Alienus, in: Judith Gruber/Sigrid Rettenbacher (eds): Migration as a Sign of the Times. Towards a Theology of Migration, Rodopi 2015, 33–46; Hans-Joachim Sander: Fundamentaltheologie – eine Theologie der Andersorte der Theologie. Stellungnahme zu Bernhard Körner, in: Josef Meyer zu Schlochtern/Roman Siebenrock (Hg.): Wozu Fundamentaltheologie? Zur Grundlegung der Theologie im Anspruch von Glaube und Vernunft, Paderborn 2010, 39–58.

[16] Gaudium et Spes 1–4.

basierend auf Solidarität der Gläubigen mit allen Menschen[17]; c) „Zeichen der Zeit" bedürfen zu ihrer Erkenntnis konstitutiv der Wahrheit der „Anderen"[18].

Das Erkennen der „Zeichen der Zeit" setzt deshalb die Sensibilität für jene Orte und Situationen voraus, an bzw. in denen die Würde und Anerkennung von Menschen bedroht sind. Ebenso bedarf sie als Voraussetzung des gemeinsamen Einsatzes für Schutz und Anerkennung der Menschenwürde. Um „Zeichen der Zeit" zu erkennen, ist ein Bewusstsein der globalen Verbundenheit aller Menschen untereinander nötig, da dieses die universale Solidarität überhaupt erst ermöglicht. Erst auf der Basis dieses Bewusstseins und einer Praxis politischer Anwaltschaft für Menschen wird eine gemeinsame Suche nach und die Erkenntnis von Gott möglich. Schließlich ist die Erkenntnis der „Zeichen der Zeit" eine Frage der Relationalität: Die theologische Bedeutung von Migration erschließt sich nur in Beziehung mit den Migrationserfahrenen, ob gläubig oder nicht. Diese Beziehung wird unabdingbar für vertiefte Gotteserkenntnis.

Wie kann es zu einem solchen Bewusstsein und einer solchen Praxis kommen? Migration birgt enormes Lern[19]-Potenzial, da sie allen Kriterien Sanders entspricht.

Giuseppe Ruggieri[20] schließlich betont, dass die Erkenntnis der „Zeichen der Zeit" gläubiger Gemeinden bedarf. Er bindet das Erkennen Gottes in geschichtlichen Phänomenen an die konkrete Praxis in Gemeinschaft. Drei Merkmale charakterisieren die „Zeichen der Zeit": a) Die Interpretation der „Zeichen der Zeit" soll gemeinschaftlich und b) im Lichte des Evangeliums geschehen und c) zur Praxis vordringen.[21] „Zeichen der Zeit" werden demnach nicht in wissenschaftlichen Instituten ge- oder erfunden, sondern werden zuallererst von gläubigen Menschen im gemeinsamen Handeln erkannt. Dies ermächtigt nicht nur, sondern nimmt alle Gläubigen in die Pflicht, sich mit Migration auseinanderzusetzen. Zugleich wird der Migrations-Expertokratie ein kritisches Korrektiv eröffnet. Sie ist verpflichtet, auf die Stimmen aller, die von Migration betroffen sind, zu hören, insbesondere auf die Erfahrungen der MigrantInnen.

---

[17] Gaudium et Spes 11.

[18] Unitatis Redintegratio. Dekret über den Ökumenismus, Vatikan 1964, 4.

[19] Lernen wird hier verstanden als Veränderung von Wahrnehmungs-, Denk- und Handlungsweisen durch Erfahrung, wobei das generierte Wissen dem jeweils besseren Leben aller dient.

[20] Guiseppe Ruggieri: Zeichen der Zeit. Herkunft und Bedeutung einer christlich-Perspektive einer hermeneutischen Chiffre der Geschichte, in: Peter Hünermann (Hg.): Das Zweite Vatikanische Konzil und die Zeichen der Zeit heute, Freiburg im Breisgau 2006, 61–70.

[21] Ruggieri betont dabei die Bedeutung der Liturgie, auf die ich hier aber nicht eingehen kann.

Die Katholische Kirche hat längst begonnen, die eminent theologische Bedeutung von Migration zu erkennen. Das kirchliche Lehramt schreibt in der Instruktion *Erga migrantes caritas Christi*[22] wegweisend:

> „Wir können also das gegenwärtige Migrationsphänomen als ein sehr bedeutsames „Zeichen der Zeit" betrachten, als eine Herausforderung, die es beim Aufbau einer erneuerten Menschheit und in der Verkündigung des Evangeliums des Friedens zu entdecken und zu schätzen gilt."[23]

Deutlich werden Gabe und Aufgabe von Migration benannt:

> „Der Übergang von monokulturellen zu multikulturellen Gesellschaften kann sich so als Zeichen der lebendigen Gegenwart Gottes in der Geschichte und in der Gemeinschaft der Menschen erweisen, da er eine günstige Gelegenheit bietet, den Plan Gottes einer universalen Gemeinschaft zu verwirklichen. (…) Wir sind deshalb alle zur Kultur der Solidarität aufgerufen, (…) um gemeinsam zu einer wahren Gemeinschaft der Menschen zu gelangen."[24]

Freilich: Ein lehramtliches Schreiben sichert keinesfalls schon eine Migrationssensibilität der Gläubigen und der Theologie. Migrationsamnesie ist im deutschsprachigen Raum noch weit verbreitet.[25]

2.2 Migration: *locus theologicus*

„Zeichen der Zeit" lassen sich als theologiegenerative Orte verstehen: Die Tradition nennt solche Orte *loci theologici*.[26] Das sind Orte, an denen sich

---

[22] Päpstlicher Rat für die Seelsorge für Migranten und Menschen unterwegs: Instruktion Erga migrantes caritas Christi, Vatikan 2004.

[23] Erga migrantes 14.

[24] Erga migrantes 9 (Auslassung RP).

[25] Mit diesem Themenkomplex beschäftigen sich z. B. das von mir initiierte Forschungsnetzwerk „Religion im Kontext von Migration", vgl. URL: http://migration-pt-ktf.univie.ac.at/ (30.06.2017); CSERPE – das Studien- und Bildungszentrum für Migrationsfragen der Scalabrinianer, vgl. URL: http://www.cserpe.org/ (30.06.2017), sowie das Schweizerische Pastoralsoziologische Institut, vgl. URL: https://spi-sg.ch/ (30.06.2017). Auch die Österreichische Pastoraltagung 2013 hatte das Thema „Migration und Integration: Pastorale Herausforderungen und Chancen".

[26] Der Bibelexeget Kuno Füssel kommt zu ebendiesem Schluss, vgl. Kuno Füssel: Die Zeichen der Zeit als locus theologicus, in: Freiburger Zeitschrift für Philosophie und Theologie 30 (1983), 259–274. Ohne hier ausführlich darauf eingehen zu können, möchte ich kurz auf Folgendes hinweisen: Migration ist sowohl ein locus theologicus proprius als auch ein locus

theologische Erkenntnis bilden kann. Seit Melchior Cano (1509–1560) gilt für die Theologie die Geschichte als erkenntnisgenerativer *locus theologicus alienus* – damit auch die Gegenwart und ihre zeittypischen Phänomene. Ein *locus theologicus* ist für Kirche und Theologie eine legitimierte Instanz, eine verbindliche „Autorität" für Gotteserkenntnis. *Loci theologici* sind „Wohnstätten" theologischer Argumente und ermöglichen vernünftige Glaubenseinsichten. Migration eröffnet demnach neue und eigenständige Erkenntnisquellen, die alle Gläubigen und mit ihnen die Theologie wahr- und ernst zu nehmen haben. Die Gegenwart – und mit ihr Migration und deren sozialwissenschaftliche Erforschung – kann als formale Autorität mit Geltungsanspruch anerkannt werden. Inhaltlich ist dies freilich nur dann der Fall, wenn die Erkenntnisse zugleich in der biblischen Offenbarung gründen.

Lange Zeit diente die *Locus*-Lehre vor allem der apologetischen Begründung des kirchlichen Autoritätsanspruches. Das kommunikationstheoretisch-partizipatorische Offenbarungsmodell des Zweiten Vatikanums ermöglicht heute ein erweitertes Verständnis der *loci theologici*: Wie Englert betont, „gilt als locus in der Theologie heute (…) vor allem das, was theologische Aussagen generiert. Im Zentrum des Interesses steht (…) die Frage nach den Entdeckungszusammenhängen („loci") theologischer Erkenntnis"[27]. Offenbarung kann sich an vielen verschiedenen Orten und auch außerhalb der Kirche ereignen. Damit kann Migration als „Zeichen der Zeit" ein *locus theologicus* sein. Gerade „weil man die Zeichen der Zeit nicht als facta bruta nehmen darf, sondern ihre weiterführende Bedeutung, d.h. Gottes Denken und Planen für den Menschen vermitteln soll"[28], bergen sie, wie Füssel meint, das kritisch weiterführende Potenzial, durch gläubige und theologische Würdigung die Wirklichkeit zu verwandeln.

Die Identifikation der „Zeichen der Zeit" mit *loci theologici* lässt sich auch schöpfungs- und inkarnationstheologisch begründen: Die Wahrheit

---

theologicus alienus. Insofern der jüdische und der christliche Offenbarungsglaube und seine grundlegenden biblischen Texte im Kontext von Migration entstehen, gehört Migrationserfahrung konstitutiv zur Glaubenserfahrung. Auch die Christentumsgeschichte ist ohne Migration nicht angemessen zu verstehen. Christliche MigrantInnen sind Teil der Kirche und müssen nicht erst aufgenommen werden, sie haben fundamentaltheologische und ekklesiologische Bedeutung für die Kirche. Insofern ist Migration ein locus theologicus proprius. Migration als Phänomen außerhalb der Kirche(n) wiederum stellt die Frage nach der Bedeutung „der Anderen der Kirche" für den Glauben und die Kirche, insofern ist sie auch ein locus theologicus alienus.

[27] Rudolf Englert: Wenn die Theologie in die Schule geht. Inkulturationserfahrungen, die zu denken und zu lernen geben, in: Norbert Mette/Matthias Sellmann (Hg.): Religionsunterricht als Ort der Theologie (Quaestiones disputatae 247), Freiburg im Breisgau 2012, 92–105, 95 (Auslassungen RP).

[28] Beides Füssel, Die Zeichen der Zeit als locus theologicus, 262.

der Offenbarung Gottes ist in diese Welt qua Schöpfung eingegangen und findet sich in ihr inkarniert vor. Insofern ist sie keine abstrakte Denk-Größe. Sie ist gebunden an konkrete Zeit, Kultur, Orte und damit auch an die Gegenwart. Dann müssen die „Zeichen der Zeit" als theologische Wirklichkeit zugleich *loci theologici* sein, Orte, an denen Theologie entsteht und (neu) gelernt wird. Die „Zeichen der Zeit" – geschaffene und inkarnierte Wirklichkeit Gottes – sind solche Orte. Migration ist ein Lernort des Glaubens: Sie ermöglicht den Gläubigen, im Horizont der Gegenwart die geoffenbarte Glaubenswahrheit tiefer zu erfassen, besser zu verstehen sowie angemessener zu verkünden und zu leben. Sie verändert den Glauben und im weiteren die Theologie.

2.3 Migration: Biblisch

Neu ist dieser Zugang in der Sache nicht. Wie Dehn und Hock[29] zeigen, sind viele der Glaubenserfahrungen der Heiligen Schrift dem *locus theologicus* Migration zu verdanken. Die Mehrheit der Texte entsteht in einem Kontext von Exil, Flucht, Vertreibung, Wanderschaft und Diaspora. Migration wird bereits im Alten Testament als „Lernerfahrung und Erfahrungsschatz genutzt und bearbeitet" und lässt eine „Theologie der Migration"[30] entstehen.

Migration erschließt spezifische Möglichkeiten der Gotteserfahrung.[31] Migration wird als Fluch wie auch als Segen wahrgenommen. Sie entwurzelt Menschen, macht sie verwundbar und führt Unrecht, Ungerechtigkeit, Gewalt, kurz: die Sünde der Menschen vor Augen (vgl. Vertreibung aus dem Paradies; Exodus und Exil Israels etc.). Zugleich erschließt sie sich als Weg der Gnade Gottes, die dessen Treue ebenso erfahren lässt wie sie Ressourcen der Liebe und Solidarität freisetzen kann (siehe Abraham, Moses). Eine Gesetzgebung, die den Fremden in Israel besonderen Schutz gewährt, ist eine Frucht dieser Erfahrungen ebenso wie die beständige Erinnerung, dass im Fremden Gott selbst begegnen kann. Dabei hat laut Hock Migration weder einen religiösen Eigenwert noch wird sie theologisch hypostasiert. Im Zentrum stehen vielmehr „Wohl und Würde" der MigrantInnen sowie

---

[29] Ulrich Dehn/Klaus Hock: „Mein Vater war ein heimatloser Aramäer." Religionswissenschaftliche und theologische Anmerkungen zum Thema Migration, in: Zeitschrift für Mission 1–2 (2005), 99–114, 11 ff.

[30] Ebd., 11 ff.

[31] Dianne Bergeant: Ruth: The Migrant who Saved the People", in: The Center for Migration Studies (ed.): Migration, Religious Experience and Globalization, New York 2003, 49–61. Sie arbeitet am Beispiel des Buches Ruth die besondere Verletzlichkeit von MigrantInnen als heilsrelevant heraus.

deren Recht auf einen „Zielort, eine Bestimmung, die nicht sein 'Heimatland' sein muss, die ihn aber zu sich kommen lässt".[32]

Migration ist im Alten Testament eng mit der Frage nach Recht und Gerechtigkeit verbunden sowie mit der schöpfungstheologischen Erkenntnis, dass jeder Mensch, unabhängig von Ethnie, Farbe, Geschlecht, Religion das Abbild Gottes ist und daher alle Menschen von gleicher Würde sind. Auch das Neue Testament ist von Migrationserfahrungen geprägt. Jesus ist als Wanderprediger in Galiläa unterwegs, sein Leben beginnt mit der Flucht nach Ägypten und ist von Heimatlosigkeit geprägt. Diese Heimatlosigkeit wird auch für seine Jünger zur Verpflichtung, um das Reich Gottes verkünden zu können. „Fremde" und „Gäste" auf Erden und „Menschen unterwegs" zu sein (Hebr 11,13; 1 Petr 2,11) gehört zum Selbstverständnis der ersten Christen. Die Verantwortung für den Fremden bleibt ethisches Gebot und wird darin zum spirituellen Begegnungsort mit Christus selbst (Mt 25). Das missionarische Selbstverständnis des Christentums hängt ebenso wie seine Verbreitung untrennbar mit Migrationserfahrungen zusammen. Diese werden im Sinne der Verwirklichung des universalen Sendungsauftrages der Kirche gedeutet.

2.4 Migration: Die erkenntnisrelevante Bedeutung der Anderen

Vergessen, überhört und übersehen wird in der Geschichte von Kirche und Theologie zu oft und mit Gewaltfolgen die erkenntnisrelevante Bedeutung jener Menschen, die (vermeintlich oder tatsächlich) „anders" sind oder nicht zur Kirche gehören. Bis heute werden die „Anderen" der Kirche primär als Objekte, bestenfalls Subjekte der Bekehrung und Fürsorge wahrgenommen. Demgegenüber betont die Kirche (GS 44) deren theologische Bedeutung und erkennt an, dass sie des Austausches mit der Welt und deren Hilfe bedarf, „damit die geoffenbarte Wahrheit immer tiefer erfasst, besser verstanden und passender verkündet werden kann".

Kirche und Theologie sind demnach angewiesen auf die Stimme aller von Migration Betroffenen, auf deren Erfahrungen und Erkenntnisse. In besonderer Weise bedarf sie der Menschen mit Migrationsgeschichte.

Vorsicht ist allerdings in der Terminologie angebracht: Denn MigrantInnen sind entgegen dem öffentlichen Diskurs[33] nicht die paradig-

---

[32] Alle Zitate Dehn/Hock, „Mein Vater war ein heimatloser Aramäer", 12.

[33] Der religiös Andere, der ethnisch-kulturell Andere, der sozio-ökonomisch Arme: im Begriff des Migranten verdichtet sich alles, was in einer Gesellschaft als „anders" definiert wird. Durch dieses „Othering" – das Erklären von Menschen zu „Anderen" aufgrund von Differenz – spaltet eine Gesellschaft alles ab, was sie ablehnt, und entlastet sich. Viele MigrantInnen

matisch „Anderen". Sie eröffnen allerdings die Möglichkeit, neu zu lernen, dass es gnoseologisch unverzichtbar ist, auf die Stimme aller Menschen zu hören, insbesondere auf die jener, die aufgrund von „Andersheit"[34] unsichtbar, stigmatisiert, diskriminiert und exkludiert sind.

3. Begriffsklärung: Was ist spirituelle Erfahrung?

Bedingung der Möglichkeit, Migration als „Zeichen der Zeit" und *locus theologicus* zu erkennen, ist eine spezifische Weise der Wahrnehmung der Wirklichkeit und eine entsprechende Praxis. Ich nenne dies „spirituelle Erfahrung".[35]

Spiritualität ist zunächst eine anthropologische Fähigkeit und daher keinesfalls zwingend an Religion gebunden. Die Spiritualitätsforscher David Hay und Rebecca Nye[36] sprechen so z. B. von *spiritual awareness*. Dies ist eine hochgradig individuelle Grundbegabung, die Menschen nach der Qualität, dem Sinn und den Geheimnissen in der Tiefe menschlichen Lebens fragen lässt.

Drei Dimensionen „erhöhter Aufmerksamkeit" sind für diese spirituelle Achtsamkeit bzw. Bewusstheit charakteristisch: eine Empfindsamkeit für bestimmte Bewusstseins-Zustände (*awareness sensing*), ein Gespür für das Geheimnisvolle (*mystery sensing*) sowie ein Gefühl für Wertvolles (*value*

---

möchten weder gern als solche oder als „anders" bezeichnet werden, da in einer Gesellschaft, die dem Mythos der Homogenität anhängt, „anders" und „MigrantIn sein" Stigmata sind.

[34] Auf den erkenntnistheoretischen Diskurs rund um Andersheit und Fremdheit kann ich hier nur verweisen. Ich stütze mich maßgeblich auf die Überlegungen des Fundamentaltheologen Franz Gmainer-Pranzl: Beunruhigungen. Diskurs über das Unzugängliche, in: Severin Lederhilger (Hg.): Auch Gott ist ein Fremder. Fremdsein – Toleranz – Solidarität, Frankfurt am Main 2012, 53–75. Der Andere ist dabei immer „einer von zweien" (alter) und durch ein Drittes mit diesem verbunden, z. B. in meinem Verständnis das „Mensch-Sein", aber auch aufgrund der Geltung der Menschenrechte für ausnahmslos alle Menschen. In diesem Sinn sind alle Menschen füreinander anders. Den Begriff „Fremde" vermeide ich für MigrantInnen, da er im gesellschaftlichen Verwendungszusammenhang Nicht-Zugehörigkeit signalisiert und auch als Selbstbezeichnung abgelehnt wird. „Das Fremde", das ich mit Gmainer-Pranzl als bleibend entzogene und nicht in totale Verstehbarkeit des Anderen auflösbare Wirklichkeit verstehe, bleibt dabei eine herausfordernde Wirklichkeit, die alle Menschen zur Antwort aufruft. Es spielt in spiritueller Hinsicht eine zentrale Rolle, weil sich darin Transzendenz – Gott – erschließen kann.

[35] Theologisch könnte man auch von Glaube sprechen, der ohne spirituelle Erfahrung und entsprechende Lebensweise gar nicht so benannt werden kann, aber alltagssprachlich zumeist mit der Zustimmung oder Ablehnung von kognitiven Meinungen oder Weltanschauungen identifiziert wird. Zudem sind Glaube und spirituelle Erfahrung auch nicht zwangsläufig ident: Zum Glauben wird eine spirituelle Erfahrung erst durch eine bewusste Entscheidung für eine bestimmte Deutung.

[36] David Hay/Rebecca Nye: The spirit of the Child, Revised edition, London u. a.[2] 2006 (1998).

sensing). Zentral für Spiritualität in diesem Sinn ist das Bewusstsein, als Subjekt in Beziehung zur ganzen Welt zu stehen (*relational consciousness*).

Im weitesten Sinn bezeichnet Spiritualität eine Lebensform, in der der jeweilige Lebensweg erfahrungsbezogen, d. h. bewusst und reflektiert in einen größeren, transzendenten Deutungshorizont gestellt und integriert wird. Wie Karl Baier formuliert: „Zum Mensch-Sein gehört die Tiefendimension einer heilvollen, identitätsstiftenden Bezogenheit auf eine letzte Wirklichkeit"[37]. Spiritualität ist für ihn die „Erfahrung, Entwicklung und Gestaltung dieser Beziehung im Leben von Einzelnen und Gemeinschaften".[38] Diese letzte Wirklichkeit kann eine religiöse sein wie „Gott", kann aber auch ein säkularer Wert wie Humanität sein. Entscheidend sind bestimmte Formen ganzheitlicher Wahrnehmung, der persönlich-authentische Bezug auf einen „Sinn" des Ganzen sowie dessen praktischer Ausdruck in Alltag und Gesellschaft. Spirituelle Erfahrung beschreibt demnach Wahrnehmungen und Erlebnisse von Einzelnen und Gemeinschaften, die im Horizont einer Wirklichkeitsdeutung mit Sinn-Anspruch durch Theorie und Praxis interpretiert werden.

Christliche Spiritualität vollzieht sich im Horizont der Tradition des Glaubens, d. h. Wahrnehmung und Deutung von Wirklichkeit sowie Praxis erfolgen innerhalb einer Beziehung zu Gott, wie er sich in den Augen der Gläubigen in den Schriften des Alten und Neuen Testaments sowie (für Christen) in Jesus Christus Einzelnen und seinem Volk, Juden und Heiden, zu erkennen gegeben hat. Die Kirche hat diese Erfahrungen tradiert und theologisch reflektiert weiterentwickelt – freilich nicht immer geglückt. Christliche Spiritualität ist gleichsam *spiritual awareness*, die sich auf tradierte religiöse Schriften und Traditionen bezieht und aus der Gottesbeziehung den dafür notwendigen Geist erhält. Christliche Theologie ist die wissenschaftliche Reflexion dieser Erfahrungen.

Migration eröffnet spirituelle Erfahrung – das kann demnach bedeuten:
- die *awareness* für das Geheimnis und die Würde fördern, die jeder Mensch in seiner Einzigartigkeit mit sich bringt, und sich der Verbundenheit mit anderen Menschen gewahr werden;
- die jeweils eigenen Wert- und Sinnvorstellungen bewusst und kritisch wahrnehmen lernen, verändern, umgestalten; dies kann intensive Gefühle auslösen und andere, neue Sinnhorizonte und Wirklichkeitsdeutungen erschließen bzw. die eigenen weiten und vertiefen;

---

[37] Karl Baier: Spiritualitätsforschung heute, in: Karl Baier (Hg.): Handbuch Spiritualität. Zugänge, Traditionen, interreligiöse Prozesse, Darmstadt 2006, 11–45, 13.
[38] Ebd.

- neue Lebensweisen lernen, die z. B. das Verhalten gegenüber zugezogenen Nachbarn verändern, politisches Engagement für mehr Rechte von Zuwanderern nach sich ziehen oder zum Risiko ermutigen, neue Formen des Zusammenlebens zwischen Menschen mit und ohne Migrationsgeschichte zu erproben.

Theologisch formuliert kann Migration z. B.
- den Glauben als Beziehung zu Gott und den Mitmenschen verändern: Die Bibel wird im Horizont von Migration anders interpretiert und neu entdeckt; christliche Identität wird als migrantische wiederentdeckt; die Einheit der Menschen in ihrer Vielfalt wird erfahrbar, ebenso das Aufeinander-Verwiesen-Sein von Menschen.
- den Glauben als christliche Lebenspraxis verändern: Migration sensibilisiert für die zeitgeschichtlich konkrete Bedeutung von großen theologischen Worten wie Nächstenliebe, Solidarität, Sorge um Gerechtigkeit. Gesellschaft, Kultur, Politik, Recht, Wirtschaft, Religion und Kirche werden aus der Perspektive der Menschen mit Migrationsgeschichte wahrgenommen; die dabei entdeckten Inhumanitäten motivieren zum gesellschaftspolitischen Engagement.
- als Raum der Anwesenheit, Wirkung und des Ereignisses Gottes wahrgenommen werden: Neue Dimensionen Gottes werden erschlossen oder alte neu verstanden. Der Migrant bzw. die Migrantin wird zur Epiphanie Gottes, d. h. in den Fremdheits- und Befremdungserfahrungen, die sich ihm/ihr oder zwischen ihm und den Einheimischen eröffnen, kann aus der Sicht des Glaubens ein Verweis auf Gottes Wirklichkeit erkannt werden.[39]

Eine besondere Bedeutung kommt dabei der Erfahrung von Differenz zu. Soziale, kulturelle, religiöse Differenz ermöglicht nicht nur Beziehung, sondern auch Denken und Erfahrung. Ist spirituelle Erfahrung ohne das Wahrnehmen und Bedenken von Differenz überhaupt möglich? Erst die Begegnung – vielleicht sogar Konfrontation – mit dem Anderssein des anderen und dem Fremden, das sich darin zeigen kann, ermöglicht jene Grenzüberschreitung, in der das je Eigene fragwürdig und Neues wahrnehmbar wird. Wäre Differenzerfahrung dann nicht auch die Voraussetzung dafür, dass sich Transzendenz – Gott – zeigen kann? Migration wäre so

---

[39] Selbstverständlich nicht „automatisch": Entscheidend ist, ob Menschen das Fremde, das sich zeigt, aus Glaubensperspektive interpretieren und ob dies praktische Folgen hat, wie z. B. den Einsatz für ein besseres Leben der MigrantInnen oder das selbstkritische Reflektieren von als „normal" geltenden Werten oder Weltanschauungen.

ein paradigmatischer Ort spiritueller Erfahrung. Dies setzt freilich eine Gesellschaft, eine Kirche und eine Theologie voraus, in der Differenz nicht als Störung, sondern als ausgezeichnete spirituelle Lernmöglichkeit verstanden wird. Die Fiktion von Homogenität müsste dafür aufgegeben werden.

4. Zuhören

Im Folgenden verdeutliche ich meine Überlegungen anhand von Textpassagen aus 24 Leitfadeninterviews, die ich im Rahmen eines Forschungsprojektes[40] zum Wandel der Religiosität von Menschen mit Migrationsgeschichte geführt habe. GesprächspartnerInnen waren katholische KroatInnen, protestantische Deutsche, orthodoxe SerbInnen und muslimische TürkInnen, die seit mehr als fünf Jahren in Österreich leben.

Deren Erfahrungen werfen ein kritisches Licht auf die österreichische Wirklichkeit. Sie zeigen, wie Zuwanderer in Österreich mitunter wahrgenommen werden, demaskieren den Umgang der Mehrheitsgesellschaft mit Differenz und führen einen eklatanten Werte-Mangel der Einheimischen vor Augen. Sie erzählen über die schwer irritierte Beziehung zwischen Einheimischen und Zuwanderern.

Eine 8-jährige Kroatin kommt im August 1972 mit ihrer Mutter und den drei Geschwistern in Wien am Südbahnhof an. Der Vater ist seit zwei Jahren in Wien als Bauarbeiter beschäftigt.

> „Da war die erste Erfahrung, wie die Leute auf uns zugegangen sind – also gar nicht zugegangen, sondern diese alten Frauen haben gemurmelt, und wir haben aus den Gesten gemerkt, es war keine Begrüßung. Das erste Wort, das wir verstanden haben, war Zigeuner." (Ik6)

Könnte die Abwesenheit Gottes, die sich in dieser Situation zeigt, nicht ex negativo zum spirituellen Impuls werden, nämlich indem sie die Erinnerung an fundamentale Glaubenserfahrungen weckt? Sind Scham und Schmerz, die einen beim Zuhören erfassen können, nicht mögliche Quellen spiritueller Erfahrung?

ChristInnen könnten sich an das biblische Gebot der Gastfreundschaft erinnern. Demnach gilt der Gast als heilig und bedarf besonderen Schutzes. Das Alte Testament kennt eine Gesetzgebung, in der die sogenannten

---

[40] Polak (in Zusammenarbeit mit Schachinger), Religiosität und Migration. IP werden hier mit Abkürzungen bezeichnet.

„Fremden" von Anfang an selbstverständliche Rechte auf Teilhabe an der Gesellschaft und sogar am religiösen Kult des Volkes Israel hatten.[41]

Unerträgliche Lebenssituationen können zu Zeit-Räumen der besonderen Erfahrung der Gnade Gottes werden: Ein Kroate kommt mit 12 Jahren auf Familienbesuch nach Wien und kann erst als Erwachsener wieder zurückkehren. Denn während seines Wien-Besuches bricht der Krieg in Jugoslawien aus. Für die Familie beginnt eine katastrophale Zeit:

> „Mein Vater hat irgendwelchen dubiosen Leuten Geld bezahlt, damit sie ihm eine Arbeit verschaffen. (…) Am Ende hatten wir zu Hause gerade noch etwas zu essen, das Geld war futsch und der Vater hatte auch keine Arbeit. Nicht nur, dass wir ein wunderschönes Haus gegen eine 20 m2-Wohnung eintauschen mussten – das war auch sehr schwierig (…) dass man die Eltern oft sehr verzweifelt gesehen hat, den Vater weinen gesehen hat. Die Welt ist zerrüttet. Aber da ist auch dann wirklich der Glaube, eigentlich die Hoffnung, die einem der Glaube gibt, sehr hilfreich. (…) bevor man verzweifelt, bevor man wirklich apathisch wird, sagt man: o.k., ich habe die Hoffnung, ich tausche alle diese Fragen gegen meine Hoffnung auf eine bessere Zeit." (Ik5)

Welche spirituelle Erfahrung erschließt diese Erzählung für Einheimische? Welche Fragen, welche Gefühle lässt sie entstehen? Welche Sehnsüchte, welche Zweifel weckt sie? Was lässt sich dabei lernen?

Solche Erfahrungen stellen Selbstverständlichkeiten der sogenannten „normalen" Gesellschaft infrage und decken deren Unmenschlichkeiten auf. Gerade dadurch ermöglichen sie spirituelle Erfahrung. Denn sie irritieren und verändern die Wahrnehmung. Migration kann dann zum Impuls werden, die Praxis zu verändern. Insbesondere Erfahrungen von Diskriminierung, Unrecht und Ungerechtigkeit fordern dazu auf:

> „Als die Fachinspektorin für Religion zu mir in den Unterricht gekommen ist, hat sie mich nachher gelobt, wie gut mein Deutsch ist. Kein Wort zu meinem Unterricht. Wie lange muss ich eigentlich hier leben, um nicht mehr als Migrantin wahrgenommen zu werden?" (Ik2)

Während ihres Studiums hat diese Religionslehrerin, die seit 20 Jahren in Österreich lebt, im Gastgewerbe gearbeitet und beschreibt die Reaktion ihrer österreichischen Kollegen:

---

[41] Z. B. Ex 20,8–10 (3. Gebot); Dtn 5,14–15; Dtn 14,11–20; Dtn 14,22; Dtn 16, 11.14.

„Also die Leute, wo sie gehört haben, dass ich eine Ausbildung mache, sind sie auf mich losgegangen: 'Ja, warum machst du Ausbildung, du bist Ausländer, du musst hier arbeiten', also putzen." (Ik2)

Eine andere bosnische Lehrerin, 1992 als Kind während des Krieges nach Wien geflohen, berichtet:

„Ich habe mich mit einem Manuskript bei einem Wettbewerb für Autoren mit Migrationshintergrund beworben. Dann wurde ich zu einem Gespräch eingeladen. Auf der Tür des Büros hing ein Plakat (…) das Bild mit einem Hakenkreuz, einem Mülleimer und einem Mann – das Zeichen gegen Rassismus. Aber das war es nicht. Statt dem Hakenkreuz war es das ganz normale Kreuz. Ich habe die Botschaft erhalten, wir brauchen keinen Gott, keine Religion. Und das hat mich ins Herz getroffen. Tatsächlich persönlich habe ich mich angegriffen gefühlt. Und dann habe ich (…) mein Manuskript aus diesem Wettbewerb zurückgezogen. Ich habe nicht gesagt, warum und wieso, weil ich gesehen habe, in dieser Ausschreibung geht es nicht um Migrantinnen oder Gedichte, sondern es geht um Menschen, die das, was sie glauben, bestätigt haben wollen." (Ik6)

Schließlich lassen einige Erzählungen Erfahrungen aufleuchten, die für Sesshafte neue Sichtweisen auf Gott ermöglichen können:

Ein serbisch-orthodoxer Priester erzählt, wie er die Migrationserfahrung seiner Gläubigen in seinen Predigten aufgreift. Er beobachtet, dass viele Gastarbeiter der ersten Generation keine klaren Entscheidungen für eine Existenz in der neuen Heimat treffen. Sie leben oft jahrzehntelang zerrissen zwischen Herkunfts- und Aufnahmeland. In Österreich wird gearbeitet und Geld verdient, aber das Herz ist in Serbien. Nach der Pensionierung sind sie mit dem Schock eines ungelebten Lebens, entfremdeten Kindern konfrontiert und damit, sich in beiden Ländern nicht zugehörig zu fühlen:

„Die schwierigste Frage beim Jüngsten Gericht wird sein: 'Wer bist du?' Wir werden sagen: 'Dieses und jenes.' Und dann sagt Gott: 'Nein, das war ein anderer. Das warst nicht du. Das war (…)nicht dein Leben.' Und da versuche ich ihnen nahezubringen, dass es wirklich sehr wichtig ist, das volle Leben zu leben, da wo man lebt. Überall ist Gottes Land." (Eo1)

Ein muslimischer Türke, Bauunternehmer in Wien, begründet die Fähigkeit gläubiger Menschen, in einer neuen Heimat gut anzukommen, folgendermaßen:

„Ein gläubiger Mensch müsste sich eigentlich leichter tun beim Ankommen, weil er nämlich die Menschen lieben soll, weil er in der Liebe Gott nahe ist. Grundstein von unserem Leben, als ein Muslim: Wir sind jeder ein Teil Gottes. Jeder: Chinesen, Inder, Amerikaner, Österreicher, Deutsche. Und wenn ich daran glaube, sollte ich das Ankommen nicht ein bisschen leichter sehen? Oder?" (Im1)

Abschließend die Erfahrung der kroatischen Deutschlehrerin.

„Ich bin durch die Migration zu einem besseren Menschen geworden, zu einem vielfältigeren. Ich habe in Österreich andere Kulturen (…) kennengelernt. Da macht man immer ein neues Fenster auf, (…) und dann lerne ich etwas. Ich glaube, die Migration war eine Bereicherung für mich, so tragisch es war, die Umstände und alles. (…) Ich bin sehr froh, dass ich den Glauben nicht verloren habe, muss ich ehrlich sagen. Das passiert ja oft: Man ist sich unsicher, es ist alles neu, anderes Land, neue Sprache, neue Einstellungen, neue Einsichten, das ist wunderbar, aber…das, was mich am Leben hält von Tag zu Tag, mir die Kraft gibt, von vorne zu beginnen, ist eigentlich Gott." (Ik6)

Die hier zitierten MigrantInnen ermöglichen Sesshaften Differenzerfahrungen.

Diese sind schmerzhaft, weil ihre Erzählungen enthüllen, wie es um die *spiritual awareness* mancher ÖsterreicherInnen, um sogenannte österreichische Werte und den praxisrelevanten Charakter von (gläubigen) Wirklichkeitsdeutungen bestellt ist. Sie stellen die Lebensweise von Sesshaften bloß und zeigen eine bedrohliche Gottferne. Sie decken die gestörten Beziehungen zwischen Menschen auf. Sie zeigen, wie Menschen angesichts von Leid ihre Gottesbeziehung vertiefen können.

Wer dem Schmerz dieser Erfahrung nicht ausweicht, dem können sich neue spirituelle Erfahrungen eröffnen. Wesentliche Bedingung dafür ist das Zuhören. Dann lässt sich mit den MigrantInnen gemeinsam das Glauben neu entdecken und lernen.

5. Perspektiven einer migrationssensiblen Theologie

Menschen mit Migrationsgeschichte erinnern mit ihren Erzählungen eine allzu sesshaft gewordene Theologie an ihr ureigenstes Selbstverständnis: wissenschaftliche Reflexion eines Migrations-Glaubens zu sein: eines Glaubens, der immer wieder aufbricht, unterwegs ist und vielleicht sogar schmerzhaft aus fragwürdigen Schein-Sicherheiten vertrieben wird. Die Gespräche mit den MigrantInnen haben mir nicht nur gezeigt, wie viele Glaubenserfahrungen rund um Migration die deutschsprachige Theologie vergessen hat. Ich habe auch festgestellt, wie gering die Relevanz von Migrationstheologie ist, sowohl bei den Einheimischen als auch bei den befragten MigrantInnen. Glaube ist für alle primär Hoffnung, Trost und Schutz. Das Potenzial eines Glaubens, für den Migration theologiegenerativ ist, steht auch MigrantInnen nicht zur Verfügung.

Nur sehr selten haben meine InterviewpartnerInnen ihre spirituellen Erfahrungen im Horizont biblischer Migrationstheologie gedeutet, die theologische Würde ihrer Migrationserfahrung benannt, geschweige denn Migration als Potenzial und sich selbst als spirituelle „LehrerInnen" für Einheimische verstanden.

Woran kann dies liegen? Spiegelt sich darin ein gewisses Versagen der Pastoral nicht ebenso wieder wie die „Vorgaben" und Zuschreibungen der Aufnahmegesellschaft?

Diese Beobachtungen rufen nach einer migrationssensiblen Theologie.

Eine migrationssensible Theologie fragt: Welches tiefere Verständnis des Glaubens eröffnen Menschen, die migriert sind? Theologie darf damit rechnen, dass ihr Gott in diesen Menschen unerkannt begegnet. Sie sind mit ihren Lebenserfahrungen jene ExpertInnen, die das Zweite Vatikanum als notwendige HelferInnen erkennt. Theologie ist auf spirituelle Erfahrung im Kontext von Migration verwiesen, da sie sonst steril und abstrakt wird.

Wie und wo kann Theologie lernen, sich solchen spirituellen Erfahrungen auszusetzen?

Ich schließe mit konkreten Perspektiven für die Theologie, die sich mir in den Interviews erschlossen haben.

Spirituelle Erfahrung im Kontext von Migration kann für Unrecht und Ungerechtigkeit sensibilisieren. Migration eröffnet der Theologie die Möglichkeit, innerkirchliche und gesellschaftliche Exklusionsmechanismen aufzudecken und fördert so ein erfahrungsnahes, zeitgerechtes Verständnis von Gerechtigkeit. Die sozialen Probleme der Zuwanderer betreffen ja auch Einheimische: Armut, Bildungsferne, Mangel an Partizipation und vieles mehr. In der christlichen Sozialethik, ob katholisch oder evangelisch[42], ist

---

[42] Marianne Heimbach-Steins: Grenzverläufe gesellschaftlicher Gerechtigkeit. Migration – Zugehörigkeit – Beteiligung, Paderborn 2016; Dies. (Hg.): Begrenzt verantwortlich? Sozialethische Positionen in der Flüchtlingskrise, Freiburg im Breisgau 2016.
Michelle Becka/Albert-Peter Rethmann (Hg.): Ethik und Migration. Gesellschaftliche Herausforderungen und sozialethische Reflexion, Paderborn u. a. 2010; Hans-Ulrich Dallmann: Das Recht, verschieden zu sein. Eine sozialethische Studie zu Inklusion- und Exklusion im Kontext von Migration, Gütersloh 2002.

Migration längst Thema. Allerdings wäre hier das Prinzip der Für-Sorge (Pro-Existenz) um die Dimension des Zusammenlebens (Convivenz) zu erweitern. Nur auf dem Boden eines kooperativen Miteinander-Lebens auf Augenhöhe können Menschen mit Migrationsgeschichte ihren spezifischen Beitrag zum gemeinsamen Einsatz für eine gerechte Gesellschaft einbringen.

Spirituelle Erfahrung kann Theologie an ihre eigene migrantische Identität erinnern: Muss nicht auch sie immer wieder aufbrechen und alteingesessene, erstarrte Traditionen verlassen? Migration kann der Theologie so z. B. helfen, Heimatideologien aller Art zu entlarven. Heimat ist in biblischer Tradition eine Beziehungs-Kategorie: Die wesentliche Heimat des Menschen ist bei Gott. Heimat in ihrem geographischen, aber auch kulturellen Sinn wird deshalb doch sehr stark relativiert. Migration irritiert eine Theologie, in der Glaube und Kirche sich einseitig und dominant als „Heimat" präsentieren. Sie erinnert daran, dass Aufbruch und Unterwegs-Sein, Anders- und Fremd-Sein unverzichtbare Dimensionen christlicher Spiritualität sind. Ist eine solche Spiritualität nicht zugleich ein Gegengift gegen alle nationalistischen, rassistischen und fremdenfeindlichen sowie totalitären Ideologien?

Spirituelle Erfahrung im Kontext von Migration kann die Sehnsucht nach den biblischen Verheißungen wecken. Migration erinnert die Theologie z. B. an die biblischen Verheißungen von der Völkerwallfahrt zum Berg Zion (Jes 2,3; Jes 25,6; Mi 4,1–2), bei der am Ende aller Tage die Völker und Nationen der Welt JHWH (Gott, dem Herrn) die Ehre erweisen werden, ohne ihre Identität aufgeben zu müssen. Migration erinnert an die Vision der Völkerkirche im Epheserbrief, in der die trennende Feindschaft zwischen Juden und Heiden durch Christus beseitigt ist und die Heiden „nicht mehr Fremde ohne Bürgerrecht, sondern Mitbürger der Heiligen und Hausgenossen Gottes sind" (Eph 2,11–22). Migration weckt das Bewusstsein für die Einheit der Völker und die Einheit der Menschheit. Was trägt die Theologie im Kontext von Migration bei zur Erinnerung und Realisierung dieser Verheißungen, die die Hoffnung nach den großen unabgegoltenen Hoffnungen der Menschheit – einem Zusammenleben in Verschiedenheit, Gerechtigkeit und Frieden – in Erinnerung rufen?

Spirituelle Erfahrung im Kontext von Migration kann für die Fülle der Vielfalt der Schöpfung achtsam werden lassen. Migration ruft Pluralität als Gottesgabe in Erinnerung. Die Bibel bekennt sich von Anfang an zur Pluralität: Zu Pfingsten, dem Geburtstag der Kirche, sprechen nicht alle Völker dieselbe Sprache, sondern sie verstehen einander in der Vielfalt ihrer Sprachen (Apg 2). Differenz kann als (ein) Ermöglichungsgrund von Einheit erkannt werden. In den Unterschieden und vor allem wegen der Unterschiede können Menschen eins sein. Wie wird christliche Theologie dieser Erfahrung in einer Migrationsgesellschaft gerecht?

Migration erinnert an das Geheimnis des Menschen. Meine InterviewpartnerInnen haben mich gelehrt, dass man einen Menschen erst zu verstehen beginnt, wenn er einem seine Geschichte erzählt. Zuschreibungen wie „MigrantIn" verweisen niemals auf das Geheimnis eines Menschen. Nicht ohne Grund distanzierten sich alle meine GesprächspartnerInnen von einem Selbstverständnis als „MigrantIn":

> „Ich verstehe mich nicht als Migrantin. Das tun die anderen. Migrantin sein heißt, ein Problem sein." (Io1)

Wie kann man theologisch verantwortet über und vor allem *mit* diesen Menschen sprechen?

Angesichts der hier beschriebenen Erfahrungen kann die Beziehung zu Menschen mit Migrationsgeschichte zum Ereignis und Ort werden, in dem sich das geheimnisvolle Antlitz Gottes zeigt. Die Differenzerfahrungen, die dabei erlebt und erlitten werden, verweisen auf den anderen, den fremden Gott. Migration ermöglicht Differenzerfahrung. Eine solche spirituelle Erfahrung kann alles verändern.

Trauer und Angst in Freude und Hoffnung transformieren:

Zum Beitrag der Praktischen Theologie im Kontext von Flucht und Migration

Erschienen in: Interdisciplinary Journal for Religion and Transformation in Contemporary Society 1 (2017), 252–307. (peer-reviewed)

1. Einleitung

1.1 Freude und Hoffnung, Trauer und Angst als geschichtliche Wirkmächte

> „Freude und Hoffnung, Trauer und Angst der Menschen von heute, besonders der Armen und Bedrängten aller Art, sind auch Freude und Hoffnung, Trauer und Angst der Jünger Christi. Und es gibt nichts wahrhaft Menschliches, das nicht in ihren Herzen seinen Widerhall fände."[1]

Mit diesen – wohl Millionen Mal zitierten – Worten eröffnen die Konzilsväter des Zweiten Vatikanischen Konzils die Pastoralkonstitution *Gaudium et Spes*, die das Verhältnis der Kirche zur Welt theologisch revolutioniert. Nach Jahrhunderten eines hierarchischen Gegenübers vollzieht die Kirche einen radikalen Ortswechsel, indem sie sich an die Seite der Menschen mitten in die Welt stellt und bereit zeigt, in den „Zeichen der Zeit" das Evangelium auf neue Weise zu entdecken.[2]

Es ist bemerkenswert, dass dieser Ortswechsel mit einem Verweis auf Phänomene eröffnet wird, die wir im Westen in der Regel mit Gefühlen assoziieren: Freude, Hoffnung, Trauer, Angst. Aber besteht die Aufgabe der Kirche nunmehr tatsächlich primär im Teilen von Gefühlen? Warum nehmen überhaupt Gefühle einen so zentralen Raum ein?

Mit Blick auf eine, insbesondere biblisch fundierte christliche Spiritualität scheint mir eine solche Deutung reduziert zu sein. Der Eröffnungssatz

---

[1] Pastorale Konstitution Gaudium et Spes über die Kirche in der Welt von heute, Vatikan 1965, 1.

[2] Vgl. Hans-Joachim Sander: Ein Ortswechsel des Evangeliums – die Heterotopien der Zeichen der Zeit, in: Peter Hünermann/Bernd-Jochen Hilberath (Hg.): Herders Theologischer Kommentar zum Zweiten Vatikanischen Konzil (Band 5), Freiburg im Breisgau 2006, 434–445; Ders.: Die Entdeckung des Evangeliums in den Konflikten der Gegenwart, in: Gotthard Fuchs/ Andreas Lienkamp (Hg.): 30 Jahre Pastoralkonstitution „Die Kirche in der Welt von heute", Münster 1997, 85–102.

der Pastoralkonstitution ist alles andere als romantisch, naiv oder gar harmlos; vor allem für die praktisch-theologischen Fächer, die von den konkreten „Zeichen der Zeit" ausgehen und von diesen her den Glauben als Lebensweise in der Gegenwart theologisch reflektieren und praktisch zu meliorisieren versuchen.[3] Die Praxis der Gläubigen, die diesem Satz entspringen kann und soll, erschöpft sich keinesfalls in Mitgefühl, so zentral dieses als Ausgangspunkt auch ist. Die Nennung jener vier menschlichen Gefühle hat eine tiefe spirituelle, d. h. intellektuelle, praktische und darin geistliche Bedeutung.

Denn Freude und Hoffnung, Trauer und Angst sind keinesfalls nur Gefühle im Sinne innerer Regungen und Affekte. Vielmehr handelt es sich um geistig-leibliche Grundstimmungen menschlichen Daseins. „In" solchen Stimmungen finden sich Menschen in der Welt vor und „in" ihnen beziehen sie sich auf ihre Mitmenschen, auf ihre Wirklichkeit und Welt, auf Gesellschaft und Geschichte, auf den Kosmos und schließlich auch auf Gott.[4] Diese Grundstimmungen prägen die Wahrnehmung der Wirklichkeit und drücken sich im Handeln aus. Denken, Fühlen und Handeln als menschliche Fähigkeiten vollziehen sich im Element dieser Grundstimmungen. Freude und Hoffnung, Trauer und Angst sind demnach geistige Wirklichkeiten, d. h. sie stiften Beziehungen zwischen Menschen, Welt und Gott und wirken sich darin leiblich aus: in Gefühlen als leiblicher Reaktion und im Handeln als Ausdruck, die diesen Beziehungen konkrete Gestalt geben.[5] Als Einstellungen, in denen Menschen der Wirklichkeit begegnen, haben sie maßgeblichen Einfluss auf die Praxis der menschlichen Gemeinschaft.

Das Konzil misst demnach den Stimmungen, i. e. den geistigen Beziehungsformen, in denen sich Menschen vorfinden und in denen die „Jünger

---

[3] Vgl. Regina Polak: An den Grenzen des Faches, in: PThI 2 (2015), 83–88, vgl. URL: http://nbn-resolving.de/urn:nbn:de:hbz:6:3-pthi-2015–16316 (30.06.2017).

[4] Ich beziehe mich hier auf Martin Heidegger, der in seiner „Daseinsanalytik" in „Sein und Zeit" darauf hinweist, dass jedes Verstehen und Handeln von bestimmten vorreflexiven „Stimmungen" begleitet wird, die Verstehensvollzüge begleiten und darin das Handeln leiten, d. h. Verstehen und Handeln eröffnen oder verstellen können. Sie lassen sich nicht aus den konkreten Ereignissen ableiten, sondern hängen mit der Art und Weise zusammen, wie der Mensch sich selbst in der Welt vorfindet und „definiert". So bekommen sie geschichtliche Bedeutung, vgl. Martin Heidegger: Sein und Zeit. Gesamtausgabe Band 2, Frankfurt am Main 1977, 178 ff.; Insofern sich diese vorreflexiven Stimmungen als geistige Einstellungen zur Wirklichkeit reflektieren und daher auch bilden lassen, scheint mir eine große formale Nähe zu christlicher Spiritualität gegeben, da auch diese in all ihrer Pluralität der Zugänge darauf abzielt, die Beziehung zur Wirklichkeit zu transformieren.

[5] Ich beziehe mich hier auf Hannah Arendt, die in ihrer Reflexion menschlichen Handelns drei verschiedene Tätigkeitsformen (Arbeit, Herstellen, Handeln) unterschieden hat, denen m. M. allen gemeinsam ist, dass sie die Relationalität des Menschen beschreiben, vgl. Hannah Arendt: Vita activa oder Vom tätigen Leben, München[2] 1981.

Christi" den Menschen begegnen, eine höchst bedeutsame Schlüsselrolle zu. Vor allem konkreten Urteilen und Handeln der Gläubigen in der Welt wird die Welt auf eine bestimmte geistige Weise wahrgenommen und mit ihr Beziehung aufgenommen. Das „Mit-gefühl", das hier an den Beginn des Nachdenkens über das Handeln der Kirche in der Welt von heute gestellt wird, geht weit über Emotionalität hinaus: Es beschreibt eine spezifische Beziehungsform des emotionalen, geistigen und praktischen Begleitens und Teilens. Denn geistige Einstellungen sind aus der Sicht christlicher Spiritualität untrennbar verbunden mit der Weise, die Welt zu denken und zu verstehen, in und mit ihr zu handeln. Die hier benannten Grundstimmungen sind aus der Sicht der Konzilsväter offenbar jene, in denen die Gläubigen der Welt begegnen und die sie in besonderer Weise ernst nehmen sollen.

Es gibt verschiedene Weisen, sich auf die Welt zu beziehen: Neugier, Leidenschaft, Lust, Verzweiflung, Resignation, Optimismus und Pessimismus, Depression und Euphorie, Resignation, Ressentiment oder gar Hass uvm. Aus der Fülle der möglichen Gestimmtheiten wählt das Konzil jedoch diese vier, denen es Macht und Kraft zuschreibt, die Welt zu gestalten. Dabei sollen Freude und Hoffnung wohl das „Gegenprogramm" des Evangeliums zu Trauer und Angst darstellen. Zugleich wissen die Autoren aber um die Notwendigkeit, dass Trauer und Angst als wirkmächtige Kräfte der Geschichte zuerst benannt und anerkannt werden müssen, um jene Freude und Hoffnung als Grundmodi der Wirklichkeitsbegegnung entdecken zu können, die das Evangelium als Wege aus Trauer und Angst eröffnet. Die „Erlösung" auch von Stimmungen setzt die Anerkennung der tatsächlichen Gestimmtheiten voraus.[6] Aber Trauer und Angst kommen eben nicht an erster Stelle, sie haben nicht das letzte Wort. Freude und Hoffnung haben Vorrang.

Freilich, Freude und Hoffnung kann man nicht per Konzilsdekret verordnen. Sie müssen verstanden, gelernt und eingeübt werden, sollen sie über das bloße Gefühl hinausgehen und dem menschlichen Geist Orientierung für das Handeln geben. Man könnte daher auch von Habitus sprechen: Tugenden, zu denen diese Beziehungsformen „geronnen" sein müssen, damit die Gläubigen ihrem Auftrag in der Welt angemessen nachkommen können.

Der erste Abschnitt von *Gaudium et Spes* endet mit folgenden Worten: „Ist doch ihre eigene Gemeinschaft (scil. die Kirche, RP) aus Menschen gebildet, die, in Christus geeint, vom Heiligen Geist auf ihrer Pilgerschaft zum Reich des Vaters geleitet werden und eine Heilsbotschaft empfangen

---

[6] Vgl. das scholastische Prinzip *gratia supponit naturam.*

haben, die allen auszurichten ist. Darum erfährt diese Gemeinschaft sich mit der Menschheit und ihrer Geschichte wirklich engstens verbunden."

Die Bedeutung der Stimmungen steht demnach in engstem Zusammenhang mit der konkreten menschlichen Geschichte, in der die Kirche sich selbst als Akteurin versteht. Sie sind wirkmächtige historische Triebkräfte. Diese Geschichte wird als eschatologisches Unterwegs-Sein, als „Pilgerschaft", als Bewegung und Prozess verstanden. Was die Gläubigen dabei mit allen anderen Menschen verbindet, sind jene Grundstimmungen, die alle Menschen teilen können. Darin erkennt die Kirche einen wesentlichen Beitrag des christlichen Glaubens.

1.2 Zur Fragestellung

Im folgenden Beitrag gehe ich der Frage nach, worin im Kontext von Flucht und Migration der Beitrag einer Theologie bestehen könnte, die den Stimmungen Freude und Hoffnung, Trauer und Angst *theologische* Relevanz einräumt. Von welcher Angst, von welcher Trauer kann in diesem geschichtlichen Kontext die Rede sein? Und worin gründen Freude und Hoffnung, die der christliche Glaube in dieser herausfordernden Situation einbringen könnte?

Flucht und Migration sind aus einer bibeltheologischen Perspektive *loci theologici*, d.h. theologiegenerierende Orte – Orte, an denen Theologien entstanden sind, die sich im Leben von Menschen bewährt haben. Zentrale Texte des Alten Testaments sind im Kontext von Flucht und Migration entstanden: Exil und Vertreibung, Aufbruch ins Unbekannte und Diaspora, Erfahrungen von Fremdheit und Not. Dabei sind „Theologien der Migration" entstanden. Auch zahlreiche Texte des Neuen Testaments greifen in ihrer Deutung der Ereignisse mit Jesus von Nazareth und in der Reflexion eigener Erfahrungen von Fremdheit und Diaspora auf diese theologischen Motive zurück. Nicht zuletzt diese fundamentaltheologische Bedeutung von Flucht und Migration hat das kirchliche Lehramt dazu bewogen, auch die globalen Migrationen der Gegenwart als „Zeichen der Zeit" zu bezeichnen, „als eine Herausforderung, die es beim Aufbau einer erneuerten Menschheit und in der Verkündigung des Evangeliums des Friedens zu entdecken und zu schätzen gilt."[7]

---

[7] Päpstlicher Rat der Seelsorge für Migranten und Menschen unterwegs: Instruktion Erga migrantes caritas Christi, Vatikan 2004, 14. Die Instruktion begründet ihre Positionen bibeltheologisch.

Inmitten der Konflikte rund um die globale Jahrhundert-Herausforderung entsteht demnach eine erneuerte Menschheit und lässt sich das Evangelium auf neue Weise entdecken und verkünden. Diese herausfordernde theologische Sichtweise versuche ich im Folgenden unter der Perspektive der eingangs erwähnten Fragestellungen zu reflektieren.

1.3 Was sind Freude und Hoffnung, Trauer und Angst?

Vorweg wäre allerdings noch zu klären, was ich unter den hier benannten Stimmungen verstehe, wenn es sich dabei um geistige Beziehungsformen zur Wirklichkeit handeln soll, die Gefühle wohl umfassen, aber diese transzendieren.

Trauer beschreibt den Prozess geistiger Neuorientierung angesichts des Schmerzes, der einen Menschen auf allen Ebenen des Daseins erfasst, wenn er bzw. sie eine für ihn bzw. sie existentiell bedeutsame und lebenswichtige Wirklichkeit – einen Menschen, eine Lebensform, eine Weltsicht uvm. – verliert oder verloren hat.[8] Es geht dabei nicht allein um die materielle Abwesenheit dieser Wirklichkeit, sondern Denken, Fühlen und Handeln sind dermaßen von diesem Schmerz erfüllt, dass im Erleben die ganze Welt verloren gegangen und keine Zukunft mehr vorstellbar scheint. In diesem Prozess besteht die Aufgabe des Geistes darin, eine Art neuer innerer „geistiger Landkarte" zu entwickeln, indem der Verlust schrittweise anerkannt wird und so wieder Zukunft in den Blick kommen und Leben möglich werden kann. Da insbesondere in modernen Kulturen Zeit, Rituale und soziale Beziehungen für die Begleitung eines solchen Prozesses nicht selten für viele Menschen fehlen[9] und der Schmerz zudem oft unerträglich scheint, wird Trauer als Prozess geistiger Neuorientierung oft unterdrückt. „Deckgefühle" ersetzen die Trauer: z. B. Gleichgültigkeit, Depression, Resignation oder Hass. Durchlebte Trauer allerdings eröffnet Hoffnung auf Zukunft. Sie ist die Bedingung der Möglichkeit für Hoffnung. Ohne Trauer gibt es keine substantielle Hoffnung, sondern höchstens „positives Denken" oder Optimismus, der – wie der Pessimismus – eine geistige „Verstimmung"[10] ist, da er Schmerz und Leid ausblenden muss, um sich gut zu fühlen.

---

[8] Wegweisend dazu immer noch das Werk von Elisabeth Kübler-Ross.

[9] Vgl. Johann Pock/Ulrich Feeser-Lichtenfeld (Hg.): Trauerrede in postmoderner Trauerkultur. Werkstatt Theologie Band 18, Berlin 2011.

[10] So hat dies mein Lehrer, Professor Karl-Augustinus Wucherer-Huldenfeld, em. Ordinarius für Christliche Philosophie an der Katholisch-Theologischen Fakultät der Universität Wien, bezeichnet.

Hoffnung ist die geistige Neuorientierung in der Welt, die dabei unterstützt, schwierige, schmerz- und leidvolle, sogar „böse" Lebenssituationen wahrzunehmen, anzuerkennen und in ihnen Sinn- sowie Zukunftsperspektiven zu erkennen und zu entwickeln. Mit Schönfärberei oder Verharmlosung von Schmerz und Leid angesichts von Verlusterfahrungen hat dies gerade nichts zu tun, im Gegenteil. Hoffnung setzt die Annahme von Trauer im Angesicht von Schmerz und Leid geradezu voraus. Insofern es sich dabei um eine geistige Beziehungsform zur Wirklichkeit handelt, meint Hoffnung aber keinesfalls das innere Gefühl, dass „schon irgendwie alles wieder gut wird". Hoffnung gewährt keine Garantie auf ein „happy end". Hoffnung verweigert jedoch die Anerkennung von Leid, Schmerz und des Bösen als letztgültige Wirklichkeiten. Insofern ist Hoffnung untrennbar verbunden mit Widerstand und praktischem Handeln. Auf diese Weise gibt Hoffnung dem Übel in der Vielfalt seiner Erscheinungsformen nicht Recht, sondern widersteht ihm durch das Entwickeln von Denk- und Handlungsalternativen, die das Leben fördern sollen. Von daher gilt Hoffnung in der christlichen Spiritualität auch als Tugend, als eingeübte Einstellung sowie Verhalten angesichts des Bösen, von Leid und Tod. Ermöglicht wird dies aus theologischer Sicht durch die Orientierung an Gott und das Aufrechterhalten der Beziehung zu ihm auch in schwierigen Zeiten. Insbesondere in den prophetischen Gestalten der Heiligen Schrift wird erkennbar, wie sich Hoffnung konkret zeigt: Schonungslos werden Leid und Böses beim Namen genannt – und zugleich Denk- und Handlungsalternativen benannt und getan, die die Situation verändern können.

Angst beschreibt jene geistige Verfassung, in der das Leben als solches bedroht zu sein scheint und auf dem Spiel steht. Solche Angst kann eine angemessene wie unangemessene Reaktion auf die Welt sein, in der sich ein Mensch vorfindet. Entscheidend ist dabei das Erleben, von der Beziehung zu anderen Menschen, zur Welt und zu Gott abgeschnitten und getrennt zu sein. Angst vereinzelt und isoliert Menschen voneinander und lässt die Welt bedrohlich und eng erscheinen. Sie mindert Leben und zerstört menschliche Beziehungen. Als zunächst notwendige Reaktion des menschlichen Organismus auf das Erleben von Gefahr ist sie ethisch zwar neutral, aber zugleich eine „narzisstische"[11] Wirklichkeitswahrnehmung, d. h. sie ist besorgt um das eigene Überleben und verliert die Anderen aus dem Blick. Insofern menschliche Angst zudem kulturell induziert ist, d. h. durch Bedeutungszuschreibungen erzeugt werden kann, ist sie sozial doppelt gefährlich. Politisch induzierte Angst kann zu Ausgrenzungen, Vertreibung und Krieg

---

[11] Vgl. zur Analyse der Angst: Martha Nussbaum: Die neue religiöse Intoleranz. Ein Ausweg aus der Politik der Angst, Darmstadt 2014 (2009), 55 ff.

gegen andere Menschen führen – und hat dies in der Geschichte auch immer wieder getan. Angst bedarf also der ethischen Sozialisation durch das Erlernen des Denkens an andere Menschen und der Förderung von emotionaler und geistiger Empathie. Um die existentielle Bedeutung von Angst weiß offenbar auch die Heilige Schrift, wenn sie mit ihr in der Genesis die Entfremdung Adams von Gott beginnen lässt (Gen 3,10) und sich die Aufforderung „Fürchtet Euch nicht!" 366 mal[12] in der Heiligen Schrift finden lässt. Offensichtlich ist Angst die zentrale Quelle allen menschlichen Übels.[13] Zugleich zeigt die Fähigkeit, Angst zu haben, aber auch die menschliche Erkenntnis und Anerkennung der eigenen Endlichkeit, theologisch gesagt: der Gebundenheit an eine größere, göttliche Wirklichkeit. Angst anerkennt die menschliche Fragilität und ist ein Ausdruck der Lebendigkeit. Ein Mensch, der keine Angst kennt, ist zu fürchten, weil er seine Begrenzung vergessen hat. Gegenmittel gegen diese tiefe, existentielle Angst, die untrennbar zum Leben gehört, sind Begegnung, Beziehung und die Erfahrung des Eingebettet-Seins in diese. Der christliche Glaube bietet also nicht religiöse Weltanschauungen als Opium gegen die Angst an, sondern Beziehung als „Heimat" in einer endlichen und gefährdeten Existenz.

Demgegenüber beschreibt *Freude* die Erfahrung der innigen Verbundenheit des Menschen mit sich selbst, mit anderen, der Welt und Gott. Sie ist der Inbegriff von Lebendigkeit: der Erfahrung, dass die Menschen untereinander und mit Gott in Liebe verbunden sind; das Eingebettet-sein in den „Strom des Lebens". Insofern hat Freude nicht notwendig mit lautem Lachen oder gar „Spaß" zu tun, sondern beschreibt die spirituelle Erfahrung der inneren Einheit der Menschheit untereinander und mit Gott. Nicht ohne Grund ist sie daher in nahezu allen spirituellen „Schulen" der christlichen Tradition sowie in der Liturgie von elementarer Bedeutung – insbesondere bei Ignatius von Loyola.

Inwiefern sind nun bzw. können diese vier Grundstimmungen, denen das Konzil eine so hohe Bedeutung zuschreibt, im Kontext von Flucht und Migration bedeutsam sein oder werden?

---

[12] So Paul Zulehner: Entängstigt euch! Die Flüchtlinge und das christliche Abendland, Ostfildern 2016, 145.

[13] Dies ist z. B. die Grundthese von Eugen Drewermann: Strukturen des Bösen. Die jahwistische Urgeschichte in philosophischer Sicht, München 1977.

2. Politik der Angst

2.1 Angst als gesellschaftliche Grundstimmung

Welche eminent politische Rolle Angst im Kontext der „neuen religiösen Intoleranz" in den Migrationsgesellschaften Europas spielt, hat die US-amerikanische Philosophin Martha Nussbaum gezeigt und zu einer sozial-ethischen Theorie weiterentwickelt, wie man Gefühle im Kontext von Politik zivilisieren kann.[14] Dabei zeigt sie nicht nur an unzähligen Beispielen, wie maßgeblich politische Entscheidungen von Emotionen, insbesondere Angst, beeinflusst werden, sondern auch – aus theologischer Sicht interessant –, dass Liebe als „Gegengift" zu Angst in politischen Kontexten hoch relevant ist. Emotionen bestimmen die Politik und bedürfen daher der ethischen Bildung.

Auch der Politologe Dominique Moïsi[15] widmet sich der Analyse der Bedeutung von Emotionen in globalpolitischen Zusammenhängen und beschreibt die Länder des Westens als Regionen der Angst. Nach jahrhundertelanger Welthegemonie fürchten sie einerseits die Wirtschaftskraft jener „aufholenden Länder", die nun ihrerseits ihren Anteil vom ökonomischen „Kuchen" einfordern: Brasilien, Russland, Indien, China, Mexiko und Südafrika. Andererseits fürchten sie das „Ressentiment" jener Länder, die sich durch den europäischen (Wirtschafts-)Kolonialismus und den US-amerikanischen Imperialismus gedemütigt fühlen und Widerstand zu leisten beginnen: die muslimischen Länder von Marokko bis Pakistan, aber auch Teile Asiens und Lateinamerikas. Europa hat demnach Angst, ökonomisch überholt bzw. beherrscht zu werden sowie durch Gewaltausbrüche, Terrorakte und Vergeltungsakte im Bereich der Versorgung mit fossilen Brennstoffen zerstört zu werden.

Heinz Bude wiederum wirft einen soziologischen Blick auf die interne Befindlichkeit der westlichen Wohlfahrtsgesellschaften und konstatiert „Angstwelten" einer Gesellschaft, deren Mitglieder den sozialen Ausschluss und Abstieg ebenso fürchten wie das Bedroht-sein durch Mehr- und Minderheiten und eine allgegenwärtige Sinnlosigkeit trotz überwältigender Lebensmöglichkeiten.[16]

All diesen Analysen ist gemeinsam, dass sie zeigen, dass Angst als gesellschaftliche Grundstimmung ein keinesfalls neues und schon gar nicht

---

[14] Martha Nussbaum: Politische Emotionen. Warum Liebe für Gerechtigkeit wichtig ist, Berlin 2014.

[15] Dominique Moïsi: Kampf der Emotionen. Wie Kulturen der Angst, Demütigung und Hoffnung die Weltpolitik bestimmen, München 2009.

[16] Heinz Bude: Gesellschaft der Angst, Hamburg 2014.

unbegründetes Gefühl ist. Denn tatsächlich sind die europäischen Gesellschaften schon seit langem mit globalen Herausforderungen und Auswirkungen auf Europa konfrontiert, die sie bisher in Quantität und Qualität so recht und schlecht ausblenden konnten – ebenso wie den Anteil an Verantwortung für diese Entwicklungen.

Mit der Ankunft von schutzsuchenden Menschen in einem bisher noch nicht da gewesenem Ausmaß brechen diese tief sitzenden Emotionen seit dem Herbst 2015 an die gesellschaftliche Oberfläche. Menge und Herkunft der Flüchtlinge konfrontieren Europa mit allen Weltproblemen auf einen Schlag. Europa kann nicht mehr wegschauen. Obwohl keinesfalls unvorhersehbar[17] und zu einem nicht unwesentlichen Teil selbst erzeugt[18], findet sich Europa in einer Situation wieder, der insbesondere die politisch Verantwortlichen der Nationalstaaten nicht gewachsen sind – oder gewachsen sein wollen, müssen sie um die internationalen Entwicklungen doch schon seit langem Bescheid wissen. „Es ist geradezu verwerflich, Migration erst dann zu problematisieren, wenn sie über den eigenen Gartenzaun schwappt"[19], könnte man mit dem Schriftsteller Ilija Trojanow urteilen.

---

[17] Seit Jahrzehnten künden MigrationsexpertInnen die Ankunft von MigrantInnen aus den armutsgezeichneten Regionen der Welt an; vgl. dazu den instruktiven Sammelband von Robin Cohen (ed.): The Cambridge survey of World migration, Cambridge 1995, der bereits vor 20 Jahren das historische und globale Ausmaß der internationalen Migrationen bewusst gemacht hat. Jedem denkenden Menschen muss auch klar gewesen sein, dass die Kriege in Syrien, im Mittleren Osten und in Afrika zu Fluchtbewegungen führen würden. Kardinal Francesco Montenegro von Agrigent/Lampedusa erzählte bei der Deutschen Bischofskonferenz am 17. Februar 2016 von warnenden Stimmen bereits in den 50er-Jahren. Auch das Sterben von tausenden Menschen entlang den europäischen Grenzen im Mittelmeer ist nicht erst seit dem Besuch 2013 von Papst Franziskus auf Lampedusa bekannt, sondern wird von zivilgesellschaftlichen Organisationen seit den 90er-Jahren thematisiert. So dokumentiert z. B. die Menschenrechtsorganisation "Borderline-Europe" seit Jahren das Sterben an Europas Grenzen, um das Schweigen darüber zu brechen, vgl. Borderline-Europe: Menschenrechte ohne Grenzen, vgl. URL: http://www.borderline-europe.de (30.06.2017).

[18] In diesem Zusammenhang sei an den europäischen Kolonialismus, den europäischen Waffenhandel, die Duldung und Unterstützung von Diktatoren in Regionen, von deren Erdöl Europa abhängig ist sowie an die europäischen Wirtschaftsinteressen in den Regionen der Herkunftsländer der Flüchtlinge erinnert. Ein Beispiel für die nähere Zukunft: Die „New Alliance for Food Security and Nutrition" – ein Bündnis führender Industriestaaten mit multinationalen Konzernen wie Cargill, Dupont, Danone, Monsanto, Nestle, Unilever usw. – strebt in Afrika verstärkt industrielle Massenbewirtschaftung unter der Kontrolle internationaler Konzerne an und wird damit einen Strukturwandel der Landwirtschaft bewirken, der Millionen Kleinbauern ihrer Existenzgrundlage beraubt. Wohin sollen sie gehen, um zu überleben? Vgl. Ilija Trojanow: Migration über den Gartenzaun, in: Gerfried Sperl (Hg.): Flüchtlinge, 11–14, 12.

[19] Ebd., 11.

Dabei ist Europa schon seit dem 20. Jahrhundert Einwanderungskontinent und zur Migrationsgesellschaft transformiert.[20] Migration ist deshalb freilich noch keinesfalls als europäische „Normalität" anerkannt. Ein problem- und nicht chancenorientierter Diskurs dominiert ungebrochen den öffentlichen und politischen Raum und wird seit der wachsenden Ankunft von Flüchtlingen politisch angefacht. Dabei werden Migration und Flucht – zwei verschiedene Phänomene, die auch differenzierter politischer Lösungen bedürfen – vermischt und mutieren zum Inbegriff der Bedrohung Europas. In zahlreichen europäischen Staaten instrumentalisieren die politisch Verantwortlichen die aufkommende Angst für politische Eigeninteressen.

Dabei können sie auf die in der Bevölkerung vorfindbaren Gefühle zurückgreifen. Für Österreich hat der Pastoraltheologe Paul M. Zulehner[21] dazu eine Studie vorgelegt, in der er den emotionalen Reaktionen der Bevölkerung auf die Ankunft der Flüchtlinge nachgeht. Er identifiziert dabei Ärger, Sorge und Zuversicht. In seinen Interpretationen der Gefühle, die die Angst vor „Islamisierung" ebenso umfassen wie die Angst vor dem Verlust von Wohlstand und christlicher Identität, kommt er zu dem Schluss, dass die europäischen Angstgesellschaften vor der zentralen Aufgabe der „Ent-Ängstigung" stehen, die diffuse Ängste in rationale Besorgnis verwandeln soll und so jene Liebe und Solidarität freisetzen kann, die es zum Entwurf nachhaltiger und zukunftsorientierter Politik benötigt.

2.2 Menschenfeindlichkeit als politische Antwort?

Ausmaß von und Reaktionen auf Angst werden maßgeblich von politischen Diskursen gesteuert, die den konkreten Ereignissen einen heuristischen Rahmen und damit verbunden Handlungsoptionen offerieren. So konnten die Politikwissenschaftler Sieglinde Rosenberger und Gilg Seeber zeigen, dass das Ausmaß fremdenfeindlicher Einstellungen nicht mit der Anzahl von MigrantInnen in einem Staat, sondern mit dem Vordringen des rechtspopulistischen Diskurses in die Mitte der Gesellschaft zusammenhängt[22], der die Ängste der Menschen instrumentalisiert und solcherart vermehrt.

Der umgekehrte Zusammenhang gilt übrigens ebenfalls: Wo es politischen Gemeinden (konkret: im Bundesland Oberösterreich) gelungen ist,

---

[20] Vgl. Massimo Livi Bacci: Kurze Geschichte der Migration, Berlin 2015 (2010).

[21] Zulehner, Entängstigt Euch.

[22] Sieglinde Rosenberger/Gilg Seeber: Kritische Einstellungen: BürgerInnen zu Demokratie, Politik, Migration, in: Regina Polak (Hg.): Zukunft. Werte. Europa. Die Europäische Wertestudie 1990–2010: Österreich im Vergleich, Wien, 165–190.

gemeinsam mit Bevölkerung und NGO's ein Konzept zur Flüchtlingsaufnahme zu entwickeln und dabei auf die entsprechenden Konflikte einzugehen, sank die Zustimmung zu rechtspopulistischen Einstellungen signifikant.[23] Konkrete Begegnung und Beziehung mit Flüchtlingen, die ein Gesicht, einen Namen und eine Lebensgeschichte bekommen, sind das beste „Gegengift" gegen Ängste aller Art.

Derzeit lässt sich freilich quer durch die Länder Europas das Erstarken konservativer, rechtspopulistischer und sogar neofaschistischer Einstellungen und Parteien beobachten, die die begründeten Ängste der Menschen vor realen Bedrohungen (wie z.B. Armut, Gewalt autoritärer Personengruppen) und anstehenden Veränderungen pauschal als „Angst vor den Flüchtlingen" deuten und so in das politische Konzept des Rassismus einordnen. Indem man pseudo-ethisch daran appelliert, „die Ängste der Menschen ernst nehmen zu müssen", werden sie politisch benützt und verstärkt. Insbesondere die sog. Višegrád-Staaten Osteuropas greifen dabei auf nationalistische und neofaschistische Praktiken zurück. Dies liegt vermutlich auch daran, dass in diesen Staaten nach Jahrzehnten des politischen Totalitarismus mit dessen Konzept homogener Einheitsgesellschaften noch zu wenig Zeit Interesse und Druck vorhanden ist, die eigene belastete Vergangenheit systematisch zu reflektieren, die nach Jahrzehnten des Kommunismus in den Einstellungsmustern der Menschen Spuren hinterlassen hat. Die Anomie osteuropäischer Gesellschaften nach dem Zerfall des realen Kommunismus äußert sich auch im Verfall moralischer Substanz und mangelndem Demokratie- und Menschenrechtsbewusstsein.[24] Menschenrechtsverletzungen und rassistische Praktiken des Ausschlusses von Menschengruppen sind in gewissem Sinn historisch „vertraute „Lösungen" politischer Probleme.

Dass menschenfeindliche Einstellungen auch in großen Teilen der Bevölkerungen in Westeuropa anzutreffen sind, das seit Ende des Zweiten Weltkrieges in demokratischen und rechtsstaatlichen Verhältnissen lebt und ausreichend Zeit zur Geschichtsreflexion hatte, ist freilich beschämend und war in diesem Ausmaß unabsehbar. Denn auch im Westen grassieren Menschenhass, neofaschistische Einstellungen und Rassismus.

Rassismus meint in meinem Verständnis *nicht* bereits die besorgte oder ängstliche Reaktion auf Erfahrungen von Fremdheit in der Begegnung mit (vermeintlich oder tatsächlich) fremden kulturellen oder religiösen Ver-

---

[23] Sieglinde Rosenberger/Gilg Seeber: Lokale Politik und Zivilgesellschaft. Notizen zur OÖ-Wahl, in: KSOE-Nachrichten 1 (2016).

[24] Miklós Tomka/Réka Szilárdi: Religion and Nation, in: András Maté-Tóth/Gergely Rosta (Hg.): Focus on Religion in Central- and Eastern Europe. A regional view, Berlin 2016, 75–109.

haltensweisen. Solche Reaktionen sind menschlich. Ethisch und politisch entscheidend sind die Praxiskonsequenzen, die daraus gezogen werden. Fremdenfeindlichkeit ist als solche auch keinesfalls „natürlich", sondern eine kulturell erlernte emotionale Reaktion. Grundlage dafür ist der Rassismus als jene ordnungspolitische Theorie und Praxis, die gesellschaftliche Konflikte dadurch „löst", dass Wert und Würde eines Menschen von dessen Zugehörigkeit zu einer sozialen Gruppe abhängen.[25] Bestimmte Gruppen gelten ideologisch als ungleichwertig und werden innerhalb des Gemeinwesens hierarchisch gereiht. Einem „Wir" stehen „die Anderen" gegenüber; eine Wahrnehmungsweise, die sich auch bei wohlmeinenden und sozial engagierten Bürgern finden lässt. So tief ist dieses Deutungsmuster in der Kultur verankert. Dem Rassismus gelten die minderwertigeren Gruppen sodann als verantwortlich für die aktuellen Schwierigkeiten. Heute sind das nicht mehr Menschen, die biologisch, sondern ökonomisch als minderwertige betrachtet werden : also jene, die keinen ökonomischen Nutzen bringen oder die Gesellschaft ökonomisch belasten. Rassismus operiert auf der Basis des bekannten „Sündenbockmechanismus"[26], der Konflikte in einer Gruppe dadurch zu „befrieden" versucht, dass eine Person oder eine ganze Gruppe für das Wohl der Gemeinschaft ausgeschlossen und damit gleichsam geopfert wird.

Rassismus leugnet die Einheit des Menschengeschlechtes. Historisch diente er, vor allem seit dem 19. Jahrhundert, immer wieder als strategisch höchst effizienter Ablenkungsmechanismus in Situationen sozialer Spannungen, die durch unrechte und ungerechte Machtkonzentrationen in Politik und Ökonomie sowie Armut verursacht waren. Statt die tatsächlichen politischen und ökonomischen Ursachen zu suchen und Lösungen zu finden, lenkt der Rassismus hervorragend von unangenehmen Fragen wie ungleicher Verteilung von Macht und Ressourcen ab und dient der Vermeidung der Selbstkritik aller Beteiligten. Als politische „Strategie" führte er im 19. und 20. Jahrhundert zur Unterdrückung, Vernichtung und sodann systematischen Ermordung von Menschengruppen, allen voran der Juden. Trotzdem diese katastrophischen Abstiegserfahrungen nach dem Zweiten Weltkrieg zu einer wesentlichen Quelle der Entwicklung von Menschenrechten, Demokratie und der sogenannten europäischen Werte wurden, liegen rassistische Deutungs- und Handlungsmuster nach wie vor im kollektiven Gedächtnis bereit. Werden die Zeiten rauer, lassen sie sich offenkundig von – geschichtsvergessenen und verantwortungslosen – PolitikerInnen jederzeit wieder abrufen und benützen.

---

[25] Christian Geulen: Geschichte des Rassismus, München 2014.
[26] Vgl. dazu das Werk von René Girard.

Wie weit rassistische Einstellungen verbreitet und in die Mitte der Gesellschaft vorgedrungen sind, zeigt eine Reihe empirischer Studien. Die Langzeit-Studie „Deutsche Zustände"[27] (2002–2011) des Instituts für interdisziplinäre Konflikt- und Gewaltforschung der Universität Bielefeld erforschte über zehn Jahre hinweg das Syndrom „gruppenbezogener Menschenfeindlichkeit"[28]. Dessen ideologischer Kern besteht in der Auffassung von der Ungleichwertigkeit von Menschen. Nachgewiesen wurde dabei der enge Zusammenhang zwischen sozialen und ökonomisch prekären Lebens- und Gesellschaftsverhältnissen, damit verbundenen – realen wie imaginierten – Deprivationserfahrungen und dem Anstieg menschenfeindlicher Einstellungen. Die kulturelle Vielfalt einer Gesellschaft wird demnach erst in einem Kontext als Bedrohung wahrgenommen, in dem das subjektive Erleben zunimmt, dass die Gesellschaft ihren Zusammenhalt verliert. Wer der Ansicht ist, in der Gesellschaft seinen gerechten Anteil nicht zu bekommen, soziale Spaltungen wahrnimmt, für die Zukunft keine Orientierung hat, sich sozial nicht unterstützt und politisch machtlos fühlt, macht dafür die kulturelle Vielfalt verantwortlich. Im Hintergrund stehen die Vorstellungen einer homogenen Gesellschaft, die durch kulturell Andere bedroht wird, sowie ökonomistische Einstellungen gegenüber schwachen Gruppen, die als nicht nützlich für die Gesellschaft gelten und keine verwertbare Leistung erbringen. Das Ausmaß dieser „rohen Bürgerlichkeit", wie die Studienautoren dieses Einstellungsmuster nennen, war schon im Untersuchungszeitraum, vor der Ankunft der Flüchtlinge, konstant hoch und korrelierte signifikant mit sozioökonomischen Krisen und dem Erleben einer zunehmend „entsicherten" Gesellschaft.

Auch Studien zu Antisemitismus und Islamophobie zeigen eine seit einigen Jahren kontinuierliche Zunahme an Diskriminierungen und tätlichen Übergriffen. Europaweite Forschungen der Europäischen Grundrechteagentur FRA[29] oder der „European Islamophobia Report 2015"[30], aber auch nationale Erhebungen wie der jüngste österreichische Antisemitismusbericht 2015[31] verdeutlichen, dass der Hass gegen Juden und Muslime wächst. Die Hemmschwellen sinken und die Gewaltbereitschaft steigt. In Bezug auf den Antisemitismus ist das auf das Ansteigen islamistischer Übergriffe auf

---

[27] Wilhelm Heitmeyer: Deutsche Zustände. 10 Bände, Berlin 2002–2011.

[28] Dazu werden gezählt: Fremdenfeindlichkeit, Rassismus, Islamfeindlichkeit, Antisemitismus, Abwertung von Behinderten, Obdachlosen, Roma und Sinti, Asylwerbern, Langzeitarbeitslosen, Sexismus, Homophobie und das Eintreten für Etabliertenvorrechte.

[29] Europäische Agentur für Grundrechte (FRA), vgl. URL: http://fra.europa.eu/de (30.06.2017).

[30] Enes Bayrakli/Farid Hafez (eds): European Islamophobia Report, Istanbul 2015; vgl. auch URL: http://www.islamophobiaeurope.com (30.06.2017).

[31] Forum gegen Antisemitismus: Jahresbericht 2015, Wien 2016; vgl. auch URL: http://fga-wien.at/statistiken-berichte/ (30.06.2017).

Jüdinnen und Juden zurückzuführen. Viele Muslimas (mit Kopftuch) wiederum bekommen in Beschimpfungen, Verspottungen und Bespuckt-werden den antimuslimischen Hass zu spüren, der im Kontext der Flüchtlingsdebatten politisch und medial geschürt wird. Beide Gruppen sind auch Opfer der grassierenden verbalen Gewalt in den sozialen Medien, die einen wesentlichen Beitrag zur Verschärfung des sozialen Klimas leisten. In einem solchen Klima ist es nahezu unmöglich, die real existierenden Schwierigkeiten mit autoritär oder fundamentaistisch agierenden Personen(gruppen) zu bearbeiten.

Autoritarismus und politischer Fundamentalismus ist aber auch ein Problem der Mehrheitsgesellschaft. Studien Studien zu rechtsextremen Einstellungen in der Gesellschaft zeigen ein komplexes Bild. So weisen die „Mitte-Studien"[32] der Universität Leipzig zwar im Zeitraum von 2002–2014 einen insgesamt sinkenden Rechtsextremismus sowie abnehmende Ausländerfeindlichkeit für Deutschland nach. Allerdings lassen sich rechtsextreme und antidemokratische Einstellungen quer durch die Wähler *aller* Parteien in der Gesellschaft finden. Demnach ist der politisch sichtbare Rechtsextremismus die Manifestation des Ausmaßes rechtsextremer Einstellungen in der *ganzen* Gesellschaft. Beunruhigend mit Blick auf die aktuellen politischen Entwicklungen im Zuge der Flüchtlingskrise ist dies insofern, als die jüngste Erhebung von 2014 gezeigt hat, dass vor allem bestimmte MigrantInnengruppen: Asylwerber, Sinti und Roma sowie Muslime in einem extremen Ausmaß abgewertet werden. 2014 lehnten „84.7 % der Befragten in den neuen und 73.5 % der Befragten in den alten Bundesländern die Forderung ab, der Staat solle großzügig bei der Prüfung von Asylanträgen vorgehen. Wirkliche Verfolgung erlitten zu haben oder von ihr bedroht zu sein, gestanden nicht einmal 50 % der Deutschen in Ost wie West den Asylsuchenden zu"[33]. Auch das Ausmaß autoritärer und gewaltbereiter Aggression ist – vor allem bei jungen Erwachsenen und Männern – konstant hoch bzw. im Steigen. Desgleichen gibt es eine hohe Anzahl von Unentschiedenen (bis zu einem Drittel der Befragten) gegenüber rechtsextremen Einstellungen. Alles in allem dokumentiert die Studie ein großes antidemokratisches Risikopotential, das im Zuge der jüngeren Ereignisse rund um die Flüchtlinge aktiviert werden kann – und seit Herbst 2015 auch aktiviert wird. Die Studienautoren deuten diese durchaus widersprüchlichen Entwicklungen als nach wie vor weit verbreitete Empfänglichkeit für die Ideologie der Ungleichwertigkeit von Menschen. Ihnen zufolge handelt es

---

[32] Oliver Decker/Johannes Kiess/Elmar Brähler: Die stabilisierte Mitte. Rechtsextreme Einstellung in Deutschland 2014, Leipzig 2014.
[33] Ebd., 63.

sich um einen „sekundären Autoritarismus": Im Kontext der hegemonialen Macht ökonomistischer Ideologien ermöglicht die Identifikation mit diesen dem Einzelnen Teilhabe an der Gesellschaft. Um des (realen oder erhofften) Wohlstands willen sind Menschen bereit, sich dieser Logik zu unterwerfen, durchaus auch um den Preis der Beschädigung des eigenen und des Lebens der Kinder, um in dieser Dynamik von Leistung, Konkurrenz und Erfolg mitzuhalten. Das Ressentiment gegen bestimmte Gruppen, die diese Teilhabe bedrohen, verweist auf eine autoritäre Dynamik, den „sekundären Autoritarismus". Zu dieser Dynamik gehört, dass sich die dabei entstehenden Aggressionen aber eben nicht gegen die Autorität – die autoritäre Logik ökonomischer Strukturen – selbst richten, sondern gegen Schwächere: Asylsuchende, Roma und Sinti sowie Muslime – aber auch Obdachlose, Arbeitslose und andere als „nutzlos" geltende Menschen.

Wie eng rechtspopulistische und -extreme Einstellungen mit Angst im Kontext sozioökonomischer Krisensituationen zusammenhängen, hat 2011 bereits der britische Wirtschaftswissenschafter Guy Standing[34] gezeigt, der aufgrund der fortschreitenden Prekarisierung der Arbeitswelten vor der Entstehung eines „politischen Monsters" warnt. Denn Prekarisierung erzeugt Angst, die ab einem bestimmten Ausmaß in irrationale Hysterie abgleitet. Die aktuellen Erfolge faschistoider Rechtsparteien in ganz Europa oder auch von Donald Trump in Amerika zeigen, dass die „vierte Industrialisierung", die nach Standing traditionelle Gesellschaftsstrukturen völlig auflöst, längst ein bedrohliches Ausmaß an Armutsproduktion bzw. Angst vor Armut und sozialem Ausschluss erzeugt zu haben scheint. Die wachsende „Armee" von Arbeitslosen (vor allem junge Menschen) oder in prekären Arbeitsverhältnissen kämpfenden Menschen bleibt politisch nicht folgenlos. MigrantInnen und Flüchtlinge können in dieser Atmosphäre rasch als KonkurrentInnen wahrgenommen bzw. politisch und ökonomisch dazu erklärt werden.

Die Schwierigkeiten, die kulturelle Differenz und Erfahrungen von Fremdheit mit sich bringen, sollen mit diesem Befund nun weder schön geredet noch verharmlost werden. Aber die entscheidende Gefährdung des sozialen und Weltfriedens geht nicht von Diversität aus, sondern von Ungleichheit und Ungerechtigkeit bei der Verteilung von Besitz, Ressourcen und Macht. Selbstverständlich hat Europa das Recht und die Pflicht, all jene Gesetze und Werte zu schützen und zu verteidigen, auf die sich z. B. die Europäische Union gründet: „(…) die Achtung der Menschenwürde, Frei-

---

[34] Guy Standing: The Precariat. The new dangerous class, London u. a. 2011. Ähnlich für Deutschland auch der Wirtschaftswissenschaftler Marcel Fratscher: Verteilungskampf. Warum Deutschland immer ungleicher wird, München 2016.

heit, Demokratie, Gleichheit, Rechtsstaatlichkeit und die Wahrung der Menschenrechte einschließlich der Rechte der Personen, die Minderheiten angehören. Diese Werte sind allen Mitgliedsstaaten in einer Gesellschaft gemeinsam, die sich durch Pluralismus, Nichtdiskriminierung, Toleranz, Gerechtigkeit, Solidarität und die Gleichheit von Frauen und Männern auszeichnet"[35]. Gerade jetzt wäre die Stunde der praktischen Bewährung dieser Werte.

Ohne Zweifel werden zu dieser Werte-Frage noch intensive Debatten geführt werden müssen, ganz unabhängig von Fragen nach Flucht und Migration. Aber die Unterstellung, dass die europäischen Werte durch „die" Flüchtlinge und MigrantInnen bedroht seien, ist nicht nur ideologisch und rassistisch; sie blendet die Bedrohung der europäischen Werte im Inneren Europas durch Rassismus, Rechtsextremismus und Autoritarismus aus und projiziert sie auf die „Anderen". Zahlreiche Studien und historische Belege weisen nach, dass Zusammenleben in Verschiedenheit zwar keine einfache Angelegenheit und in jeder Generation neu zu lernen ist, aber durchaus möglich war und ist. Dies gilt auch für das Zusammenleben mit Muslimen, die als die „kulturell Fremden" definiert werden.[36] Bedroht und zerstört wurde und wird dieses Zusammenleben aber immer wieder durch die politische Instrumentalisierung kultureller Differenz zur Spaltung von Gesellschaften und Durchsetzung hegemonialer Interessen.[37] Die Aufgabe der Zivilisierung kultureller Werte, die in jeder Kultur humane wie inhumane Anteile haben, betrifft Einheimische wie Zugewanderte und Flüchtlinge gleichermaßen: zu erkennen, dass Menschen verschiedene Lebensweisen (Kulturen) haben, die alle der ethischen Zivilisierung bedürfen; denn keine Kultur ist ein ethischer Wert „an sich". Weiters ist von allen anzuerkennen, dass jeder einzelne Mensch und alle Menschen das gemeinsame Menschsein teilen und „Menschen sind wie wir" sowie gemeinsam ein Ethos und eine Politik zu entwickeln, die der Gleichheit *und* der Verschiedenheit der Menschen gerecht werden. Dabei werden Einstellungen und Verhaltens-

---

[35] Vertrag über die Europäische Union (in der Fassung des Lissabonner Vertrags), Artikel 2, vgl. URL: https://dejure.org/gesetze/EU/2.html; Werte der Europäischen Union, vgl. URL: http://www.bpb.de/internationales/europa/europaeische-union/42851/grafik-werte-der-eu; Charta der Grundrechte der EuropäischenUnion, vgl. URL: http://www.europarl.europa.eu/charter/pdf/text_de.pdf (alle 30.06.2017).

[36] Erinnert sei an das religiös und kulturell vielfältige Spanien des 8.–15. Jahrhunderts oder an Bosnien-Herzegowina, insbes. Sarajevo, das „Jerusalem Europas". Europa selbst ist aus dem dreifachen Glauben – jüdisch, christlich, muslimisch – an den einen Gott hervorgegangen, vgl. Michael Bergolte: Christen, Juden, Musulmanen. Die Erben der Antike und der Aufstieg des Abendlandes 300–1400 n.Chr., München 2006.

[37] Ein Beispiel dafür ist z.B. das Zusammenleben verschiedener ethnischer und religiöser Gruppen im ehemaligen Jugoslawien vor dem Krieg.

weisen *aller* Beteiligten zivilisiert – und nicht Individuen und Kollektive. Entwickelt wird dabei das, was die Tradition „Gemeinsinn" nennt.[38]

2.3 Die Fülle und Gleichzeitigkeit der Bedrohungen

Das Bedrohliche an den aktuellen politischen Entwicklungen sind die „Shifting Baselines" der öffentlichen, medialen und politischen Diskurse. Damit bezeichnet der Sozialpsychologe Harald Welzer[39] die oft erstaunlich schnelle und unbemerkt bzw. verleugnete Veränderung normativ-ethischer Referenzrahmen der Wahrnehmung und Deutung von Ereignissen und Situationen. In der Auseinandersetzung mit Tätern des Nationalsozialismus konnte er jene sozialpsychologischen Mechanismen aufzeigen, die dazu führen, dass Menschen sich immer noch für moralisch integer halten, ob- wohl sie bereits längst inhumanen ethischen Vorstellungen zustimmen – und zwar durch ihr ganz konkretes, alltägliches Verhalten, das keinen Wi- derspruch erhebt, sondern durch Schweigen, Beobachten und Mitmachen zustimmt. Normenverschiebungen finden zuerst immer praktisch statt und schaffen sodann Gelegenheitsstrukturen unethischen Verhaltens, das so- dann im Nachhinein ethisch legitimiert wird.

Die aktuelle Situation kann einen also durchaus an vergangene Zeiten erinnern. Die „Lösung" internationaler politischer, ökonomischer sowie sozialer Probleme mittels menschenfeindlich-rassistischer Politik stellt für Europa „vertrautes Gefilde" dar. Sozioökonomische und politische Trans- formationskrisen wurden historisch betrachtet bereits mehrfach von Ras- sismus als ordnungspolitischem Deutungs- und Handlungsmuster beglei- tet.[40] Elitär von den Bevölkerungen abgekoppelte und den gesellschaftlichen Entwicklungen gegenüber ahnungs- und hilflose Führungseliten beant- worteten die soziale Frage des 19. Jahrhunderts mit einem nationalistisch argumentierten Ersten Weltkrieg. Die davor aufblühende Globalisierung, die rasanten Innovationen in Wissenschaft und Politik, Technik und Kunst sowie die kulturelle Internationalisierung wurden auf diese Weise abrupt

---

[38] Überlegungen zu diesem komplexen Zusammenhang von kultureller Verschiedenheit und universalem Ethos, Barbarei und Zivilisation im Kontext von Migration bietet Tzvetan To- dorov: Die Angst vor den Barbaren. Kulturelle Vielfalt versus Kampf der Kulturen, Hamburg 2010 (2008).

[39] Vgl. Harald Welzer: Täter. Wie aus ganz normalen Menschen Massenmörder werden, Frankfurt am Main 2007.

[40] Über diese Zusammenhänge anhand der 1930er Jahre vgl. Karl Polanyi: The Great Trans- formation. Politische und ökonomische Ursprünge von Gesellschaften und Wirtschaftssys- temen, Stuttgart 1990 (1977).

gestoppt.[41] Die Faschismen und Totalitarismen des 20. Jahrhunderts waren die Reaktion auf die Weltwirtschaftskrisen und Armutsproblematik der 1930er-Jahre, denen die politischen und gesellschaftlichen Eliten ignorant, widerwillig, ohnmächtig und erschöpft gegenüberstanden.[42] Wie eng verbunden diese „Lösungen" wirtschaftlicher Krisen mit dem Ausschluss von Menschengruppen verbunden ist, zeigt die Ermordung der Juden als absolutem zivilisatorischem Tiefpunkt Europas. Jedes Mal standen letztendlich nicht die Fragen nach den wahren Ursachen von Armut und Elend, nach unrechten und ungerechten politischen und ökonomischen Ordnungsverhältnissen im Zentrum, sondern „siegten" Kampf und Krieg um Vormachtstellung auf Kosten ganzer Bevölkerungsgruppen, allem voran der Juden.

Ist es abwegig, in den aktuellen Ereignissen strukturelle Ähnlichkeiten zu erkennen? Wiederholen sich politisch riskante Prozesse, die Europa im 20. Jahrhundert in den Abgrund geführt haben, nunmehr auf globalem Level?

Immerhin:

Kaum diskutiert wird aktuell über Fluchtursachen oder die Verweigerung, diese entschlossen zu bekämpfen. Beschwiegen werden z. B. die fossile Wirtschaft und die Abhängigkeit Europas von Regimen im Nahen Osten oder der europäische Wirtschaftsimperialismus, der den westlichen Lebensstil und dessen Konsumismus erst ermöglicht. Weder das Versagen zahlreicher Staaten der EU noch deren grassierender Mangel an Solidarität sind Thema einer breiten Öffentlichkeit; auch nicht die kaputtgesparten Sozialsysteme und die innereuropäische Armut, geschweige denn die Macht ökonomischer Oligarchen oder die politische Phantasielosigkeit und moralische Dekadenz zahlreicher Parteipolitiker. Über etwaige historische Zusammenhänge – welche Rolle z. B. Europa bei der Genese und Aufrechterhaltung der Terrororganisationen IS und Boko Haram spielt – wird erst recht nicht gerne nachgedacht. Regelmäßige Finanz-Skandale, die die Sezession der Reichen von der Verantwortung für das Gemeinwohl dokumentieren – Stichwort Panama-Papers – oder Debatten um globale ökonomische Macht- und Besitzverhältnisse finden bei weitem nicht jene langanhaltende Aufmerksamkeit und Tatbereitschaft, die der Sicherung der Europa-Außengrenzen und der Abwehr von Flüchtlingen gewidmet wird. Ebenso wenig reflektiert man die steigende Zahl brennender Flüchtlings-

---

[41] Vgl. Philipp Blom: Der taumelnde Kontinent. Europa 1900–1914, München 2009.
[42] Vgl. Philipp Blom: Die zerrissenen Jahre: 1918–1938, München 2014.

heime oder stellt breitenwirksam die Frage, was gegen rechtsextreme Gruppierungen unternommen werden könnte.[43]

Stattdessen wird ein Begriff wie „Gut-Mensch" zu einem salonfähigen Schimpfwort; wer sich für eine „Willkommenskultur" einsetzt, wird als „naiv" und „verantwortungslos" diffamiert; wer ökonomische oder politische Machtfragen stellt, wird als „links" oder „Altkommunist" diffamiert. Statt Fluchtursachen mithilfe internationaler Friedens- und Entwicklungspolitik offensiv zu bekämpfen oder gar „Marshall-Pläne" zum Wiederaufbau der Kriegsregionen umzusetzen , werden politische Energie und materielle Ressourcen in Zäune und Massenflüchtlingslager außerhalb Europas sowie Abschiebungsprogramme investiert. Die damit verbundene Desensibilisierung politischer Sprache, die die Beugung z. B. von Menschenrechten zur Sicherung von Eigeninteressen legitimiert und Gewalt gegen Flüchtlinge verschleiert, sind alarmierende Elemente einer verstörenden Dynamik. So spricht man von „zivilmilitärischen Aktionen" an den Grenzen, depersonalisiert schutzsuchende Familien in eine anonyme Flüchtlingsmasse oder erklärt die „Festung Europa" – bis vor kurzem ein negativ konnotierter Begriff – zum politischen Programm. Gesprochen wird über „Wirtschaftsflüchtlinge", wobei vergessen wird, wie viele Millionen Europäer in den vergangenen beiden Jahrhunderten unterwegs waren, um die eigene Lebenssituation ökonomisch zu verbessern.[44] Armut, Unrecht und Ungerechtigkeit bekommen erneut auf der Ebene der politisch Verantwortlichen nicht den Stellenwert, der ihnen aufgrund ihrer historischen Bedeutung bei der Entstehung sozialer Konflikte und Kriege zustehen müsste.

Geschichte wiederholt sich nicht, zumindest nicht ident. Freilich, Karl Marx hat einst darauf aufmerksam gemacht[45], dass sie sich zweimal ereignet: einmal als Tragödie, das zweite Mal als Farce:

> „Die Menschen machen ihre eigene Geschichte, aber sie machen sie nicht aus freien Stücken, nicht unter selbstgewählten, sondern unter unmittelbar vorgefundenen, gegebenen und überlieferten Umständen. Die Tradition aller toten Geschlechter lastet wie ein Alp auf dem Gehirne der Lebenden. Und wenn sie eben damit beschäftigt scheinen, sich und die Dinge umzu-

---

[43] „Rechtsextreme Einzeltäter tödlicher als Islamisten", in: „Die Presse" vom 22. Juni 2016, vgl. URL: http://diepresse.com/home/ausland/aussenpolitik/5032342/Rechtsextreme-Einzel taeter-toedlicher-als-Islamisten ; „Zahl rechter Straftaten so hoch wie nie", in: „Die Zeit" vom 23. Mai 2016, vgl. URL: http://www.zeit.de/politik/deutschland/2016-05/kriminalstatistik-zahl-rechter-straftaten-so-hoch-wie-nie (beide 30.06.2017).

[44] Massimo Livi Bacci: Kurze Geschichte der Migration, Berlin 2015 (2010), 64–91.

[45] Karl Marx/Friedrich Engels: Werke, Band 8: Der achtzehnte Brumaire des Louis Bonaparte, Berlin 1972, 115–123.

wälzen, noch nicht Dagewesenes zu schaffen, gerade in solchen Epochen revolutionärer Krise beschwören sie ängstlich die Geister der Vergangenheit zu ihrem Dienste herauf, entlehnen ihnen Namen, Schlachtparole, Kostüm, um in dieser altehrwürdigen Verkleidung und mit dieser erborgten Sprache die neuen Weltgeschichtsszenen aufzuführen.“[46]

Marx verweist auf Zusammenhänge, die aus der Sicht der zeitgenössischen psychoanalytischen Sozialpsychologie durchaus plausibel erscheinen. Er beschreibt jene historischen Prozesse, in denen über Generationen hinweg die jeweils nachfolgende Generation – konfrontiert mit neuartigen politischen Herausforderungen – auf die Verhaltensmuster der Vorfahren zurückgriff und deren „Rollen" übernahm, um nicht nur die anstehenden Probleme zu lösen, sondern auch die der Vorfahren zum Ende zu bringen.[47]

> „So übersetzt der Anfänger, der eine neue Sprache erlernt hat, sie immer zurück in seine Muttersprache, aber den Geist der neuen Sprache hat er sich nur angeeignet, und frei in ihr zu produzieren vermag er nur, sobald er sich ohne Rückerinnerung in ihr bewegt und die ihm angestammte Sprache in ihr vergisst."[48]

Für neue Probleme benötigt man neue Perspektiven und Lösungen. Stattdessen wird die Gegenwart in die Vergangenheit zurückübersetzt.

In der psychoanalytischen Sozialpsychologie nennt man diesen Prozess den transgenerationalen Transfer von Traumata. Diese können sich auch auf politische Ereignisse beziehen, wie das jüngere Studien zur Erklärung des Wiedererstarkens z. B. rechtsextremer Einstellungen bei jungen Menschen in Deutschland beschreiben. Demzufolge kann die nicht geleistete Trauerarbeit der Kriegsgeneration – angesichts der Niederlage im Krieg; infolge der nicht reflektierten Schuldgeschichte, auch als „Mitläufer"; aufgrund der unaufgelösten affektiven Beziehung zum „Führer" Adolf Hitler, von dem man sich belogen und getäuscht fühlte; oder wegen erlittenem Leid, Armut und Verlusten an Lebenszeit oder Menschen – dazu führen, dass dieser hoch ambiguöse Gefühls"knoten" eine emotionale „Krypta"[49] bildet. Die darin verdrängten Gefühle sind zwar unsichtbar, werden aber als emotionale

---

[46] Ebd.

[47] Z. B. Markus Brunner/Jan Lohl/Rolf Pohl/Sebastian Winter (Hg.): Volksgemeinschaft, Täterschaft und Antisemitismus. Beiträge zur psychoanalytischen Sozialpsychologie des Nationalsozialismus und seiner Nachwirkungen, Gießen 2011.

[48] Ebd.

[49] Markus Brunner: Die Kryptisierung des Nationalsozialismus, in: Brunner/Lohl/Pohl/Winter (Hg.), Volksgemeinschaft, 169–194.

Grundstimmung an die Nachfahren weitergegeben. Diese wiederum werden aus Liebe und Treue zu ihren Eltern, die oft stärker sind als jede schulische Bildung[50], diese ungelösten Emotionen zu einem Abschluss zu bringen versuchen. Dafür werden entsprechende Settings und Szenarien unbewusst „gesucht" und inszeniert. Freuds „Wiederholungszwang" kann sich demnach auch politisch ereignen, wenn die entsprechenden Rahmenbedingungen dafür gegeben sind. Das Angst- und Bedrohungsszenario, das rund um die Ankunft der Flüchtlinge geschaffen wird, erscheint so in einem anderen Licht. Schließlich stünden rational betrachtet auch andere Wahrnehmungen und politische Reaktionen zur Verfügung.

Erklärbar würde so z.B. die befremdliche Ansprechbarkeit v.a. junger Männer auf antidemokratische, rechtspopulistische oder rechtsextreme Einstellungen.[51] Junge Menschen sind europaweit von sozialem Ausschluss und Armut sowie Orientierungslosigkeit in Bezug auf die Zukunft in besonderer Weise bedroht. Sie sind die VerliererInnen der aktuellen Finanz- und Wirtschaftskrisen.[52] Dies ist eine sozial tickende Zeitbombe. Denn bei entsprechendem politischen Diskurs sind junge Menschen ohne Sinn- und Zukunftsperspektive anfällig für rassistische Deutungen. Auch der Zustrom junger europäischer Muslime zum IS wird so nachvollziehbarer. Bei ihnen handelt es sich vor allem um junge, in einer Alltagsreligiosität gerade nicht verankerte säkulare Muslime, in deren Augen alle politischen Utopien gescheitert sind, die Gesellschaft besser und gerechter zu gestalten.[53] Solcherart ernüchtert erhoffen sie in der Religion „Erlösung", spiegeln aber genau besehen den Nihilismus der westlichen Gesellschaften wieder.[54] Auch die strukturelle Rücksichtslosigkeit gegenüber jungen Menschen, auf deren Kosten jahrzehntelang gelebt wurde, wird als wichtige Ursache für Radikalisierung verschwiegen. Im Unterschied zur Nachkriegsgeneration, deren Lebenssituation nur besser werden konnte, wissen junge Menschen in Europa heute, dass sie das Wohlstandsniveau nur, falls überhaupt, unter unglaublichem Druck halten werden können oder überhaupt von sozialem

---

[50] Harald Welzer/Sabine Moller/Karoline Tschuggnall: „Opa war kein Nazi". Nationalsozialismus und Holocaust im Familiengedächtnis, Frankfurt am Main 2002.

[51] Vgl. Decker u.a., Die stabilisierte Mitte, 61.

[52] Bertelsmann-Stiftung: Wirtschafts- und Schuldenkrise der EU: Kinder und Jugendliche sind die großen Verlierer, vgl. URL: https://www.bertelsmann-stiftung.de/de/themen/aktuelle-meldungen/2015/oktober/wirtschafts-und-schuldenkrise-der-eu-kinder-und-jugendliche-sind-die-grossen-verlierer/ (30.06.2017); 26 Millionen Kinder und junge Menschen sind in der EU von Armut und sozialer Ausgrenzung bedroht; die Arbeitslosenraten betragen in den Mitgliedsstaaten bis zu 50 %.

[53] Vgl. Farhad Khosrokhavar: L' Islam de Jeunes, Paris 1997.

[54] Vgl. Jürgen Manemann: Der Dschihad und der Nihilismus des Westens. Warum ziehen junge Europäer in den Krieg?, Bielefeld 2015.

Abstieg bedroht sind. An den extremen Rändern – im Rechtsextremismus und im jugendlichen Dschihadismus – wird ein massives Generationenproblem erkennbar.

In diesem Ambiente bieten sich geflüchtete Menschen hervorragend als jene Projektionsfläche an, auf die sämtliche Probleme und die damit verbundenen Emotionen projiziert werden können.

Freilich ist die Situation heute eine andere als vor dem ersten oder zweiten Weltkrieg. Allerdings trägt diese Erkenntnis nicht unbedingt zur Erleichterung bei. Neu sind nämlich das globale Ausmaß und die Gleichzeitigkeit der Krisen. Dies beginnt bei der Quantität und Qualität internationaler Migrationen infolge moderner Mobilitäts- und Kommunikationsmöglichkeiten, die transnationale Migration zur Normalität werden lassen. Die globale Bedrohung zeigt sich weiters in den Auswirkungen des Klimawandels, der wiederum vor allem die Ärmsten trifft und zu Millionen „Katastrophenflüchtlingen" führen wird. Nicht zuletzt verbreitet der internationale Terror weltweit Angst und spaltet Gesellschaften. Denn indem der totalitäre Terror im Kontext des Islamhasses gedeutet wird, der seinerseits in Europa auf jahrhundertelange Narrative der islamischen Bedrohung zurückgreifen kann, werden auch europäische Muslime stigmatisiert und isoliert. Sie drohen aus der „Grauen Zone" der Mehrfachzugehörigkeiten („islamisch, demokratisch, europäisch") in den Machtbereich der Extremisten getrieben zu werden. Hinzu kommt das global fragile aktuelle Finanzsystem, das mit seinen entkoppelten Finanzmärkten und politisch unkontrollierten, international agierenden multinationalen Konzernen „räuberische Formationen" entwickelt hat, die strukturell zur Exklusion ganzer Menschengruppen führen, die ökonomisch überflüssig werden.[55] Das Zugleich all dieser bedrohlichen Entwicklungen macht die Weltlage nun gerade nicht beruhigender – zumal mit Blick auf die militärische Ausrüstung und das Waffenarsenal in der Welt sowie rasende mächtige (alte) Männer und deren AtlatInnen, die um ihre Vorherrschaft in einer sich neu ordnenden Welt fürchten.

2.4 Angst: Begründet und existenziell

Mit historischer Rationalität betrachtet gibt es also mehr als ausreichend Gründe, Angst zu haben. In der Tat steht die Welt vor immensen Herausforderungen, Gefahren, Risiken und tödlichen Bedrohungen. Man muss

---

[55] Vgl. Saskia Sassen: Ausgrenzungen. Brutalität und Komplexität in der globalen Wirtschaft, Frankfurt am Main 2015.

keine Apokalyptikerin sein, um dies nüchtern wahrzunehmen. Das weit verbreitete Grundgefühl von Angst hat gute und berechtigte Ursachen.

Die Fokussierung dieser begründeten Ängste auf die Flüchtlinge ist allerdings aus dieser Perspektive alles andere als rational; höchstens aus einer psychoanalytischen Perspektive als Abwehrmechanismus der anstehenden Selbsterkenntnis und Aufgaben ist es verstehbar. Sozialpsychologische und historische Befunde zeigen, dass es sich dabei um Verschiebung und Verdichtung von Angst handelt. Die mit Angst oft verbundene Aggression richtet sich sodann folgerichtig nicht gegen die wirklichen Ursachen und deren als übermächtig erlebten Verantwortlichen, sondern gegen eine schwächere Gruppe. Diese Verschiebung wiederum kann von den politischen und ökonomisch mächtigen Verantwortlichen genützt werden, um von der eigenen Verantwortung abzulenken. Flüchtlinge gehören zu den verletzbarsten und ohnmächtigsten Menschen: Sie sind vollkommen abhängig davon, ob sie aufgenommen werden und Unterstützung finden. Sie sind die „idealen" Opfer. Damit sollen sie keinesfalls idealisiert werden, denn selbstverständlich gibt es auch unter ihnen Kriminelle, Gewalttäter und Terroristen.

Zugleich sind die Flüchtlinge Überbringer schlechter Nachrichten für Europa. Erst sie „zwingen" seit dem Herbst 2015 die europäischen Bevölkerungen zum Wahrnehmen der global multifaktoriell bedrohlichen Lage. Sie sind „Botschafter"[56], denn sie machen die Fülle und Drastik der Bedrohungen sichtbar: Ausschluss und Armut, Gewalt und Krieg, Klimakatastrophen und Terror. Sie sind das „Fenster"[57] zu einer Welt, deren Notlagen Europa bisher wahrzunehmen verweigert hat. Sie sind auch der „Spiegel"[58] Europas, weil sie – wenn man über die Ursachen ihrer Ankunft nachdenkt – die europäische Mitverantwortung und Schuld – in Geschichte und Gegenwart in Erinnerung rufen.

Deshalb werden Flüchtlinge wohl auch von vielen so gehasst. Denn seit jeher wird der Botschafter schlechter Nachrichten für deren Inhalt verantwortlich gemacht. Zudem werden nur die wenigsten gerne mit der eigenen Wahrheit konfrontiert. Schließlich ist es einfacher, gegen die Ohnmächtigen, Armen und Schwachen zu kämpfen als gegen die Ursachen von Ohnmacht, Armut und Schwäche.

Die berechtigte Furcht vor globalen Bedrohungen und deren lokalen Auswirkungen verdichtet sich also in der Angst vor Flüchtlingen.

---

[56] Beate Winkler: Unsere Chance. Mut, Handeln und Visionen in der Krise, Berlin 2015.

[57] Vilém Flusser: Von der Freiheit des Migranten. Einsprüche gegen den Nationalismus, Berlin 1992, 30.

[58] Ebd.

Lassen sich dahinter aber nicht noch elementarere, existentielle Ängste finden, die sich auch durch politische Lösungen nicht ändern lassen werden? Existenzielle Ängste, die in den Bereich der Spiritualität fallen? Ängste, die mit dem Mensch-Sein an sich zusammenhängen, die der sich selbst erschaffende, autonome Mensch des fortschrittsgläubigen Westens ignorieren zu können glaubt?

Flüchtlinge spiegeln nämlich auch wieder, wovor alle Menschen Angst haben: Verlust, Ohnmacht, Schwäche, Leid, Armut, Bedürftigkeit und Abhängigkeit. Flüchtlinge erinnern an die Endlichkeit des Menschen, seine Begrenztheit und an den Tod. Nicht zuletzt rufen sie auch in Erinnerung, wovor sich eine Mehrheit der Menschen in Europa offenbar unglaublich ängstigt: Die Angst vor Veränderung. Denn angesichts des Ausmaßes der Herausforderungen ist eines gewiss: Nichts wird so bleiben, wie es war. Dabei ist es gleichgültig, ob Europa die Flüchtlinge aufnimmt und integriert und so ein weltpolitisches „Vorbild" für die gesamte Welt werden könnte – oder sich abschottet, was das Ressentiment und den Hass gegen den Westen in die nächste Generation transferieren wird. Die Welt ist im Umbruch, so oder so.

An dieser Stelle ist es überfällig, über die Angst der Flüchtlinge zu sprechen, die faktisch weder in politischen, medialen noch auch wissenschaftlichen Debatten eine Rolle spielt, so sehr sind die Einheimischen mit sich selbst beschäftigt. Deren Lebenssituation steht auch in diesem Beitrag nicht im Zentrum, wenngleich sie eigene Forschung verdient. Aber auch Flüchtlinge haben Angst: um ihr Leben und das ihrer Kinder, angesichts einer vollkommen ungesicherten Zukunft, ohne Heimat und oft mit nichts als ein paar Habseligkeiten, die sie mitgenommen haben – und schlichtweg oft vor dem nächsten Tag. Auch sie sind konfrontiert mit Erfahrungen von Fremdheit und irritiert von kultureller Differenz. Sie erleben existentielle Bedrohung, Zerbrechlichkeit des Lebens, Abhängigkeit vom guten Willen und der Macht anderer hautnah. Relativiert das nicht das Getön der Angst-Politik in Europa? Warum überdecken Gewalttaten einiger Flüchtlinge die Realität jener großen Mehrheit an Menschen, deren Angst vor dem Leben in der Heimat so groß geworden sein muss, dass sie die Angst vor dem Aufbruch ins Ungewisse auf sich nahmen, unter ihnen unzählige Kinder und junge Menschen?

2.5 Trauer?

Möglicherweise ist diese existentielle Grundstimmung der Angst vor Endlichkeit und Veränderung eine der Ursachen, warum von Trauer in Europa so wenig wahrzunehmen ist. Dabei wäre angesichts des Verlusts von Lebensweisen und Illusionen Trauer notwendig, um wieder neue Hoffnung für die Zukunft entwickeln zu können. Die Erfahrungen, dass Europa vieles wird verändern müssen – von der internationalen Wirtschaftspolitik bis hin zum Lebensstil der einzelnen Bürger – bedingen einen schmerzhaften Abschied vom Europa der vergangenen Jahrzehnte. Europa wird sich mit der Ankunft der Flüchtlinge sozial und kulturell verändern. Der Abschied ist überfällig, denn wir erleben nicht nur einen epochalen Wandel, sondern einen Wandel der Epoche.[59] Eine neue Zeit hat längst begonnen, die Welt und mit ihr Europa sind längst in einem Übergang. Fakt ist, dass weder die internationalen Migrationen und deren Ursachen in absehbarer Zeit zu Ende sein werden. Die Kriegs- und Armuts-Krisenherde in Afrika werden ebenso erhalten bleiben wie der Nahe und Mittlere Osten ein Pulverfass darstellt. 60 Millionen Menschen, die 2015 weltweit vor Krieg und Hunger auf der Flucht waren, werden nicht über Nacht verschwinden.[60] Europa ist mit einer langen Zukunft konfrontiert, in der es als reicher Kontinent aufgefordert ist, für die Lösung all dieser Probleme Mitverantwortung zu übernehmen und zugleich sich selbst zu verändern. Jetzt könnte sich Europa bewähren und seine Geschichte fruchtbar machen, der es die berühmten europäischen Werte mühsam abgerungen hat und deren Praxisrelevanz unter Beweis stellen. Wer, wenn nicht dieser Kontinent?

Dazu muss sich Europa freilich grundlegend verändern. Dieser Abschied bedingt Trauer. Ebendiese Trauer könnte für Europa einen Schritt in jene Freiheit bedeuten, die es benötigt, um Lösungen zu finden. Eine Freiheit, die überdies vielleicht sogar neue Lebensqualität mit sich bringen könnte. Denn der Kampf um das Aufrechterhalten des Status quo des Lebens in Europa bedeutet für wachsende Menschengruppen nicht nur Dauerbedrohung durch Abstiegsangst, sondern auch eine Zunahme an Depressionen und Burnout, erhöhte Fragilität von Beziehungen und soziale Einsamkeit. Der gefürchtete Verlust könnte vielleicht auch einen Gewinn an neuen Lebensmöglichkeiten – Freude und Hoffnung – mit sich bringen.

---

[59] So Papst Franziskus: Catholicism can and must change, in: National Catholic Reporter, November 10th, 2015, vgl.URL: http://ncronline.org/news/vatican/catholicism-can-and-must-change-francis-forcefully-tells-italian-church-gathering (30.06.2017).

[60] Jürgen Holtkamp: Flüchtlinge und Asyl, Regensburg 2016, 9.

3. Zeichen der Freude und Hoffnung

Verlässt man die makropolitische bzw. –ökonomische Vogelperspektive und richtet den Blick auf die gesellschaftliche Mesoebene, auf der Menschen verschiedener sozialer, kultureller und religiöser Herkunft in den Migrationsgesellschaften Europas schon längst ihr Leben teilen, einander unterstützen und von- und miteinander lernen und feiern, stößt man keinesfalls ausschließlich auf Angst oder Trauer. Große Teile der Zivilgesellschaft und zahlreiche NGO's haben sich offenkundig schon länger auf die sich verändernden Zeiten eingestellt und engagieren sich nicht nur für Flüchtlinge, sondern schon seit Jahren für gesellschaftlichen Wandel, für gerechte Politik und ein gutes Zusammenleben in Verschiedenheit. Niemand wird die Szenen an den Bahnhöfen München oder Wien vergessen, als wochenlang Menschen aller sozialen Schichten und unterschiedlicher Weltanschauungs- bzw. Religionsgemeinschaften Flüchtlinge willkommen hießen. Ebenso war der zivilgesellschaftliche Widerstand in Österreich und Deutschland gegen die Linie der Regierungspolitik ein politisches Novum. Die Zahl jener Menschen, die sich für Rechtsstaatlichkeit, Demokratie und Menschenrechte sowie Anerkennung kultureller Pluralität einsetzen, ist nicht so klein, wie Medien und Parteien den Anschein erwecken. Auch dies gehört zu einem gegenüber den Vorzeichen des ersten wie zweiten Weltkrieges veränderten Kontext.

Leider gibt es in diesem Feld des zivilgesellschaftlichen Engagements nur wenige repräsentative Studien, denen man Quantität und Qualität der damit verbundenen Einstellungen und Praxiserfahrungen entnehmen und diese für die breite Bevölkerung fruchtbar machen könnte. In wessen Interesse ist dieses Phänomen? Qualitative Case-Studies über „Good-Practice"-Modelle wären jedenfalls überaus hilfreich in der aktuellen Situation.

Mittlerweile scheint die Gruppe jener Menschen kleiner zu werden, die sich hier zu Beginn voller Elan engagiert hat. Erschöpfung und Resignation angesichts der Dauer und vor allem als Folge der mangelnden strukturellen Unterstützung durch die politischen Verantwortungsträger haben im Verein mit der Verweigerung der Solidarität zahlreicher Nationalstaaten und einem problem- und fluchtfixierten Mediendiskurs dazu geführt, dass sich auch engagierte Menschen mit ihren Ängsten und Sorgen im Stich gelassen fühlen.

Dennoch lässt sich insgesamt feststellen, dass dort, wo sich Menschen und Gemeinschaften auf die Veränderungen einlassen, die die Ankunft der Flüchtlinge mit sich bringt, nicht nur die Hoffnung wächst, dass die Probleme lösbar sind, sondern auch neue Freude entsteht. An dieser Stelle müsste ich nun die Vielzahl jener konkreten Erzählungen niederschreiben, die mir ehrenamtliche Engagierte über ihre Erfahrungen im Zusammenleben mit Flüchtlingen berichten. Es sieht aus, als würden Flüchtlinge nicht nur Angst und Hass, sondern auch das Beste in den Menschen wecken können: Mitgefühl, Freude, Solidarität, Freundschaft.[61]

Die Fülle dieser konkreten Einzelerfahrungen gibt Hoffnung, dass dort, wo Menschen sich nicht von der kollektiven Angst lähmen oder aufhetzen lassen, sondern konkret an ihrem Ort das tun, was ihnen möglich ist, Dynamiken der Hoffnung und Freude freigesetzt werden. Insbesondere aus dem Bereich der Kirchen, die sich in Österreich und Deutschland als maßgebliche Akteure in der Aufnahme und politischen Unterstützung von Flüchtlingen engagieren, scheint deren Ankunft eine Art Initialzündung zu neuer Vitalität zu sein. Da bauen überalterte Frauenorden ihre Klöster um und entdecken ihr Ordenscharisma neu; da arbeiten in Wien plötzlich Pfarren zusammen, die die Kooperation jahrelang verweigert haben; da kommen Menschen in die Gemeinden, die seit Jahren keinen Fuß in eine Gemeinde gesetzt haben.[62] Auch NGO's berichten von solchen Prozessen: Neue Allianzen entstehen, unzählige Freiwillige melden sich zur Mitarbeit, Studierende engagieren autonom Flüchtlingsprojekte mit Sprachkursen und Gemeinschaftsabenden[63]. In Österreich zeigt z. B. die „Landkarte der Hilfsbereitschaft"[64] eine überbordende Fülle an Initiativen und Menschen, die voller Freude von ihren Erfahrungen berichteten. Was Migrationsforscher ebenfalls seit Jahren beschreiben – dass Migration Gesellschaften ökonomisch, sozial, kulturell, religiös bereichern kann und seit Jahrhunderten demographisch gesehen eine Erfolgsgeschichte darstellt[65] – wird durch tausende Fallbeispiele im Alltag belegt. Warum finden diese Erfahrungen so wenig Eingang in den öffentlichen und politischen Diskurs? Weil man mit der kritischen Autonomie von BürgerInnen keine Wahlen zu gewinnen glaubt? Weil man der destruktiven Energie rechtspopulistischer

---

[61] Konkrete Erzählungen z. B. in Marina Naprushkina: Neue Heimat? Wie Flüchtlinge uns zu besseren Menschen machen, München 2015.

[62] Diese Informationen verdanke ich u. a. Dr. Rainald Tippow, dem ehem. Flüchtlingskoordinator der Erzdiözese Wien, jetzt Leiter der Pfarr-Caritas Wien.

[63] An der Universität Wien z. B. das Netzwerk CEURABICS; vgl. URL: http://www.ceurabics.com/ (30. 06. 2017).

[64] Öl, eines der wenigen Medien, das sich kritisch und lösungsorientiert mit dem Flüchtlingsthema auseinandersetzt, hat im Herbst 2015 ein Projekt gestartet, in dem in zahlreichen Beiträgen und auf einer Online-Plattform konkrete „Geschichten vom Helfen" berichtet wurden, die von der Solidarität von Personen, Vereinen und Gemeinden berichteten und Erfahrungen vermittelten: Geschichten vom Helfen: Landkarte einer neuen Zivilgesellschaft, vgl. URL: http://oe1.orf.at/miteinander_geschichten (30. 06. 2017).

[65] Vgl. Bacci, Kurze Geschichte der Migration; Doug Saunders: Arrival City, München 2011 (2009).

Parteien mehr Durchsetzungsvermögen zutraut? Weil Freude im Unterschied zu Angst und Hass stiller, bescheidener, unsichtbarer ist? Weil der Blick auf das konkrete, einzelne Ereignis, auf konkrete einzelne Menschen und deren Geschichte schwieriger, langwieriger ist und mehr Zeit benötigt – und vielleicht auch langweiliger ist als das gebannte Starren auf Konzentrationen politisch-militärisch-ökonomischer Machtblöcke und Dynamiken des Bösen? Weil die journalistische Darstellung und Analyse des „Guten" banaler erscheint und weniger lustvoll und quotenträchtig ist als die „des Bösen"? Weil Angst intensiver ist als Freude und Hoffnung?

Welche Kräfte werden sich durchsetzen? Aus historischer Sicht gibt es wenig Grund zu Freude und Hoffnung. Denn in solchen Krisen- und Transformationszeiten, wie sie die Welt derzeit auf globaler Ebene erlebt, wurde zumeist der Angst der Vorrang gegeben, und haben sich die autoritären Kräfte der Reaktion, der Gewalt und des Krieges durchgesetzt. Zugleich lehrt die Geschichte aber auch, dass es langfristig vor allem die zunächst unsichtbaren Kräfte der Solidarität, Gerechtigkeit und Liebe waren, die die neuen, humanisierenden Ideen und Praktiken in die Welt gebracht haben; tragischerweise begleitet von Millionen Opfern.

Darf die langfristige Geschichte der Zivilisierung und die Freude, die gelebte Humanität in die Welt bringt, ausreichend Grund zur Hoffnung geben, dass die Menschheit diesmal zeitgerecht innehält, der Angst nicht das letzte Wort überlässt und auf sich historisch desavouiert habende „Lösungen" wie Rassismus, Exklusion, Vertreibung und Krieg verzichten lernt? Darf man hoffen, dass sich diesmal die entscheidenden Kräfte in Wirtschaft, Wissenschaft, Politik zusammentun und für die Neuartigkeit der Herausforderungen auch neue Lösungen suchen, die dem Überleben und Leben der Menschheit dienen? Oder ist eine solche Hoffnung naiv?

Flüchtlinge könnten jedenfalls aus einer solchen Sichtweise Botschafter einer „neuen Welt" sein, die nicht mehr von partikularistischen Stammes- und Rudel-Mentalitäten – nationaler, ethnischer, religiöser oder politischer Art – oder dem Kampf um Hegemonie dominiert wird, sondern in der die Menschheit begreift, dass sie eine ist und zusammenhelfen muss und kann. Indem Flüchtlinge das Gefährdungspotential der Gegenwart ins Bewusstsein rufen, wären sie so auch Spiegel und Fenster einer zukünftigen, menschlicheren Welt, die mitzugestalten maßgeblich auch in der Verantwortung Europas liegt.

4. Kann Theologie etwas beitragen?

4.1. Emotional-geistige Unterstützung der Menschheitsgeschichte

Mit einem solch universal-menschheitlichen Ansatz bin ich freilich bereits in der Theologie gelandet. Nicht, dass allein die katholische Theologie so denkt. Diese Ausrichtung hat sie erst – nach langem Widerstand gegen Religionsfreiheit, Demokratie und Menschenrechte – mit dem Zweiten Vatikanum wieder gewonnen und damit an das biblische Erbe angeschlossen. Aber ebendieser theologische Ausgangspunkt – die Einheit der Menschen mit Gott und untereinander und der Glaube an den einen Gott, der in und mit einer Menschheit lebt und wirkt – bildet das Herzstück des theologischen Beitrags in Zeiten von Flucht und Migration. Flüchtlinge und MigrantInnen sind nicht „die Fremden" oder „die Anderen". Sie können Erfahrungen von Fremdheit auslösen, aber sie sind Menschen und als solche Teil der *einen* Menschheit. Diese Einheit zu repräsentieren und zu fördern – zu verstehen nicht als Uniformität, sondern als Prozess wachsenden Bewusstseins existenzieller Zusammengehörigkeit – bildet laut *Lumen Gentium* 1 das Zentrum des katholischen Selbstverständnisses und das Ziel der Heils-Geschichte Gottes mit den Menschen. Wenn *Gaudium et Spes* diese Sichtweise im Kontext der konkreten Wirklichkeit praktisch durchbuchstabiert und dabei Freude und Hoffnung, Trauer und Angst an den Beginn dieses Prozesses stellt, haben die Konzilsväter offenbar einen höchst aktuellen neuralgischen Punkt getroffen. Sie erkennen und anerkennen die wirkmächtige Kraft von Stimmungen als affektiv-geistig-leibliche Triebkräfte der Geschichte. Dabei geben sie den scheinbar „schwächeren" Stimmungen, die in der Politik selten gefördert werden, jedoch Vorrang. Der Dominanz der Angst und der Notwendigkeit der Trauer werden Freude und Hoffnung vorangestellt. Im Teilen dieser Grundstimmungen benennt das Konzil den ersten und vielleicht wichtigsten Beitrag der Kirche und ihrer Gläubigen zum Weltgeschehen.

Wie relevant eine solche emotional-geistige „Unterfütterung" für politisch- „wohlgeordnete" Gesellschaften ist, hat Martha Nussbaum in ihrer Studie zu „Politischen Emotionen"[66] belegt. „Wohlgeordnet" sind in ihrer Sicht Gesellschaften dann, wenn marginalisierte Gruppen auf der Basis der Anerkennung der Gleichwertigkeit aller und jedes einzelnen Menschen in Bezug auf Würde und Rechte inkludiert sind, d. h. die Probleme von Stigmatisierung, Exklusion und Marginalisierung gelöst sind und sozial gerechte

---

[66] Martha C. Nussbaum: Politische Emotionen, Berlin 2014, 13.

Umverteilung gelingt.[67] Um Gesellschaften zu motivieren, Dynamiken in Richtung dieses idealen Ziels zu fördern, bedarf es der Unterstützung durch „Emotionen", die auch für Nussbaum geistige Realitäten, d. h. nicht nur Affekte sind, sondern immer schon Einschätzungen und Bewertungen beinhalten.[68] In diesem Sinn sind Emotionen sogar notwendig, um gerechte Gesellschaften aufbauen zu helfen, da sie abstrakten politischen Werten und Normen die notwendige Tiefe und Nachhaltigkeit verleihen. Liebe und Mitgefühl spielen in dem „Programm", das Nussbaum zur Förderung einer verantwortungsbewussten Politik der Gefühle für liberale Gesellschaften entwickelt, eine entscheidende Rolle. Da allerdings alle Emotionen zunächst „eudämonisch"[69] sind, d. h. die Welt vom Standpunkt des Individuums aus bewerten und sich auf den engeren Umkreis von Familie, Freunde und Bekannten beschränken, bedarf es geistiger Vorgänge, um den „Betroffenheitsradius"[70] von Menschen zu weiten auf jene, die als zunächst nichtzugehörige Fremde wahrgenommen werden. Nussbaum räumt dabei der Rolle von Kunst, Poesie und Literatur, aber auch Humor und Spiel und durchaus auch der Religion eine Schlüsselrolle ein, da sie das menschliche Fühlen, Wahrnehmen und Denken bilden und weiten können.

An diese Analyse kann nun der Beitrag der Theologie im Kontext von Flucht und Migration gut anschließen.

4.2 Praktischer Beitrag

Dass „emotional-geistige Beziehungsformen" durchaus relevante praktische – soziale und politische – Folgen haben können, lässt sich am Einsatz der Kirche im Kontext von Flucht und Migration erkennen. Seit Jahrzehnten sind die christlichen Kirchen in Europa wichtige Akteure in diesem Feld, insbesondere auf internationaler Ebene.

Die Katholische Kirche hat sich als eine der ersten internationalen Institutionen mit Migrationspolitik auseinandergesetzt. Bereits 1970 gründete Papst Paul VI. eine „Päpstliche Kommission"[71] zu dieser Thematik, die 1988 durch Papst Johannes Paul II. in den „Päpstlichen Rat der Seelsorge für

---

[67] Ebd., 23.
[68] Ebd., 18.
[69] Ebd., 25.
[70] Ebd., 26.
[71] Zur Geschichte der Päpstlichen Kommission, cf. URL: http://www.vatican.va/roman_curia/pontifical_councils/migrants/documents/rc_pc_migrants_doc_2003038_profile_ge.html (30.06.2017).

Migranten und Menschen unterwegs"[72] umgewandelt wurde. Die Apostolische Konstitution *Exsul Familia* (1952), die *Instruktion De pastorali migratorum cura: Nemo est* (1969) und – wegweisend in ihrem internationalen Horizont für die Gegenwart – die Instruktion *Erga migrantes caritas Christi* (2004) – entwickeln die dieses Engagement tragenden liegenden theologischen Grundlagen. 2013 erschien das vorläufig letzte global orientierte Schreiben des Vatikan, das umfassende „Richtlinien for Seelsorge" formuliert: *In Flüchtlingen und gewaltsam Vertriebenen Christus aufnehmen.*[73]

Im Angesicht von Millionen MigrantInnen – "displaced persons" – nach dem Zweiten Weltkrieg wurde bereits 1951 die Internationale Katholische Kommission für Migration (ICMC) gegründet, die bis heute die Arbeit katholischer Organisationen für MigrantInnen, Flüchtlinge und Heimatlose koordiniert und sich national und international auf politischer Ebene für deren Interessen einsetzt.[74] Seit 1991 – eröffnet von Johannes Paul II. – gibt es eine alljährliche "Botschaft" zum Welttag der Migranten und Flüchtlinge.[75] Der Vatikan ist ein global aktiver politischer Akteur in Migrationsangelegenheiten:[76] Er war beteiligt an der Erarbeitung der Internationalen Konvention der UN zum Schutz der Rechte migrantischer Arbeiter und ihrer Familien und unterstützt seit langem die Entwicklung internationalen Rechts zum Schutz von MigrantInnen und Flüchtlingen.[77] In jüngster Zeit sind auf nationaler Ebene vor allem die „Leitsätze des kirchlichen Engagements für Flüchtlinge" der Deutschen Bischofskonferenz vom Februar 2016 herauszustreichen.[78] Die Priorität, die Papst Franziskus dieser Thematik einräumt, steht also in jahrzehntelanger kirchlicher Tradition.[79]

---

[72] Päpstlicher Rat der Seelsorge für Migranten und Menschen unterwegs, vgl. URL: http://www.vatican.va/roman_curia/pontifical_councils/migrants/index_ge.htm (30.06.2017).

[73] Päpstlicher Rat der Seelsorge für Migranten und Menschen unterwegs/Päpstlicher Rat Cor Unum: In Flüchtlingen und gewaltsam Vertriebenen Christus aufnehmen. Richtlinien für eine Seelsorge, Vatikan 2013.

[74] Internationale Katholische Kommission für Migration (ICMC), vgl. URL: http://www.icmc.net/about-us (30.06.2017).

[75] Der „Welttag der Migranten und Flüchtlinge" wurde 1914 unter dem Eindruck des Ersten Weltkrieges von Papst Benedikt XV. eingeführt und ist seither ein kirchlicher Gedenktag. 2001 hat die UNO den 20. Juni als fixen Termin für dieses Gedenken festgelegt.

[76] Cf. Silvano Tomasi: Migration und Katholizismus im globalen Kontext, in: Concilium 44, 5 (2008), 520–537.

[77] Ebd.

[78] Deutsche Bischofskonferenz: Leitsätze des kirchlichen Engagements für Flüchtlinge, vgl. URL: http://www.dbk.de/fileadmin/redaktion/diverse_downloads/presse_2016/2016-031-Anlage-1-Leitsaetze-FVV-Pressebericht.pdf (30.06.2017).

[79] Es gibt freilich auch innerkirchliche Kritiker der kirchlichen „Flüchtlings- und Migrationspolitik"; ja, es lassen sich sogar rechtsextreme und rassistische Einstellungen unter Gläubigen finden, vgl. Sonja Angelika Strube (Hg.): Rechtsextremismus als Herausforderung für die Theologie, Freiburg im Breisgau 2015.

Auch die anderen christlichen Kirchen sind international in der Flüchtlings- und Migrationspolitik höchst aktiv. Die "Churches' Commission for migrants in Europe" ist eine ökumenische Organisation, die die Vision einer inklusiven Gesellschaft durch "advocacy" für MigrantInnen, Flüchtlinge und Minderheiten auf nationaler Ebene propagiert, sich für Einheit in Verschiedenheit einsetzt und die Unterscheidung in Fremde und "Eingeborene" beseitigen möchte.[80] Derzeit besteht sie aus 28 Mitgliedskirchen aus 18 verschiedenen europäischen Staaten[81] und kooperiert mit zwei weiteren Organisationen: Der "Conference of the European Churches" (CEC) und dem "World Council of Churches" (WCC). Informelle Zusammenarbeit gibt es auch mit der Katholischen Kirche. Flüchtlingsschutz, Arbeitsmigration, Bekämpfung von Menschenhandel, internationale Entwicklungspolitik und Förderung inklusiver Gemeinschaften gehören zum Programm ebenso wie die Entwicklung konkreter Handlungsvorschläge und Richtlinien wie z. B. die Einrichtung sicherer Zugangspassagen zu Europa. 2010 wurde in diesem Zusammenhang auch das "Jahr der Kirchen für Migration"[82] veranstaltet, dessen Projekte, Ideen und Vorschläge täglich an Relevanz gewinnen. Das "Central Committee of the Ecumenical Council of the Churches" in Genf (Schweiz) ist eine weitere ökumenische, international aktive Organisation im Einsatz für eine Kultur der Gastfreundschaft und Begegnung im Zusammenleben mit Flüchtlingen und MigrantInnen.[83] Bildungsprogramme, Gemeindearbeit, Entwicklung multikultureller Gottesdienste gehören zu der Fülle der Projekte. Im Jänner 2016 hat diese Organisation gemeinsam mit der UNICEF, der UNFPA und dem UNHCR eine internationale Konferenz zur Flüchtlingskrise veranstaltet und ein Konzept mit zahlreichen Lösungsvorschlägen verabschiedet, die vor allem dem politischen Kampf gegen die Ursachen von Flucht und Migration gewidmet sind.[84]

---

[80] The Churches' Commission for Migrants, vgl. URL: http://www.ccme.be/who-we-are/ (30.06.2017).

[81] Österreich, Belgien, Zypern, Tschechische Republik, Finnland, Frankreich, Deutschland, Griechenland, Ungarn, Italien, Norwegen, Rumänien, Slowakei, Spanien, Schweden, Schweiz, Niederlande, Großbritannien.

[82] Migration2010, vgl. URL: http://migration.ceceurope.org (30.06.2017).

[83] Documents of the Ecumenic Council, vgl. URL: https://www.oikoumene.org/de/resources/documents/programmes/umer/mission-from-the-margins/migration/ecumenical-docu
ments-on-migration (30.06.2017).

[84] Europas Reaktion auf die Flüchtlings- und Migrantenkrise, von den Ursprungsorten über die Durchgangsstationen bis zur Aufnahme und Zuflucht: ein Aufruf zu gemeinsamer Verantwortung und koordiniertem Handeln, URL: https://www.oikoumene.org/de/resources/documents/programmes/umer/mission-from-the-margins/migration/europes-response-to-the-refuge-crisis (30.06.2017).

Auf die Fülle und Intensität des Einsatzes christlicher Hilfsorganisationen, Ordensgemeinschaften und Gemeinden auf nationaler und lokaler Ebene kann ich hier im Detail nicht eingehen; ohne sie wäre die Landkarte der europäischen Solidarität jedenfalls um einen unverzichtbaren und konstitutiven Teil ärmer. Im konkreten Einsatz für und im alltäglichen Zusammenleben mit schutzsuchenden Menschen wird der Glaube im Leben unzähliger ChristInnen konkret. Religion[85] kann im Kontext von Flucht und Migration ein wichtiger Teil der Lösung der anstehenden Herausforderungen sein.

Zugleich kann Religion selbstverständlich auch Teil des Problems sein; eine Wahrnehmung, die im öffentlichen Diskurs dominiert. Dies betrifft nicht allein die Fluchtursachen jener Menschen, die aus dem arabischen Raum nach Europa kommen, u. a. die Konflikte zwischen den verschiedenen islamischen Gruppierungen, die Vertreibung und Ermordung religiöser Minderheiten sowie die Verfolgung, Gewalt und Ermordung von Christen.[86] Die Probleme mit Religion betreffen auch keinesfalls nur „den Islam", der im Diskurs um Flucht und Migration immer wieder pauschal als konflikt-, gewalt- und kriegserzeugende Ursache stigmatisiert oder als „Integrationshindernis" beschrieben wird. Auf die Komplexität der Zusammenhänge zwischen Islam und Politik gehe ich hier aufgrund eines anderen Fokus des Beitrages jedoch nicht näher ein. Hingewiesen sei allerdings auf die „Religionisierung" politischer Zusammenhänge: Diese ist zu beobachten, wenn der öffentliche und politische Diskurs vorschnell und undifferenziert „Religion" zum Hauptproblem erklärt und die Ablehnung von Flüchtlingen und MigrantInnen bzw. etwaige Schwierigkeiten im Zusammenleben mit „religiösen Unvereinbarkeiten" erklärt.

Selbstverständlich ist der Islam – wie jede Religion – verpflichtet, seinen Beitrag zur Entstehung von Gewalt und Krieg zu reflektieren und Selbstkritik und Selbstaufklärung zu leisten.[87] Aber Probleme im Feld von Flucht und Migration bestehen eben nicht nur auf Seiten des Islam, sondern auch des Christentums. Als katholische Theologin plädiere ich dafür, mit der

---

[85] Selbstverständlich sind auch andere Religionsgemeinschaften aktiv in der Flüchtlingshilfe tätig, deren Engagement hier aber nicht näher entfaltet wird.

[86] Mit Gewalt von muslimischer Seite sind geflüchtete ChristInnen in Flüchtlingslagern dann mitunter erneut konfrontiert.

[87] Diese Debatte hat innerislamisch in Europa längst begonnen, wird aber politisch regelmäßig gegen „den" Islam als solchen gewendet, sodass die internen Pluralisierungs- und Diskussionsprozesse öffentlich oft nicht sichtbar werden – aus Angst vor Loyalitätskonflikten und Instrumentalisierung auf Seiten der Muslime. Muslime, die sich vermittelnd in diesem Bereich engagieren, haben eine prekäre und gefährliche Position, da sie oft von allen Seiten angegriffen werden.

Kritik zuerst bei sich selbst zu beginnen, ehe man von den „Anderen" Veränderungen einfordert.[88]

So finden sich auch im Bereich der Kirchen Personen, Gruppen und Institutionen, die rassistische Dynamiken und Prozesse fördern und lebensförderliche Lösungen im Bereich von Flucht und Migration blockieren oder zerstören. Erinnert sei hier an die Stellungnahme von Bischof László Kiss-Rigó, der die Flüchtlinge als „islamische Invasion"[89] bezeichnete, die Ablehnung der Aufnahme von Flüchtlingen durch osteuropäische Bischöfe[90], aber auch an autoritär-rechtsextreme Einstellungen bei KatholikInnen in Westeuropa.[91] Die Verbindung von Glaube und rassistisch gefärbtem Nationalismus findet sich nach wie vor in osteuropäischen katholischen und orthodoxen Kirchen. Schließlich hat auch die jahrzehntelange Migrationsblindheit christlicher Gemeinden und Theologien im deutschsprachigen Raum nicht nur den MigrantInnen vor der eigenen Haustür keine praktische und theologische Aufmerksamkeit geschenkt, sondern sogar die anderssprachigen Diaspora-Gemeinden innerhalb der eigenen Kirchen ignoriert. Segregationstendenzen von Migrationsgemeinden und „Integrati-

---

[88] Ich schließe mich hier der Ansicht des Schriftstellers Navid Kermani an, der in seiner Rede anlässlich der Verleihung des Friedenspreises des deutschen Buchhandels ebenso vorgeht und der Selbstkritik Vorrang gibt: „Die Liebe zum Eigenen – zur eigenen Kultur wie zum eigenen Land und genauso zur eigenen Person – erweist sich in der Selbstkritik. Die Liebe zum anderen – zu einer anderen Person, einer anderen Kultur und selbst zu einer anderen Religion – kann viel schwärmerischer, sie kann vorbehaltlos sein. Richtig, die Liebe zum anderen setzt die Liebe zu sich selbst voraus. (...) Die Selbstliebe hingegen muss, damit sie nicht der Gefahr des Narzissmus, des Selbstlobs, der Selbstgefälligkeit unterliegt, eine hadernde, zweifelnde, stets fragende sein.", vgl. Navid Kermani: Über die Grenzen – Jacques Mourad und die Liebe in Syrien, URL: http://www.friedenspreis-des-deutschen-buchhandels.de/819312/ (30.06. 2017). Eine ähnliche Hermeneutik schlägt im Rückgriff auf Gaudium et Spes 44 Hans-Joachim Sander vor, z. B. in der Frage nach dem Verhältnis von Religion und Gewalt: Indem man die Stärken „der Anderen" als Ausgangspunkt der Begegnung wählt und sich mit ihnen identifiziert, werden die eigenen Schwächen bearbeitbar: „Die anderen' sind nicht wie ‚wir' und wir können deshalb deren Stärken als Basis aufgreifen, um unsere Schwächen zu überwinden. Dann ist es strukturell unmöglich, sich allein von der eigenen Religionsgemeinschaft her – dem ‚wir' – zu identifizieren. Wegen der eigenen Schwächen muss man nach den anderen verlangen, die nicht so sind wie ‚wir'. Das hebt die Versuchung des Ressentiments auf und errichtet ein Bollwerk gegen eigene Gewaltbereitschaften.", vgl. Hans-Joachim Sander: „Ihr liebt das Leben und wir lieben den Tod" – das Problem gewaltbereiter religiöser Identifizierungen mit Gott, in: ThPQ 153 (2005), 115–124.

[89] „Ungarischer Bischof spricht von ‚Invasion muslimischer Flüchtlinge'", in der „FAZ" vom 8. September 2015, vgl. URL: http://www.faz.net/aktuell/politik/fluechtlingskrise/kritik-an-papst-franziskus-ungarischer-bischof-spricht-von-invasion-muslimischer-fluechtlinge-13790835.html (30.06.2017).

[90] „Osteuropäische Bischöfe und die Flüchtlingsfrage", Domradio vom 10. September 2015, vgl. URL: http://www.domradio.de/themen/fluechtlingshilfe/2015-09-10/osteuropas-bischoefe-und-die-fluechtlingsfrage (30.06.2017).

[91] Vgl. Strube, Rechtsextremismus.

onsprobleme" gibt es infolgedessen auch innerhalb der christlichen Kirchen, nicht nur bei muslimischen Gemeinden.

Soziologische Studien zeigen seit langem, dass Schwierigkeiten mit Minoritäten einerseits als deren Reaktion auf Erfahrungen des Ausschlusses und eines Mangels an Anerkennung und Partizipation verstanden werden können. Andererseits gründen sie in den „Stammesmentalitäten" menschlicher Gemeinschaften, die um den Verlust ihrer Identitäten besorgt sind, wovon sich Minoritäten in der Regel stärker bedroht fühlen, sobald sich diese in ihrer kulturellen und religiösen „Eigenart" nicht ausreichend anerkannt fühlen.[92] Ein Mangel an kommunikativem Austausch und geteiltem Alltagsleben, in deren Rahmen Gemeinsamkeiten entdeckt oder gemeinsam Werte entwickelt werden könnten, forciert sodann Segregationstendenzen und Exklusionsmechanismen. Religion als solche spielt bei solchen soziologischen Prozessen eine nachgereihte Rolle. Relevant wird sie insofern, als sie religiöse Begründungen für oder gegen das Zusammenleben kulturell und religiös Verschiedener bereitstellen kann. Sie kann zu Öffnung, Partizipation und Solidarität ermuntern oder aber Abgrenzung, identitäre Grenzsicherung oder fundamentalistische Einstellungen fördern, die den Vorstellungen von Wirklichkeit Vorrang geben vor dem Sich-Einlassen auf und das Lernen von neuen Realitäten. Religion kann Inklusion fördern oder hemmen – jede Religion und sowohl die der Mehrheitsgesellschaft als auch die der Minoritäten.[93]

Der jeweiligen Praxis religiöser Gemeinschaften im Kontext von Flucht und Migration liegen immer – explizit wie implizit – Wahrnehmungen und Deutungen der Wirklichkeit aus der Sicht des Glaubens zugrunde. Ebendiese bewusst zu machen und kritisch zu reflektieren, ist eine der zentralen Aufgaben theologischer Intellektualität.

4.3 Theologisch-intellektueller Beitrag

Aber inwiefern kann theologische Intellektualität einen Beitrag leisten? Ja, kann sie das überhaupt, wo sie doch in den Augen vieler ZeitgenossInnen

---

[92] Z.B. Stephen Castles/Mark Miller: The Age of Migration: International Population Movements in the Modern World, New York/London[4] 2009, 310 ff.; Ilker Atac/Sieglinde Rosenberger (Hg.): Politik der Inklusion und Exklusion, Wien 2013; Werner Schiffauer: Parallelgesellschaften. Wie viel Wertekonsens braucht unsere Gesellschaft? Für eine kluge Politik der Differenz, Bielefeld 2008.

[93] Dazu ausführlich Regina Polak: Religion und Integration: Ein exemplarischer Überblick, in: Dies.: Migration, Flucht und Religion. Praktisch-Theologische Beiträge, Band 1: Grundlagen, 253-274.

letztlich auf einem unbeweisbaren Glauben aufruht, der dem Wesen von Intellektualität zu widersprechen scheint? Und was kann sie zur Analyse von Stimmungen leisten, um die es hier geht? Wird es rund um das Thema „Gefühle" intellektuell besehen nicht noch dubioser? Was bedeutet theologische Intellektualität?

4.3.1 Kritische Reflexion

Theologie versteht sich aus praktisch-theologischer Sicht als vernünftige, kritische Reflexion des Glaubens als Lebensform und der damit verbundenen theoretischen Inhalte. Der damit verbundenen Intellektualität geht es nicht darum, Lehren oder Weltanschauungen zu verkünden oder bestimmte Handlungsvorschriften zu machen. Vielmehr sollen die vorfindbaren Wahrnehmungen, Deutungen, Einstellungen und Praxisformen, die – hier im Feld von Flucht und Migration – kritisch unter die Lupe genommen werden. Dies geschieht auf der Basis sowohl der theologischen Tradition in Bibel und Kirche als auch sozialwissenschaftlicher Befunde, die in einen wechselseitig einander erschließenden, vertiefenden und kritischen Dialog gebracht werden. Der Glaube an Gott, der sich intellektuell nicht beweisen, wohl aber bezeugen und nachvollziehbar verstehen lernen lässt, spielt dabei insofern eine Rolle, als er in Form, Struktur und Inhalt als handlungsleitend explizit und reflex gemacht und einer (selbst-)kritischen Prüfung ebenso unterzogen wird wie der Kritik der Vernunft der Anderen, hier: der Sozialwissenschaften.

4.3.2 Spiritualität denken: Fragen, Zweifeln, Sich-etwas-vorstellen, Erinnern und Transzendieren

Praktisch bedeutet dies: Theologische Intellektualität wird in Bezug auf Flucht und Migration die zeitgenössischen Wahrnehmungen, Deutungen, Einstellungen und Praxisformen in diesem Feld zuerst be- und hinterfragen und mit jenen in einen Austausch bringen, die sich zu diesem Themenfeld in der Tradition finden. Insofern „der" Glaube als eine Sammlung durchaus heterogener theoretischer wie praktischer Antworten auf die zutiefst menschlichen Fragen nach dem Sinn und Ziel der Geschichte verstanden werden kann, geht es allem voran um die Frage nach dem Sinn und Ziel der Ereignisse im Kontext von Flucht und Migration. Was hat es mit der Ankunft der Flüchtlinge in Europa auf sich? Was bedeuten die damit verbundenen Herausforderungen für den Glauben, die Gläubigen und die Kirche? Erst daraus resultieren Vorschläge, was sodann zu tun wäre. Zuerst steht also die Sensibilisierung für die theologische Relevanz dieser Fragen im

Zentrum – um sodann den Beitrag der christlichen Tradition für die Gegenwart fruchtbar zu machen.

Theologische Intellektualität lässt sich gut mit jener Art des Denkens beschreiben, wie es Hannah Arendt beschrieben hat.[94] Im Unterschied zum „Wissen" vollzieht sich Denken als Fragen und Zweifeln, als Unterscheiden, als sich-etwas-Vorstellen, als Erinnern und als Transzendieren sowie als nach-dem-Sinn-Fragen. Insofern für Arendt das Denken eine aktive Tätigkeit des Geistes ist, hat es relationalen Charakter: Der Mensch bezieht sich darin geistig auf die Wirklichkeit. Für Arendt sind demnach Denken und Intellektualität eine Form der Spiritualität.[95]

Diese enge Verbindung von Denken und Spiritualität ist auch Kennzeichen theologischer Intellektualität. Spiritualität, verstanden als alltäglich gelebter Glaube, ist untrennbar mit Reflexion dessen verbunden, was Menschen erleben – in der christlichen Tradition auch und gerade geschichtlich. Konkrete geschichtliche Ereignisse wurden und werden denkerisch zu Erfahrungen „verdichtet", die in einem wechselseitigen Austausch zu Handlungen „gerinnen" und vice versa neue Erfahrungen stiften. Dabei spielen im Bereich der Spiritualität Emotionen und Stimmungen eine fundamentale Rolle. Im Unterschied zur Romantik jedoch, die Emotionen nur als spontane und unmittelbare Gefühlswallungen wahrnehmen wollte, geht die christliche Tradition davon aus, dass diese Stimmungen auch im Denken, in Erfahrungen und Inhalten gründen, daher der Reflexion bedürfen und, vor allem: gebildet und geübt werden können.[96] Dies ist eine weitere Aufgabe theologischer Intellektualität.

4.3.3 Unterscheidung, Macht- und Selbstkritik

Ziel ist die Unterscheidung: widersprüchliche Perspektiven und Aspekte auf ein und dasselbe Phänomen zu entdecken und zu benennen, mögen sie auch schmerzvoll oder bedrohlich sein; sodann Deutungen und Argumente zu sammeln und abzuwägen, um zu Entscheidungen zu kommen, die dem Phänomen möglichst angemessen sind. In der christlichen Tradition steht dafür vor allem die geistliche Unterscheidung, wie sie Ignatius von Loyola begründet hat, um in den Ereignissen der Zeit den Willen Gottes angesichts

---

[94] Hannah Arendt: Vom Leben des Geistes. Das Denken. Das Wollen, Zürich, Februar² 2002 (1971): Das Denken, 9–240.

[95] So ist für sie die Erfahrung der Denktätigkeit „wohl der eigentliche Ursprung unseres Begriffes der Spiritualität überhaupt, ohne Rücksicht auf die Form", vgl. Arendt, Das Denken, 54.

[96] Zu erinnern ist hier z. B. an „Wüstenväter" wie Evagrius Ponticus mit ihren spirituellen Übungen, die ganz wesentlich der Zivilisierung menschlicher Gefühle dienten oder die „schola affectus" der Jesuiten.

konkreter Lebenssituationen zu erkunden. Aber auch in der philosophischen Tradition finden sich solche Anliegen. Michel Foucault beispielsweise spricht in diesem Zusammenhang von Parrhesia, wobei er bei diesem Unterscheidungsprozess vor allem das Verhältnis zwischen Macht und Wahrheit zum Thema macht.[97] Insofern parrhesiastische Rede den Freimut bedeutet, die Wahrheit auch der politischen Macht gegenüber zu sagen, macht er die politische Verortung der geistlichen Unterscheidung bewusst. Denn „die Wahrheit" wird gegenüber „dem Souverän" geäußert, also dem jeweils herrschenden Machtkomplex, wodurch sich der Sprecher immer in Gefahr begibt. An ebendieser Selbst-Gefährdung erkenne man den Intellektuellen, der durch seine Unterscheidung vom sozialen Ausschluss bedroht ist. Diese machtkritische Aufgabe der Intellektualität findet sich quer durch die Philosophiegeschichte immer wieder. Erscheint die „Parrhesia" – die freimütige Rede – von der Paulus immer wieder spricht, so nicht in einem ganz neuen Licht?

Die Unterscheidung hat immer auch eine kritische Dimension. Dabei richtet sie sich allerdings in erster Linie an die eigene Gruppe, sei es die Familie, der „Stamm", die „Nation" – oder eben die eigene Religion. So war bereits Sokrates der Ansicht, dass es den Intellektuellen ausmache, die Grundannahmen der eigenen Gruppe im Namen allgemeingültiger Werte zu hinterfragen. In jüngerer Zeit waren es vor allem Hannah Arendt oder Michael Walzer, die die Aufgabe des Intellektuellen darin sahen, der eigenen Gruppe den Spiegel vorzuhalten bzw. den sich selbst glorifizierenden Habitus von Gruppenzugehörigkeiten zu hinterfragen.[98]

4.3.4 Religionskritik

Ebendiese selbstkritische, auf (politische und gesellschaftliche) Gruppen bezogene Aufgabe der Intellektuellen bekommt im Kontext von Debatten rund um Flucht und Migration eine neue Bedeutung. Die Ankunft der Flüchtlinge würde nämlich so vorrangig ein Anlass zu Selbstreflexion und -kritik der Einheimischen. Interessant ist dies insofern, als auch theologische Intellektualität zuerst selbstkritischer Reflexion – auch und gerade der eigenen Gemeinschaft gegenüber – verpflichtet ist. Die „Erfindung" der Selbstkritik – vor allem gegenüber der eigenen Religion, die doch immer auch das eigene Handeln legitimieren soll – hat ihren Ursprung in der

---

[97] Michel Foucault/James Pearson (Hg.): Diskurs und Wahrheit: Die Problematisierung der Parrhesia. Sechs Vorlesungen, gehalten im Herbst 1983 an der Universität von Berkeley/Kalifornien, Berlin 1996.

[98] Diese Hinweise verdanke ich: Eva Illouz: Israel, Berlin 2015, 7 ff, 19–45.

jüdischen Tradition. Religionskritik beginnt mit der Unterscheidung von religiöser und politischer Macht im Zuge des Exodus und zieht sich durch das gesamte Alte Testament. Insbesondere in der prophetischen Literatur bekommt sie ihre Gestalt als Selbstkritik. Theologische Intellektualität als (Selbst)Kritik von Politik und Religion gehört demnach ebenfalls zu christlicher Spiritualität und zeigt deren enge Verbundenheit mit politischen Kontexten.[99]

5. Der intellektuelle Beitrag – ein Versuch

5.1 Migrationsphänomene als Ursprungsorte theologischer Intellektualität

Im Kontext von Flucht und Migration bekommt eine so verstandene theologische Intellektualität paradigmatische Relevanz. Einigen Facetten habe ich in diesem Beitrag bereits nachzukommen versucht. Im Folgenden konzentriere ich mich auf die eingangs gestellte Frage, welchen intellektuellen Beitrag eine theologische Perspektive auf die Grundstimmungen Freude und Hoffnung, Trauer und Angst leisten kann. Dabei stelle ich die bibeltheologischen Grundlagen dieser Stimmungen ins Zentrum meiner Überlegungen: Was gibt aus deren Sicht Anlass zu Freude und Hoffnung? Was unterstützt im Umgang mit Trauer und Angst?

Dass es dabei nicht um religiöse Induktion „positiver Gefühle" oder Optimismus im Horizont von Krisen gehen kann, ist bereits deutlich geworden. Christlich begründete Hoffnung und Freude dienen nicht dazu, von der Dramatik einer Situation abzulenken oder sie schönzureden. Dann hätten sie opiate Funktion. Vielmehr eröffnet eine Relektüre der biblischen Texte im Lichte der aktuellen Herausforderungen neue Perspektiven sowohl auf die Gegenwart von Flucht und Migration als auch auf die Texte der Heiligen Schrift.

Fast von der ersten Seite der Heiligen Schrift an lässt sich die fundamentale spirituelle und theologische Bedeutung von Erfahrungen im Kon-

---

[99] Auf die historische Tatsache, dass die christlichen Kirchen dieses jüdische Erbe über Jahrhunderte hinweg vergessen, ausgesperrt und sogar zerstört haben, kann ich hier nicht eingehen, muss es aber erwähnen. Es waren immer nur einzelne Personen oder Gemeinschaften, die diese konstitutive Bedeutung des Judentums für das Christentum immer wieder in Erinnerung gerufen haben. In verschiedenen theologischen Strömungen – nicht zuletzt in Befreiungstheologien, feministischen oder schwarzen sowie postkolonialen Theologien – ist es wieder aufgegriffen worden. Weder das Leben und Sterben Jesu noch die Texte des Neuen Testaments sind ohne den zeitgenössischen politischen Kontext zu verstehen.

text von Flucht- und Migrationsphänomenen erkennen. Die biblischen Grunderfahrungen von Hoffnung und Freude entwachsen im Alten Testament wesentlich der Auseinandersetzung mit Exil und Diaspora, Aufbruch und Vertreibung, Fremdheit, Armut und Ungerechtigkeit. Freude und Hoffnung entstehen nicht innerlich im zeitlosen Raum, sondern sind an konkrete Migrationserfahrungen gebunden. Diese wurden als Erkenntnisorte Gottes wahr- und ernstgenommen. So lässt sich z.B. sogar die Verfasstheit des Menschen, wie sie die Genesis beschreibt, als Vertreibung aus der ursprünglichen Heimat bei Gott beschreiben.

Selbstverständlich kann man die Migrationserfahrungen der Bibel nicht unmittelbar in die Gegenwart übertragen, zu verschieden sind ökonomischer, politischer, sozialer, kultureller und religiöser Kontext. Aber es ist doch bemerkenswert, dass die Suche nach den inhaltlichen Quellen von Freude und Hoffnung, Trauer und Angst just in den Kontext der „Migrationsgeschichte" des Volkes Israel führt, wie sie im Alten Testament beschrieben wird. So lassen sich für die Gegenwart durchaus einige relevante Parameter des intellektuellen Umgangs mit Flucht und Migration ausmachen, die für die Gegenwart weg-weisend sein könnten.

Nun hat die bibelwissenschaftliche Forschung gezeigt, dass die Ereignisse, wie sie in den Schriften des Alten Testaments erzählt werden, so nicht stattgefunden haben. Je mehr man entsprechende historische Forschung studiert, umso größer wird die Differenz zwischen dem Erzählten und dem, was sich mit mehr oder weniger hoher Wahrscheinlichkeit ereignet hat. Umso interessanter und aktueller wird dann aber, *wie* die Verfasser der Schriften mit diesen Ereignissen umgegangen sind, sie gedeutet haben und welche Handlungskonsequenzen für die Zukunft sie daraus gezogen haben. Auf dieses „Wie" möchte ich die Aufmerksamkeit richten.

So entstehen die maßgeblichen Texte des Alten Testaments in der theologischen Reflexion katastrophischer Ereignisse, in denen für das Volk Israel alles am Ende zu sein scheint: die eigene Identität, das Fortbestehen und die Zukunft des Volkes, jeglicher Sinn der Geschichte, ja, sogar die Existenz selbst. Es sind Migrationsphänomene, die zu diesen Situationen größtmöglicher Existenzangst führen: Aufbruch, Deportation und Vertreibung, Exil und Diaspora und der Auszug aus Ägypten in eine völlig ungewisse Zukunft, Wanderung durch die Wüste inklusive. Ebendiese Angst wird durch intellektuelle Reflexion theologisch zu einer Erfahrung transformiert: Die Ereignisse werden im Nachhinein gelesen als Befreiung und Rettung, als Entstehung neuen Lebens und Sinns. Angst wird geistig umgeformt in Hoffnung auf Zukunft und Freude am Sinn, der neu entsteht. Jene Wirklichkeit, die diesen Transformationsprozess von ohnmächtiger Angst zu lebensschaffender Hoffnung ermöglicht, der sich sowohl innerlich als auch äußerlich, d. h. konkret geschichtlich manifestiert, wird „Gott" genannt. Durch das Be-Denken der Ereignisse wird den Katastrophen Sinn und Bedeutung verliehen: Fragen nach deren Sinn, Selbstkritik, Erinnerungen an bisher Widerfahrenes, die als hermeneutische Quellen herangezogen werden, Transzendieren der unmittelbaren Ereignisse auf deren inneren Sinn, Kritik an nicht zuletzt dem eigenen Umgang mit Macht und Religion. Dieser Denk-Prozess lässt neue Hoffnung schöpfen – begründete Hoffnung.

Denn die Geschichte wiederholt sich in gewissem Sinn immer wieder: Nach jeder Katastrophe geht das Leben weiter. Die Erzählung, die dabei entsteht, ist freilich keine lineare oder gar bruchlose Geschichtstheologie des „Alles wird wieder gut", die die unzähligen Opfer dieser Katastrophen ausblendet oder verleugnet. Im Gegenteil: Täter und Opfer werden benannt, Strukturen und Prozesse der Gewalt dargestellt und selbstkritisch sowie schonungslos offengelegt. Dafür sorgt u. a. nicht nur die Fülle der literarischen Formen in der Schrift – Erzählungen, Gebete, Dichtung, Gesetze u.v.m. – sondern auch die Heterogenität der Deutungen, die nicht gleichgeschaltet werden. Leid, Not, Gewalt, das Böse werden beim Namen genannt. Brüche und offene Fragen bleiben ebenso bestehen. Aber eben auch die durchgehende Beziehung zwischen Gott und seinem Volk, die den „roten Faden" dazu bietet: schwierig, streitbar, aber von Gottes Seite aus immer treu. Diese Treue ist keine „Lehre", sie wird zur geschichtlichen Erfahrung, auf die in Katastrophenzeiten immer wieder zurückgegriffen werden kann: Weil es schon einmal weitergegangen ist, wird es wieder weitergehen.[100] Dies geschieht durch Erinnerung als Vergegenwärtigung der Vergangenheit in ihrer Bedeutung für die Zukunft, wobei diese den Primat hat. Die Erinnerung an die Zukunft eröffnet Hoffnung.

Zu dieser Beziehungs-geschichte gehört untrennbar auch die Umkehr auf Seiten des Menschen – die *teschuwa*: Reue, Trauer, Versöhnung. Diese Umkehr führt aus Angst und Verzweiflung und ebnet den Weg zu neuer Hoffnung, weil so – nur so – Zukunft wieder in den Blick kommen kann. Insbesondere die Psalmen geben eindrücklichen Einblick in diese „Gefühlsarbeit" und „Gefühlsschulung", die die Geschichtsdeutung Israels beständig begleitet.

Dass „Gott", der auf diesen Wegen durch all diese Katastrophen als treuer Begleiter erfahren wird, keinen Namen hat, mit dem man ihn festmachen könnte, ist dabei nur folgerichtig. Das Einzige, worauf sich das Volk verlassen kann, ist die ständige und unvorhersehbare Veränderung: auch die

---

[100] Zu dieser – weder linearen noch zyklischen – Zeitauffassung, vgl. Almut Shulamit Bruckstein: Die Maske des Moses. Studien zur jüdischen Hermeneutik, Berlin[2] 2007, 40 ff.

der scheinbar hoffnungslosesten Situationen. Wenn Michel de Certau den Gottesnamen JHWH – zumeist übersetzt mit „Ich bin der, der ich bin und sein werde", „Ich bin der Ich bin da" – angesichts des brennenden Dornbusches, in dem alle Namen Gottes verbrennen, nur nicht seine Präsenz, mit „Ich habe keinen Namen als das, was Dich aufbrechen lässt"[101] übersetzt, bekommt dieser „Nicht-Name", der auf die Unverfügbarkeit Gottes verweist, im Licht der Migrationserfahrungen nochmals eine ganz besondere Bedeutung: als Gottes Präsenz in allen, insbesondere katastrophischen Situationen, deren Ausgang niemand vorhersehen kann.

5.2 Migrationserfahrung als Lernort

Migrationsphänomene kommen in vielen biblischen Texten in ihrer ganzen Dramatik und Mehrdeutigkeit konkret zur Sprache. Sie werden gerade *nicht* religiös oder theologisch idealisiert oder überhöht. Sie sind zuerst ein Übel und eine Katastrophe. Trotzdem – oder vielleicht gerade deshalb, weil sie als solche wahr- und ernstgenommen werden – werden sie zum zentralen Ort für Lernerfahrungen mit Gott. Migration wird daher ganz nüchtern als Zerstörung von Leben und Verlust von Heimat mit all den damit verbundenen Stimmungen erfahren: als „Fluch". Sie wird in ihrer Tragik nicht schön gemalt. Zugleich werden die damit verbundenen Erfahrungen von Angst und Verzweiflung durch Intellektualität geistig transformiert. So wird Migration zum Ort, an dem Neues zu lernen ist: über sich selbst, über die Menschen, über die Welt und Gott.

In diesem Kontext von Migration entwickelt Israel seine – in der Schrift durchaus heterogenen – Vorstellungen über gutes und gerechtes Zusammenleben, in dessen Zentrum aber immer die Sorge um eine gerechte Gesellschaft und einen humanen Umgang mit „Fremden" steht. Es ist dieser Entstehungskontext, der dazu führt, dass in den Sozialordnungen des Alten Testaments Gerechtigkeit gegenüber den Marginalisierten und Exkludierten – Witwen und Waisen, Armen und Fremden – eine Schlüsselrolle spielt. Offenbar sind die Verfasser aufgrund der eigenen Erfahrung als Fremde (vgl. Lev 19,34) zu der Erkenntnis gekommen, dass sich die Sorge eines Gemeinwesens allem voran an der Verantwortung für diese Gruppen zu orientieren hat. So sollen erneute Katastrophen vermieden werden. Unrecht, Ungleichheit und Ungerechtigkeit und die daraus resultierende Verarmung von Bevölkerungsgruppen werden als Ursache bei der Entstehung politi-

---

[101] Michel de Certeau: Mystische Fabel. 16. – 17. Jahrhundert, Berlin 2010, 289.

scher Katastrophen gesehen: nicht die Fremden als solche.[102] Vielmehr schließen die Autoren aus der Erfahrung, selbst Fremde gewesen zu sein, dass diese Gruppe speziellen Schutzes bedarf, insofern sie von Armut und Gewalt in besonderer Weise bedroht ist.

Ebenso selbstkritisch kommen die Verfasser zu dem Schluss, dass das Versagen der politisch Verantwortlichen in der Verantwortung für Recht und Gerechtigkeit eine maßgebliche Ursache für die Katastrophe des Exils war.[103] So bekommen Sozialgesetze – einmalig in der Geschichte des Orients – den Charakter politischen Rechtes und obliegen nicht mehr der Moralität und damit der Willkür der Machthaber.[104] Sie haben gleichsam „göttlichen" Status. Dies gilt ebenso für den Schutz der Fremden. In diesem Sinn wird Migration zum „Segen": Sie wird zum Ort der Gotteserkenntnis und verbindet sich zuinnerst mit dem Erkennen und Erlernen menschengerechter Sozialordnungen. Sie transformiert das Leid in neues Leben. Hier wurzelt auch die Möglichkeit zur Freude: angesichts der Errettung, der neuen Lebenschancen, der Erkenntnis des Willens Gottes und der Gemeinschaft, in der dies alles erfahren, durchdacht und im alltäglichen Leben eingeübt werden kann.

5.3 Migrationshermeneutik auch im Neuen Testament

Auch die Evangelien entstehen im Kontext katastrophischer Erfahrungen: Der Tod des Jesus von Nazareth, die Zerstörung des Tempels 70 n. Chr., die Verfolgung und Ermordung tausender Judenchristen durch das Imperium Romanum, die Existenz als verfolgte Diasporagemeinden.[105] All diese Ereignisse haben für die junge Gemeinschaft der Judenchristen zunächst das Ende aller Hoffnungen auf Zukunft bedeutet und die Zerstörung der Gemeinschaft angekündigt. So entstehen auch zentrale Texte des Neuen Testaments in einem Geschichtsraum, der von Angst und Hoffnungslosigkeit gekennzeichnet ist. Erneut bietet der Rückgriff auf die Erinnerung der ei-

---

[102] Wohl gibt es auch fremdenfeindliche Texte im Alten Testament, aber es ist nicht die Fremdheit der Feinde das primäre Problem, sondern deren jeweilige politische oder ökonomische Übermacht, die Israels Identität oder Existenz bedrohen, vgl. Ludger Schwienhorst – Schönberger: „... denn Fremde seid Ihr gewesen im Lande Ägypten". Zur sozialen und rechtlichen Stellung von Fremden und Ausländern im alten Israel, in: BLit 63 (1990), 108–117.

[103] Vgl. dazu das umfassende Werk von Norbert Lohfink und Georg Braulik zum Deuteronomium.

[104] Vgl. Jan Assmann: Exodus. Die Revolution der Alten Welt, München 2015.

[105] Vgl. z. B. Ton Verkaamp: Die Welt anders. Politische Geschichte der Großen Erzählung, Hamburg 2012.

genen Tradition, die den jungen Gemeinden als heute „Altes Testament" genannte Schriften vorlagen, Möglichkeiten, die Ereignisse zu deuten und Angst in Hoffnung und Handlungsorientierung für die Zukunft zu transformieren. Die Auferstehung des Jesus von Nazareth schreibt die Geschichte Gottes mit seinem Volk fort, der nicht zulässt, dass das Böse und die Gewalt, Leid und Tod das letzte Wort haben.

Zum Verständnis des inneren Sinnes der prekären Lebenssituation der jungen Gemeinden werden auch migrationstheologische Motive herangezogen und in neuem Kontext solcherart fruchtbar. Der Verlust von Heimat – nunmehr: des Tempels, der auch für Judenchristen zentraler Kultort war – bedeutet nicht das Ende der neuen Gemeinschaft. Unterdrückung und Vertreibung, selbst die vielen Toten und Ermordeten, bedeuten nicht das Ende der Geschichte. Weil Gott sein Volk immer wieder aus Katastrophen geführt hat, wird er es wieder tun. Auch die späteren Schriften sesshafter Gemeinden werden die Schwierigkeiten der Diaspora, in der sie leben, mithilfe migratorischer Motive ver- und bestehen, wenn sich die Gläubigen als Fremde in der Welt bezeichnen, die ihre Heimat bei Gott haben (Hebr 11,13; 1 Petr 2,11).

So reihen sich auch die Texte des Neuen Testaments in die jüdische Tradition ein, indem sie diese im Horizont der Gegenwart reinterpretieren, fruchtbar machen und weiterschreiben. Immer wieder wird es dabei möglich, die eigene Angst in Trauer und sodann Hoffnung und Freude zu transformieren.

5.4 Biblische Migrationstheologie für die Gegenwart

Stehen hier nicht – formal und inhaltlich – wichtige Deutungstraditionen zur Verfügung, die nicht nur die Gläubigen, sondern auch die Gesellschaft bereichern könnten? Ein bibeltheologischer Zugang kann ermöglichen, Flucht und Migration in ihrem „Fluch" ernst zu nehmen und, wie die biblischen Autoren, solide Ursachenanalyse zu betreiben. Zugleich lässt sich lernen, dass ein defizitorientierter Blick nicht in die Zukunft führen kann. Biblische Migrationstheologie ermöglicht eine Sicht auf die aktuellen Phänomene, die diesen einen Sinn unterstellen und „ressourcenorientierte" Narrative fördern, sodass Flucht und Migration zum „Segen" werden können, d.h. neues Leben ermöglichen. Das geschieht freilich nicht automatisch, sondern bedarf der intellektuellen Auseinandersetzung, der geistigen Transformation und des engagierten Handelns, wie die Bibel erzählt.

Bibeltheologisch begründete Intellektualität nimmt die Ängste ernst, ermutigt aber zugleich zu Denk- und Handlungsoptionen, wie diese in

Trauer zu verwandeln sind. Sie fordert zum Aufbruch in die Zukunft auf, mag sie auch ungewiss sein. Im Zentrum steht dabei wesentlich der Hinweis auf die Wichtigkeit, eine sozial gerecht geordnete Gesellschaft zu bauen, die ihr Maß an den Marginalisierten nimmt. Nicht die Fremden sind die Bedrohung, sondern die geballte ökonomische und politische Macht von Menschen über Menschen sowie die Erzeugung von Armut und Ausschluss. Die Schrift zeigt, dass und wie Migration ein Lernort werden kann auf dem Weg der Menschheit zu einer je humaneren, gerechteren, friedlicheren Welt und einem guten Zusammenleben. Sie ermutigt dazu, sich auf die Suche nach dem Sinn einzulassen, der möglicherweise in den aktuellen Ereignissen liegt.

Worin dieser für heute konkret liegt, sagen die Texte der Heiligen Schrift freilich ebenso wenig wie sie keine konkreten politischen Aktionen benennen. Dies ist die Aufgabe der Gegenwart. Dazu bedarf es der soliden Kenntnis der aktuellen Situation. Der Sinn, der hier bereitliegt, bedarf also der Mitgestaltung der Menschen, sonst kann er sich nicht zeigen. Die Hoffnung, die gefördert wird, bietet keine Sicherheit. Aber immerhin ist es – vor allem Juden – immer wieder gelungen, mörderischen Zeiten nicht das entscheidende Wort über den Sinn der Geschichte zu lassen. Bibeltheologische Intellektualität eröffnet Perspektiven, die der Suche nach Lösungen Kraft und Zuversicht verleihen können. Sie formuliert spirituell wie politisch zentrale Eckpfeiler, die im Licht der Gegenwart neu belebt werden können. Sie formuliert gute und nachvollziehbare Gründe, an denen das Handeln sich orientieren kann. So werden ja nicht wenige der spirituellen und sozialpolitischen Erkenntnisse des Alten Testaments von der modernen Sozialwissenschaft belegt: wie z.B. die psychologische Verbindung von Angst, Trauer, Freude und Hoffnung, der (sozial)psychologische Zusammenhang von generationaler Erinnerung, Schuld und politischen Fehlentwicklungen oder die Bedeutung von Inklusion und Partizipation im Zusammenleben mit Fremden.

An dieser Stelle sei vermerkt, dass die „Botschaft" der Schrift sich im Kontext von Flucht und Migration zuerst an Flüchtlinge und MigrantInnen gerichtet hat und richtet. Die Texte bezeugen, dass Gott – also das Subjekt der Veränderungsdynamik zum Guten hin sowie der innere Sinn der Geschichte – zuerst und konsequent auf der Seite jener steht, die aus Armut, Knechtschaft und Unterdrückung ausziehen. Deren Angst und Trauer haben Vorrang, ihnen sind Hoffnung und Freude zuerst zugesagt.

Dies wird der Mehrheit der Sesshaften möglicherweise nicht gefallen, weshalb die christliche Theologie in den reichen Ländern der Erde ja bis heute vielfach einen Abstraktionsgrad und eine Lebensferne hat, die den konkreten katastrophischen Entstehungskontext der Gründungstexte

„vergessen" resp. ausblenden lässt. Die Ankunft der Flüchtlinge macht dies schrittweise unmöglich, zu frappant sind die Ähnlichkeiten.

Haben die migrationstheologischen Motive der Bibel daher keine Bedeutung für sesshafte Europäer – was ja manche Katholiken auch behaupten, die das Engagement der Kirchen und „Gutmenschen" für Flüchtlinge kritisieren?

Ich sehe die Bedeutung der biblischen Migrationstheologie für die Sesshaften vor allem in dem geschichtstheologischen Licht, das sie auf die Gegenwart werfen. Dieses ermöglicht insofern einen Narrativ, der in MigrantInnen und Flüchtlingen weniger ein Problem sieht als vielmehr eine ausgezeichnete Möglichkeit bietet, Migration als Lernort für Europa zu begreifen. Flucht und Migration ermöglichen Selbstkritik der eigenen europäischen Lebensverhältnisse. Sie eröffnen Chancen, Menschlichkeit, Gerechtigkeit sowie Zusammenleben vertieft zu lernen und können solcherart auch einen Prozess der Befreiung der Sesshaften einleiten – hin zu mehr Freiheit und Freude in und mit dem Leben.

Das verbindet sich natürlich mit einer Menge Arbeit und Anstrengung, vor allem beim kreativen Entwickeln politischer Lösungen. Diese aber können – wenn Migration und Flucht im Lichte des biblischen Narrativs interpretiert werden – nicht zu Abgrenzung und Abschottung Europas führen („Flüchtlingsabwehr" nennt man dies neuerdings), sondern werden solidarisches Teilen fördern und den abstrakten Glauben an „die Einheit der Menschheit" mit konkreter Erfahrung durch das alltägliche Zusammenleben sättigen. Flucht und Migration sind die globalhistorische Chance zu lernen, dass die Menschheit eine ist und alle Menschen einander benötigen. Theologisch formuliert lässt sich dabei entdecken, dass in dem Sich-Einlassen auf die damit verbundenen konkreten Veränderungen zwar Angst und Trauer unvermeidlich sind, aus ihnen aber Hoffnung und Freude wachsen kann. Die Ursache dieser Transformation nennt der Glaube „Gott". MigrantInnen und Flüchtlinge sind in diesem Sinn Geschenke. Wie Papst Franziskus es ausdrückt: „Ihr werdet als Problem behandelt und seid in Wirklichkeit ein Geschenk"[106].

---

[106] „Franziskus entschuldigt sich bei Flüchtlingen", in: „Die Zeit" vom 19. April 2016, vgl. URL: http://www.zeit.de/gesellschaft/zeitgeschehen/2016-04/papst-franziskus-fluechtlinge-eu-entschuldigung (30.06.2017).

5.5 Drei exemplarische bibeltheologische Beiträge

5.5.1 Eine „Große Erzählung"?

Guten Grundes hat die Postmoderne im Anschluss an die politischen und religiös inszenierten Totalitarismen des 20. Jahrhunderts und deren katastrophische Folgen die „Großen Erzählungen" desavouiert, die Sinn und Ziel der Geschichte festgelegt haben, Durchführungsprogramm mit Menschenvernichtung inklusive. Die Unterwerfung und Dienstbarmachung von Menschen im Namen einer Ideologie, die ein partikulares Interesse absolut gesetzt hat, sollte damit zu Ende sein.

Sind die Millionen Flüchtlinge, Vertriebenen, ArmutsmigrantInnen nicht ein Hinweis, das dem offenbar nicht so ist?

Und: Sind damit auch die Fragen nach einem Sinn und Ziel von Geschichte endgültig erledigt?

Löst der Verzicht auf diese Fragen die Probleme des Bösen und der Gewalt?

Kommen Menschen tatsächlich ohne „Große Erzählungen" aus?

Die zeitgenössische globale Situation lässt mich dies ebenso bezweifeln wie die rechtspopulistischen und –extremen politischen „Antworten", die im Horizont von Flucht und Migration wieder ihre Häupter erheben und auf die neuartigen Herausforderungen des 21. Jahrhunderts mit den Nationalismen und Rassismen des 19. und 20. Jahrhunderts reagieren.

Könnte nicht die „Große Erzählung", wie sie die Bibel erzählt, einen Beitrag leisten, über diese Fragen neu nachzudenken?

Gerade die Art und Weise, *wie* die Frage nach Sinn und Ziel der Geschichte bibeltheologisch reflektiert wird, scheint mir auf paradoxe Art und Weise Perspektiven zu eröffnen. Denn die Fülle und Verschiedenheit der Texte reagiert auf die möglicherweise anthropologische Notwendigkeit einer „Großen Erzählung" ebenso wie sie die historisch bekannten ideologischen Konkretionen inhaltlich unterläuft.[107] Die „Große Erzählung" der Bibel ermöglicht es nämlich gerade *nicht*, einen endgültigen Sinn oder ein für alle Zeiten definiertes Ziel zu definieren, geschweige denn eine spezifische „Methode" zu deren Herstellung zu identifizieren. Es sei denn, man liest die Schrift fundamentalistisch und verwechselt deren Vorstellungen, Bilder, Erzählungen mit der beschriebenen Wirklichkeit und nützt sie als „Bedienungsanleitung".

Erzählt und beschrieben werden keine Ideologien, sondern Prozesse zwischenmenschlichen Zusammenlebens sowie die Beziehung zu einer

---

[107] Was nicht bedeutet, dass nicht auch die Bibel für politisch-ideologische Interessen benützt wurde und wird.

Wirklichkeit, die sich jeder endgültigen Benennbarkeit entzieht. Dies geschieht zudem in einer in den Texten nicht-homogenisierten, widersprüchlichen, vieldeutigen Weise, die zur je neuen Auslegung „zwingt". Die „Große Erzählung" der biblischen Texte ist plural und hält bewusst auch einander widerstreitende Erfahrungen und Deutungen in Erinnerung, um die Notwendigkeit des Fragens und Interpretierens offen zu halten und Menschen gerade nicht dazu zu zwingen, sich auf eine Idee zu einigen oder sich dieser gar zu unterwerfen.[108] Die Fülle und Verschiedenheit der Erfahrungen soll erinnert werden.

Gewiss ist dabei einzig eine auf Zukunft hin offene ständige Transformation der Geschichte, deren Gestaltung in die (Mit-)Verantwortung der Menschen übergeben wird. Dazu werden ethische „Weg-Weiser" wie Pflöcke eingeschlagen. Diese sind jedoch nicht idealistisch entwickelt, sondern durch die Katastrophen der (Migrations)Geschichte hindurch der Wirklichkeit abgerungen und solcherart erfahrungsgesättigt. Sie dürfen und müssen daher auch in Zukunft im Kontext der jeweiligen Gegenwartsherausforderungen weiterentwickelt werden. Sinn und Ziel sind materialiter nicht festgelegt, sondern obliegen der freien Gestaltung durch die Menschheit.

Will man die „innere" Dynamik dieser Geschichte beschreiben, ließe sich von einer Geschichte sprechen, in der Menschen von allem befreit werden bzw. sich befreien, was ihre Beziehungen untereinander, zum Kosmos und zu dem, was sie als göttliche Wirklichkeit erleben, einschränkt, beschädigt und zerstört – hin zu einem erfüllten Leben miteinander und mit Gott. Was die christliche Tradition „Heilsgeschichte" nennt, ließe sich sodann als Befreiungsgeschichte erkennen. Innere und äußere Befreiung lassen sich dabei unterscheiden, aber nicht trennen.

Befreit werden Menschen von all ihren Idolatrien, die sie irdische Wirklichkeiten anbeten und sich ihnen unterwerfen lassen, wozu auch alle Vorstellungen von Gott gehören, mögen diese noch so fromm scheinen – hin zum „aufrechten Gang" und einer Beziehung zu einem Gott, der sich jeder Fixierung entzieht. Sie werden aufgefordert, sich auf einen nach vorne hin offenen Prozess einzulassen, bei dem ihnen die Begleitung durch eine

---

[108] Davon erzählt bereits die Erzählung vom Turmbau zu Babel (Gen 11), in der Gott selbst totalitäre Uniformisierungspläne der Menschen scheitern lässt und mit der „Sprachenverwirrung" jene Vielfalt und Fremdheit der Menschen untereinander schafft, die diese dazu zwingt, miteinander in Kommunikation zu treten und einander verstehen zu lernen, anstelle sich einem gemeinsamen Projekt zu unterwerfen, vgl. Jürgen Ebach: Globalisierung – Rettung der Vielfalt. Die Erzählung vom „Turmbau zu Babel" im aktuellen Kontext, in: Hartmut Schröter (Hg.): Weltentfremdung, Weltoffenheit, Alternativen der Moderne: Perspektiven aus Wissenschaft – Religion – Kunst, Münster 2008, 39–58.

göttliche Wirklichkeit zugesagt ist und das Versprechen auf neue Heimat (vgl. Abraham, Gen 12,1–9). Befreit werden sie aus der Sklaverei politischer und religiöser Hegemonien, vermittels derer Menschen über Menschen herrschen und so unterdrückerische Verhältnisse zwischen diesen schaffen (vgl. Exodus). Stattdessen lernen sie, wie man eigenverantwortlich ein egalitäres, gerechtes Gemeinwesen aufbaut und Gott auf rechte Weise verehrt (vgl. Sinai-Bund). In diesem Gemeinwesen soll es per Gesetz keine Armen mehr geben; und für die Fremden wird eine im Orient einzigartige, Gesetzgebung entwickelt.[109] Auf diese Weise soll die Freiheit der Menschen geschützt und gefördert werden. Der Gott, den die Autoren beschreiben, möchte freie Gesprächspartner.

Der Preis dieser Freiheit ist der Verlust jeglicher absoluten Sicherheit und die daraus resultierende Angst, die das Einfallstor der Sünde und des Bösen darstellt (vgl. bereits Adam, Gen 3,10). Diese fundamentale Daseinsangst gehört zum Mensch-sein. Sie kann nicht durch politische Projekte oder Psychotherapie beseitigt werden. Heilsam gegen diese Daseins-Angst sind Beziehung und Gemeinschaft. Die Schrift schildert die Liebe in all ihren Spielarten und entwirft ein der tätigen Liebe verpflichtetes Ethos des Miteinander-Lebens und Füreinander-Einstehens, das sich im Alten wie im Neuen Testament im Gebot der Gottes- und Nächstenliebe verdichtet. Es bedarf auch der inneren Befreiung von Angst. Die Bibel erzählt immer wieder von der Befreiung von „Dämonen", d. h. von allen selbst-erzeugten (inneren) lebensfeindlichen Mächten und Dynamiken, die den Menschen in Besitz nehmen und unfrei machen. Nicht zuletzt entwickelt sich der Glaube an eine Auferweckung der Toten; denn der biblisch beschriebene Gott, der das Leben fördert, „muss" auch stärker als der Tod sein.[110] So wird auch der Angst vor dem Tod die Macht genommen, über Menschen zu herrschen. Aus christlicher Sicht ist dies in der Auferstehung von Jesus Christus Wirklichkeit geworden.

Dieses „Gesamtpaket" eröffnet eine „Große Erzählung" paradoxer Art. Es geht nun nämlich nicht mehr darum, dass sich Menschen einer von einem „Gott" – hieße er auch Hitler oder Stalin – vorgegebenen Idee unterordnen und diese zu erreichen trachten. Vielmehr ereignet sich diese „Große Erzählung" in den vielen „kleinen Erzählungen" konkreter Menschen, die sich auf eine solche Dynamik des „Unterwegs-Seins" mit Gott einlassen und so selbst den Sinn der Geschichte mit-schreiben: widersprüchlich, konfliktiv, mit unzähligen Brüchen, Scheitern und Fragezeichen.

---

[109] Vgl. Assmann, Exodus; Georg Braulik: Eine Gesellschaft ohne Arme. Das altorientalische Armenethos und die biblische Vision, in: IKaZ Communio 6 (2015), 563–576.

[110] Pinchas Lapide: Auferstehung – ein jüdisches Glaubenserlebnis, Berlin 2010 (1977).

Denn die „Große Erzählung" ist in der Bibel eine, nach der immer wieder gefragt, die erhofft, ersehnt, erwartet und erbetet wird. Ihr Sinn steht nicht ein für alle Mal fest. Ihre Gestaltung obliegt der Mitverantwortung aller und jedes einzelnen Menschen. Die damit verbundene Fülle und Vielfalt vieler kleiner Erzählungen ist – paradox formuliert – das, was man theologisch den „Plan Gottes" nennen könnte, dessen Beitrag in der treuen Begleitung besteht, auf die er sich – sogar vertraglich, d. h. in Bünden – festgelegt hat sowie in seiner Vorsehung, i. e. Fürsorge.

Das „Ziel" dieses Planes ist die Befreiung der Menschheit. Die „Große Erzählung" ist dabei von Beginn an universal-menschheitlich ausgerichtet. Schritt für Schritt lernen die Verfasser der Schriften, dass ihre Erfahrungen für alle Menschen von Relevanz sind und sie diese allen Menschen zugänglich machen sollen. Immer wieder wird neu nach dem Sinn der Geschichte und der eigenen Rolle darin gefragt. In unzähligen Erzählungen wird die „Strategie" dieses Planes beschrieben. Es sind nicht die „Großen Helden", die die zentralen Weichen für die Zukunft stellen, sondern konkrete, einzelne, fehlerhafte, sogar schuldig werdende Menschen. Lange Namenslisten belegen, dass jeder einzelne Mensch in dieser Freiheitsgeschichte eine Aufgabe hat. Die Geschichte folgt also gerade keinem generalstabsmäßigen Plan, sondern ist „ganz normalen Menschen" anvertraut. Erfahrungen der Freude des Zusammenlebens gerinnen zu Bildern einer Zukunft, die die Hoffnung wachhalten, dass in der Zukunft alle Menschen in der Verschiedenheit ihrer Herkunft, Kultur, Religion in Friede und Gerechtigkeit miteinander leben werden (vgl. Wallfahrt der Völker zum Zion Jes 2,2; 60, Mich 4,1; Offb 20,21–24; das „Haus des Gebetes für alle Völker" Jes 56,6–8; das Pfingstereignis Apg 2; die Versöhnung von Juden und Heiden Eph 2,14 ; die Überwindung aller sexistischen, rassistischen, religiösen Diskriminierungen Gal 3,28; Kol 3,10–11).

Diese Zukunftsbilder sind keine Visionen oder Zukunftsvoraussagen, sondern Versprechen und Verheißungen. Sie beschreiben, wie dieses Zusammenleben aussehen könnte, verdeutlichen aber aufgrund ihrer reltionalen Form, dass deren Verwirklichung von der Gestaltung menschlicher Beziehungen abhängig ist. Versprechen sind keine Garantien, sondern bedürfen der Treue und darin der Bereitschaft, auf neue Herausforderungen neu zu reagieren. Versprechen sind fragil, man „glaubt" nicht an sie, sondern lebt sie. Verheißungen sind keine Ideale und Normen, sondern machen Hoffnung auf Zukunft. Die Grundlage menschlicher Existenz ist demnach Beziehung, von deren Gestaltung die Zukunft abhängt.

Konkret erfahrbar und vorweggenommen wird die Wirklichkeit dieser Zukunft bereits im gemeinsamen (liturgischen) Feiern. Form und Struktur der religiösen Feste und Feiern sorgen dafür, in dem es bestimmte Gestaltungs- und Teilnahmeregeln gibt, die soziale, kulturelle, politische und ökonomische Unterschiede für die Zeit des Feierns aufheben. Beim gemeinsamen Essen und Trinken steht die Erinnerung an die Zukunft im Zentrum: Man erinnert sich an die Verheißungen der Zukunft, an die Ereignisse der Vergangenheit und reinterpretiert in deren Licht die Gegenwart, in der die Zukunft als bereits angebrochen erfahrbar wird. Dies ist bis heute der innere Sinn religiöser Feiern im Judentum wie im Christentum: Sie erinnern, dass heute möglich wird, was für die Zukunft versprochen ist, weil es schon einmal so war. Dies stärkt die Hoffnung und Vertrauen auf Zukunft.

Die biblische „Große Erzählung" ist also weder politisches Parteiprogramm noch spiritueller Sonderweg in den Himmel, sondern beschreibt konkrete Lebenserfahrungen, die im Horizont der Geschichte mit Gott gedeutet und bestanden werden. Bemerkenswert ist ihr Entstehungskontext: Flucht und Migration. Könnte sie nicht zuletzt deshalb heute weitergeschrieben werden?

Auch die gegenwärtigen Migrationen wären dann ein Beitrag zur Befreiungsgeschichte der Menschheit. Sie können zum Ort werden, an dem sich die Menschheit den Versprechungen und Verheißungen ein Stückweit nähert, ihre Einheit zu erkennen und in Verschiedenheit und Gerechtigkeit friedlich zusammenzuleben. Theologisch gesprochen: ein Prozess, in dem Gott auf neue und vertiefte Weise begegnen könnte. Wie wirkt sich eine solche Sicht auf das Handeln, auf das aktuelle Zusammenleben oder politische Entscheidungen aus? Was bewirkt eine gegenteilige Sicht, die solche Deutungen als naiv betrachtet?

Eine Anleitung, wie eine solche Befreiungsgeschichte genau aussieht, ist in der Bibel nicht zu finden. Dazu bedarf es des Sachverstandes und der Kompetenz der ZeitgenossInnen, ExpertInnen, PolitikerInnen, ÖkonomInnen usw. Die biblische „Große Erzählung" ermutigt und bestärkt jedoch MigrantInnen und Flüchtlinge in ihrer Hoffnung auf ein besseres Leben, die sie aufbrechen lässt. Sie ermutigt und bestärkt die sesshaften EuropäerInnen, sich auf eine neue geschichtliche Situation einzulassen und mit den Flüchtlingen und MigrantInnen gemeinsam aufzubrechen, die Zukunft zu gestalten. Befreit werden könnten beide: die Ankommenden von Armut, Diskriminierung und Ausschluss; die Einheimischen von ihren Ängsten und Lebenseinschränkungen; beide von Stammes- und Rudelmentalitäten hin zu einem Zusammenleben in lebendigen, weil vielfältigen Gemeinschaften.

Umkehr wäre dazu freilich erforderlich: Der Abschied Europas von hegemonialen Politiken, das Teilen von Ressourcen und Macht, die Reue über eigene, menschenfeindliche Lebensweisen in Geschichte und Gegenwart hin zu gerechteren, humaneren Lebensweisen und Strukturen in Politik und Ökonomie. Entscheidend aus biblischer Sicht sind dabei die *Beziehungen* zu den MigrantInnen, denen eine zentrale Rolle in dieser Geschichte zukommt.

Theologisch gesprochen: Auf diese Weise könnten die Migrationen der Gegenwart zu einem „Instrument" der Heilsgeschichte Gottes mit seiner Menschheit werden, der durch Migration geholfen wird, ein Stückweit mehr zusammenzuwachsen.

Naiv?

Das Lehramt der Katholischen Kirche denkt jedenfalls genau in diese Richtung, wenn es sowohl die Übel im Kontext der Migrationen benennt und diese zugleich als möglichen Ort der Gnade erkennt. So wird das Phänomen der Migration als „ein beredtes Zeugnis der sozialen, ökonomischen und demographischen Ungleichgewichte sowohl auf regionaler wie auf weltweiter Ebene, die den Anstoß zur Emigration geben"[111] gesehen. Als Ursachen werden „übertriebener Nationalismus, in vielen Ländern geradezu (…) Hass gegen Bevölkerungsminderheiten oder Gläubige von religiösen Minderheiten, die systematische oder gewaltsame Marginalisierung derselben sowie (…) in bürgerlichen, politischen, ethnischen und sogar religiöse Konflikten, die alle Kontinente mit Blut überziehen"[112] genannt. Zur Frage stellt das kirchliche Lehramt daher „die Frage nach einer neuen internationalen Wirtschaftsordnung für eine gerechtere Verteilung der Güter der Erde", sowie „die Notwendigkeit eines wirksameren Einsatzes zur Realisierung von Bildungs- und Pastoralsystemen im Hinblick auf eine Erziehung zu einer 'mondialen Sicht', das heißt zu einer Sicht der Weltgemeinschaft, die als eine Familie von Völkern angesehen wird, der schließlich im Blick auf das universale Gemeinwohl die Güter der Erde zustehen"[113]. In eben diesen Ansprüchen erkennt die Instruktion *Erga migrantes* aber zugleich einen Zuspruch Gottes: „Der Übergang von monokulturellen zu multikulturellen Gesellschaften kann sich so als Zeichen der lebendigen Gegenwart Gottes in der Geschichte und in der Gemeinschaft der Menschen erweisen, da er eine günstige Gelegenheit bietet, den Plan Gottes einer universalen Gemeinschaft zu verwirklichen."[114]

---

[111] Erga migrantes 1.
[112] Ebd., 8 (Auslassungen und Veränderungen RP).
[113] Ebd.
[114] Ebd., 9.

5.5.2 Ethos: Mittel gegen Angst und „Frühwarnsystem"

Ein wesentliches Element der Bibel ist deren Ethos, das im Alten wie im Neuen Testament um die Frage eines gerechten Zusammenlebens von freien Menschen in all ihrer Verschiedenheit kreist. Dieses Ethos hat – bei aller Verschiedenheit der konkreten Ethiken – eine eindeutige Option für jene, die unsichtbar, marginalisiert, arm und ausgeschlossen sind.

Im Wesentlichen bearbeitet es die beiden großen „Beziehungsstörungen" der Menschen: zum einen die Neigung des Menschen, sich „Götzen" zu schaffen, d. h. irdische Wirklichkeiten – Personen, Menschen, Werte, Ideen – absolut zu setzen und sich ihnen zu unterwerfen; zum anderen die Zerstörung menschlicher Sozialbeziehungen. Ob Gesetzesbücher, Ver- und Gebote im Alten Testament, die Bergpredigt (Mt 5) oder die Gerichtsrede Jesu (Mt 25): Entwickelt wird ein Ethos, das Menschen unterstützen soll, in Freiheit ihr Zusammenleben in der Geschichte zu gestalten und dabei das Leben zu schützen und zu fördern. Dieses Ethos ermöglicht Freiheit – und setzt sie zugleich voraus (vgl. Ex 20; Dtn 5), damit Regeln und Gebote nicht erneut zum Unterwerfungsmittel werden.

Insofern bietet das Ethos auch ein „Mittel" gegen die Angst, die die Freiheit mit sich bringt. Es schützt den Einzelnen, Sozialbeziehungen und die Gemeinschaft – vor sich selbst und voreinander; und eröffnet zugleich Freiräume, sich den Aufgaben der Geschichte zu stellen. Natürlich sind die damit verbundenen Regeln und Normen im Kontext konkreter Situationen auszulegen und weiterzuentwickeln, wie es ja auch in der Schrift und in den diesen nachfolgenden Auslegungstraditionen in Judentum wie Christentum zu beobachten ist. Wichtig ist das Anliegen: Freiheitssicherung und -ermöglichung, Beziehungsschutz und -förderung.

Dieses Ethos ließe sich auch als „Frühwarnsystem" betrachten, auf das man in Krisenzeiten zurückgreifen könnte. Entstanden in der Reflexion von Katastrophen lässt sich quasi ex negativo rekonstruieren, worin die Verfasser die fundamentalen Bedrohungen des Lebens und des Zusammenlebens von Menschen erkannt haben. Es wird dabei durchaus realistisch mit der Neigung des Menschen zum Bösen gerechnet, die in ihrer Wirkmacht gebannt und zivilisiert werden soll: der Sünde als fundamentaler Beziehungsstörung zwischen Gott und Mensch sowie der Menschen untereinander soll Einhalt geboten werden. Weil die Verfasser der Schrift über ausreichend historische Erfahrung verfügen, lernen sie zu erkennen, welches Verhalten bzw. welche Sozialordnungen das Leben und Zusammenleben von Menschen bedrohen. So führen ein zu großes Ausmaß an sozialer und ökonomischer Ungleichheit ebenso zu politischen Katastrophen wie der Verlust der Gottesbeziehung und die Untreue Gott gegenüber. Dem soll nicht nur, dem *kann* vorgebeugt werden.

Erneut wird der migratorische Entstehungskontext sichtbar. Denn die Verantwortung für Arme und Fremde spielt eine Schlüsselrolle in der Vorsorge. Werden diese sozial als besonders vulnerabel erkannten Gruppen vernachlässigt, gibt es gute Gründe für die Angst. Es drohen der Zusammenbruch der sozialen Ordnung und politische Katastrophen: nicht zuletzt Migrationen. Denn die Armen und Fremden werden um ihr Leben zu kämpfen beginnen (Exodus) und die herrschende Ordnung zum Einsturz bringen. Theologisch gesprochen: Gott steht auf deren Seite und „stürzt die Mächtigen vom Thron" (Lk 1,52).

Diese Dynamiken, die bereits in biblischen Texten reflektiert werden, haben sich in der Menschheitsgeschichte immer wieder wiederholt. Wäre eine Reinterpretation des biblischen Ethos im Migrationskontext der Gegenwart nicht auch ein heilsames Mittel gegen Angst und eine hervorragende Zukunftsvorsorge? In der Katholischen Soziallehre, der christlichen Sozialethik und der lehramtlichen Migrationstheologie werden dafür schon längst Modelle entwickelt.[115]

5.5.3 Reich Gottes: Zusammenleben

Im Zentrum des Evangeliums des Jesus von Nazareth steht die Nachricht von Ankunft und Anbruch der Gottesherrschaft, die im Bild des „Reiches Gottes" beschrieben wird (Mk 1,15).[116] Dieses „Reich Gottes" beschreibt Begründung und Beginn einer neuen Form menschlichen Zusammenlebens. Jesus von Nazareth stellt mit diesem Bild jenes Element in die Mitte seiner Verkündigung und Praxis, das das Alte Testament als jenen Lebensraum beschreibt, in dem Menschen leben, leben können und sollen. Das „Reich Gottes" beschreibt eine neue, veränderte Lebensweise und Sozialordnung: individuell und sozial; innerlich und äußerlich; spirituell und politisch. In und mit seinem Leben, Sterben und Auferstehen legt Jesus in Wort und Tat diese Erfahrung des Reiches Gottes aus, von der insbesondere die Thora durchdrungen ist. Menschen werden geheilt und von Dämonen

---

[115] Z.B. Michelle Becka/Albert-Peter Rethmann (Hg.): Ethik und Migration – Gesellschaftliche Herausforderungen und sozialethische Reflexion, Paderborn/München/Wien 2010; Andreas Cassee/Anna Goppel (Hg.): Migration und Ethik, Münster 2012; Marianne Heimbach-Steins: Grenzverläufe gesellschaftlicher Gerechtigkeit. Migration – Zugehörigkeit – Beteiligung, Paderborn 2016.

[116] Vgl. in diesem Sammelband: Diversität und Convivenz: Miteinander Lebensräume gestalten – Miteinander Lernprozesse in Gang setzen, 21; Urs Eigenmann: Das Reich Gottes und seine Gerechtigkeit für die Erde. Die andere Vision vom Leben, Luzern 1998.

befreit: von ihren Ängsten, Besessenheiten und Zwängen, ihren Lebenseinschränkungen, ihren Traumata und ihrer Trauer. Es gibt keine Generallösung für alle, sondern jeder Einzelne steht mit seiner Geschichte im Zentrum des Handelns Gottes. Das Reich Gottes „verkehrt" die üblichen sozialen, ökonomischen und politischen Ordnungen, indem laterale und vertikale Ordnungen umgekehrt werden. Arme, Ausgeschlossene, Fremde werden einbezogen, Frauen und Kinder in die Mitte gestellt, Reichtum dient dem Gemeinwohl, politische Macht den Ohnmächtigen. In alledem erneuert sich auch die Beziehung zu Gott. Diese neue Lebensweise, die neue Ordnung erfüllt mit Freude. Sie entspringt dem gemeinsamen Feiern und mündet in dieses.

Jesus von Nazareth stellt dabei – vor allem in seinen Gleichnissen – den Alltag der „kleinen Leute" ins Zentrum. In deren Alltag ist dieses Reich Gottes in besonderer Weise erfahrbar. Wenn Menschen gemeinsam feiern und beten, wenn sie geheilt werden und umkehren, wenn sich die Ordnungen der Macht und des Reichtums verändern und Leben fördern. Freilich geschieht dies nur phasenweise und fragmentarisch. Aber dort, wo es geschieht, ist das Reich Gottes jetzt schon ganz präsent – wenn man es wahrnehmen kann und will.

Die Wirklichkeit des „Reiches Gottes", wie sie eben skizziert wurde, kann auch ein verändertes Licht auf Flucht und Migration werden. Biblisch betrachtet, ereignet es sich überall dort, wo sich Menschen auf das Zusammenleben mit MigrantInnen und Flüchtlingen einlassen; wo sie sich für die Transformation politischer oder ökonomischer Verhältnisse einsetzen, um Gleichheit, Gerechtigkeit und Teilhabe zu fördern; wo im Leben mit und Lernen von Flüchtlingen und MigrantInnen die Frage nach Gott neu gestellt wird. Dies alles geschieht bereits, wie beschrieben, innerhalb und außerhalb der Kirchen. Die Botschaft vom Reich Gottes ist eine Zusage, die sich heute schon konkret zeigt, und bleibt zugleich Zumutung und Orientierung für das konkrete Handeln.

Wie bei allen bibeltheologischen Erfahrungen handelt es sich nicht um Ideen oder Theorien, sondern praktische Beziehungserfahrungen, die auf hermeneutisch auf ihren ineren Wahrheitsgehalt erschlossen wurden. Diese Art von Wahrheit bewahrheitet und bewährt sich, indem sie getan wird. Biblische „Wahrheit" hat einen besonderen epistemologischen Charakter, denn es werden keine Ideen umgesetzt, sondern die Praxis generiert neue Einsichten. Die Migrationen der Gegenwart sind eine ausgezeichnete Gelegenheit, aus der Beobachterrolle – auch der theologischen – auszusteigen und sich auf jene, die da ankommen, einzulassen – und solcherart die Migrations"theologien" der Schrift zu überprüfen, weiterzuentwickeln und die Geschichte der Migrationen weiterzuschreiben.

6. Abschluss

Weder der christliche Glaube als „Weltanschauung" noch eine Theologie, die Lehren verkündet, helfen gegen Angst und Trauer und stiften als solche Freude und Hoffnung. Patentrezepte oder Lösungsgarantien für die anstehenden Herausforderungen globalen Ausmaßes kann auch der hier entwickelte Ansatz nicht bieten.

Wohl aber hoffe ich, nachvollziehbar gemacht zu haben, worin der Beitrag eines praktisch-theologischen Zugangs bestehen könnte. Eine theologische Sicht ermöglicht eine geistige, inhaltlich begründete Transformation von Angst, ermutigt zur Trauer und entwickelt Wahrnehmungen, Deutung und Handlungsprinzipien, die Hoffnung und Freude wachsen lassen können. Der ethische Monotheismus, wie ihn die biblische Tradition bezeugt, ermutigt dazu, sich auf die konkrete Geschichte einzulassen und sich ihr anzuvertrauen. Flüchtlinge und MigrantInnen haben einen Namen, ein Gesicht, eine Geschichte. Sich auf Beziehungen und Zusammenleben mit ihnen einzulassen, kann Kreativität freisetzen, um soziale, politische und ökonomische Lösungen zu suchen, die allen zugutekommen. Das Zusammenleben mit ihnen und der gemeinsame Einsatz können zur Entwicklung einer menschlicheren Gesellschaft führen. Dies ist ein probates „Mittel" gegen die apokalyptischen Ängste unserer Zeit.

Um dieses Potential freizulegen, braucht es freilich ein spezifisches Profil der Theologie. Wie müsste nun eine Theologie aussehen, die dazu beiträgt, Trauer und Angst im Horizont von Flucht und Migration in Freude und Hoffnung zu verwandeln? Eine solche Theologie hat allem voran eine andere als die traditionell thetisch-theoretische Sprache. Ihre Sprache ist dialogisch und relational, d. h. sie drückt sich nicht ausschließlich im klassischen Vokabular aus, sondern lässt erkennen, dass sie mit konkreten Menschen im Gespräch ist und von ihnen lernt. Sprache und Erfahrungen von Menschen kommen darin zur Sprache. Eine solche Theologie ist demnach auch narrativ. Sie erzählt und hat „empirische" Anteile. Gefühle, Fragen, Zweifel, Erfahrungen von Leid, Schmerz, Schuld und Glück, usw. kommen *konkret* zur Sprache. Eine solche Theologie „weiß" nicht immer schon alles, sondern „denkt" laut nach im Sinne Hannah Arendts: Sie fragt, zweifelt, unterscheidet. Sie unterstützt bei der Reflexion und Entscheidungsfindung und ermutigt zum Handeln. Sie stellt dafür Sprache zur Verfügung: Fragen, Erfahrungen, Kriterien, Narrative. Insofern ist eine solche Theologie eine spirituelle Theologie: Sie verschränkt Praxis, Denken und Erfahrung und erschließt deren Sinn im Licht und in der kritischen Auseinandersetzung mit der biblischen und kirchlichen Tradition. Eine solche Theologie spricht daher weniger „über" Gott oder bietet Gottesvorstellungen an, sondern trägt dazu bei, dass Menschen eine Beziehung zu Gott aufbauen können. Eine solche Theologie ist zugleich „politisch", d. h. sie denkt die Erfahrungen der Einzelnen immer auch im Horizont der „Zeichen der Zeit" und deren sozialer, politischer und historischer Dimensionen. Sie thematisiert die menschlichen Grundstimmungen auf der Basis einer Anthropologie, die den Menschen als relationales und gemeinschaftsbezogenes Wesen versteht, das für ein gerechtes Gemeinwohl mitverantwortlich ist. Für die spirituelle wie politische Dimension solcher Theologie ist es notwendig, die der biblischen und kirchlichen Tradition zugrundeliegenden Erfahrungen freizulegen und mit jenen der Gegenwart in ein einander wechselseitig erschließendes Gespräch zu bringen. Auf diese Weise, in der Verschränkung von spiritueller und politischer Erfahrung von Gegenwart und Vergangenheit, nimmt sie durch die Art ihrer erzählerischen Sprache Menschen in einen Prozess hinein, in dem Transformation von Gefühlen und Stimmungen möglich werden kann. Neben einer dafür erforderlichen, erfahrungsgesättigten und reflektierten spirituell-politischen Kompetenz des Theologisierenden braucht es dafür selbstverständlich auch jede Menge Fach- und Sachkenntnisse. Diese sollen die Stimmungen der Menschen aber eben nicht weg-, herbei oder schönreden und beseitigen, sondern stehen im Dienste ihrer Transformation. Für das hier behandelte Thema bedeutet dies: Eine Theologie der Migration, die bei den Freuden und Ängsten, bei Trauer und Angst der Menschen ansetzt, muss „ins Feld". Ohne konkretes Zusammenleben und Beziehung zu Flüchtlingen und MigrantInnen, aber auch zu den Menschen der Mehrheitsgesellschaft, die von Migration betroffen sind, und seien es rassistisch eingestellte Menschen, gibt es weder eine Theologie der Migration noch eine Transformation durch eine solche. Der „Migrationstheologe" muss in gewisser Weise selbst ein Migrant, eine Migrantin zwischen den Welten sein und Transformation seiner eigenen Stimmungen sowie seine Erfahrungen in dieser Wirklichkeit durchlitten, durchlebt und kritisch reflektiert haben. Wie jede substantielle Theologie ist auch eine „transformative Migrationstheologie" keine (schein-)-objektive Theorie „über" Flucht und Migration. Wissenschaftlich wird sie durch die nachvollziehbare Kohärenz und Konsistenz ihrer Argumentation.

Muss man dazu an Gott glauben? Praktisch-theologisch gesehen, beginnt sich der christliche Glaube bereits anfanghaft zu vollziehen, in dem man sich auf die hier beschriebenen Prozesse einlässt und bereit ist, Flucht und Migration aus einer hoffnungsgeleiteten Sicht wahrzunehmen. Die Praxis, die daraus erfolgt – ob individuell oder kollektiv, sozial, kulturell, politisch oder ökonomisch – setzt sich der Offenheit der Geschichte aus und damit unvorhersehbare Dynamiken des Guten frei. Die biblische Praxis ist eine Hoffnungs-Praxis. Der atheistische Philosoph Ernst Bloch hat gezeigt, wie solche Hoffnung wirken kann und wirkt auch ohne expliziten Glauben.[117]

Wer dabei explizit an Gott glaubt, d. h. sich von einer Gottesbeziehung zu jenem Gott getragen weiß, der sich als JHWH in der Heiligen Schrift in Christus offenbart, wird sich mit meinen Überlegungen wohl leichter tun. Für notwendig im Sinne eines Bekenntnisses oder des Glaubens „an" bestimmte Gottesvorstellungen halte ich eine solche explizite Beziehung nicht. Der Versuch der geistigen Transformation in Bezug auf eine differenzierte, problembewusste und zugleich „chancenorientierte" Wahrnehmung von Flucht und Migration und die Orientierung am soziopolitischen Ethos, wie es die Heilige Schrift entwirft, hat eine humanisierende Eigendynamik. Notwendig ist es aber, sich existenziell auf diese transformative Dynakmik einzulassen, weil Gott auf diese Weise wirkt. Ebenso notwendig ist es dann aber, dass die Kirche den Zusammenhang zwischen den dabei gewonnen Praxiserfahrungen und dem expliziten Glauben und Bekenntnis denkerisch nachvollziehbar erschließen kann, auf dass „voller" Glaube und sodann Bekenntnis möglich werden.

Der Apostel Paulus spricht im Römerbrief von den Geburtswehen einer neuen Menschheit (Röm 8,22) – sein Bild für eine Theologie der Geschichte. In diesem Zusammenhang wird auch die Bedeutung der Hoffnung erwähnt (Röm 8,20.24). Einer solchen Hoffnung bedarf jede Gebärende, denn Geburten können – im Westen vergessen – lebensgefährlich sein. Um ein Kind zu gebären, braucht man keinen Glauben an Gott im klassischen Sinn, wohl aber Hoffnung und Mut. Es als Gottesgeschenk zu betrachten, obliegt der Freiheit des Einzelnen. Geboren wird das Kind – hoffentlich – so oder so.

Kündigt sich mit den Migrationen der Gegenwart eine weitere Wehe der Geburt einer neuen Menschheit an? Ich hoffe dies.

---

[117] Ernst Bloch: Prinzip Hoffnung. 3 Bände, Frankfurt am Main 1967.

„Heim-Suchung": Wie der Fluch der Migration zum Segen werden kann

1. Migration: Ein Fluch?

1.1 Ein Fluch: Für wen?

Im Europa der Aufklärung und der Menschenrechte würde heute wohl kaum jemand auf die Idee kommen, Flucht und Migration als „Fluch" zu bezeichnen. Gleichwohl aber können Deportation und Vertreibung, Verlust von Heimat oder das Leben in unfreiwilliger Diaspora als solche wahrgenommen werden. Allem voran von jenen Männern, Frauen und Kindern, die auf der Flucht sind. Von den Ängsten und der Verzweiflung jener, deren Stimmen öffentlich so selten zur Sprache kommen, soll daher zuerst die Rede sein.[1]

Da ist die Verzweiflung, das gesamte Hab und Gut verkauft zu haben, um dann von einem Schlepper betrogen zu werden. Oder Verzweiflung und Resignation, seit Jahren in einem der Millionenlager an den geschlossenen Grenzen der Festung Europa festzusitzen. Da sind Schmerz und Trauer jener, deren Familien zerrissen sind. Manche wissen nicht, ob der Sohn, den sie mit allem Ersparten vorausgeschickt haben, noch lebt – oder ob er nicht unter jenen 30.000 Toten ist, die seit 2000 im Mittelmeer ertrunken sind.[2] Andere haben schlaflose Nächte wegen ihrer Familie, die im Kriegsgebiet zurückgeblieben ist. Da sind Scham und Schande jener, die auf Italiens oder Griechenlands Straßen als Obdachlose auf dem Boden schlafen; Scham und Schande auch jener Frauen und Mädchen, die auf ihrem Fluchtweg vergewaltigt worden sind – von Soldaten, Ehemännern oder Sicherheitsbeamten in den Transit- und Aufnahmeländern.[3] Angekommen in Europa nimmt

---

[1] Die folgenden Erfahrungen entstammen Erzählungen geflüchteter Menschen. Ehrenamtliche in der Flüchtlingshilfe kennen zahlreiche solcher Erzählungen, die im öffentlichen Raum nur in Qualitätsmedien wie dem österreichischen Sender Ö1 zur Sprache kommen. Nachzuhören im Ö1-Archiv „Migration", vgl. URL: http://oe1.orf.at/archiv_migration (30.06.2017). Insgesamt dominiert die Klage über die Ängste der Mehrheitsbevölkerung.

[2] International Organization for Migration (IOM): Missing Migrants Project, vgl. URL: https://missingmigrants.iom.int/ (30.06.2017), dokumentiert den jeweils aktuellen Status.

[3] Vgl. dazu: Amnesty International: Frauen auf der Flucht vor Gewalt schützen, vgl. URL: https://www.amnesty.at/de/frauen-schuetzen/; „Amnesty: Flucht nach Europa für Frauen sexueller Spießrutenlauf", in: „Die Presse" vom 18. Jänner 2016, vgl. URL: http://diepresse.com/home/politik/aussenpolitik/4907217/Amnesty_Flucht-nach-Europa-fuer-Frauen-se xueller-Spiessrutenlauf; „Flüchtlingsfrauen klagen über sexuelle Belästigung", in: „Die Presse" vom 18. Jänner 2016: Flüchtlingsfrauen klagen über sexuelle Belästigung, vgl. URL: http://diepresse.com/home/politik/aussenpolitik/4906571/Fluechtlingsfrauen-klagen-ueber-se

der Alptraum oft kein Ende. Nicht wenige, die den Verheißungen der europäischen Werte gefolgt sind – Freiheit, Demokratie und Menschenrechte[4] – stellen fest, dass auf diese Werte offenbar nur EuropäerInnen ein Recht haben. Und für jene, die bleiben dürfen, beginnt die mühsame Auseinandersetzung mit der Fremdheit des Aufnahmelandes: eine unbekannte Schrift und Sprache, viele andere Kulturen, und erst Recht das Essen und das Klima. Viele der geflüchteten Menschen werden eine höhere Wahrscheinlichkeit haben, in späteren Jahren an Sucht- oder psychischen Erkrankungen zu leiden. Noch manche ihrer Kinder und Kindeskinder werden an den traumatischen Belastungsstörungen ihrer Groß- und Urgroßeltern leiden.[5]

Und dennoch: Viele der ankommenden Menschen konfrontieren uns Europäerinnen und Europäer mit einem Ausmaß an Mut, Glaube und Hoffnung, die irritieren können. Können sich Angst und Hoffnungslosigkeit nur die Wohlstands-Satten leisten? Denn wer um sein Überleben und Leben kämpft, hat zumeist keine Zeit, in lähmendem Selbstmitleid zu verharren.

1.2 Was versteht man unter „Fluch"?

Als Fluch bezeichnete man in früheren Zeiten Erlebnisse und Erfahrungen, denen man sich schicksalhaft und ohnmächtig ausgeliefert fühlt. Nichts von dem, was einem da an Not, Leid und Elend widerfährt, hat man sich ausgesucht; für keine der Katastrophen trägt man Verantwortung. Wer sich verflucht fühlt, steht von Angst überwältigt den Ereignissen hilflos und überfordert gegenüber.

Dass es sich bei der Ankunft jener 2 Millionen Menschen in Europa seit dem Herbst 2015 um einen solchen Fluch handeln könnte, legen Sprache und Ausdrucksweise nicht weniger Politiker, Journalisten und auch mancher Bischöfe[6] in Europa nahe: Ihnen zufolge wird Europa gleichsam „aus

---

xuelle-Belaestigung?direct=4907217&_vl_backlink=/home/politik/aussenpolitik/4907217/index.do&selChannel (alle: 30.06.2017).

[4] Zahlreiche Flüchtlinge fliehen nicht zuletzt aufgrund dieser Werte nach Europa, weil sie sie teilen.

[5] Vgl. z.B. Robert E. Feldmann/Günther H. Seidler (Hg.): Traum(a) Migration. Aktuelle Konzepte zur Therapie traumatisierter Flüchtlinge und Folteropfer, Gießen 2013; David Zimmermann: Migration und Trauma: Pädagogisches Verstehen und Handeln in der Arbeit mit jungen Flüchtlingen, Gießen 2012.

[6] Bischof Laszlo Kiss-Rogo sprach von einer „muslimischen Invasion", vgl. URL: http://www.faz.net/aktuell/politik/fluechtlingskrise/kritik-an-papst-franziskus-ungarischer-bischof-spricht-von-invasion-muslimischer-fluechtlinge-13790835.html (30.06.2017); der polnische Bischof Piotr Libero verglich im Dezember 2015 muslimische Flüchtlinge mit deutschen Kreuzrittern, vgl. URL: http://www.cicero.de/weltbuehne/fluechtlinge-polen-tueren-zu-im-

heiterem Himmel" seit 2015 von 3 % der weltweit 60 Millionen Flüchtlinge „überschwemmt". Sie „islamisieren" das christliche Abendland – jenen Friedhof, auf dem die 9 Millionen Toten des Ersten Weltkrieg, die 50 Millionen Toten des Zweiten Weltkriegs ruhen; zudem die Leichen und die Asche von 6 Millionen ermordeten Juden; und weitere 10 Millionen Opfer des kommunistischen Totalitarismus.

Die aktuellen Ereignisse waren historisch, wissenschaftlich und politisch vorhersehbar. Bereits 1991 konnte man im Bericht des „Club of Rome" lesen:

> „Große Wanderbewegungen sind vorhersehbar, und das nicht nur aus Gründen der politischen, rassistischen oder religiösen Verfolgung, sondern um des wirtschaftlichen Überlebens willens. Solche Wanderbewegungen werden künftig in Europa nicht nur aus dem Osten in den Westen, sondern noch mehr aus dem Süden in den Norden stattfinden. (…) Unsere Nachkommen werden vermutlich Massenwanderungen ungekannten Ausmaßes erleben. (…) Man kann sich unschwer ausmalen, dass im Extremfall unzählige ausgehungerte und verzweifelte Immigranten mit Booten an den Nordküsten des Mittelmeeres landen werden."[7]

Gleichwohl wird die Ankunft geflüchteter Menschen wie ein Überfall dargestellt.

Diese Realitätsverweigerung – der historischen wie der gegenwärtigen europäischen Mitverantwortung[8] – hängt auch damit zusammen, dass die Flüchtlinge jene, die an historischer Amnesie leiden, unsanft daran erinnern, dass im 20. Jahrhundert *Europa* das Hauptproblem globaler Gewaltmigrationen bildete.[9] Europa war im 19. Jahrhundert Träger eines weltumspannenden Kolonialismus, dessen Herrschaftsstrukturen in ein globales System neoliberaler ökonomischer Strukturen umgebaut wurden. Sie

---

christenland/60248 (30.06.2017) und repräsentiert mit seiner Ablehnung der Aufnahme von Flüchtlingen die Mehrheit der polnischen Geistlichen.

[7] Hier zit. nach Alexander King/Bertrand Schneider: The First Global Revolution. A Report by the Council of the Club of Rome, Telangana (Orient Longman) 1991, 42 (Übersetzung und Auslassungen RP).

[8] Selbstverständlich sind auch religiöse Fanatiker, dikatorische Politiker, Kollaborateure und Nutznießer der politischen und ökonomischen Verhältnisse vor Ort für die Armut, Gewalt und Krieg im Nahen Osten und in Afrika verantwortlich. Ich konzentriere mich hier aber auf den europäischen Anteil – zumal so manches diktatorische System durchaus geduldet wurde, solange Europa davon noch belangt und mit Erdöl und anderen Rohstoffen versorgt wurde.

[9] Vgl. zum Folgenden Jochen Oltmer: Kleine Globalgeschichte der Flucht im 20. Jahrhundert, in: Aus Politik und Zeitgeschichte 26–27 (2016), 18–25, 19. Ausführlich dazu vgl. Jochen Oltmer: Globale Migration. Geschichte und Gegenwart, München[2] 2016.

machen deutlich, dass der Zweite Weltkrieg nach 1945 nur in Westeuropa zu Ende war.[10] In Afrika und Asien brachten die Stellvertreterkriege und Machtkämpfe des Kalten Kriegs im Zuge der Dekolonialisierung Millionen Menschen Armut und Elend. Nicht zuletzt lassen die ankommenden Menschen auch die Verstrickungen Europas in ein ungerechtes globales Wirtschaftssystem erkennen, verbunden mit der Einsicht, dass der westliche Konsum- und Lebensstil von der Ausbeutung der Ressourcen des Südens und fossilen Brennstoffen abhängig ist.

Die Menschen, die bei uns ankommen, wecken Europa rüde aus seiner Apathie und Geschichtsvergessenheit und rütteln an dem, was Papst Franziskus bei seiner Predigt auf Lampedusa im April 2013 die „Globalisierung der Gleichgültigkeit" nannte.[11]

Doch wer möchte all das so genau wissen? Von solchen Erinnerungen, den daraus entstehenden Scham- und Schuldgefühlen, Ängsten, Ohnmachtsgefühlen und Verantwortlichkeiten will niemand überschwemmt und überwältigt werden. Einfacher ist es, Flüchtlinge und Migranten zur Ursache aller Übel zu erklären und so der entschiedenen Bekämpfung von Fluchtursachen auszuweichen.

Aus dieser Perspektive lässt sich besser verstehen, warum der österreichische Außenminister der Ansicht ist, dass sich ein solches Jahr nicht wiederholen dürfe.[12] Damit meint er aber weder den Krieg in Syrien, die Ertrunkenen im Mittelmeer und auch nicht das politische Versagen bei der Unterstützung jener zahllosen zivilgesellschaftlichen Initiativen und Projekte, die seit damals spontan entstanden sind. In diesem Kontext erscheint auch die Unfähigkeit Europas zu einer solidarischen Aufteilung der anste-

---

[10] Vgl. Tony Judt: Geschichte Europas von 1945 bis zur Gegenwart, Frankfurt am Main 2009.

[11] Predigt von Papst Franziskus auf Lampedusa, vgl. URL: https://w2.vatican.va/content/fran cesco/de/homilies/2013/documents/papa-francesco_20130708_omelia-lampedusa.html (30.06.2017). Papst Franziskus hat auch in seinen Reden vor dem Europäischen Parlament und dem Europarat am 24. November 2014 sowie anlässlich der Verleihung des Karlspreises am 6. Mai 2016 im Vatikan Europa immer wieder gemahnt, aus seiner Apathie aufzuwachen und seine weltpolitische Verantortung zu übernehmen, vgl. Ansprache von Papst Franziskus an den Europarat, vgl. URL: https://w2.vatican.va/content/francesco/de/speeches/2014/no vember/documents/papa-francesco_20141125_strasburgo-consiglio-europa.html; Ansprache des Heiligen Vaters an das Europaparlament, URL: https://w2.vatican.va/content/fran cesco/de/speeches/2014/november/documents/papa-francesco_20141125_strasburgo-parla mento-europeo.html ; Papst Franziskus: Was ist los mit Dir, Europa?, URL: http://de.radio vaticana.va/news/2016/05/06/die_papst-ansprache_im_wortlaut_was_ist_mit_ dir_los,_europa/1227938 (alle 30.06.2017).

[12] So Sebastian Kurz bei der Präsentation des Integrationsberichts am 16. August 2016, vgl. „Asyl: So ein Jahr darf sich nicht wiederholen", in: „Die Presse" vom 16.8.2016, vgl. URL: http://diepresse.com/home/politik/innenpolitik/5069799/Asyl_So-ein-Jahr-nicht-wieder holen (30.06.2017).

henden Aufgaben in einem anderen Licht, ist doch jedes Land auf seine Weise in die schuldhaften Verhältnisse verstrickt, die den Globus in die aktuelle bedrohliche Situation gebracht haben.

1.3 Fluch – eine theologische Kategorie

Es ist keine neue Erfindung, Flucht und Migration als Fluch zu beschreiben. Bereits im Alten Orient werden MigrantInnen und Flüchtlinge im Land als Bedrohung des Wohlergehens der ansässigen Bevölkerung wahrgenommen.[13] So wurde beispielsweise im Ägypten, aus dem Moses mit einer Gruppe Fremdarbeiter und Sklaven fliehen wird, ebendiese Unterschichtsgruppe als Sicherheitsrisiko betrachtet: Die Apiru – also die Hebräer – wurden für Seuchen und wachsende Armut verantwortlich gemacht. Die Flucht der Hebräer aus dem Sklavenhaus Ägypten, die die biblischen Verfasser später als Exodus deuten werden – als Befreiung durch Gott aus religiöser und politischer Fremdherrschaft – beschreiben ägyptische Autoren dieser Zeit wie Hekataios von Abdera[14] oder Manetho – als Vertreibung von Schädlingen, die das Land bedrohen.[15]

Auch die Verfasser der biblischen Texte nehmen Migrationsphänomene als Fluch wahr. Vertreibung und Deportation, Leben in Exil und Diaspora, Versklavung, Elend, Armut und Perspektivlosigkeit sind ein Übel. Das Leben in unterdrückerischen imperialen Großreichen – Ägypten, Assur, Babylonien – ist ein Verhängnis. Ein Großteil der Texte des Alten Testaments ist in ebendieser Lebenssituation und ihrer Reflexion entstanden. Flucht und Migration sind ein Fluch. Die Verfasser der Texte des Alten Testaments schreiben aus einer Migrantenperspektive.

---

[13] Vgl. David Nirenberg: Antijudaismus. Eine andere Geschichte des westlichen Denkens, München 2015, 33–44: Manethos Geschichte der mosaischen Misanthropie zeigt eindrücklich, wie das jüdische Volk zu jenen (kranken, unreinen) Fremden konstruiert wurde, die die ägyptische Herrschaft bedrohen. Ordnung, Gesundheit und Wohlstand müssen durch deren Vertreibung wiederhergestellt werden.

[14] Von diesem stammt die früheste Version einer nicht-biblischen Variante der Exodus-Erzählung, ebd., 32 f.

[15] Unreinheit, Krankheit und „Fremdheit" werden zu Mitteln, mit denen man die Bedrohung der ägyptischen Herrschaft beschreibt. Ein Beispiel aus der griechischen Geschichtsschreibung (Diodor), die die Erzählung des Manethos von der Vertreibung des unreinen Fremdvolkes weiterführt: „Die Mehrheit seiner Freunde nun riet ihm (…) das ganze Geschlecht der Juden auszurotten. (…) Sie legten ihm auch dar, dass deren Vorfahren als frevelhafte und den Göttern verhaßte Menschen aus ganz Ägypten vertrieben worden waren. Denn da sie am Körper Krätze und Lepra gehabt hätten, seien sie zur Reinigung wie Fluchbeladene zusammengetrieben und über die Grenze getrieben worden.", vgl. ebd., 43 (Auslassungen RP).

Aus einer religiösen Perspektive gehört zur Erfahrung einer Lebens-
wirklichkeit als Fluch die Frage nach dem Subjekt: Wer ist dafür verantwortlich?

Hier bringen die Texte Israels eine spannende Perspektive ins Spiel.
Während nämlich in der ägyptischen Religion Kritik an der politischen,
ökonomischen, rechtlichen und religiösen Herrschaft Tabu war und nicht
für das Übel im Land zur Verantwortung gezogen werden durfte, deuten die
biblischen Verfasser die Ereignisse vor allem als Kritik an sich selbst. Der
Glaube, der sich mit diesem Volk entwickelt, gründet zentral in religiöser
und politischer *Selbst*kritik. So beschreibt das Buch Deuteronomium das
Exil in Babylon als Konsequenz, dass Israel die Gesetze Gottes gebrochen
hat: Fremde Götter wurden verehrt und die Verantwortung zum Aufbau
einer gerechten Gesellschaft vernachlässigt. In Israel herrschten Armut und
Elend. Die Zerstörung Israels – zuerst des Nord-, dann des Südreiches – und
die damit verbundenen Deportationen ins Exil waren die Folge. Denn ein
Volk, in dem Unrecht und Ungerechtigkeit herrschen, hat keinen Bestand –
so die theologischen und politischen Schlussfolgerungen der Verfasser. Die
biblischen Autoren deuten diese Ereignisse und ihre schmerzhaften, leid-
vollen Konsequenzen als Strafe und Fluch Gottes: als Hinweis darauf, dass
Gott Umkehr und Wiedergutmachung verlangt.

Viele der biblischen Texte können daher als Selbstkritik einer Migran-
tengemeinschaft in einer katastrophalen Lebenssituation gelesen werden.[16]
Freilich wird auch die Gewaltherrschaft Ägyptens, Assurs, Babylons heftig
kritisiert. Im Zentrum aber steht die Frage: Was bedeuten diese Ereignisse
für *uns*? Was fordert Gott von *uns*? Welche Umkehr ist nötig – für *uns*?
Während Ägypten, Assur, Babylon keinen Bestand haben werden, wird
diese Art des Theologiebetreibens Israel eine Zukunft eröffnen – denn sie
eröffnet die Möglichkeit zu religiöser, ethischer und politischer Erneuerung.

Migrationserfahrung lässt demnach Theologie entstehen. Der ethische
Monotheismus wird wesentlich auch Migrations-Phänomenen abgerungen.
Gebildete Bibelleser wissen um diesen Umstand, messen ihm aber in der
Regel nur kontingente und formale, aber keine theologische oder gar spi-
rituelle Bedeutung zu. Aber kann man so die Texte angemessen deuten?

---

[16] Die Selbstkritik der MigrantInnen obliegt deren Verantwortung. Da ich zur Gruppe der
Seßhaften gehöre, konzentriere ich mich auf die Notwendigkeit zur Selbstkritik: Was bedeutet
diese Beobachtung für die europäischen Mehrheitsgesellschaften und insbes. ChristInnen, die
sich wohl nur schwer unmittelbar mit dem Migrantenvolk, sondern eher zunächst mit
Ägypten identifizieren werden müssen? Diese Erkenntnis muss hermeneutische Auswirkungen für die Textdeutung haben. Aus einer praktisch-theologischen Perspektive muss bei
der Interpretation biblischer Texte immer auch der sozioökonomische und –kulturelle
Kontext sowohl der Verfasser als auch der Interpreten berücksichtigt werden. Täter dürfen
sich demnach nicht mit Opfern identifizieren.

Könnten die aktuellen Ereignisse nicht ein Hinweis sein, dass den Migrationen auch *theologischer* Sinn innewohnt?

Die Erfahrung von Migration prägt die Wirklichkeitsdeutung der Schrift bereits in der Genesis. Migrationserfahrungen sind nicht selten die Matrix, in die Gottes Offenbarung eingeschrieben wird. Die Geschichte der Menschheit beginnt mit der Vertreibung aus dem Paradies, verbunden mit der Fähigkeit Gut und Böse unterscheiden zu können – und zu müssen. Mensch-Sein heißt vertrieben sein. Kain „geht sodann weg vom Herrn" (Gen 4,16) – und je mehr sich die Nachfahren Kains vom Garten Eden entfernen, umso größer werden Gewalt und Sünde. Der „Neustart" der Schöpfung nach der Sintflut beginnt mit der Auswanderung Noahs. Abraham muss seine Heimat verlassen, um zum Segen für alle Völker werden zu können. Sein Urenkel Josef macht als Zuwanderer Karriere am Königshof Ägyptens, bis die Nachkommen dem Pharao unheimlich[17] und versklavt werden.

Aufbruch, Flucht, Vertreibung, Erfahrungen von Fremdheit ohne Ende.

2. Migration: Ein Segen

Mühsam lernen die biblischen MigrantInnen, dass und wie der Fluch der Migration zum Segen gereichen kann. Aus den katastrophalen Erfahrungen werden spirituelle, ethische und politische Konsequenzen gezogen; aus der bitteren geschichtlichen Erfahrung wird gelernt: Rechte Gottesverehrung und eine soziale Gerechtigkeitspraxis, ein hohes soziales Ethos und der Aufbau einer gerechten Gesellschaft ohne Arme sollen fortan solche Katastrophen verhindern helfen. Die Verpflichtung, die eigene Geschichte nicht zu vergessen, Täter wie Opfer beim Namen zu nennen, und sich durch Erinnerung und Lernen immer wieder aufs Neue dieser Erfahrungen zu vergewissern,[18] sollen Zusammenleben und Frieden sichern. Den Erfah-

---

[17] Vgl. Exodus 1,8–12: „In Ägypten kam ein neuer König an die Macht, der Josef nicht gekannt hatte. Er sagte zu seinem Volk: Seht nur, das Volk der Israeliten ist größer und stärker als wir. Gebt Acht! Wir müssen überlegen, was wir gegen sie tun können, damit sie sich nicht weiter vermehren. Wenn ein Krieg ausbricht, können sie sich unseren Feinden anschließen, gegen uns kämpfen und sich des Landes bemächtigen. Da setzte man Fronvögte über sie ein, um sie durch schwere Arbeit unter Druck zu setzen. Sie mussten für den Pharao die Städte Pitom und Ramses als Vorratslager bauen. Je mehr man sie aber unter Druck hielt, umso stärker vermehrten sie sich und breiteten sie sich aus, sodass die Ägypter vor ihnen das Grauen packte. Daher gingen sie hart gegen die Israeliten vor und machten sie zu Sklaven."

[18] Vgl. Dtn 6: „Und wenn der Herr, dein Gott, dich in das Land führt, von dem du weißt: er hat deinen Vätern Abraham, Isaak und Jakob geschworen, es dir zu geben – große und schöne Städte, die du nicht gebaut hast, mit Gütern gefüllte Häuser, die du nicht gefüllt hast, in den

rungen der Katastrophen wird Schritt für Schritt *praktisch*-theologisch Sinn abgerungen. Statt die Ereignisse mit theologischem Vokabular zu legitimieren, weg- oder schönzureden, ziehen die Verfasser der Texte handfeste praktische Konsequenzen aus ihren Erfahrungen: Wir brauchen Feste und Feiern des Erinnerns und Lernens. Wir brauchen eine Liturgie, die uns hilft, Gott zu verehren. Wir brauchen ein Recht und Gesetze, die Armut verhindern und die Schwächsten der Gesellschaft sowie die Fremden schützen. Das Alte Testament erzählt, wie dies gelernt und konkret umgesetzt wird. So kann der Fluch der Migrationserfahrungen zum Segen werden. Segen bedeutet: Gutes Leben wird wieder möglich, das Leben kann wachsen, gedeihen und mit Freude und Dankbarkeit erfüllen. Als treuer Begleiter in diesen Lern- und Erkenntnisprozesses wird Gott selbst erkannt. Gott wird erfahren als jene Wirklichkeit, die aus dem Fluch von Exil und Diaspora befreit.

Auf diese Weise wird den Erfahrungen von Katastrophen immer wieder Sinn abgerungen. Das Leben kann weitergehen. Freilich, nicht immer so, wie man es sich gewünscht hatte. Mit vielen Opfern, die nicht vergessen werden dürfen, damit sich die Geschichte nicht wiederholt. Aber Katastrophen, Leid und Tod haben nicht das letzte Wort. Immer wieder entsteht neues Leben – durch jene Wirklichkeit, die „JHWH" genannt, als begleitende Gegenwart erkannt wird.

Diese Dynamik hat aber Voraussetzungen, damit sie sich entfalten kann. Sie verlangt wahrhaftige und nüchterne Selbstwahrnehmung, Selbstkritik und die Bereitschaft zu Umkehr und Reue: Was haben *wir* zu unserer Situation beigetragen? Was müssen *wir* verändern?

Die Gemeinden der Schriften des Neuen Testaments lebten zwar nicht mehr als Flüchtlinge und Migranten, aber auch ihre Lebenssituationen waren katastrophal. Nicht wenige Familien in den Gemeinden waren Opfer der Massenkreuzigungen der Gewaltherrschaft des Imperium Romanum; mit der Zerstörung des Tempels in Jerusalem hatten auch Judenchristen ihr kultisches Zentrum und damit ihre Hoffnungen verloren; in der heidnischen Welt erlebten sie sich als Fremdkörper. In dieser Situation wird nun erneut auf jene Narrative der Tradition zurückgegriffen, die schon mehrfach dabei geholfen haben, in verzweifelten Situationen Sinn und Hoffnung zu schöpfen: Narrative, die im Kontext von Migrationserfahrungen entstanden sind.

Kern dieser Narrative ist die Erfahrung, dass Gott inmitten größter Hoffnungslosigkeit neues Leben schaffen kann. Gott kann selbst Tote zum

---

Felsen gehauene Zisternen, die du nicht gehauen hast, Weinberge und Ölbäume, die du nicht gepflanzt hast -, wenn du dann isst und satt wirst: nimm dich in Acht, dass du nicht den Herrn vergisst, der dich aus Ägypten, dem Sklavenhaus, geführt hat."

Leben erwecken. Das wissen bereits Propheten wie Ezechiel, der ganz Israel von den Toten auferstehen sieht (Ez 37). In Jesus von Nazareth wird diese Hoffnung konkret. Dieser Gott steht auf der Seite der Armen, Ausgeschlossenen und Fremden und erklärt den Rand zur Mitte. Dieser Gott lässt die Ohnmacht zur Macht werden. Diese Grunderfahrungen geben den Gemeinden des Anfangs Hoffnung. Sie verdichten sich im Glauben an den auferstandenen Christus.

Wie sehr die frühen ChristInnen ihre Lebenssituation mittels migrantischer Hermeneutik interpretiert haben, lassen viele Texte des Neuen Testaments erkennen. So lässt Lukas das Leben des Jesus von Nazareth an der sozialen Peripherie einer fremden Stadt beginnen. Die religiöse und soziale Veränderung beginnt nicht im politischen und religiösen Zentrum der Macht, sondern an dessen Rand. Das Motiv von Jesu Geburt in Bethlehem, sein Leben in Galiläa – also am Land bei den einfachen, armen Leuten – führt die Erfahrungen Israels mit einem Gott auf der Seite der Marginalisierten konsequent weiter. Jesus verkündet seine Botschaft als Wanderprediger in Galiläa und wird als Heimatloser beschrieben (Lk 9,58). Matthäus wiederum greift auf das Motiv der Flucht nach Ägypten zurück, aus dem auch Jesus geholt werden muss (Mt 2,13–15).[19] Damit wird nicht nur bestätigt, dass Jesus zuinnerst mit Israel verbunden ist, auch die Parallele mit Moses ist offenkundig. Zugleich kann Ägypten so zum Ort möglicher Befreiung werden. Denn Jesus überschreitet die Grenzen Israels und kann zum Messias der Völker werden, die auf diese Weise ihren Weg zum Gott Israels finden. Erneut wird an einem Migranten Gottes Wirken erkennbar.

Die Heimatlosigkeit des Jesus von Nazareth wird auch für seine Jünger zur Verpflichtung und Voraussetzung, um das Reich Gottes verkünden können. Das Selbstverständnis als „Fremde" und „Gäste" auf Erden (Hebr 11,13; 1 Petr 2,11) gehört zum Selbstverständnis der ersten ChristInnen ebenso wie die Erfahrung der Diaspora. Durch Christus aber sind nun auch Heiden im Reich Gottes nicht mehr „Fremde ohne Bürgerrecht", sondern „Mitbürger der Heiligen und Hausgenossen Gottes" (Eph 2,19). Wenn schließlich im Hebräerbrief (Hebr 13,2) die Gemeinde gemahnt wird: „Vergesst die Gastfreundschaft nicht; denn durch sie haben einige, ohne es zu ahnen, Engel beherbergt", wird hier nicht nur an das Fremdengesetz des AT angeschlossen, sondern auch das Risiko benannt, Fremde aufzunehmen. Denn vor der Tür dieser verfolgten Diasporagemeinde konnte auch ein römischer Soldat stehen.[20] Es ist also keinesfalls harmlos, Fremde aufzu-

---

[19] Vgl. Thomas Söding: Das Refugium des Messias. Die Flucht der Heiligen Familie nach Ägypten, in: IKaZ Communio 4 (2015), 343–354.

[20] Diese Interpretation verdanke ich der Bibelwissenschaftlerin Ursula Rapp.

nehmen – und dennoch in biblischer Tradition verpflichtend. Christus selbst begegnet im Fremden (Mt 25).

Die biblischen Erzählungen können auch gelesen werden als Lerngeschichte im Kontext von Migration. Die dabei gewonnenen Erkenntnisse können vor allem in bedrohlichen Lebenssituationen immer wieder fruchtbar gemacht werden. Auch das Diktum von der pilgernden Kirche hat hier seinen Ursprung und erweist sich als alles andere denn als harmlose, fromme Metapher.

Kann es sein, dass Migrationserfahrungen – auch wenn man sie nicht unmittelbar selbst erlebt hat – in besonderer Weise geeignet sind, für die Wahrnehmung der Präsenz Gottes zu sensibilisieren? Sind die dabei gewonnenen theologischen Einsichten in besonderer Weise belastbar, tragfähig und nachhaltig? Erfahrungen von Ohnmacht und Hoffnungslosigkeit, von Ausgeliefertsein und Abhängigkeit, von Fremdheit und Nicht-Zugehörigkeit sind nicht notwendig an Flucht und Migration gebunden. Aber sie können sichtlich dabei helfen, sich für die Frage nach Gott zu öffnen und auf ihn hören zu lernen.

3. Vom Fluch zum Segen heute

3.1 Keine Alternative zur Suche nach Sinn und Hoffnung

Wäre dies nicht auch eine der zentralen Herausforderungen von Pastoral und Theologie: den *gegenwärtigen* Migrationserfahrungen Sinn abzuringen – also Wachstum und Vertiefung des Glaubens zu fördern und das Engagement für Gerechtigkeit zu stärken? Ohne nach diesem inneren, dem *theologischen* Sinn der Ereignisse zu fragen, wird nämlich jenen, die sich im Bereich der Flüchtlingshilfe engagieren, langfristig die Luft ausgehen. Auch für das politische Engagement im Bereich von Flucht und Migration werden ChristInnen viel Mut, Durchhaltevermögen und Widerstandskraft benötigen. Denn wir stehen erst am Beginn epochaler globaler Umwälzungen. Linda Jones, die theologische Leiterin der Caritas Europa, fragte bei einem Kongress: „Europa droht wegen zwei Millionen Flüchtlingen zusammen zu brechen. Was tut Ihr, wenn Bangladesch unter Wasser steht und 150 Millionen Menschen auf der Flucht sind?"[21]

Wenn Menschen die zukünftigen Herausforderungen nicht nur erleiden, sondern gestalten wollen, benötigen sie Sinn. Wenn aus dem, was viele

---

[21] Am internationalen Kongress "Towards a European Theological Ethics of Migration and its Implications for Catholic Social Thought", Universität Leuven, 30. Oktober 2015.

gegenwärtig als Fluch erleben, ein Segen werden soll, brauchen Menschen Hoffnung. Dies gilt insbesondere für jene europäische Mehrheit der erwachsenen Bevölkerung, die der IPSOS-Studie[22] vom Sommer 2016 zufolge Zuwanderung ablehnt – obwohl (oder weil) so mancher von ihnen noch nie mit einem Migranten gesprochen hat. An dieser Stelle muss man erwähnen, dass empirisch nachweisbar auch ein Generationen- und ein Geschlechterproblem besteht. Junge Menschen und Frauen sind mit höherer Wahrscheinlichkeit bereit, Flüchtlinge und MigrantInnen aufzunehmen als ältere Menschen und Männer sowie ebenso weniger rassistisch und neoautoritär eingestellt.[23]

Die Schwierigkeiten und Bedrohungen im Kontext von Flucht und Migration sollen und dürfen damit keineswegs ausgeblendet werden. Sie müssen benannt werden. Aber erst Sinn und Hoffnung machen es möglich, auf die Schwierigkeiten ohne Hass und Ressentiment zu reagieren und nach Lösungen zu suchen. Denn natürlich sind, wie auch in den europäischen Bevölkerungen, unter den ankommenden Menschen Patriarchen, Kriminelle und Gewalttäter. Mit dem Einfluss des Salafismus muss man sich ebenso auseinandersetzen wie dem Rechtsautoritarismus in der Kirche. Der Rechtsradikalismus mancher MigrantInnen ist ebenso bedrohlich wie jener der Rechtsradikalen, die Asylunterkünfte anzünden. Die konsequente europäische Ausgrenzungspolitik wird ohne Zweifel den Hass gegen den Westen schüren und Europa noch so manche Terrorattacke bescheren. Terror, politischer Islamismus und Dschihadismus sind reale Gefahren in und für Europa.

Und dennoch bzw. gerade deshalb ist es alternativlos, sich gemeinsam mit Flüchtlingen und MigrantInnen für ein friedliches Zusammenleben zu engagieren und den Ereignissen Hoffnung und Sinn abzuringen.

Ich zitiere den französisch-libanesischen Schriftsteller Amin Maalouf:

„Entweder können wir in diesem Jahrhundert eine gemeinsame Zivilisation aufbauen, mit der jeder sich identifizieren kann, die von denselben universellen Werten zusammengehalten, von einem kraftvollen Glauben an das

---

[22] Studie des Markt- und Meinungsforschungsinstitutes IPSOS vom Sommer 2016, vgl. „Europäer sehen Zuwanderung besonders kritisch", vgl. URL: http://www.zeit.de/gesellschaft/2016-08/zuwanderung-migration-internationale-umfrage-europa (30.06.2017).

[23] Shell-Studie 2016, Zusammenfassung, vgl. URL: http://www.shell.de/ueber-uns/die-shell-jugendstudie/multimediale-inhalte/_jcr_content/par/expandablelist_643445253/expandablesection_1535413918.stream/1456210063290/ace911f9c64611b0778463195dcc5daaa039202e320fae9cea34279238333aa4/shell-jugendstudie-2015-zusammenfassung-de.pdf (30.06.2017). Dazu auch Harald Welzer/Richard David Precht: Jugend an die Macht!, in: „Die Zeit" vom 19. März 2016, vgl. URL: http://www.zeit.de/2016/13/migration-debatte-gefluechtete-zuversicht-jugend (30.06.2017).

Abenteuer Menschheit geleitet und durch all unsere kulturellen Unterschiede bereichert wird; oder wir gehen alle in einer gemeinsamen Barbarei unter."[24]

3.2 Sinn abringen: Wie?

Wie lässt sich nun jener Sinn, den ich meine, den konkreten Ereignissen abringen?

Jeder, der sich in der konkreten Flüchtlingsarbeit engagiert, weiß, wie Sinn gelernt wird: Sinn erschließt sich im Handeln. Sinn ist allem voran eine praxis-bezogene Kategorie. Nicht ohne Grund haben Menschen, die sich engagieren, weniger Angst vor MigrantInnen und fühlen sich weniger ohnmächtig.[25]

Das Leben und Lernen von und mit Flüchtlingen ist zwar nicht immer einfach, aber dabei können Freundschaften entstehen. Wie sehr die Aufnahme von Flüchtlingen die Kirchen beleben kann, lehrte das vergangene Jahr. Rainald Tippow, der Flüchtlingskoordinator der Erzdiözese Wien, berichtet in seiner Jahresbilanz zum „Flüchtlingsjahr" 2015/2016[26] von wahren Wundern der Hilfsbereitschaft und des Zusammenarbeitens. Selbst Pfarren, die bisher gegen jeden Reformversuch immun waren, waren plötzlich zur Zusammenarbeit bereit. Tippow berichtet allerdings auch von Polarisierungen. Freundschaften zerbrachen, ja ganze Familien zerstritten sich wegen der Flüchtlingsthematik. Nicht jede/r ChristIn, nicht jede/r Katholikin ist mit der migrationstheologischen Tradition seines bzw. ihres Glaubens vertraut.

Daher besteht eine wichtige Aufgabe darin, diese Dimension in der Pastoral – in Verkündigung und Katechese, in Predigt und Liturgie – in Erinnerung zu rufen. Glaube ist nicht nur Heimat und Schutz, Trost, Halt und Sicherheit. Das ist laut biblischer Glaubenserfahrung nur die halbe Wahrheit. Die Erfahrung eines fremden und unbekannten, oft auch unheimlichen Gottes, der Aufbruch und Veränderung verlangt und Katastrophen scheinbar nicht verhindert, wird gerne verschwiegen. Der Glaube wird missverstanden als Lehrgebäude von Vorstellungen, an die man glau-

---

[24] Amin Maalouf: Die Auflösung der Weltordnungen, Berlin 2010, 27.

[25] Vgl. die Studie von Paul M. Zulehner zu den Ängsten der Mehrheitsbevölkerung im Kontext von Flucht und Migration: Paul Zulehner: Entängstigt euch! Die Flüchtlinge und das christliche Abendland, Ostfildern 2016.

[26] Vgl. „Erzdiözese Wien: „Flüchtlinge baden Fehler aus", in: „Die Presse" vom 14. September 2016, vgl. URL: http://diepresse.com/home/panorama/wien/5085425/Erzdioezese-Wien_ Fluechtlinge-baden-Fehler-aus (30.06.2017).

ben lernen soll. *Wie* solcher Glaube der konkreten Geschichte abgerungen wurde und wird, ist nicht immer bekannt. JHWH ist kein Gott, der sich mit Bildern und Vorstellungen festlegen lässt. JHWH ist eine Wirklichkeit, zu der man in einer Beziehung stehen kann – mit allen Höhen und Tiefen. Menschen beim Aufbau einer solchen Beziehung zu begleiten, gehört zu den großen seelsorglichen Aufgaben der Stunde.[27] JHWH, der Name des Herrn, ist Präsenz. JHWH bedeutet Veränderung. Oder wie der französische Theologe Michel de Certeau den Gottesnamen übersetzt: „Ich habe keinen Namen als das, was Dich aufbrechen lässt."[28]

4. Hoffen lernen als spirituell-pastoral-politische Aufgabe

Wer aufbrechen soll – ob Sesshafte, Flüchtlinge und MigrantInnen – braucht Hoffnung.

In der Sprache der Geschichts- und Sozialwissenschaften: Europa braucht einen Narrativ über Migration und Flucht, der positiv und ressourcenorientiert ist. Die Potentiale von Migration sind wissenschaftlich längst nachgewiesen. Demographen und Historiker haben mehrfach belegt, dass Migrationen immer ein unverzichtbarer Motor für gesellschaftlichen Fortschritt in allen Lebensbereichen waren.[29] Die Ökonomen können sogar den Gewinn ausrechnen, den MigrantInnen einer Volkswirtschaft gebracht haben und bringen werden.[30] All diese Argumente verhallen oftmals ungehört. Moralische Appelle erweisen sich oftmals als zwecklos. Hoffnung aber „kann" mehr als Fortschritt und Moral. Allerdings: Europa fehlt die Hoffnung.

Meine These: Unsere Gesellschaften sind zwar unentwegt dabei, Zukunft zu erforschen und Zukunftspläne zu entwerfen, aber inmitten dieses Getriebes scheint mir gegenwärtig in einem großen Teil der Bevölkerung nichts weniger zur Verfügung zu stehen als Hoffnung, gebildete Hoffnung.

Solche Hoffnung wäre einer jener spirituell-praktischen Beiträge, den die Kirchen einbringen können.

---

[27] Übrigens auch in der MigrantInnenseelsorge, denn auch der Glaube von MigrantInnen kann massiv erschüttert sein.

[28] Michel de Certeau: Mystische Fabel. 16. und 17. Jahrhundert, Berlin 2010 (1982), 289.

[29] Z.B. Massimo Livi Bacci: Kurze Geschichte der Migration, Berlin 2015 (2010); Oltmer, Globale Migration.

[30] Z.B. OECD (Migration Policy Debates, May 2014): Is migration good for the economy?,vgl. URL: https://www.oecd.org/migration/OECD%20Migration%20Policy%20Debates%20Nu mero%202.pdf (30.06.2017): OECD (Policy Brief, May 2014): The Fiscal and Economic Impact of Migration, URL: https://www.oecd.org/policy-briefs/PB-Fiscal-Economic-Impact-Migration-May-2014.pdf (30.06.2017).

4.1. Was ist Hoffnung?

Hoffnung meint nicht Optimismus, denn wie der Pessimismus ist dieser eine emotionale Verstimmung, die die Wirklichkeit einseitig verzerrt wahrnimmt. Hoffnung erlaubt, die Wirklichkeit ungeschönt beim Namen zu nennen. Hoffnung sieht aber auch die kleinen Hoffnungsorte und -zeichen, die es gibt. Aus der Sicht historischer Rationalität gibt die aktuelle globalpolitische Lage zudem wenig Grund zu Optimismus. Wer geschichtliche Dynamiken studiert hat, wird für Europa mittelfristig auch bürgerkriegsähnliche Zuständen in Europa nicht ausschließen können – wenn nicht *jetzt* etwas gegen die schleichende Erosion von Demokratie, die schrittweise Verschiebung normativer Richtlinien im Bereich politischer Ethik und den ethischen Nihilismus[31], die Verrohung politischer Moral und Sprache und die Erstarkung des Autoritarismus unternommen wird. Nicht ohne Grund hat Papst Franziskus schon mehrfach darauf hingewiesen, dass wir uns in einer Art „Drittem Weltkrieg"[32] befinden.

Hoffnung bezieht sich auch nicht auf die Extrapolation menschlicher Illusionen und Allmachtsphantasien, menschlicher Vorstellungen von Glück, menschlicher Wünsche nach Sicherheit, Wohlstand und Macht in die Zukunft. Hoffnung verwechselt nicht die berechtigte Sehnsucht nach einem guten Leben und Frieden mit risikobefreiter und problemloser Sicherheit.

Aus psychologischer Sicht meint Hoffnung die Fähigkeit, Verlust- und Trennungserfahrungen schöpferisch und lebensförderlich zu verarbeiten. Ermöglicht und gestärkt wird diese Fähigkeit wesentlich durch Erinnerungen an gute Erfahrungen wie z. B. die Erfahrung an Liebe und Zuwendung, die man in Zeiten der Krise erfahren hat. Hoffnung zeigt sich aber auch in der Fähigkeit einer ahnenden, sehnenden Vorwegnahme von Zukunft: im Mut zu träumen und sich eine bessere Zukunft auszumalen sowie in einem Sinn für die Möglichkeiten, die das Leben bereithält. All diese psychologi-

---

[31] Damit bezeichne ich mit Friedrich Nietzsche die ständige Umwertung aller Werte im Verein mit der Behauptung, es gäbe keinerlei Wahrheit und damit verbundene normative Kategorien.

[32] Vgl. Andreas Kohlmann, Vatikan-Experte: „Warum Papst Franziskus vom „Dritten Weltkrieg" spricht" (17. Mai 2016), vgl. URL: https://web.de/magazine/politik/vatikan-experte-papst-franziskus-dritten-weltkrieg-spricht-31214516 (30.06.2017); Merkur.de: „Der Papst, der Dritte Weltkrieg und der IS. Was steckt dahinter?", vgl. URL: http://www.merkur.de/politik/so-sieht-papst-franziskus-den-dritten-weltkrieg-und-diese-rolle-spielt-der-is-dabei-5877159.html (30.06.2017). Der Papst hat mehrfach von einem „Dritten Weltkrieg" gesprochen: auf dem Rückflug von seiner Reise nach Südkorea (August 2014), bei einer Messe angesichts des 100. Gedenktages des Ausbruches des Ersten Weltkrieges (September 2014), bei einer Messe im Kosevoa-Stadion in Sarajevo (Juni 2015), bei der Willkommenszeremonie in Kuba (September 2016).

schen Dimensionen von Hoffnung sind freilich maßgeblich geprägt von und durch Lebenserfahrung und können als Fähigkeiten daher bei Menschen sehr verschiedenartig ausgebildet sein.

Die in der biblischen Tradition erfahrene und gelernte Hoffnung stellt nun Möglichkeiten bereit, in Gespräch und Auseinandersetzung mit diesen jahrhundertealten Hoffnungen die je individuelle, aber auch die gemeinsame Hoffnungskraft neu oder wieder zu entdecken, zu entfalten sowie weiterzubilden. Die eigenen „kleinen" Hoffnungsgeschichten und-kräfte können sich in die große Hoffnungsgeschichte ein"weben", einbetten und von daher Unterstützung, Förderung, Kraft bekommen. Dies setzt freilich die Fähigkeit voraus, die Tradition in die Gegenwart übersetzen zu können und daher auch eine fundierte Kenntnis von Tradition und Gegenwart.

Solche Hoffnung ist aus biblischer Sicht also immer „gebildete" Hoffnung, „gelehrte" Hoffnung[33] (*docta spes*). Hoffnung bildet sich an und in der Reflexion der erinnerten Tradition sowie an und in der gründlich erforschten Gegenwart. Hoffnung ist eine Folge von gemeinschaftlichen, dialogischen Prozessen des Erinnerns und Lernens. Ohne solche Bildung ist Hoffnung bloß Ein-Bildung.

Theologisch formuliert bedeutet dies: Hoffnung beschreibt die Gabe und Fähigkeit, in schwierigen Zeiten die Orientierung an Gott nicht zu verlieren: damit auch die Möglichkeit, sich an Gottes Gebote und Zusagen, Verheißungen und Versprechen zu erinnern, d.h. sich diese vergegenwärtigen zu können. Hoffnung bedeutet, sich im Licht der gegenwärtigen Herausforderungen das bisherige Wirken Gottes in der Geschichte in Erinnerung zu rufen und sich auf diese Weise der verheißenen, versprochenen Zukunftsperspektiven zu vergewissern. Auch die theologische Tugend der Hoffnung bildet sich durch Erinnerung und durch Lernen. Sie entsteht in Gebet und Schriftlektüre, in der Liturgie und im konkreten Handeln der Nachfolge. Denn zum Spezifikum der Hoffnung gehört aus biblischer Sicht deren untrennbare Verbindung mit der konkreten Praxis.

Die Hoffnung ist also nicht bloß ein frommes Gefühl – auch wenn es hilfreich sein kann, ihre Dynamik auch leibhaftig *spüren* zu können: Denn sie erfüllt mit Freude. Aber manchem Menschen ist solches Spüren infolge eines schwierigen, leidgeprüften Lebens vielleicht nur eingeschränkt möglich oder grundsätzlich nicht gegeben. Hoffnung hängt aber eben nicht von Gefühlen ab. In erster Linie ist sie ein *geistiger* – ein mentaler und spiritueller – Transformationsvorgang. Dieser besteht darin, dass man übt und lernt, die Gegenwart im Licht der in der Vergangenheit ergangenen Zukunftsverheißungen zu verstehen und daraus Zukunftsperspektiven zu erahnen –

---

[33] Vgl. Ernst Bloch: Prinzip Hoffnung. Werkausgabe Band 5, Frankfurt am Main 2015.

Zukunft freilich im Sinne des *Adventus*, der uns entgegenkommenden Zeit Gottes, der für uns für- und vorsorgt (*providentia*); nicht im Sinne jenes *Futurums*, bei dem Menschen Vergangenheit und Gegenwart in die Zukunft ausdehnen und die Vorsehung (*providentia*) Gottes mit der Vorhersehung Gottes verwechseln. Hoffnung beschreibt auch eine andere Form der Wahrnehmung von Wirklichkeit und Zeit: der Zeit Gottes.

Als solcherart gebildete Hoffnung kann diese dann aber immer auch gute Gründe nennen: wie es auch im ersten Petrusbrief zu lesen ist: „Seid stets bereit, jedem Rede und Antwort zu stehen, der nach der Hoffnung fragt, die euch erfüllt." (1 Petr 3,15).

Hoffnung ist niemals frei von Angst und Zweifel. Auch ein tief gläubiger Mensch kennt solche Situationen. Hoffnung ohne Mehrdeutigkeiten, Ambivalenzen, Spannungen steht immer im Verdacht, eine pseudo-religiöse Droge zu sein – verbunden mit Ausblendung und Leugnung von Wirklichkeit, Verblendung und Verzerrung und Weltflucht. All dies findet sich in biblisch bezeugter Hoffnung nicht. Diese Hoffnung kann es riskieren, die Wirklichkeit wahrzunehmen, wie sich zeigt – in Schönheit und Schrecken. Aber die biblische Hoffnung hat gelernt: Der Schrecken hat nicht das letzte Wort.

Nicht zuletzt bedeutet Hoffnung immer auch Widerstand. Die Erinnerung an die Verheißungen der Zukunft lässt nämlich immer auch die Differenz zur Gegenwart bewusst werden – oftmals schmerzhaft. So aber kann auch das Handeln stimuliert werden, die Gegenwart ein Stückweit „besser" zu gestalten. Hoffnung erzeugt auf diese Weise auf der Basis von Differenzerfahrung Unruhe und Widerspruch. Sie ist ein Stachel im Fleisch all jener, die sich hier auf Erden eine bleibende Statt einrichten wollen. Kraft der Hoffnung wollen Christinnen und Christen der Wirklichkeit nicht „die Schleppe nachtragen", sondern die „Fackel voran"[34].

Hoffnungs-Widerstand zeigt sich im Kontext von Flucht und Migration auf viele verschiedene Arten: als „Nein" im Einsatz gegen ungerechte Asylgesetze und Abschiebungen bereits integrierter Familien; als Perspektivwechsel entgegen der „üblichen" Blickweise, z. B. im achtsamen Blick für Potentiale von Menschen; als „Ja" im Aufbau eines Flüchtlingshilfezentrums.

In der Theologie ist der Ort der Hoffnung traditionell die Eschatologie: weniger die Lehre von „den letzten Dingen" als vielmehr der Erfahrungsschatz dessen, worauf Gläubige hoffen dürfen. Mit dem großen Theologen

---

[34] Originalzitat von Jürgen Moltmann: Theologie der Hoffnung. Untersuchungen zur Begründung und zu den Konsequenzen einer christlichen Eschatologie, Gütersloh 2016 (1964), 14.

der Hoffnung Johann B. Metz handelt es sich dabei um die Hoffnung, dass Gott ein Gott der Lebenden und der Toten ist; die Hoffnung auf (Welt) Gericht und Gnade und die Entwicklung universaler sozialer Gerechtigkeit; die Hoffnung auf die Wiederkehr Christi und die Auferstehung von den Toten.[35] All diese Hoffnungen erfüllen sich nicht erst nach dem Tod, sondern lassen sich heute schon im Fragment erahnen: z. B. an all den Orten, wo Menschen bereit sind, mit schutzsuchenden Menschen gemeinsam zu leben, zu feiern und von und mit ihnen zu lernen.

Die Heilige Schrift schildert diese Hoffnungen in unzähligen Bildern: In der Wallfahrt der Völker zum Zion (Jes 2,3; Jes 60,4–9; Jes 66,18; Mich 4,1); in der Geburt einer neuen Schöpfung, in deren Wehen wir uns gerade befinden (Röm 8,22); nicht zuletzt in den Erzählungen und Gleichnissen des Reiches Gottes, in dem alle Krankheiten geheilt, alle sozialen, politischen, religiösen Ordnungen so verändert sind, dass sie dem Menschen dienen[36].

Diese Bilder werden zur Wirklichkeit, wenn sie mit Menschen in der und in die Gegenwart übersetzt werden: In welcher Gesellschaft wollen wir leben? In welcher Welt wollen wir leben? Wovon träumen wir? Wonach sehnen wir uns? Und welche praktischen Möglichkeiten sehen wir, diese Bilder der Zukunft wirklich werden zu lassen? Unsere Visionen und Utopien der Zukunft können mit den Verheißungen der Bibel in ein kritisches und selbstkritisches Gespräch gebracht werden. Nicht zuletzt hilft der Blick auf das, was bereits geschieht – auf die Hoffnungsorte der Gegenwart – Hoffnung zu lernen und die Erfahrungen für andere fruchtbar zu machen.

In der Pastoral vieler Gemeinden wurde auf diese Dimension viel zu lang vergessen: Worauf hoffen Christinnen und Christen in Europa?

Migration kann helfen, die Hoffnung der Gläubigen wieder zu wecken.

In diesem Sinn konnte Papst Franziskus am 19. April 2016 zu den Flüchtlingen auf Lesbos sagen: „Ihr werdet als Problem behandelt und seid in Wirklichkeit ein Geschenk"[37].

---

[35] Unsere Hoffnung. Ein Bekenntnis zum Glauben in dieser Zeit. Beschluss der Würzburger Synode vom 23. November 1975, URL: https://www.weltanschauungsfragen.de/assets/Do kumente/Kirchliche-Verlautbarungen/03UnsereHoffnung.pdf (30.06.2017).
[36] Vgl. Urs Eigenmann: Das Reich Gottes und seine Gerechtigkeit für die Erde. Die andere Vision vom Leben, Luzern 1998.
[37] „Franziskus entschuldigt sich bei Flüchtlingen", in: „Die Zeit" vom 19. April 2016, vgl. URL: http://www.zeit.de/gesellschaft/zeitgeschehen/2016-04/papst-franziskus-fluechtlinge-eu-ent schuldigung (30.06.2017).

4.2 Was steht solcher Hoffnung im Weg?

Neben den praktischen und politischen Herausforderungen in der konkreten Flüchtlingsarbeit stehen Europa die wirklichen Mühen erst noch ins Haus: die Herausforderung, in den europäischen Migrationsgesellschaften in Gerechtigkeit und Frieden zusammen leben zu lernen und Verschiedenheit als „Normalität" anzuerkennen.

Migrationen sind keine vorübergehende Störung. Die ganze Gesellschaft wird sich verändern – und verändern müssen. Weil das jedem denkenden Menschen klar ist, ist auch der Widerstand besonders groß: v. a. bei jenen, die im System etabliert und an nichts so wenig interessiert sind wie an Veränderung; und bei jenen, die gute Gründe haben zu fürchten, dass sie zu den VerliererInnen dieses Umbruchs gehören werden. Hinzu kommt die bedrohliche Gleichzeitigkeit der globalen Herausforderungen: die globalen sozialen Exklusionsprozesse, die Produktion überflüssiger Menschen durch das neoliberale Finanzsystem, der Klimawandel, die Demographie. Das kann Ohnmacht erzeugen.

Wir brauchen also Hoffnung.

Die Quellen zu dieser Hoffnung sind jedoch aktuell „verstopft". Das hat mehrere Ursachen.

4.2.1 Schwierigkeiten bei der Umkehr

Zuallererst braucht Hoffnung die Bereitschaft zur Umkehr. Das ist zunächst ein schmerzhafter Vorgang, dem man sich gerne entzieht.

Europa müsste sich eingestehen, dass seine Zivilisation nicht auf der Seite der Opfer steht. Freilich, auch innerhalb Europas gibt es erschreckende Armut, vor allem im Süden und Osten und unter den jungen Menschen, die lt. einer EU-Studie die Hauptlastenträger der Finanzkrise von 2008 sind.[38] Aber als politisch-ökonomisch-technokratisches Machtsystem, das auch Teile seiner autochthonen Bevölkerung bedroht, lässt sich Europa (und mit ihm die USA) wohl eher mit Ägypten oder dem Imperium Romanum als mit dem Migrantenvolk Israel vergleichen. Das ist keine sehr angenehme Einschätzung.

Gott aber ist parteiisch. Er steht auf Seiten der Armen: nicht gegen die Reichen, diese aber in die Pflicht nehmend. Wenn wir in Europa aus dem

---

[38] Vgl. Bertelsmann-Stiftung: „Wirtschafts- und Schuldenkrise der EU: Kinder und Jugendliche sind die großen Verlierer", vgl. URL: https://www.bertelsmann-stiftung.de/de/themen/ak tuelle-meldungen/2015/oktober/wirtschafts-und-schuldenkrise-der-eu-kinder-und-ju gendliche-sind-die-grossen-verlierer/ (30.06.2017).

Glauben also Hoffnung beziehen wollen, müssen wir darauf achten, *wie* wir uns mit den biblischen Texten identifizieren und welche Konsequenzen wir daraus zu ziehen haben. Im Vergleich mit dem globalen Süden darf sich trotz aller Schwierigkeiten der Machtkomplex Europa nicht als Opfer fühlen. Die Heilige Schrift ist auch kein privates Trostbuch für ausgebrannte High-Risk-Manager – zumindest nicht solange, als diese bereit sind, ihre Verantwortung für Strukturen des Systems, in dem sie arbeiten, kritisch wahrzunehmen und zu verändern.

Für Europa ist Migration zuerst ein Ruf zur Umkehr: politisch, ökonomisch, technokratisch, wissenschaftlich, individuell. In seinen Reden im Europarat und vor dem Europäischen Parlament[39] hat Papst Franziskus darauf – etwas charmanter als ich – sehr deutlich hingewiesen. Es ist erstaunlich, wie verhalten – mit Ausnahme mancher deutschen Bischöfe – auch innerhalb der Kirche in Europa auf diesen Appell reagiert wird.

4.2.2 Schuld-Komplexe aus Vergangenheit und Gegenwart

Eine weitere Blockade für „frei fließende" Hoffnung bilden jene Schuld-Komplexe, die aufgrund der historischen und aktuellen Verstrickung Europas in die Strukturen der Sünde auf Europa und seinen Bevölkerungen lasten. Dieses Thema ist ein großes Tabu.

Trotz aller europäischen Erinnerungskultur finden sich auf der Ebene vieler Familien unbearbeitete Schuldkomplexe, deren Folgen über transgenerationale Traumaweitergabe bis in die dritte und vierte Generation reichen können. Das wussten bereits die Verfasser des Deuteronomiums[40]; die moderne Psychotherapieforschung kann es nachweisen. Aus der Forschung weiß man heute, dass nicht bearbeite Schuld der Vorfahren nicht nur zu physischen und psychischen Krankheiten bis in die vierte Generation führen kann, sondern auch zur Reinszenierung politischer Settings.[41] In Europa hat jedes Land seine eigene Geschichte mit Faschismus, Totalitarismus und der Shoa. In den globalen Krisen-Settings der Gegenwart kön-

---

[39] Vgl. FN 11.

[40] Vgl. Dtn 5,9: Du sollst dich nicht vor anderen Göttern niederwerfen und dich nicht verpflichten, ihnen zu dienen. Denn ich, der Herr, dein Gott, bin ein eifersüchtiger Gott: Bei denen, die mir Feind sind, verfolge ich die Schuld der Väter an den Söhnen und an der dritten und vierten Generation. – Dies beschreibt keine „Strafe" in unserem Sinn, sondern lebensweltlich erfahrbare Zusammenhänge: dass sich nicht bearbeitete Schuld in den nachfolgenden Generationen – familiär und politisch – negativ auswirkt.

[41] Vgl. Markus Brunner/Jan Lohl/Rolf Pohl/Sebastian Winter (Hg.): Volksgemeinschaft, Täterschaft und Antisemitismus. Beiträge zur psychoanalytischen Sozialpsychologie des Nationalsozialismus und seiner Nachwirkungen, Gießen 2011.

nen all diese unerlösten Schuld-Komplexe wieder reaktiviert werden und ihre Wirkung entfalten.

Ebenso können die aktuellen Verstrickungen in ein global ungerechtes Wirtschaftssystem Schuld-Komplexe und entsprechende Schuldabwehr auslösen: Wie lebt man in einem Wirtschaftssystem, um dessen strukturelle Sünde man weiß? Wie geht man mit all den Schuldgefühlen und der individuellen Mittäterschaft um?

Unbearbeitete Schuld und Schuldgefühle lähmen und verunmöglichen die Bildung von Hoffnung. Stattdessen erlebe ich in vielen Teilen Europas eine Kultur des Unschuldswahns und der Schuldabwehr. Auch in den Kirchen sehe ich weit verbreitete Ohnmacht und Ausblendung gegenüber diesem Thema. Es fehlen Orte und Kompetenzen, die beim Aufbau einer Kultur der Vergebung unterstützen – wozu auch das Benennen von politisch-ökonomischen Schuldzusammenhängen, Reue und Wiedergutmachung gehören.

Schuldabwehr und Ohnmachtsgefühle können zu Angst und Hass führen. Da ist die Angst vor dem Schmerz der Erinnerung und der Konfrontation mit der eigenen Lebensweise. Die Angst vor der Wahrnehmung der Verwicklung der eigenen Vorfahren in die Geschichte sowie der eigenen Verstrickung in schuldhafte Kontexte, angefangen von Finanzanlagen bis zum täglichen Einkauf. Da ist eine große Ohnmacht angesichts der anstehenden Veränderungen.

Hass ist der Versuch, sich selbst wieder als mächtig und handelnd erleben zu können, wenn es scheinbar keine Handlungsalternativen mehr gibt.

Flüchtlinge und MigrantInnen können allein durch ihre Anwesenheit alle diese diffusen Schuldgefühle und Ohnmachten „triggern". Mit ihrem verletzten und verletzbaren Leben erinnern sie daran, dass der europäische Wohlstand auf dem Rücken anderer aufgebaut und nicht garantiert ist. Flüchtlinge erinnern an die Endlichkeit und Verletzbarkeit des Lebens. Ältere Menschen werden an die Nöte und Leiden der Nachkriegszeit erinnert. Jüngere Menschen, in deren Familien niemals über die politische Vergangenheit der Vorfahren gesprochen wurde, greifen auf deren alte autoritäre Methoden zurück.

4.2.3 Sekundärer Autoritarismus

Wissenschaftler der Universität Leipzig haben eine interessante Theorie für die Wiederkehr des Autoritarismus formuliert. Sie sprechen vom „sekundären Autoritarismus" der Nachkriegsgenerationen.[42] Das Wirtschaftswunder nach dem 2. Weltkrieg sei eine „narzisstische Plombe" gewesen, die dabei geholfen habe, über Kriegsleid, Kriegsschuld, Mitschuld an der Vernichtung der Juden hinweg zu trösten. Eine Auseinandersetzung mit den autoritären Strukturen und der Unterwerfungsbereitschaft, die in Europa zu Faschismus, Nationalsozialismus und Kommunismus geführt haben, habe niemals stattgefunden. In Osteuropa hat dies bis heute gar nicht stattfinden können.

An die Stelle von Führern traten damit sekundär autoritäre Strukturen: Diese wurden im Bereich der Wirtschaft etabliert und um Zuge des neoliberalen Paradigmas verstärkt. Selbst Eltern, die ihre Kinder pädagogisch sensibel erziehen, sind so heute dazu bereit, um der Teilhabe an diesem System willen, die Freiheit und Muse ihrer Kinder zu opfern. Burnout und Depressionen sind für viele der Preis für die Teilhabe. Autoritäre Unterordnung benötigt keine Personen als Führer.

Neid und Hass auf Flüchtlinge und MigrantInnen können auch darin wurzeln, dass Menschen daran erinnert werden, dass sie ihr ganzes Leben der Arbeit und dem Aufbau von Wohlstand geopfert haben. Und die Flüchtlinge sollen das jetzt alles umsonst bekommen???

4.2.4 Seelsorge

Die Seelsorge steht mit diesen Themen vor großen Herausforderungen: mit den MigrantInnen, aber auch bei der Mehrheitsbevölkerung.

Die frohe Botschaft der Bibel lautet, dass das Eingeständnis von Schuld befreien kann – wenn man bereut und sein Leben verändert. Diese Befreiung von Schuld und Sünde steht auch im Zentrum der göttlichen Barmherzigkeit, auf deren Wirklichkeit Papst Franziskus so drängend hinweist.[43] Denn nur in einer Atmosphäre der Barmherzigkeit können sich Menschen diesen schwierigen Themen stellen.

Papst Franziskus hat Barmherzigkeit jüngst als „Erinnerung an die eigene Sündengeschichte"[44] bezeichnet. Im politischen Klima der Gegenwart bekommt Barmherzigkeit eine besondere Note. Sie wird essentiell zur

---

[42] Oliver Decker/Johannes Kiess/Elmar Brähler: Die stabilisierte Mitte. Rechtsextreme Einstellung in Deutschland 2014, Leipzig 2014.
[43] Papst Franziskus: Misericordia Vultus. Verkündigungsbulle des Außerordentlichen Jahres der Barmherzigkeit, Vatikan 2015; Apostolisches Schreiben von Papst Franziskus Misericordia et Misera zum Abschluss des Außerordentlichen Jahres der Barmherzigkeit, Vatikan 2016.
[44] „Erinnerung an die eigene Sündengeschichte", vgl. URL: http://www.katholisch.de/aktuelles/ aktuelle-artikel/erinnerung-an-die-eigene-sundengeschichte (30.06.2017).

Konfrontation mit der politischen und ökonomischen Sünde, sie wird zur Erinnerung daran, dass wir in einem System der Ungerechtigkeit leben.

> „Die Barmherzigkeit steht also nicht im Gegensatz zur Gerechtigkeit. Sie drückt vielmehr die Haltung Gottes gegenüber dem Sünder aus, dem Er eine weitere Möglichkeit zur Reue, zur Umkehr und zum Glauben anbietet."[45]

Flucht und Migration reichen weit über die Frage nach der Aufnahme von Flüchtlingen hinaus – wiewohl das im Kontext der aktuellen Politik der Flüchtlingsabwehr schon viel wäre. Es geht um eine tiefgreifende Transformation der europäischen Gesellschaften, der politischen und ökonomischen Strukturen und des europäischen Lebensstiles.

Theologisch bedeutet das, dass das Gebot der Nächstenliebe, die Geschichte vom barmherzigen Samariter und die Erinnerung an das Recht der Fremden nur einen Teil einer Migrationstheologie der Hoffnung ausmachen. Wir benötigen mehr: die Erinnerung an die Theologie der Einheit des Menschengeschlechtes (Monogenismusdogma), in deren Dienst die Kirche steht: beizutragen zur Vereinigung der Menschen mit Gott und der Einheit der Menschen untereinander. Nie war das Selbstverständnis der Katholischen Kirche in *Lumen Gentium* 1[46] so aktuell wie heute. Eine Theologie der Migration kann nur eine universal-menschheitlich ausgerichtete sein.

So formuliert das jüngste Dokument des Päpstlichen Rates der Migrantenseelsorge und des Päpstlichen Rates Cor Unum 2013 „In Flüchtlingen und gewaltsam Vertriebenen Christus aufnehmen. Richtlinien für eine Seelsorge" sehr klar:

> „Die schutzbedürftigen Menschen sind nicht einfach Menschen in Not, für die wir uns (…) großmütig einsetzen, sondern sie sind Mitglieder der Menschheitsfamilie. Daher ist es Pflicht, mit ihnen zu teilen."[47]

5. Migration als „Zeichen der Zeit"

Das Lehramt der Katholischen Kirche hat bereits 2004 in seiner Päpstlichen Instruktion des Päpstlichen Rates der Seelsorge für Migranten und Men-

---

[45] Papst Franziskus, Misericordia vultus.
[46] Dogmatische Konstitution Lumen Gentium über die Kirche, Vatikan 1964.
[47] Päpstlicher Rat der Seelsorge für Migranten und Menschen unterwegs/Päpstlicher Rat Cor Unum: In Flüchtlingen und gewaltsam Vertriebenen Christus aufnehmen. Richtlinien für eine Seelsorge, Vatikan 2013, 10 (Auslassung RP).

schen unterwegs eine solche global-theologische, soteriologisch ausgerichtete Deutung der gegenwärtigen Migrationen formuliert.

Erga migrantes caritas Christi sieht Migration dabei desgleichen als Fluch und als Segen.

Zuerst werden das Leid und Unrecht gegenüber den MigrantInnen, aber auch deren Beitrag zum Wachstum der Gesellschaft beim Namen genannt. Dass Migration Frauen und Kinder in besonderer Weise zu Opfern macht, wusste der Vatikan bereits 2004:

> „Es überrascht also nicht, dass die Migrationsströme unzählige Mühen und Leiden für die Migranten mit sich gebracht haben und weiter mit sich bringen werden, auch wenn diese insbesondere in der jüngeren Geschichte (...) das ökonomische Wachstum sowohl des Gastlandes wie des Herkunftslandes (vor allem dank der Geldüberweisungen der Emigranten) gefördert haben. Viele Nationen stünden ohne den Beitrag, den Millionen von Immigranten geleistet haben, nicht dort, wo sie heute stehen.
>
> Vom Leid besonders betroffen ist die Emigration der Kernfamilien und die immer beträchtlicher gewordene Emigration von Frauen. Frauen, die häufig als nicht qualifizierte Arbeiterinnen (Hausangestellte) unter Vertrag genommen und in der Schattenwirtschaft beschäftigt werden, werden oft der elementarsten Menschen- und Gewerkschaftsrechte beraubt, sofern sie nicht gar direkt Opfer des traurigen Phänomens werden, das als „Menschenhandel" bekannt ist und jetzt nicht einmal mehr die Kinder ausnimmt. Dies ist ein neues Kapitel der Sklaverei."[48]

Es folgt eine sozialethische Analyse.

> „Die internationalen Migrationen sind also, vernünftig betrachtet, als eine wichtige strukturelle Komponente der gesellschaftlichen, ökonomischen und politischen Realität der gegenwärtigen Welt zu sehen. Ihre zahlenmäßige Größenordnung macht eine immer engere Zusammenarbeit zwischen Herkunfts- und Aufnahmeländern nötig, die über angemessene Regelungen zur Harmonisierung der unterschiedlichen Rechtsordnungen hinausgehen muss. Dies hat zum Ziel, die Ansprüche und Rechte der emigrierten Personen und Familien und zugleich der Gesellschaften, die die Migranten aufnehmen, zu wahren.
>
> Gleichzeitig aber wirft das Phänomen der Migration eine regelrecht ethische Frage auf, nämlich die Frage nach einer neuen internationalen Wirt-

---

[48] Päpstlicher Rat der Seelsorge für Migranten und Menschen unterwegs: Erga migrantes caritas Christi, Vatikan 2004, 5 (Auslassung RP).

schaftsordnung für eine gerechtere Verteilung der Güter der Erde, was übrigens nicht wenig dazu beitragen würde, die Wanderströme eines beträchtlichen Teils von Bevölkerungsgruppen in Schwierigkeiten zu reduzieren und einzudämmen. Daraus ergibt sich auch die Notwendigkeit eines wirksameren Einsatzes zur Realisierung von Bildungs- und Pastoralsystemen im Hinblick auf eine Erziehung zu einer „mondialen Sicht", das heißt zu einer Sicht der Weltgemeinschaft, die als eine Familie von Völkern angesehen wird, der schließlich im Blick auf das universale Gemeinwohl die Güter der Erde zustehen."[49]

Daraus ergeben sich im Licht der Heilsgeschichte Gottes mit den Menschen theologische Konsequenzen und Deutungen:

„Der Übergang von monokulturellen zu multikulturellen Gesellschaften kann sich so als Zeichen der lebendigen Gegenwart Gottes in der Geschichte und in der Gemeinschaft der Menschen erweisen, da er eine günstige Gelegenheit bietet, den Plan Gottes einer universalen Gemeinschaft zu verwirklichen."[50]

Und schließlich können die Migrationen der Gegenwart als „Zeichen der Zeit" bezeichnet werden,

„als eine Herausforderung, die es beim Aufbau einer erneuerten Menschheit und in der Verkündigung des Evangeliums des Friedens zu entdecken und zu schätzen gilt."[51]

Migrationen sind also der Zu- und Anspruch Gottes, sich am Aufbau einer erneuerten Menschheit zu beteiligen und im Sinne des Evangeliums für Friede – ein Zusammenleben in Gerechtigkeit und versöhnter Verschiedenheit – einzusetzen.
Schließlich folgt eine Erinnerung an die biblischen Verheißungen:

Die Fremden sind daher „ein sichtbares Zeichen und ein wirksamer Aufruf jenes Universalismus, der ein grundlegendes Element der katholischen Kirche ist. Eine 'Vision' des Jesaia kündigte ihn an: 'Am Ende der Tage wird es geschehen: Der Berg mit dem Haus des Herrn steht fest gegründet als höchster der Berge ... Zu ihm strömen alle Völker' (Jes 2,2). Im Evangelium

---

[49] Erga migrantes 8.
[50] Ebd., 9.
[51] Ebd., 14.

sagt Jesus selbst voraus: 'Man wird von Osten und Westen und von Norden und Süden kommen und im Reich Gottes zu Tisch sitzen' (Lk 13,29), und in der Offenbarung des Johannes schaut man 'eine große Schar aus allen Nationen und Stämmen, Völkern und Sprachen' (Offb 7 9). Die Kirche ist jetzt auf einem mühsamen Weg zu diesem endgültigen Ziel. Die Migrationen können wie ein Verweis auf diese große Schar und eine Vorwegnahme der endgültigen Begegnung der gesamten Menschheit mit Gott und in Gott sein."[52]

Das ist eine große Hoffnung.

Ich übersetze sie in Praxis.

Migration ist nicht die Ursache, sondern ein Symptom sowie ein Beschleuniger jener zahlreichen globalen Herausforderungen, die das Überleben der Menschheit bedrohen. Deren Ursachen sind zu beheben. Migration ist auch ein Zeichen jener Globalisierung der Humanität, die unzählige Menschen bereits jetzt für eine Welt kämpfen lässt, in der genug für alle da ist. Sie ist ein Zeichen des Zusammenwachsens der Menschheit. Sichtbar wird das an den vielen konkreten Orten und Initiativen der Flüchtlingsarbeit.

Migrationen sind ein „Spiegel"[53]: Sie ermöglichen es, hierzulande jene Strukturen, Prozesse, Institutionen und Personen in Gesellschaft, Politik, Recht, Wissenschaft, Bildung und Kirchen zu identifizieren, die das Leben von Menschen einschränken, blockieren und zerstören – auch Menschen hierzulande. Migration unterstützt dabei, Strukturen von Unrecht und Ungerechtigkeit in unseren Gesellschaften zu identifizieren – gemeinsam mit ihnen und gemeinsam Gerechtigkeit zu lernen.

Migration ist dabei auch ein „Fenster" in die Zukunft: Sie lässt dort, wo Einheimische heute schon von und mit MigrantInnen zusammenleben und von- und miteinander lernen, eine Zukunft erkennen, in der die Menschheit gemeinsam in Liebe und Gerechtigkeit, versöhnter Verschiedenheit und Friede leben wird.

---

[52] Ebd., 17.

[53] „Spiegel" und „Fenster" als Metaphern für Migration stammen aus: Vilém Flusser: Von der Freiheit des Migranten. Einsprüche gegen den Nationalismus, Bollmann 1994, vgl. „Wohnung beziehen in der Heimatlosigkeit", 30.

6. „Heim-Suchung"

Menschen kommen nach Europa und suchen ein neues Heim. Diese Migrationen und Fluchtbewegungen sind politisch verantwortungsbewusst zu gestalten. Auch die Katholische Soziallehre fordert von den Regierungen, die Verschiedenheit der Migrationen zu berücksichtigen. Sie verlangt, zum einen, dem Recht jedes Menschen auf Migration gerecht zu werden (was weit über die anerkannten Verfolgungsgründe hinausgeht!) und zugleich für das Wohlergehen der eigenen Bevölkerung Verantwortung zu übernehmen. Das kann nicht ohne Spannungen geschehen. Diese als „normalen" Bestandteil eines globalen Lernprozesses anzuerkennen ist ebenso unerlässlich wie die Spannungen im Dienste des Zusammenlebens zu gestalten und zu lösen und nicht in Kampf und Krieg gegeneinander, der die Menschheit wie in einem globalen Ausscheidespiel in Sieger und Verlierer spaltet.

Theologisch betrachtet kommt mit den flüchtenden Menschen Gott nach Europa und fragt uns an. Was bedeutet diese Ankunft? Wie lassen sich in dieser Heim-Suchung Gottes Zuspruch und Anspruch, seine Verheißungen und Zumutungen entschlüsseln?

Heim-Suchung beschreibt die Erfahrungen des Fluches der Migration, in erster Linie für die flüchtenden Menschen. In zweiter Linie meint Heim-Suchung Ruf zur Umkehr. Heim-Suchung bedeutet aber vielleicht auch, dass Gott mit diesen Menschen bei uns heimkehren will.

Im Hebräischen gibt es kein Wort für Heimat in unserem Sinn. Das hebräische Wort für „Heimat" – *moledet*: der Ort, wo man geboren wurde – bezeichnet weniger den Ort als vielmehr die Herkunft, die Beziehungen zu Familie, Verwandtschaft und Freunden. Eretz Israel ist das verheißene Land, das geliehen und dessen „Besitz" (besser: Leihgabe) an das Einhalten bestimmter ethischer und religiöser Verpflichtung verbunden ist. Es war über Jahrhunderte hinweg ein Sehnsuchtsort. Heimat ist hingegen ein Ort guter, lebensförderlicher Beziehungen, und schlussendlich ein messianischer Sehnsuchtsort.

Auch die JüngerInnen Christi verstehen Heimat in diesem Sinn, denn ChristInnen sind an kein Land gebunden. ChristInnen sind Gäste auf Erden und ihre Heimat ist der Himmel (Hebr 11,13; 1 Petr 2,11). Die Erinnerung an diese konstitutive christliche Heimatlosigkeit bedeutet für viele europäische KatholikInnen zunächst eine Verlusterfahrung. Vor einer solchen Verlusterfahrung stehen ChristInnen in Europa gleich in mehrfacher Weise. Die Kirchen werden kleiner und in Europa wird nichts so bleiben, wie es ist. Auch das Heim der Einheimischen wird sich verändern. Aber was dabei verloren wird, ist allem voran Macht. Gewonnen werden kann ein Mehr an gutem Leben, an Sinn und eine Heimat in der Menschheit. Wir sind dabei, dies zu lernen und Veränderung zu gestalten.

Aus der mystischen Sicht auf diese Heim-Suchungsprozesse lehrt die Heilige Schrift, dass es dazu Umkehr, Umdeutungen, veränderte Praxis benötigt. In diesem Sinn schreiben all jene, die heute schon mit den MigrantInnen zusammenleben, die Hoffnungs-Geschichten der Bibel weiter.

Epilog

Die Beiträge beider Sammelbände dokumentieren den Status quo meiner bis 2016 publizierten Forschung. Viele Erkenntnisse und Fragen bleiben freilich offen und werden in den nächsten Jahren Gegenstand meiner Arbeit sein. Drei Aspekte möchte ich hier skizzieren, um zu verdeutlichen, wohin die wissenschaftliche Reise in Zukunft gehen wird:

1. Die Bedeutung der Geschichte

Je mehr man sich in die Thematik vertieft, umso deutlicher kann man erkennen, welche immense Bedeutung die historische Dimension des Phänomens hat. So ist das Thema alles andere als neu. Alexander King hat es bereits 1991 nahezu prophetisch im Bericht des „Club of Rome" angekündigt:

> „Große Wanderbewegungen sind vorhersehbar, und das nicht nur aus Gründen der politischen, rassistischen oder religiösen Verfolgung, sondern um des wirtschaftlichen Überlebens willens. (…) Unsere Nachkommen werden vermutlich Massenwanderungen ungekannten Ausmaßes erleben. (…) Man kann sich unschwer ausmalen, dass im Extremfall unzählige ausgehungerte und verzweifelte Immigranten mit Booten an den Nordküsten des Mittelmeeres landen werden."[1]

Auch das Wahrnehmungsraster eines Konfliktes oder Kampfes zwischen Kulturen ist keinesfalls neu. So schreibt der große Sozialpsychiater Hans Strotzka in seinen Analysen zur psychohygienischen Betreuung der ungarischen Flüchtlinge in Österreich 1956–1957 und den damit verbundenen Herausforderungen im Jahr 1958:

> „Es bestehen nun zweifellos Unterschiede im Nationalcharakter (sic! RP) zwischen Ungarn und Österreichern. (…) In vielen Diskussionen mit ungarischen Kollegen scheint als übereinstimmendes Ergebnis ein wesentliches Charakteristikum des Ungarn darin zu bestehen, dass er schwierige Lagen relativ lange erträgt, dass aber explosive Reaktionen darauf gesetzmäßiger und intensiver eintreten als bei andern Völkern. Ebenso ist wohl eine stärkere Emotionalität und Affektinkontinenz anzunehmen."[2]

---

[1] Alexander King/Bertrand Schneider: The First Global Revolution. A Report by the Council of the Club of Rome, Telangana (Orient Longman) 1991, 42 (Übersetzung und Auslassungen RP).

[1] Hans Strotzka: Sozialpsychiatrische Untersuchungen. Beiträge zu einer Soziatrie, Wien 1958, 81 (Auslassung RP).

Wie absurd erscheint einem dies heute – insbesondere dann, wenn als „Argument" gegen die Aufnahme von Flüchtlingen aus dem arabischen Raum mancherorts aktuell ins Treffen geführt wird, dass diese im Unterschied zu den Flüchtlingen der Ungarnkrise eben „fremd" seien. Was sich verschiebt, sind offenbar die Grenzziehungen bei der Konstruktion von „Fremden". Selbst die „eigenen Volksgenossen" können zu solchen Fremden erklärt und gehasst werden, wie der Umgang mit deutschen Flüchtlingen in Deutschland nach 1945 zeigt.[3]

Auf die Notwendigkeit, sich mit den historischen Dimensionen von Flucht und Migration auseinanderzusetzen, verweist auch die weit verbreitete Amnesie vieler EuropäerInnen in Bezug auf die Mitverantwortung Europas und des Westens insgesamt für die aktuelle Situation. Vergessen wird beispielsweise, dass das gesamte 20. Jahrhundert *Europa* das Hauptproblem globaler Gewaltmigrationen bildete. Europa als Kriegsschauplatz und Europa als Träger eines weltumspannenden Kolonialismus „produzierte" ein Jahrhundert lang Millionen und Abermillionen Flüchtlinge.[4] Vergessen ist z. B. auch, dass europäische Länder pakistanische Flüchtlingscamps finanziert und damit die islamistische Radikalisierung von Flüchtlingen aus Afghanistan unterstützt haben, und dies ganz bewusst: Die Muslimbruderschaft war als Gegenpol gegen die kommunistische Regierung in Kabul entstanden.

> „In den öffentlichen und internen Debatten machte daher der Begriff der afghanischen freedom fighters Karriere, die mit ihrem religiös motivierten Kampf gegen Moskau auch genuin westliche Werte verteidigten und deshalb unter den Vorzeichen des Kalten Kriegs humanitäre, politische und militärische Hilfe erhalten müssten (so z. B. Margarete Thatcher). Auf diese Weise entstand die aus heutiger Sicht paradox anmutende Konstruktion kongruenter oder zumindest komplementärer Interessen zwischen westlicher Freiheit und islamistischem Befreiungskampf."[5]

---

[2] Vgl. Marc Reichwein/Claus-Ulrich Bielefeld: „Dieser Strom von Fremden droht uns auszulöschen", in: „Welt" vom 4. Jänner 2017, vgl. URL: https://www.welt.de/kultur/literarischewelt/article160826093/Dieser-Strom-von-Fremden-droht-uns-auszuloeschen.html (30.06.2017). Die beiden Journalisten verweisen auf den historischen Befund von Wolfgang Brenner: Zwischen Ende und Anfang. Nachkriegsjahre in Deutschland, München 2016; Ré Soupault: Katakomben der Seele. Eine Reportage über Westdeutschlands Vertriebenen- und Flüchtlingsproblem 1950, Heidelberg 2016.

[4] Ausführlich dazu: Jochen Oltmer: Globale Migration. Geschichte und Gegenwart, München², 2016; ders.: Kleine Globalgeschichte der Flucht im 20. Jahrhundert, in: Aus Politik und Zeitgeschichte (APuZ) 26–27 (2016), 18–25.

[5] Agnes Bresselau von Bresselsdorf: Das globale Flüchtlingsregime im Nahen und Mittleren Osten in den 1970er und 1980er Jahren, in: ApuZ 26–27 (2016), 32–29, 36 (Veränderung RP).

Damit werden radikale Islamisten und deren Terror weder verharmlost, gerechtfertigt oder ihrer Verantwortung enthoben. Auch Opfer können zu Tätern werden und haben als erwachsene Menschen ihre Taten selbst zu verantworten und müssen zur Rechenschaft gezogen werden. Aber ein historischer Rückblick lässt eine andere Haltung zu den aktuellen politischen Herausforderungen einnehmen. „Dem Impuls, sich belastenden Ereignissen aus der Vergangenheit zu stellen, gehen oft lange Phasen des Vergessens und der Abwehr voran. Solche Phasen enden erst, wenn es unerlässlich ist, dieses Thema wieder aufzunehmen. Genau dies ist der Fall beim Thema Flucht und Vertreibung"[6], schreibt Aleida Assmann.

Historisch neu sind schlussendlich auch die eingangs beschriebenen Explosionen von Angst und Hass nicht. Entgegen der weit verbreiteten Vorstellung, dass Gefühle gleichsam „natürliche" oder „angeborene" Wirklichkeiten seien, zeigt die aktuelle Forschung, dass und wie diese mit historischen Erfahrungen untrennbar zusammenhängen sowie soziokulturell und politisch hergestellt sind.[7] Angst und Hass haben Quellen, Strukturen und Funktionsweisen.[8] Diese müssen von ihren vermeintlichen „Auslösern" – Personen, Situationen und Kontexten – getrennt und interdisziplinär akribisch erforscht werden.

> „Dem Hass begegnen lässt sich nur durch das, was dem Hassenden abgeht: genaues Beobachten, nicht nachlassendes Differenzieren und Selbstzweifel. Das verlangt, den Hass langsam in seine Bestandteile aufzulösen, ihn als akutes Gefühl von seinen ideologischen Voraussetzungen zu lösen und zu betrachten, wie er in einem spezifischen historischen, regionalen, kulturellen Kontext entsteht und operiert."[9]

Mit diesen Dimensionen des Historischen sind auch Fragen des christlichen Glaubens und der Pastoral betroffen: Denn Erinnerung und Seelsorge – die Sorge um die gesellschaftspolitische Verantwortung und die Gefühlswelten der Gläubigen – gehören zuinnerst zu den Aufgaben der Kirche. Hier ist noch viel an Forschung notwendig.

---

[6] Aleida Assmann: Der europäische Traum. Was wir aus Flucht und Vertreibung lernen können, in: Herder Korrespondenz 9 (2016), 13–16, 13.
[7] Vgl. z. B. Ruth Wodak: Politik mit der Angst. Zur Wirkung rechtspopulistischer Diskurse, Wien/Hamburg 2016; Carolin Emcke: Gegen den Hass, Frankfurt am Main 2016; Markus Brunner/Jan Lohl/Rolf Pohl/Sebastian Winter (Hg.): Volksgemeinschaft, Täterschaft und Antisemitismus. Beiträge zur psychoanalytischen Sozialpsychologie des Nationalsozialismus und seiner Nachwirkungen, Gießen 2011.
[8] Vgl. Emcke, Gegen den Hass, 18–19.
[9] Ebd., 18.

2. Ursachenanalyse

Flucht und Migration sind „Symptome": Wie in einem „Spiegel" eröffnen sie die Möglichkeit, global und lokal die großen Herausforderungen der einen Welt, die wir alle teilen, zu identifizieren und sich ihnen und deren Ursachen zu stellen. Zwei seien hier eigens herausgestrichen: die Frage nach einer globalen und lokalen Neuordnung des Wirtschaftssystems und die Frage nach Sinnperspektiven. Während das derzeitige neoliberale Wirtschaftsregime als irregeleiter Kapitalismus zwar weltweit die Armut senkt und den Mittelstand wachsen lässt[10], produziert er zeitgleich als „Nebenwirkung" Millionen ausgegrenzter, „überflüssiger"[11] Menschen, die aus dem Gefüge der einen Menschheit fallen. So führen „räuberische Formationen" in der globalen Ökonomie mittlerweile zu einem Systemwandel: Eliten, systembedingte Fähigkeiten sowie Strukturen treiben eine akute Vermögenskonzentration voran, destabilisieren Demokratien und grenzen quer durch die Welt Menschen aus: aus dem Berufsleben, aus dem Wohnort, aus der Biosphäre. Die Folgen: im Süden Vertreibungen von Millionen Kleinbauern, deren Land Plantage, Wasserreservoir, Bergbaugrube oder Kriegsgebiet ist. Im Norden: Verarmung der Mittelschichten, Jugendarbeitslosigkeit, Zunahme der Häftlingszahlen. Weltweit: Gesunde Männer und Frauen, die arbeitslos in Ghettos und Slums wohnen, sowie ungezählte Vertriebene in offiziellen und inoffiziellen Flüchtlingslagern.[12]

Zugleich offenbaren der radikale politische Islamismus wie auch die Unfähigkeit und Unwilligkeit der europäischen Länder, sich der Herausforderung von Flucht und Migration kreativ und mutig zu stellen, einen global grassierenden Nihilismus: hier verstanden als Mangel und Not an Hoffnung, Vertrauen, Perspektiven und lebensfreundlichen Bildern für die Zukunft der Menschheit. So stehen wir vor zahlreichen Fragen: In welcher Welt wollen wir leben? Welchen Sinn haben all die aktuellen Herausforderungen und Krisen? Was können und sollen wir aus ihnen lernen? Welche Zukunftsperspektiven haben wir – für das Zusammenleben im eigenen Land, in Europa, in der Welt?

Es gehört auch zu den Aufgaben der Kirche, diese Fragen auf allen Ebenen anzustoßen und gemeinsam mit allen, denen die Zukunft der Welt am Herzen liegt, theoretische und praktische Antworten zu entwickeln. Das Zusammenleben der einen Menschheit in ihrer Verschiedenheit in Ge-

---

[10] Vgl. Heinz Bude: Gesellschaft der Angst, Hamburg 2014, 75 f. In Europa allerdings erodiert in vielen Ländern ebendieser Mittelstand.

[11] Vgl. Ilija Trojanow: Der überflüssige Mensch: Unruhe bewahren, Wien 2013.

[12] Saskia Sassen: Ausgrenzungen. Brutalität und Komplexität in der globalen Welt, Frankfurt am Main 2015, 21 ff.

rechtigkeit und Frieden ist ein zutiefst „katholisches"[13] Anliegen. Es betrifft die Verantwortung für die „überflüssig Gemachten", die Verantwortung für eine gerechte politische und wirtschaftliche Weltordnung und für die Entwicklung von Sinnperspektiven für die Zukunft, christlich formuliert: Hoffnung.

3. Hoffnung

Beide Sammelbände verstehen sich als Beitrag, angesichts der multiplen Bedrohungsszenarien, die Flucht und Migration erkennen lassen, Perspektiven der Hoffnung zu entwickeln. Sie richten sich in Analyse, Kritik und Ermutigung in erster Linie an die Mitglieder der Mehrheitsgesellschaft. Ein Analogon für die migrantische Bevölkerung und für geflüchtete Menschen – eine Theologie der Hofnung – muss erst noch geschrieben werden – und zwar von diesen oder mit diesen gemeinsam.

Ebenso thematisiere ich in meinen Beiträgen so gut wie nie die Probleme des islamischen Fundamentalismus, die Bedrohung durch den Terror, den Nationalismus mancher migrantischer *communities* (auch christlicher im Übrigen). Ich blende diese Fragen nicht aus. Da diese aber ohnedies den Mainstream sowohl des öffentlichen, politischen und mitunter auch des wissenschaftlichen Diskurses dominieren, konzentriere ich mich in meinen Beiträgen auf Selbstkritik und vor allem auf die Freilegung theologischer Sinnressourcen und Hoffnungspotentiale.

Christliche Hoffnung meint allerdings weder Optimismus noch Naivität. Für beides besteht mit Blick auf die Fülle der Probleme kein Grund. Die historische Vernunft lässt begründete Ängste aufkommen, ob es uns anders als in der bisherigen europäischen Geschichte im 21. Jahrhundert gelingen wird, die anstehenden Krisen und Katastrophenszenarien friedlich zu bestehen. Angesichts des Hasses und der Gewaltbereitschaft, die sich überall auf der Welt finden lassen – sei es bei religiösen, säkularen oder politischen Fanatikern; sei es bei Menschen mit oder ohne Migrationshintergrund – besteht kein Anlass für naives Beschwichtigen und Beschönigen der Probleme und Konfliktherde. Aber Hass und Gewalt bekämpft man erfolgreich und langfristig niemals mit Hass und Gewalt. Vor uns liegt ein Kampf. Aber es ist ein vor allem mentaler und sozialer Kampf um jene Hoffnung, die dazu ermutigt, sich all diesen Problemen entschieden, menschenfreundlich und friedlich zu stellen. Es ist ein Kampf um eine neue, friedlichere, gerechtere

---

[13] Hier verstanden als transkonfessionelle Eigenschaft vom Wesen und Wirken der eine Kirche Jesu Christi, vgl. in diesem Sammelband: Migration und Katholizität, 111.

Welt. Es ist ein Kampf, indem die sogenannten europäischen Werte, aber auch der christliche Glaube zur Bewährung aufgefordert sind.

Dazu bedarf es der Hoffnung.[14] Christliche Hoffnung bedeutet immer, das „Übel" und das „Böse" beim Namen zu nennen, vor allem aber auch, dabei Selbstkritik[15] zu üben und die Hoffnungspotentiale ausdrücklich in den Blick zu nehmen.[16] Christliche Hoffnung bedeutet, in Krisenzeiten und Katastrophen die Orientierung an Gott nicht zu verlieren. Solche Hoffnung ist zutiefst realistisch. Sie muss die Wirklichkeit weder schön noch böse reden. Zugleich ist sie davon überzeugt, dass das Böse und das Übel mit Gottes Hilfe nicht das letzte Worte haben müssen. Deshalb ist diese Hoffnung immer auch praktisch und widerständig. Mit den Worten des großen evangelischen Theologen der Hoffnung Jürgen oltmann trägt solche Hoffnung der Wirklichkeit „nicht die Schleppe nach, sondern die Fackel voran"[17].

Solche Hoffnung lernt man kraft und mithilfe der Erinnerung an die biblische Glaubensgeschichte, die von der Erfahrung durchtränkt ist, dass Gott der treue Begleiter seiner Menschheit auch in den größten Schwierigkeiten ist. Erinnerung und dabei wachsende „gebildete" Hoffnung (Ernst Bloch) verpflichten dann zu mutigem Engagement für das friedliche Zusammenleben der einen Menschheit.

Flucht und Migration können daher auch als Lern-Chance gesehen werden, miteinander als die eine Menschheit in ihrer Verschiedenheit in Gerechtigkeit und Frieden zu leben. Diese Perspektive eröffnen der biblisch bezeugte Glaube und auch das katholische Lehramt. Um sie Wirklichkeit werden zu lassen, wäre die migrantische Identität des christlichen Glaubens wieder zu entdecken, die zum Aufbruch in eine Zukunft ermutigt, in der die Menschheit Gott begegnet. Denn aus der Sicht der Katholischen Kirche können

---

[14] Immer bzw. wieder von höchster Aktualität: Gemeinsame Synode der Bistümer der Bundesrepublik Deutschland: Unsere Hoffnung. Ein Bekenntnis zum Glauben in dieser Zeit (Würzburger Synodenbeschluss), Bonn 1976.

[15] Dies scheint mir eine der wesentlichen Lernerfahrungen der biblischen Tradition zu sein: In Situationen der Krise keine Sündenböcke zu Schuldigen zu erklären, sondern sich zu fragen: Worin besteht *unsere* Verantwortung für diese Situation – für deren Entstehung und für deren Lösung? Was können und müssen *wir selbst* verändern? Welche Umkehr wird *von uns selbst* verlangt? Wer sich auf diesen Prozess des Erinnerns und Lernens einlässt, der kann dabei die Erfahrung Gottes machen und Hoffnung einüben, so die Glaubenserfahrung. Genau besehen erben wir ChristInnen diese Art des Hoffnung- Lernens aus der jüdischen Tradition.

[16] Dies lässt sich vor allem bei den Propheten lernen.

[17] Jürgen Moltmann: Theologie der Hoffnung. Untersuchungen zur Begründung und zu den Konsequenzen einer christlichen Eschatologie, Gütersloh 2016 (1964), 14.

„die Migrationen (…) wie ein Verweis auf diese große Schar und eine Vorwegnahme der endgültigen Begegnung der gesamten Menschheit mit Gott und in Gott sein."[18]

In seiner Predigt zum Hochfest der Erscheinung des Herrn am 6. Jänner 2017 hat Papst Franziskus auf eben diese Dynamik des Aufbruchs verwiesen:

„Die Sterndeuter verspürten eine Sehnsucht, sie wollten nicht mehr die üblichen Dinge. Sie waren an die Gestalten eines Herodes ihrer Zeit gewöhnt, ihrer müde und überdrüssig. Aber dort in Bethlehem gab es eine Verheißung von Neuheit, eine Verheißung von Bedingungslosigkeit. Dort ereignete sich etwas Neues. Die Sterndeuter konnten anbeten, weil sie den Mut hatten, sich auf den Weg zu machen und sich vor dem kleinen, vor dem armen, vor dem schutzlosen Kind niederzuwerfen. Als sie sich vor dem ungewöhnlichen und unbekannten Kind von Bethlehem niederwarfen, erkannten sie die Herrlichkeit Gottes."[19]

Der Papst macht in seiner Predigt deutlich, dass die Sterndeuter den Stern erst und deshalb entdecken können, weil sie ihrer Sehnsucht nach Neuem folgen und aufbrechen. Dies ist eine zutiefst migrantische Erfahrung. Gemeinsam mit MigrantInnen und geflüchteten Menschen können die sesshaften Bevölkerungen in Europa dies heute einüben.

---

[18] Päpstlicher Rat der Seelsorge für Migranten und Menschen unterwegs: Instruktion Erga migrantes caritas Christi, Vatikan 2004, 17 (Auslassung RP).
[19] Vgl. Papst Franziskus: „Wo ist der neugeborene König?" Papstpredigt zum Hochfest, in: „Radio Vatikan", vgl. URL: http://de.radiovaticana.va/news/2017/01/06/%E2%80%89%9Ewo_ist_der_neugeborene_k%C3%B6nig%E2%80%89%9C_papstpredigt_zum_hochfest/1283907 (30.06.2017).

Bibliographie (Auswahl)

Migration

Agar, Alastair/Strang, Alison: Understanding Integration: A Conceptual Framework, in: Journal of Refugee Studies 21/2 (2008), 166–191.

Albisser, Judith/Arnd Bünker (Hg.): Kirchen in Bewegung. Christliche Migrationsgemeinden in der Schweiz, St. Gallen (Edition SPI) 2016.

Arens, Edmund/Baumann, Martin/Liedhegener, Antonius/Müller, Wolfgang/Ries, Markus (Hg.): Integration durch Religion? Geschichtliche Befunde, gesellschaftliche Analysen, rechtliche Perspektiven, Zürich 2014.

Arens, Edmund/Baumann, Martin/Liedhegener, Antonius: Integrationspotenziale von Religion und Zivilgesellschaft. Theoretische und empirische Befunde, Zürich 2016.

Assmann, Aleida: Der europäische Traum. Was wir aus Flucht und Vertreibung lernen können, in: Herder Korrespondenz 9 (2016), 13–16.

Aus Politik und Zeitgeschichte 26–27 (2016): Flucht und Migration.

Bacci, Massimo Livi: Kurze Geschichte der Migration, Berlin 2015.

Bade, Klaus (Hg.): Enzyklopädie Migration in Europa. Vom 17. Jahrhundert bis zur Gegenwart, Paderborn/Wien 2007.

Baumann, Martin: Engagierte Imame und Priester, Dienstleistungsangebote und neue Sakralbauten: Integrationspotenziale von religiösen Immigrantenvereinen, in: Edmund Arens/Martin Baumann/Antonius Liedhegener: Integrationspotenziale von Religion und Zivilgesellschaft. Theoretische und empirische Befunde, Zürich 2016, 71–120.

Baumann, Martin: Migration and Religion, in: Peter B. Clarke/Peter Beyer (eds.): The World's Religions. Continuities and Transformations, London/New York 2009, 338–353.

Baumann, Martin: Religion als Ressource und Konfliktpotential in Europa. Analytische Perspektiven auf Immigration, Gemeinschaft und Gesellschaft, in: Regina Polak/Wolfram Reiss (Hg.): Religion im Wandel. Transformationsprozesse religiöser Gemeinschaften in Europa durch Migration – Interdisziplinäre Perspektiven. Reihe: Religion and Transformation in Contemporary European Society 9, Wien 2014, 49–74.

Baumann, Zygmunt: Die Angst vor den Anderen. Ein Essay über Migration und Panikmache, Berlin 2016.

Becka, Michelle/Rethmann, Albert-Peter (Hg.): Ethik und Migration. Gesellschaftliche Herausforderungen und sozialethische Reflexion, Paderborn u. a. 2010.

Berry, John W.: Psychology of Acculturation – Understanding Individuals moving between Cultures, in: Richard W. Brislin (ed.): Applied Crosscultural Psychology, Newbury Park/London/New Delhi 1990, 232–253.

Bertelsmann-Stiftung: Koordinationsmodelle und Herausforderungen ehrenamtlicher Flüchtlingshilfe in den Kommunen. Qualitative Studie des Berliner Instituts für empirische Integrations- und Migrationsforschung, URL: http://www.bertelsmann-stiftung.de/fileadmin//files/BSt/Publikationen/GrauePublikationen/Koordinationsmodelle_und_Herausforderungen_ehrenamtlicher_Fluechtlingshilfe_in_den_Kommunen.pdf . (30.06.2017).

Bielefeldt, Heiner: Menschenrechte in der Einwanderungsgesellschaft. Plädoyer für einen aufgeklärten Pluralismus, Bielefeld 2007.

Bierdel, Elias/Lakitsch, Maximilian (Hg.): Flucht und Migration. Von Grenzen, Ängsten und Zukunftschancen, Berlin 2014.

Bundeskanzleramt Österreich (Hg.): Handbuch Religionen in Österreich. Übersicht der in Österreich anerkannten Glaubensgemeinschaften, Wien 2014.

Bünker, Arnd u.a. (Hg.): Gerechtigkeit und Pfingsten. Viele Christentümer und die Aufgabe einer Missionswissenschaft, Ostfildern 2010.

Bünker, Arnd: Migration und die Diversifizierung in christlichen Gemeinden, in: Regina Polak/Wolfram Reiss (Hg.): Religion im Wandel. Transformation religiöser Gemeinschaften in Europa durch Migration. Eine interdisziplinäre Studie, Wien 2015, 293–316.

Bünker, Arnd: Migrationsgemeinden als Sehhilfe. Überlegungen zur veränderten Realität des Christlichen in Mitteleuropa, in: Gottfried Bitter/Martina Blasberg-Kuhnke (Hg.): Religion und Bildung in Kirche und Gesellschaft. Festschrift für Norbert Mette, Würzburg 2011, 85–92.

Cassee, Andreas/Goppel, Anna (Hg.): Migration und Ethik, Münster 2012.

Castles, Stephen/Miller, Mark J.: The Age of Migration. International Population Movements in the Modern World, New York/London [4]2009.

Castro Varela, Maria do Mar: Unzeitgemäße Utopien. Migrantinnen zwischen Selbsterfindung und gelehrter Hoffnung, Bielefeld 2007.

Collier, Paul: Exodus: Warum wir Einwanderung neu regeln müssen, München 2013.

Dahlvik, Julia/Fassmann, Heinz/Sievers, Wiebke (Hg.): Migration und Integration – wissenschaftliche Perspektiven aus Österreich (Jahrbuch für Migrations- und Integrationsforschung in Österreich 2), Wien 2013.

Dahlvik, Julia/Reinprecht, Christoph/Sievers,Wiebke (Hg.): Migration und Integration – wissenschaftliche Perspektiven aus Österreich. Jahrbuch 2/2013, Wien 2013.

Dehn, Ulrich/Hock, Klaus: „Mein Vater war ein heimatloser Aramäer." Religionswissenschaftliche und theologische Anmerkungen zum Thema Migration, in: Zeitschrift für Missionswissenschaft 1–2 (2005), 99–114.

Delgado, Mariano: Familie Gottes unter den Völkern. Katholiken deutscher und ausländischer Herkunft in Deutschland – Herausforderungen für die Pastoral, in: Lebendiges Zeugnis 51 (1996), 219–236.

Delgado, Mariano: Glauben lernen zwischen Kulturen, Berlin 1991, in: Werner Simon/Mariano Delgado (Hg.): Lernorte des Glaubens. Glaubensvermittlung unter den Bedingungen der Gegenwart, Berlin 1991, 171–212.

Delgado, Mariano: Lebendige Katholizität gestalten. Auf dem Weg zu einem Miteinander von einheimischen und zugewanderten Katholiken, in: Stimmen der Zeit 218 (2000), 595–608.

Diakonia 3 (2011) (42. Jg.): Migration.

Dümling, Bianca: Migrationskirchen in Deutschland, Frankfurt am Main 2011.

Ebach, Ruth: Das Fremde und das Eigene. Die Fremdendarstellungen des Deuteronomiums im Kontext israelitischer Identitätskonstruktionen, BZAW 471, Berlin/Boston 2014.

Europäische Kommission für Migration: Towards a European agenda on migration, URL: http://ec.europa.eu/priorities/migration_en; Europäisches Parlament: URL: http://www.europarl.de/de/europa_und_sie/politikfelder_a_z/migration_und_asyl.html. (30.06.2017).

Fassmann, Heinz/Dahlvik, Julia (Hg.): Migrations- und Integrationsforschung – multidisziplinäre Perspektiven. Ein Reader, Wien[2] 2012.

Feldmann, Robert E./Seidler, Günther H. (Hg.): Traum(a) Migration. Aktuelle Konzepte zur Therapie traumatisierter Flüchtlinge und Folteropfer, Gießen 2013.

Flusser, Vilém: Die Freiheit des Migranten. Einsprüche gegen den Nationalismus, Berlin 2000 (1990).

Foner, Nancy/Alba, Richard: Immigrant Religion in the U.S. and Western Europe: Bridge or Barrier to Inclusion, in: International Migration Review 42 (2008), 360–392.

Foppa, Simon: Katholische Migrantengemeinden. Wie sie Ressourcen mobilisieren und Handlungsspielräume schaffen, St. Gallen (Edition SPI) 2015.

Fuchs, Ottmar (Hg.): Die Fremden, Düsseldorf 1988.

Gabriel, Karl/Leibold, Stefan/Ackermann, Rainer: Die Situation ausländischer Priester in Deutschland, Ostfildern 2011.

Gmainer-Pranzl, Franz: Beunruhigungen. Diskurs über das Unzugängliche, in: Severin Lederhilger (Hg.): Auch Gott ist ein Fremder. Fremdsein – Toleranz – Solidarität, Frankfurt am Main 2012, 53–75.

Gmainer-Pranzl, Franz: Entgrenzung und Verbindung. Zur integrativen und polarisierenden Dynamik von Katholizität, in: Martin Rothgangel/Ednan Aslan/Martin Jäggle (Hg.): Religion und Gemeinschaft. Die Frage der Integration aus christlicher und muslimischer Sicht, Wien/Göttingen 2013, 109–129.

Gruber, Judith/Rettenbacher, Sigrid (eds.): Migration as a Sign of the Times. Towards a Theology of Migration, Leiden 2015.

Hainard, François/Hämmerli, Maria: Multiple Dimensions of the Integration Process of Eastern Orthodox Communities in Switzerland, Schlussbericht in NFP 58, Neuchâtel 2011.

Heimbach-Steins, Marianne (Hg.): Begrenzt verantwortlich? Sozialethische Positionen in der Flüchtlingskrise, Freiburg im Breisgau 2016.

Heimbach-Steins, Marianne: Grenzverläufe gesellschaftlicher Gerechtigkeit. Migration – Zugehörigkeit – Beteiligung, Paderborn 2016.

Herberg, Will: Protestant, Catholic, Jew. An essay in American religious sociology, Garden City, New York 1955.

Hoerder, Dirk: Migrationen und Migrationsprozesse als globalgeschichtliches Phänomen, in: Österreichische Forschungsgemeinschaft (Hg.): Migration. Bd. 15, Wien/Köln/Weimar 2013, 65–86.

Holtkamp, Jürgen: Flüchtlinge und Asyl, Regensburg 2016.

Interdisciplinary Journal for religion and Transformation in Contemporary Society 1 (2017): Religion and Migration (ed. Regina Polak): http://www.v-r.de/de/religion_and_migration/c-3134 (open access).

Jäggle, Martin/Krobath, Thomas/Stockinger, Helena/Schelander, Robert (Hg.): Kultur der Anerkennung. Würde – Gerechtigkeit – Partizipation für Schulkultur, Schulentwicklung und Religion, Hohengehren 2013.

Kaufmann, Rose: Zu Hause in der Fremde. Bewältigung einer Flucht durch religiöse Sinnbildung. Die Beziehungsmuster einer Familie aus Irak als Untersuchungsgegenstand einer lebensweltlichen Biographieforschung, Würzburg 2007.

Keßler, Tobias (Hg.): Migration als Ort der Theologie. Reihe: Weltkirche und Mission. Band 4, Regensburg 2014.

Kranemann, Benedikt: Liturgie und Migration: Die Bedeutung von Liturgie und Frömmigkeit bei der Integration von Migranten im deutschsprachigen Raum, Stuttgart 2012.

Krause, Johannes: Ancient Human Migrations, in: Österreichische Forschungsgemeinschaft (Hg.): Migration. Bd 15, Wien/Köln/Weimar 2013, 45–63.

Langthaler, Herbert (Hg.): Integration in Österreich. Sozialwissenschaftliche Befunde, Innsbruck 2010.

Lehmann, Karsten: Institutionen religiöser Pluralität. Vergleichende Analyse der christlichen und muslimischen Migrantengemeinden in Frankfurt am Main, in: ZfR 14 (2006), 25–52.

Lehmann, Karsten: Vereine als Medium der Integration. Zur Entwicklung und Strukturwandel von Migrantenvereinen, Berlin 2001.

Lévinas, Emanuel: Die Spur des Anderen. Überlegungen zur Phänomenologie und Sozialphilosophie, Freiburg 1983.

Lussi, Carmen: Die Mobilität der Menschen als theologischer Ort. Elemente einer Theologie der Migration, in: Concilium 44/5 (2008), 551–562.

Manemann, Jürgen: Der Dschihad und der Nihilismus des Westens. Warum ziehen junge Europäer in den Krieg? Bielefeld 2015.

Manemann, Jürgen/Schreer, Werner (Hg.): Religion und Migration heute: Perspektiven – Positionen – Projekte, Regensburg 2012.

Mattes, Astrid: Integrating religion: The roles of religion in Austrian, German and Swiss immigrant integration policies, Wien 2016 (unveröff. Diss.).

Mette, Norbert: „Crossroads" – Eine Herausforderung für die katholische (Pastoral) Theologie und Pastoral, in: Arnd Bünker/Eva Munanjohl/Ludger Weckel/Thomas Suermann (Hg.): Gerechtigkeit und Pfingsten. Viele Christentümer und die Aufgabe einer Missionswissenschaft, Ostfildern 2010, 199–208.

Müllner, Ilse: Heimat im Plural. Biblische Stimmen zum babylonischen Exil, in: Johanna Rahner/Mirjam Schambeck (Hg.): Zwischen Integration und Ausgrenzung. Migration, religiöse Identität(en) und Bildung – theologisch reflektiert, Münster 2011, 83–106.

Myers, Ched/Matthew, Colwell (eds.): Our God is undocumented. Bible Faith and Immigrant Justice, Maryknoll/New York 2012.

Nagel, Alexander-Kenneth (Hg.): Diesseits der Parallelgesellschaft. Neuere Studien zu religiösen Migrantengemeinden in Deutschland, Bielefeld 2012.

Nagel, Alexander-Kenneth (Hg.): Religiöse Netzwerke. Die zivilgesellschaftlichen Potentiale von Migrantengemeinden, Bielefeld 2015.

Naprushkina, Marina: Neue Heimat? Wie Flüchtlinge uns zu besseren Menschen machen, München 2015.

Nökel, Sigrid: Die Töchter der Gastarbeiter und der Islam. Zur Soziologie alltagsweltlicher Anerkennungspolitiken. Eine Fallstudie, Bielefeld 2002.

Nussbaum, Martha: Die neue religiöse Intoleranz. Ein Ausweg aus der Politik der Angst, Darmstadt 2014 (2009).

Oltmer, Jochen: Migration. Geschichte und Zukunft der Gegenwart, Darmstadt 2017.

Oltmer, Jochen: Globale Migration. Geschichte und Gegenwart, München [2]2016.

Österreichische Forschungsgemeinschaft (Hg.): Migration. Bd. 15, Wien/Köln/Weimar 2013.

Österreichischer Integrationsfonds: Statistisches Jahrbuch Migration & Integration. Zahlen. Daten. Indikatoren 2015, Wien 2015.

Pelinka, Anton/Amesberger, Helga/Halbmayr, Brigitte: Integrationsindikatoren. Zur Nachhaltigkeit von Integrationspolitik. Endbericht, Wien 2000.

Perchinig, Bernhard/Troger, Tobias: Migrationshintergrund als Differenzkategorie, in: Regina Polak (Hg.): Zukunft. Werte. Europa. Die Europäische Wertestudie 1990–2010: Österreich im Vergleich, Wien 2011, 283–323.

PEW-Research Center's Forum on Religion and Public Life (2012): Faith on the Move: The Religious Affiliation of International Migrants, vgl. URL: http://www.pewforum.org/2012/03/08/religious-migration-exec/ (30.06.2017).

PEW-Research Center's Forum on Religion and Public Life (2014): Global Religious Diversity, vgl. URL: http://www.pewforum.org/2014/04/04/global-religious-diversity (30.06.2017).

PEW-Research Center's Forum on Religion and Public Life (2015): The Future of World Religions: Population Growth Projections 2010–2050, vgl. URL: http://www.pewforum.org/2015/04/02/religious-projections-2010–2050/ (30.06.2017).

PEW-Research Center's Forum on Religion and Public Life (2012): The Global Religious Landscape 2012, vgl. URL: http://www.pewforum.org/2012/12/18/global-religious-landscape-exec/ (30.06.2017).

Pohl, Walter: Die Entstehung des europäischen Weges: Migration als Wiege Europas, in:Österreichische Forschungsgemeinschaft (Hg.): Migration. Bd 15, Wien/Köln/Weimar 2013, 27–44.

Polak, Regina: Migration, Flucht und Religion: Praktisch-Theologische Beiträge. Band 1: Grundlagen, Ostfildern 2017.

Polak, Regina: Migration, Flucht und Religion: Praktisch-Theologische Beiträge. Band 2: Vertiefungen und Konsequenzen, Ostfildern 2017.

Polak, Regina: Religiosität und Migration. Eine qualitativ-empirische Studie. Unveröff. Werkstattbericht, Wien 2013 (in Zusammenarbeit mit Christoph Schachinger).

Polak, Regina/Reiss, Wolfram (Hg.): Religion im Wandel. Transformation religiöser Gemeinschaften in Europa durch Migration. Eine interdisziplinäre Studie, Wien 2015.

Rahner, Johanna/Schambeck, Mirjam (Hg.): Zwischen Integration und Ausgrenzung. Migration, religiöse Identität(en) und Bildung – theologisch reflektiert, Münster 2011.

Riesebrodt, Martin: Die Rückkehr der Religionen. Fundamentalismus und der „Kampf der Kulturen", München [2]2001.

Rohr, Elisabeth/Jansen, Mechthild M./Amadou, Jamila (Hg.): Die vergessenen Kinder der Globalisierung: Psychosoziale Folgen von Migration, Gießen 2014.

Rosenberger, Sieglinde/Seeber, Gilg: Kritische Einstellungen: BürgerInnen zu Demokratie, Politik, Migration, in: Regina Polak (Hg.): Zukunft. Werte. Religion. Die europäische Wertestudie 1990–2010: Österreich im Vergleich, Wien 2011, 165–189.

Rothgangel, Martin/Aslan, Ednan/Jäggle, Martin (Hg.): Religion und Gemeinschaft. Die Frage der Integration aus christlicher und muslimischer Sicht, Wien/Göttingen 2013.

Sander, Hans-Joachim: Migration as a Sign of the Times and a Precarious *Locus Theologicus Alienus*, in: Judith Gruber/Sigrid Rettenbacher (eds.): Migration as a Sign of the Times. Towards a Theology of Migration, Leiden 2015, 33–35.

Saunders, Doug: Arrival City, München 2011.

Scheidler, Monika: Interkulturelles Lernen in der Gemeinde: Analysen und Orientierungen zur Katechese unter Bedingungen kultureller Differenz, Ostfildern 2002.

Schiffauer, Werner: Parallelgesellschaften. Wie viel Wertekonsens braucht unsere Gesellschaft? Für eine kluge Politik der Differenz, Bielefeld 2008.

Schreiter, Robert: Katholizität als Rahmen für Nachdenken über Migration, in: Concilium 44 (2008), 537–550.

Schwienhorst-Schönberger, Ludger: „... denn Fremde seid ihr gewesen im Lande Ägypten." Zur sozialen und rechtlichen Stellung von Fremden und Ausländern im alten Israel, in: Bibel und Liturgie 63/2 (1990), 108–117.

Söding, Thomas: Das Refugium des Messias. Die Flucht der Heiligen Familie nach Ägypten, in: IKaZ Communio 4 (2015), 343–354.

Stepick, Alex/Rey, Terry/Mahler, Sarah J.: Churches and Charity in the Immigrant City. Religion, Immigration and Civic Engagement in Miami, New Brunswick/London 2009.

Stiftung PRO ORIENTE: Der Beitrag christlicher (Diaspora)Gemeinden für den Integrationsprozess in Österreich, unveröff. Projektbericht, Wien 2017.

Stringer, Martin: Managing Religious Diversity through the Discourse of Ordinary Members of Inner-Urban Neighborhoods in Birmingham, UK, in: P. Pratap Kumar (ed): Religious Pluralism in the Diaspora, Leiden 2006.

Theologisch-Praktische Quartalschrift 161 (2013): Katholisch. Festgelegt, umstritten, nachgefragt.

Todorov, Tzvetan: Die Angst vor den Barbaren. Kulturelle Vielfalt versus Kampf der Kulturen, Hamburg 2010.

Tomasi, Silvano: Migration und Katholizismus im globalen Kontext, in: Concilium 5 (2008), 44. Jahrgang, 520–537.

Treibel, Annette: Migration in modernen Gesellschaften. Soziale Folgen von Einwanderung, Gastarbeit und Flucht, Weinheim/München 1999.

United Nation: International Migration Report 2015, New York 2016.

Vertovec, Steve (ed.): Migration. 3 Volumes (I. Theories. II. Types. III. Trends), London 2010.

Vortkamp, Wolfgang: Integration durch Teilhabe. Das zivilgesellschaftliche Potential von Vereinen, Frankfurt am Main 2008.

Waldenfels, Bernhard: Der Stachel des Fremden, Frankfurt a. M. 1990.

Währisch-Öblau, Claudia: Migrationskirchen in Deutschland. Überlegungen zur strukturierten Beschreibung eines komplexen Phänomens, in: Zeitschrift für Missionswissenschaft 1–2 (2005), 19–39.

Weiss, Hilde/Ateş, Gülay/Schnell, Philipp: Muslimische Milieus im Wandel?: Religion, Werte und Lebenslagen im Generationenvergleich, Wiesbaden 2016.

Weiss, Karin/Thränhardt, Dietrich (Hg.): Selbsthilfe: Wie Migranten Netzwerke knüpfen und soziales Kapital schaffen, Freiburg im Breisgau 2005.

Winkler, Beate: Unsere Chance. Mut, Handeln und Visionen in der Krise, Berlin 2015.

Zeitschrift für Missionswissenschaft und Religionswissenschaft (ZMR) 99 (2015), 3–4: Flucht und Migration.

Zimmermann, David: Migration und Trauma: Pädagogisches Verstehen und Handeln in der Arbeit mit jungen Flüchtlingen, Gießen 2012.

Zulehner, Paul M.: „Entängstigt euch!" Die Flüchtlinge und das christliche Abendland, Ostfildern ²2016.

Allgemeine Literatur

Assmann, Jan: Exodus. Die Revolution der Alten Welt, München 2015.

Ataç, Ilker/Rosenberger, Sieglinde (Hg.): Politik der Inklusion und Exklusion, Wien/Göttingen 2013.

Berger, Peter L.: Altäre der Moderne. Religion in pluralistischen Gesellschaften, Frankfurt am Main 2015.

Brunner, Markus/Lohl, Jan/Pohl, Rolf/Winter, Sebastian (Hg.): Volksgemeinschaft, Täterschaft und Antisemitismus. Beiträge zur psychoanalytischen Sozialpsychologie des Nationalsozialismus und seiner Nachwirkungen, Gießen 2011.

Bude, Heinz: Gesellschaft der Angst, Hamburg 2014.

Casanova, José: Europas Angst vor der Religion, Berlin 2009.

Decker, Oliver/Kiess, Johannes/Brähler, Elmar: Die enthemmte Mitte. Autoritäre und rechtsextreme Einstellung in Deutschland, Gießen 2016.

Ette, Ottmar: Konvivenz. Literatur und Leben nach dem Paradies, Berlin 2012.

Ette, Ottmar: ZusammenLebensWissen. List, Last und Lust literarischer Konvivenz im globalen Maßstab, Berlin 2010.

Gruen, Arno: Verratene Liebe – Falsche Götter, Stuttgart ⁴2016.

Heitmeyer, Wilhelm: Deutsche Zustände. 10 Bände, Berlin 2002–2011.

Kiesel, Doron/Lutz, Ronald (Hg.): Religion und Politik. Analysen, Kontroversen, Fragen, Frankfurt am Main 2015.

Kimmel, Michael: Angry White Men. American Masculinity at the End of an Era, New York 2013.

Maalouf, Amin: Die Auflösung der Weltordnungen, Berlin 2010.

Moïsi, Dominique: Kampf der Emotionen. Wie Kulturen der Angst, Demütigung und Hoffnung die Weltpolitik bestimmen, München 2009.

Nirenberg, David: Antijudaismus. Eine andere Geschichte des westlichen Denkens, München 2015.

Nolte, Paul: Religion und Bürgergesellschaft. Brauchen wir einen religionsfreundlichen Staat?, Berlin 2009.

Nussbaum, Martha: Politische Emotionen. Warum Liebe für Gerechtigkeit wichtig ist, Frankfurt am Main 2014.

Pollack, Detlef/Rosta, Gergely: Religion und Moderne, Frankfurt 2015.

Richter, Horst-Eberhard: Wer nicht leiden will, muss hassen: Zur Epidemie der Gewalt, Gießen 2007.

Sassen, Saskia: Expulsion – Brutality and Complexity in the Global Economy, Cambridge 2014.

Trojanov, Ilija: Der überflüssige Mensch. Unruhe bewahren. Ein Essay zur Würde des Menschen im Spätkapitalismus, Wien 2013.

Wilkinson, Richard/Pickett, Kate: Gleichheit ist Glück. Warum gerechte Gesellschaften für alle besser sind, Berlin [4]2012 (2009).

Willems, Ulrich/Pollack, Detlef u.a.: Moderne und Religion. Kontroversen um Modernität und Säkularisierung, Bielefeld 2013.

Wodak, Ruth: Politik mit der Angst. Zur Wirkung rechtspopulistischer Diskurse, Wien/Hamburg 2016.

Theologie (allgemein)

Bergeant, Dianne: Ruth: The Migrant who Saved the People, in: The Center for Migration Studies (Hg.): Migration, Religious Experience, and Globalization, New York 2003, 49–61.

Braulik, Georg: Das Volk, das Fest, die Liebe. Alttestamentliche Spiritualität, in: Georg Braulik/Norbert Lohfink: Liturgie und Bibel. Gesammelte Aufsätze (Österreichische Biblische Studien 28), Frankfurt am Main 2005, 29–49.

Chenu, Marie-Dominique: Les signes de temps, in: Nouvelle revue théologique 87 (1965), 29–39.

Eigenmann, Urs: Das Reich Gottes und seine Gerechtigkeit für die Erde. Die andere Vision vom Leben, Luzern 1998.

Eigenmann, Urs: Kirche in der Welt dieser Zeit. Praktische Theologie, Zürich 2010.

Englert, Rudolf: Wenn die Theologie in die Schule geht. Inkulturationserfahrungen, die zu denken und zu lernen geben, in: Norbert Mette/Matthias Sellmann (Hg.): Religionsunterricht als Ort der Theologie (Questiones disputatae 247), Freiburg im Breisgau 2012, 92–105.

Fürlinger, Ernst (Hg.): Der Dialog muss weitergehen. Ausgewählte vatikanische Dokumente zum interreligiösen Dialog (1964–2008), Freiburg i. B. 2009.

Füssel, Kuno: Die Zeichen der Zeit als locus theologicus, in: ZPhTh 30 (1983), 259–274.

Kuschel, Karl-Josef: Juden, Christen, Muslime. Herkunft und Zukunft, Ostfildern [3]2013 (2007).

Rahner, Karl: Zur theologischen Problematik einer „Pastoralkonstitution", in: Karl Rahner: Schriften zur Theologie, Band VIII, Einsiedeln u.a. 1967, 613–637.

Ruggieri, Guiseppe: Zeichen der Zeit, Herkunft und Bedeutung einer christlich-hermeneutischen Chiffre der Geschichte, in: Peter Hünermann (Hg.), Das Zweite Vatikanische Konzil und die Zeichen der Zeit heute, 61–70.

Sander, Hans-Joachim: Pastoralkonstitution über die Kirche in der Welt von heute, in: Peter Hünermann/Bernd Jochen Hilberath (Hg.): Herders Theologischer

Kommentar zum Zweiten Vatikanischen Konzil, Bd. IV, Freiburg u. a. 2005, 581–886.

Schreiter, Robert: Die neue Katholizität. Globalisierung und die Theologie, Frankfurt am Main 1997.

Sölle, Dorothee: Lieben und Arbeiten. Eine Theologie der Schöpfung, Stuttgart 1985.

Sundermeier, Theo: Konvivenz und Differenz. Studien zu einer verstehenden Missionswissenschaft, Erlangen 1995 (hg. von Volker Kuster).

Theobald, Christoph: Zur Theologie der Zeichen der Zeit. Bedeutung und Kriterien heute, in: Peter Hünermann (Hg.): Das Zweite Vatikanische Konzil und die Zeichen der Zeit heute, Freiburg im Breisgau 2006, 71–84.

Vanoni, Gottfried/Heininger, Bernhard: Das Reich Gottes. Perspektiven des Alten und Neuen Testaments, Neue Echter Bibel – Themen IV, Würzburg 2002.

Veerkamp, Ton: Autonomie und Egalität: Ökonomie, Politik und Ideologie in der Schrift, Berlin 1993.

Veerkamp, Ton: Die Welt anders. Politische Geschichte der Großen Erzählung, Hamburg 2012.

Kirchliche Dokumente zu Migration (Auswahl)

Deutsche Bischofskonferenz: Leitsätze für kirchliches Engagement für Flüchtlinge (18. 02. 2016), vgl. URL: http://www.kh-freiburg.de/uploads/media/Leitsaetze_final.pdf. (30. 06. 2017).

Dokumentensammlungen, Praxishilfen und Initiativen: URL: http://www.dbk.de/fluechtlingshilfe/home/; http://www.dbk.de/katholischer-preis-gegen-fremden feindlichkeit-und-rassismus/lesenswert/. (30. 06. 2017).

Evangelisch-Methodistische Kirche: Unser Glaube hat einen Migrationshintergrund, URL: http://www.emk-kircheundgesellschaft.ch/de/resolutionstexte/resolu tionstexte-der-evangelisch-methodistischen-kirche/unser-glaube-hat-einen-mi grationshintergrund.html#.V2hahmx5gmY.twitter. (30. 06. 2017).

Kirchenamt der Evangelischen Kirche in Deutschland: Zur ökumenischen Zusammenarbeit mit Gemeinden fremder Sprache oder Herkunft. Eine Handreiche des Kirchenamtes der Evangelischen Kirche in Deutschland, Hannover 1996.

Kirchenamt der Evangelischen Kirche in Deutschland/Sekretariat der Deutschen Bischofskonferenz in Zusammenarbeit mit der Arbeitsgemeinschaft Christlicher Kirchen in Deutschland (Hg.): „(…) und der Fremdling, der in Deinen Toren ist." Gemeinsames Wort der Kirchen zu den Herausforderungen durch Migration und Flucht, 1997.

Ökumenischer Rat der Kirchen: Migration – neue Realität in den Kirchen, URL: https://www.oikoumene.org/de/resources/documents/central-committee/2006/report-of-the-general-secretary. (30. 06. 2017).

Päpstlicher Rat der Seelsorge für Migranten und Menschen unterwegs: Instruktion Erga migrantes caritas Christi, Vatikan 2004.

Päpstlicher Rat der Seelsorge für Migranten und Menschen unterwegs/Päpstlicher Rates Cor unum: In Flüchtlingen und gewaltsam Vertriebenen Christus aufnehmen. Richtlinien für eine Seelsorge, Vatikan 2013.

Sekretariat der Deutschen Bischofskonferenz: Eine Kirche in vielen Sprachen und Völkern. Leitlinien für die Seelsorge an Katholiken anderer Muttersprache, Bonn 2003.